Franz Brentano

Die Psychologie des Aristoteles

Franz Brentano

Die Psychologie des Aristoteles

ISBN/EAN: 9783744644143

Hergestellt in Europa, USA, Kanada, Australien, Japan

Cover: Foto ©ninafisch / pixelio.de

Weitere Bücher finden Sie auf **www.hansebooks.com**

Die

Psychologie des Aristoteles,

insbesondere seine Lehre

vom

ΝΟΥΣ ΠΟΙΗΤΙΚΟΣ.

Von

Dr. Franz Brentano,

Privatdocent der Philosophie an der Universität zu Würzburg.

Wenn meines Wort's anfänglicher Geschmack
Auch lästig ist, so wird es doch verdaut
Dem Hörer Lebensnahrung hinterlassen.
Dante.

(Nebst einer Beilage über das Wirken des Aristotelischen Gottes.)

Mainz,
Verlag von Franz Kirchheim.
1867.

Mainz, Druck von Florian Kupferberg.

Dem Andenken

meines

theueren väterlichen Freundes

Dr. Joseph Merkel,

Hofbibliothekar und Professor am Lyceum zu Aschaffenburg,

der

noch in den letzten Lebenstagen dem entstehenden Werke seine
liebevolle Theilnahme schenkte,

in

treuer Dankbarkeit

gewidmet.

Vorwort.

Das Wort des Dante, das wir auf diese Abhandlung geschrieben, hat nicht blos für den Dichter selbst Wahrheit, es ist eben so bezeichnend für den grossen Denker, den er als den Meister derer, die da wissen, ehrt. Sinnlos und verworren beim ersten Anhören, werden seine Aussprüche oft nur dem langen und ernsten Nachdenken verständlich, aber das Licht des Gedankens, wenn es endlich aus dem dunkeln Worte hervorleuchtet, ist dann für alle Mühe reicher Lohn.

Gilt dies im Allgemeinen und fast bei jedem Werke des Aristoteles, so doch in einer ganz besonderen Weise von jener Stelle im dritten Buche von der Seele, welche die Lehre vom νοῦς ποιητικός enthält, und deren Erklärung das vorzüglichste Streben unserer Abhandlung ist. Grosse Kenner des Aristoteles, Männer, die an anderen Orten freudig die Klarheit seines Geistes bewundern, glaubten hier nichts anderes als ein Gewebe von Widersprüchen zu sehen, und wenn wir selbst zu einem anderen und entgegengesetzten Ergebnisse gelangt sind, so doch erst nach vieler Anstrengung und manchem fehlgeschlagenen Versuche.

Was uns früher als trübe Verwirrung erschien, zeigt sich uns jetzt als ein einfacher und lichtvoller Gedanke, der in vollem Masse des Aristotelischen Geistes würdig und vielleicht das Bedeutendste ist, was die Forschung nach dem Ursprunge der Gedanken bis zum heutigen Tage gefunden hat.

Ueber die Mittel, die wir bei der Untersuchung anwenden, über den Plan, dem unsere ganze Abhandlung folgt, geben die Einleitung und besonders der Anfang des zweiten Abschnittes ausführlich Rechenschaft. Aus ihnen kann man ersehen, wesshalb es als nöthig erschien, eine Gesammtdarstellung der Aristotelischen Psychologie der Entwickelung der Lehre vom νοῦς ποιητικός vorangehen zu lassen.

Franz Brentano.

Würzburg, am 14. Juli 1866.

Inhalt.

		Seite
Einleitung		1
I. Abschnitt. Ueberblick der früheren Erklärungsversuche		5
a.	Auslegungen der ältesten Zeit	5
b.	Auffassungen im Mittelalter	8
c.	Neuere Erklärungen	29
II. Abschnitt. Entwickelung der Aristotelischen Lehre vom νοῦς ποιητικός		37
Rückblick. — Anhaltspuncte der Untersuchung		37
I. Theil. Von der Seele und den Seelenkräften im Allgemeinen		41
a.	Von dem Wesen der Seele und ihrer Vereinigung mit dem Leibe	41
b.	Von den Theilen der menschlichen Seele	53
c.	Von der mehrfachen Gattung der Kräfte in den höheren Seelentheilen	61
II. Theil. Von den Seelentheilen im Einzelnen und zuerst von der vegetativen Seele		74
III. Theil. Von der sensitiven Seele		79
a.	Von der Empfindung im Allgemeinen und von der Zahl der äusseren Sinne	79
b.	Von dem Sinne der Sensation	85
c.	Von dem Subjecte der Empfindung	98
d.	Von der Phantasie	102
e.	Von dem sinnlichen Begehren und der willkürlichen Bewegung des Leibes	104
IV. Theil. Von der intellectiven Seele		113
a.	Von dem Verstande, der alles Intelligible in Möglichkeit ist	113
	Nothwendigkeit der Annahme des Verstandes als eines besonderen Erkenntnissvermögens	113
	Aehnlichkeit des Verstandes und der Sinne	113
	Geistigkeit des Verstandes	115
	Die Aristotelischen Beweise der Geistigkeit (Unsterblichkeit) der intellectiven Seele	120
	Dreifacher Unterschied der Aristotelischen Erkenntnisslehre von der Platonischen	131
	Lösung scheinbarer Widersprüche	136
	Verhältniss des aufnehmenden Verstandes zu den Phantasmen	144

Seite

b. Von der geistig begehrenden Kraft 154
c. Von der bewussten Einwirkung des geistigen Theiles auf den
   sinnlichen 159
d. Vom νοῦς ποιητικός 163
   Nothwendigkeit seiner Annahme und vorläufige Bestimmung
   seiner Eigenschaften 163
   Erklärung des fünften Capitels im dritten Buche von der Seele 165
   Erklärung des ersten Theiles 165
   Erklärung des zweiten Theiles — das göttliche Wissen als
   letzter Grund des menschlichen Wissens — Entstehung der
   menschlichen Seele 180
   Uebersicht über das ganze Capitel 219
   Scheinbarer Widerspruch zwischen den Büchern von der Seele
   und den zweiten Analytiken 211
   Zeugniss des Theophrast 216
   Zeugniss des Eudemus 224
   Verhältniss unserer Erklärung zu den früheren Auffassungen
   des νοῦς ποιητικός 225
Schlussbetrachtungen 229
Beilage. Ueber das Wirken, insbesondere das schöpferische Wir-
   ken des Aristotelischen Gottes 234
Verzeichniss der die Textkritik betreffenden Stellen 251

Einleitung.

Bei der Betrachtung eines jeden philosophischen Systemes verdient die Lehre von den Erkenntnisskräften eine ganz vorzügliche Aufmerksamkeit: nicht allein darum, weil ihr Gegenstand zu dem Erhabensten gehört, womit der Geist des Menschen sich beschäftigen kann, und weil viele der wichtigsten Fragen, namentlich die Frage nach der Unsterblichkeit unserer Seele, mit diesen Forschungen in innigem Zusammenhange stehen, sondern auch darum, weil in diesem mehr als in anderen Theilen für jede Philosophie ein sicherer Massstab zur Beurtheilung des Ganzen gegeben ist, und in den Verschiedenheiten der Erkenntnisslehren die charakteristischen Unterschiede der Gesammtsysteme selbst auf's Klarste zu Tage treten. Anders spricht hier der Skeptiker in seinen destruirenden Erörterungen, die sogar sich selbst verfeindet sind, anders der Dogmatiker; anders spricht hier der Materialist, anders der Spiritualist; anders gestaltet sich die Erkenntnisslehre des Pantheisten, anders die des Theisten; und auch Philosophien, die der Gattung und den Grundanschauungen nach als verwandte sich ergeben, zeigen hier vorzüglich ihre specifischen Differenzen, wie namentlich die beiden grossen Systeme des Alterthums, die Lehren des Plato und seines in Vielem ihm treu gebliebenen Schülers Aristoteles.

Doch die Erkenntnisslehre dieses Denkers nimmt nicht blos um solcher allgemeiner Gründe willen unser Interesse in Anspruch. Aristoteles ist jener Forscher gewesen, der vor allen anderen mit grossem Erfolge das Feld der Logik angebaut hat. auf ihrem mehr als auf jedem anderen Gebiete sind seine Sätze unerschüttert geblieben, und dankbar ehrt ihn die Nachwelt als den Schöpfer und Vater dieser Wissenschaft. Welche Disciplinen aber dürften sich näher stehen als die Logik und jener Theil der Psychologie, von dem wir sprechen? Jede tiefer gehende Logik muss in ihr Gebiet hinab dringen, und kein anderer Grund ist, wesshalb die Logik zu gewissen Zeiten unfruchtbar geworden und verkümmert ist, als weil sie ihre Wurzeln nicht in den Boden der Psychologie gesenkt und dort die Nahrung des Lebens gesogen hat.

Und wie die Logik aus der Psychologie die Principien entnimmt, so endet die Psychologie in der Logik. Das Verhältniss beider

Wissenschaften[1]) ist ganz ähnlich dem, welches, wie Aristoteles bemerkt, zwischen der Heilkunst[2]) und jenem Theile der Naturwissenschaft besteht, den die neuere Zeit mit dem Namen der Biologie oder
Physiologie (im weiteren Sinne) benannt hat. Zur Aufgabe des Natur-
forschers gehört es, die ersten Principien der Lehre von Gesundheit
und Krankheit zu erkennen, und darum, sagt Aristoteles, sehen wir,
dass die meisten Naturforscher und von den Aerzten diejenigen, welche
mit wissenschaftlicherem Sinne ihre Kunst betreiben, die einen im
Gebiete der Heilkunde mit ihren Untersuchungen enden, die anderen
von dem der Naturwissenschaft ausgehend die Lehren der Heilkunst
entwickeln.

So kann man denn bei dem, der in der Logik der Lehrer der
Jahrhunderte war, nur mit dem günstigsten Vorurtheile an die Betrachtung seiner (psychologischen) Erkenntnisslehre herantreten, und
jeder Beitrag zu ihrem Verständnisse, und namentlich ein Versuch zur
Aufhellung jenes Punctes, der zu den wichtigsten in ihr gehört, aber
zugleich auch von allen wohl der dunkelste ist, dürfte für jeden Freund
der Philosophie von Interesse sein. Wir meinen die Aristotelische Lehre
vom νοῦς ποιητικός, deren Erörterung wir uns in dieser Abhandlung
hauptsächlich zur Aufgabe setzen.

Das Unternehmen ist ein schwieriges, und die Schwierigkeit hat
ihren Grund theils wohl in der Natur des Gegenstandes, theils aber

---

1) Genauer gesagt das Verhältniss zwischen der psychologischen Erkenntnisslehre und Logik. Mit anderen Theilen der Psychologie steht die Ethik in solchem
innigem Zusammenhange (vgl. Nic. I, 13. p. 1102, a, 18—23.), und auch hieraus
lässt sich die hohe Begabung des Aristoteles für psychologische Forschungen erkennen, da auch seine Ethik ein anerkanntes und unübertroffenes Meisterwerk ist.

2) De Sens. et Sens. I. p. 436, a, 17—b, 1. Ebenso De Respirat. 21. p. 480,
b, 22. Hier finden wir folgende Bemerkung, welche der Anfang einer verlorenen
Abhandlung De Sanitate et Morbo gewesen sein möchte (vgl. De Sens. et Sens. I.
p. 436, a, 17.): περὶ δὲ ὑγιείας καὶ νόσου οὐ μόνον ἐστὶν ἰατροῦ ἀλλὰ καὶ τοῦ φυσικοῦ
μέχρι του τὰς αἰτίας εἰπεῖν. ᾗ δὲ διαφέρουσι καὶ ᾗ διαφέροντα θεωροῦσιν, οὐ δεῖ λαν-
θάνειν, ἐπεὶ ὅτι γε σύνορος ἡ πραγματεία μέχρι τινός ἐστι, μαρτυρεῖ τὸ γινόμενον· τῶν τε
γὰρ ἰατρῶν ὅσοι κομψοὶ ἢ περίεργοι, λέγουσί τι περὶ φύσεως καὶ τὰς ἀρχὰς ἐκεῖθεν ἀξιοῦσι
λαμβάνειν, καὶ τῶν περὶ φύσεως πραγματευθέντων οἱ χαριέστατοι σχεδὸν τελευτῶσιν εἰς τὰς
ἀρχὰς τὰς ἰατρικάς. Vgl. auch Nic. I, 13. p. 1102, a, 21. Dass es nicht unpassend
sei, die Logik nach der Stellung, die Aristoteles ihr gegeben, mit dieser poietischen
Wissenschaft zu vergleichen, möge hier nur eine Stelle aus der Topik zeigen (Top.
I, 3. p. 101, b, 5.): ἕξομεν δὲ τελέως τὴν μέθοδον, ὅταν ὁμοίως ἔχωμεν ὥσπερ ἐπὶ ῥητο-
ρικῆς καὶ ἰατρικῆς καὶ τῶν τοιούτων δυνάμεων (poietischen Wissenschaften; vgl. Met. Θ,
2. p. 1046. b, 3. und den Comment. v. Bonitz). τοῦτο δ᾽ ἐστὶ τὸ ἐκ τῶν ἐνδεχομένων
ποιεῖν ἃ προαιρούμεθα. Mit Recht bemerkt Zeller (Phil. der Griech. 2, 2. S. 130.),
dass die Stelle, die hier der Topik angewiesen werde, nach Aristoteles auch allen
übrigen Theilen der Logik zukomme. Mit der Metaphysik, Mathematik und Physik, als vierte theoretische Wissenschaft, finden wir sie niemals aufgezählt. Sie ist
die Kunst, Erkenntniss hervorzubringen.

auch darin, dass Aristoteles, der überall kurz und wortkarg ist, an der einzigen Stelle, wo er direct und unmittelbar von dem νοῦς ποιη-τικός handelt [3]), seine Kürze selbst noch verkürzen zu wollen scheint, theils endlich in der offenbaren Vieldeutigkeit mancher Worte, von deren richtigem Verständnisse das Verständniss der Lehre wesentlich bedingt ist. So spricht Aristoteles von einem Getrennten (χωριστόν), von dem er doch zugleich sagt, dass es getrennt werden könne (χω-ρίζεσθαι), offenbar in dem Sinne einer Trennung, die noch nicht be-steht [4]); er spricht von einem des Leidens Unfähigen (ἀπαθές) und schreibt ihm zugleich ein Leiden (πάσχειν) zu, offenbar in einem an-deren Sinne des Leidens [5]); er nennt etwas immateriell (ἄνευ ὕλης) und gibt ihm doch eine Materie (ὕλη) [6]); endlich gebraucht er gerade das Wort, auf dessen Verständniss es hauptsächlich ankommt, das Wort νοῦς, zur Bezeichnung sehr verschiedener Dinge. Bald nennt er so eine Disposition, die wir erst erwerben, bald nennt er so eine von der Natur gegebene Erkenntnisskraft [7]); bald nennt er so etwas Sub-stantielles, bald nennt er so ein Vermögen der Substanz [8]); bald nennt er so ein wirkendes Princip, bald nennt er so das, was die Wirkung desselben aufnimmt [9]); bald nennt er so etwas Leidensloses und Gei-stiges, bald nennt er so etwas dem Leiden und der Corruption Unterworfenes, etwas Sinnliches und die sinnliche Empfindung

---

3) De Anim. III, 5. p. 430, a, 10—19.

4) De Anim. III, 4. §. 5. p. 429, b, 5. ebend. 5. §. 1. p. 430, a, 17.; und De Anim. III, 5. §. 2. p. 430, a, 22. ebend. II, 2. §. 9. p. 413, b, 26. I, 1. §. 10. p. 403, a, 11. s. auch III, 7. §. 8. p. 431, b, 18. Vgl. I, 1. §. 10. p. 403, a, 14., wo das οὐχ ἅψεται χωρισθὲν τὸ εὐθύ geschlossen wird aus ἀχώριστον γάρ.

5) De Anim. III, 4. §. 3. p. 429, a, 15. ebend. §. 9. p. 429, b, 23.; und De Anim. III, 4. §. 2. p. 429, a, 14. ebend. §. 9. p. 429, b, 25.

6) De Anim. III, 4. §. 12. p. 430, a, 7.; und De Anim. III, 5. §. 1. p. 430, a, 10. 13. ebend. §. 2. p. 430, a, 19. — Aehnlich wie von einem Getrenntsein spricht Aristoteles auch von einem Vermischtsein (μεμίχθαι τῷ σώματι) in mehr-fachem Sinne (De Anim. I, 3. §. 19. p. 407, b, 2.; und De Anim. III, 4. §. 4. p. 429, a, 24.), und hiezu kommt noch die Doppelsinnigkeit des ἀμιγής, als unvermischt mit einem anderen inneren Principe und als unvermischt mit der körperlichen Materie. (De Anim. III, 4. §. 3. p. 429. a. 18. ebend. 5. §. 1. p. 430, a, 18.; und De Anim. III, 4. §. 4. p. 429, a, 24.)

7) De Anim. III, 3. §. 6. p. 428, a, 5. ebend. §. 8. p. 428, a, 18. Anal. Post. I, 33. p. 89, a, 1. b, 7. ebend. II, 19. p. 100, b, 8. Nic. VI, 3. p. 1139, b, 17. ebend. 6. p. 1141, a, 5.; und De Anim. III, 4. §. 3. p. 429, a, 17. 22. u. a. a. O.

8) De Anim. I, 4. §. 13. p. 408, b, 18.; und De Anim. II, 3. §. 8. p. 415, a, 12. ebend. III, 5. §. 1. p. 430, a, 13. u. a. a. O.

9) De Anim. III, 5. §. 1. p. 430, a, 15.; und De Anim. III, 5. §. 1. p. 430, a, 14. ebend. 4. §. 2. p. 429, a, 14. u. a. a. O. — Manchmal nennt er νοῦς auch das Be-gehrungsvermögen, welches von den in diesem νοῦς aufgenommenen Formen bewegt wird, z. B. Pol. I, 5. p. 1254, b, 5. Nic. IX, 8. p. 1169, a, 17.

selbst [10]). Leicht erklärt sich hieraus die heillose Verwirrung der Begriffe, die bei manchen Commentatoren entstanden ist, so wie, dass Viele, die ebenfalls nicht überall die Verschiedenheit der Bedeutung erkannten, unversöhnliche Widersprüche in der Lehre unseres Philosophen zu erblicken glaubten. Nirgends gehen denn auch mehr als in diesem Puncte die Erklärer des Aristoteles nach verschiedenen und entgegengesetzten Richtungen auseinander. Wir wollen ihre Meinungen in kurzen Zügen uns vorführen.

---

10) De Anim. III. 4. §. 5. p. 429, a, 29. ebend. 5. §. 1. p. 430, a, 18. u. a. a. O.: und De Anim. III, 5. §. 2. p. 430, a, 24. ebend. 10. §. 11. p. 433, a, 10. 13. Nic. VI, 12. p. 1143, b, 5.

Erster Abschnitt.

Ueberblick der früheren Erklärungsversuche.

a. Auslegungen der ältesten Zeit.

1. Schon unmittelbare Schüler des Aristoteles scheinen in ihrer Auffassung des νοῦς ποιητικός nicht einig; denn *Theophrast* [1]) spricht von ihm in einer Art, die keinen Zweifel darüber bestehen lässt, dass er den νοῦς ποιητικός als etwas zum Wesen des Menschen Gehöriges betrachtet habe [2]); aber dem entgegen beruft man sich auf die Ethik des *Eudemus*, worin dieser Philosoph, von dem man berichtet, dass er am treuesten den Wegen seines Lehrers gefolgt sei [3]), Gott als den wirkenden Verstand zu bezeichnen scheint [4]). Wäre dies richtig, so würden die grössten Schüler des Aristoteles, die unmittelbar von dem Meister selbst die Lehre empfangen hatten, gerade in jenem Gegensatze zu einander stehen, der die weiteste Kluft bildet, die auch heutigen Tages noch die Auslegungen trennt. Dann aber wäre es wohl gewiss, dass auch alle Zukunft auf die Hoffnung einer sicheren Erklärung verzichten müsste. Allein ein solcher Widerspruch besteht nicht. Wir werden später sehen, wie die Stellen des Eudemus und Theophrast in vollkommenen Einklang sich bringen lassen.

2. Das Bruchstück, welches Themistius aus dem fünften Buche der Physik des *Theophrast*, dem zweiten seiner Seelenlehre, uns gerettet hat, lässt schon bei oberflächlicher Betrachtung drei Puncte erkennen:

1) Nach Theophrast's Auffassung hat Aristoteles nicht blos den wirkenden, sondern auch den aufnehmenden Verstand, der alles Intelligibele wird, für immateriell gehalten [5]).

1) Bei Themistius, Paraphr. d. anim. f. 91.

2) Vgl. *Brandis*, Entwickel. d. griech. Philos. S. 572.

3) Simpl. Phys. 93, b, m. μαρτυρεῖ δὲ τῷ λόγῳ καὶ Εὔδημος, ὁ γνησιώτατος τῶν Ἀριστοτέλους ἑταίρων.

4) Eth. Eudem. VII, 14. p. 1248, a, 25.

5) Bezüglich des δυνάμει νοῦς erhebt er nämlich a. g. O. unter anderen auch folgendes Bedenken: ἀσωμάτῳ δὲ ὑπὸ σώματος τί τὸ πάθος; ἢ ποία μεταβολή; und weiter unten sagt er von ihm: τὰς μὲν αἰσθήσεις οὐκ ἄνευ σώματος, τὸν δὲ νοῦν χωριστόν.

2) Er hat beide als Vermögen ein und desselben Subjectes betrachtet [6]).

3) Er hat dieses Subject als einen wesentlichen Bestandtheil des Menschen angesehen [7]).

Ob Theophrast selbst dieser Lehre seines Meisters beigestimmt habe oder nicht, lässt sich aus der Stelle nicht ersehen, und es ist uns dieses hier auch nicht von Wichtigkeit. Indessen ist seine Zustimmung wahrscheinlicher [8]); die Bedenken, die er geltend macht, sind kein Beweis wirklichen Zweifels, sie sind nur Schwierigkeiten, die er nach der bei ihm und schon bei seinem Lehrer üblichen Methode hervorhebt, um dadurch die Frage klar zu machen und Anhaltspuncte für die zu beginnende wissenschaftliche Forschung zu gewinnen [9]).

3. Die Nachrichten, die uns die Geschichte von anderen Peripatetikern jener ältesten Zeit aufbewahrt hat, sind zu dürftig, als dass wir uns auch nur über deren eigene philosophische Meinungen eine durchgehends klare und sichere Anschauung bilden könnten, geschweige dass wir daraus ersähen, wie sie die Lehren des Aristoteles, von denen abzuweichen sie bekanntlich wenig Bedenken trugen, gedeutet haben mögen. *Strato*, nach Theophrast das Haupt der Schule, läugnete bereits jedes geistige Erkennen, wie überhaupt das ganze Gebiet des Geistigen [10]), und Aehnliches wird von einigen Mitschülern des Theophrast, von *Aristoxenus* und *Dikäarchus*, berichtet [11]).

6) **Dass** auch der νοῦς ποιητικός etwas Accidentelles sei (denn bezüglich des νοῦς δυνάμει kann in dieser Hinsicht kein Zweifel bestehen, da er sonst, als Möglichkeit, mit der substantiellen Materie identisch sein müsste), zeigt die Frage: τί τὸ ὑποκείμενον . . τῷ ποιητικῷ; dass aber sein Subject dasselbe sei, wie das des νοῦς δυνάμει, beweist (um von einem anderen Ausspruche, von dem es zweifelhaft ist, ob er dem Theophrast und nicht vielmehr dem Themistius angehöre, abzusehen) das bald darauf erhobene Bedenken, warum der wirkende Verstand den aufnehmenden nicht immer und von Anfang an bewege: εἰ μὲν οὖν σύμφυτος ὁ κινῶν, καὶ εὐθὺς ἐχρῆν καὶ ἀεί [sc. κινεῖν]. Vgl. u. Abschnitt II, Theil IV, Anm. 338.

7) Er wirft die Frage auf: ὁ δὲ νοῦς πῶς ποτε ἔξωθεν ὢν καὶ ὥσπερ ἐπίθετος, ὅμως συμφυής; und weiter unten bemerkt er, eine Lösung anbahnend: ἀλλὰ τὸ ἔξωθεν ἄρα οὐχ ὡς ἐπίθετον ἀλλ' ὡς ἐν τῇ πρώτῃ γενέσει συμπεριλάμβανον (l. συμπεριλαμβανόμενον) θετέον.

8) Das Gegentheil meint Torstrik, Arist. d. Anim. Comment. critic. p. 189.

9) Für einige dieser Schwierigkeiten findet sich in dem uns erhaltenen Bruchstücke selbst schon die Lösung. Dass sie auch für die übrigen nicht fehlte, scheint mir aus den Worten des Themistius hervorzugehen: καὶ τὰ ἐφεξῆς μακρὸν ἂν εἴη παρατίθεσθαι καίτοι μὴ μακρῶς εἰρημένα ἀλλὰ λίαν συντόμως καὶ βραχέως τῇ γε λέξει· τοῖς γὰρ πράγμασι μεστά ἐστι πολλῶν μὲν ἀποριῶν, πολλῶν δὲ ἐπιστάσεων, πολλῶν δὲ λύσεων. So bemerkt er auch zuletzt: ὅτι δὲ μάλιστα ἄν τις ἐξ ὧν συνηγάγομεν ῥήσεων λάβοι τὴν περὶ τούτου γνῶσιν Ἀριστοτέλους καὶ Θεοφράστου . . ., τοῦτο οὖν πρόχειρον ἴσως διισχυρίζεσθαι. Hätte Theophrast der Aristotelischen Lehre widersprochen, so würde sich Themistius wohl sicher nicht in dieser Weise geäussert haben.

10) Cic. Acad. IV, 38. De Nat. Deor. I, 13. Sext. Math. VII, 350.

11) Cic. Tusc. I, 10. und 22.

4. Dagegen hatte die peripatetische Schule im ersten und zweiten Jahrhunderte nach Christus wieder grössere Ehrfurcht vor den Aussprüchen ihres Gründers und setzte es sich fast zur ausschliesslichen Aufgabe, die Werke des Aristoteles zu erklären und zu vertheidigen. Aus ihr besitzen wir einige Schriften, die sämmtlich dem *Alexander von Aphrodisias* angehören, und unter ihnen auch solche, welche die Seelenlehre behandeln. Alexander deutet nun wirklich die Lehre des Aristoteles dahin, dass der νοῦς ποιητικός eine von dem Wesen des Menschen getrennte, auf ihn einwirkende, rein geistige Substanz, der erste Grund der Dinge, die göttliche Intelligenz selber sei [12]). Durch ihren Einfluss werde der Mensch in Wirklichkeit erkennend, die Fähigkeit aber, denselben zu empfangen [13]), sei die Folge einer bestimmten Mischungsweise der Elemente im menschlichen Leibe; die Seele des Menschen sei daher in ihrem Denken und Sein gänzlich vom Leibe abhängig und sterblich [14]).

Dieser Deutung des Alexander haben bei dem hohen Ansehen, dessen er genoss, und das ihm den Namen des Exegeten κατ' ἐξοχήν beilegen liess, gewiss viele Andere sich angeschlossen; und auf sie scheint zu beziehen, was Themistius erzählt [15]), dass es solche gebe, welche den νοῦς ποιητικός für die Gottheit hielten.

5. Andere, die eben so wohl von dem Aphrodisienser als von Theophrast, dessen Zeugniss Themistius beiden entgegenhält [16]), abwichen, glaubten unter dem νοῦς ποιητικός die unmittelbar erkannten Sätze und die aus ihnen sich ergebenden Wahrheiten verstehen zu müssen, wahrscheinlich einige Stellen in dem letzten Capitel der zweiten Analytiken und in der Nikomachischen Ethik auf den νοῦς ποιητικός beziehend [17]).

---

12) De Anim. I. f. 139, b, m.: ἀπαθὴς δὲ ὢν (sc. ὁ ποιητικὸς νοῦς) καὶ μὴ μεμιγμένος ὕλῃ τινὶ καὶ ἄφθαρτός ἐστιν. · · · τοιοῦτον δὲ ὂν δέδεικται ὑπ' Ἀριστοτέλους· τὸ πρῶτον αἴτιον ὁ καὶ κυρίως ἐστὶ νοῦς. ibid. f. 144, a, o. τοῦτο δὴ τὸ νοητόν τε τῇ αὐτοῦ φύσει καὶ κατ' ἐνέργειαν νοῦς, αἴτιον γινόμενον τῷ ὑλικῷ νῷ τοῦ κατὰ τὴν πρὸς τὸ τοιοῦτον εἶδος ἀναφορὰν χωρίζειν τε καὶ μιμεῖσθαι καὶ νοεῖν καὶ τῶν ἐνύλων εἰδῶν ἕκαστον καὶ ποιεῖν νοητὸν αὐτό, θύραθέν ἐστι λεγόμενος νοῦς ὁ ποιητικός, οὐκ ὢν μόριον καὶ δύναμίς τις τῆς ἡμετέρας ψυχῆς, ἀλλ' ἔξωθεν γινόμενος ἐν ἡμῖν, ὅταν αὐτὸ νοῶμεν,.... χωριστὸς δέ ἐστιν ἡμῶν τοιοῦτος ὢν εἰκότως.

13) Er nennt diese Fähigkeit νοῦς ὑλικός, eine Bezeichnung, welche ihren Grund in den Worten des Aristoteles (De Anim. III, 5. p. 430, a, 10. 13. 19.) hat und von den Arabern beibehalten wurde.

14) De Anim. I. f. 126. 127.

15) Paraphr. d. Anim. f. 89. ἐκ δὲ τῶν αὐτῶν ῥήσεων (sc. Θεοφράστου) θαυμάσαι κἀκείνων ἄξιον ὅσοι τὸν ποιητικὸν τοῦτον νοῦν ἢ τὸν πρῶτον θεὸν ᾠήθησαν εἶναι κατὰ Ἀριστοτέλην ἢ τὰς προτάσεις καὶ τὰς ἐξ αὐτῶν ἐπιστήμας, αἳ ὕστερον ἡμῖν παραγίνονται.

16) S. d. vor. Anm.

17) S. o. Einleit. S. 3. Anm. 7.

b. Auffassungen im Mittelalter.

6. So stritt man im Alterthum; eben so wenig konnte man im Mittelalter einig werden. Die *arabischen Philosophen*, durch die Syrer in traditionellem Zusammenhange mit der peripatetischen Schule in Alexandrien stehend [18]), sind offenbar von Alexander von Aphrodisias beeinflusst, obwohl keineswegs völlig mit ihm einverstanden [19]). Namentlich unterschieden sich die Auffassungen der beiden berühmtesten Lehrer unter den Arabern, des Avicenna (Ibn Sina) und Averroes (Ibn Roschd), von der des Alexander dadurch, dass sie, wie Themistius und Theophrast es gethan, ausser dem νοῦς ποιητικός auch den die Gedanken aufnehmenden νοῦς, der zunächst Alles in Möglichkeit ist, als etwas Immaterielles ansahen. Wir wollen auch ihre Ansichten in Kürze darlegen, zumal die bisherigen Darstellungen ein durchgehends klares und richtiges Bild davon zu geben nicht geeignet scheinen. Wir werden aus den Consequenzen, die sich hier zeigen, am Besten ersehen können, wie fremd dem Geiste der Aristotelischen Philosophie das Element ist, welches der Aphrodisienser durch die Trennung des νοῦς ποιητικός von der Individualität des Menschen in die Psychologie hineingebracht hat.

7. *Avicenna* lehrt wie Alexander von Aphrodisias, dass von jenem doppelten Verstande, den Aristoteles im fünften Capitel des dritten Buches von der Seele unterscheidet, dem Verstande, der Alles wird, und dem Verstande, der Alles wirkt, der erstere, nicht aber der letztere in dem Menschen als seinem Subjecte sich finde.

Seine Lehre ist in ihren Grundzügen folgende:

1) Der materielle Verstand (intellectus [20]) materialis), denn so nennt Avicenna im Anschlusse an Alexander [21]) den Aristotelischen νοῦς

---

18) S. *Rénan*, De philos. peripat. apud Syros p. 73.

19) Indess gab es auch viele, die ihm blindlings folgten, denn Averroes klagt darüber, dass zu seiner Zeit Niemand für einen ächten Aristoteliker gelte, der nicht den Meinungen Alexanders huldige. De Anim. III, 1. t. c. 5.

20) Den νοῦς δυνάμει bezeichnet die uns vorliegende lateinische Uebersetzung immer mit dem Namen *intellectus*, den νοῦς ποιητικός dagegen meistens mit dem Ausdrucke *intelligentia*. Hiedurch soll offenbar die verschiedene Natur, welche dem einen und anderen νοῦς nach Avicenna's Lehre eigen ist, angedeutet werden; denn intelligentia ist in den aus dem Arabischen übertragenen Schriften (wenigstens in den Uebersetzungen älterer Zeit) die Bezeichnung für die körperlosen Geister. Thomas v. Aquin bemerkt hierüber in seiner Summa theologica, 1a, 79, 10.: Hoc nomen intelligentia proprie significat ipsum actum intellectus, qui est intelligere. In quibusdam tamen libris de arabico translatis substantiae separatae. quas nos angelos dicimus, intelligentiae vocantur, forte propter hoc, quod hujusmodi substantiae semper actu intelligunt. Wir vermutheten, dass der Unterschied in dem Gebrauche von intellectus und intelligentia seinen Grund in einem analogen Unterschied des arabischen Originales haben möge. Dieses aber ist, wie uns von einem gelehrten Freunde mitgetheilt worden, nicht der Fall.

21) S. o. S. 7. Anm. 13.

δυνάμει, nicht um ihn als körperlich, sondern nur um ihn als passives Substrat der Ideen, als Möglichkeit der Gedanken zu bezeichnen, ist ein der Natur des Menschen eigenthümliches Erkenntnissvermögen, mit welchem er die intelligibele Form erfasst.

2) Das Subject desselben ist nicht ein körperliches Organ, sondern allein die Seele. Diese nämlich ist bei dem Menschen, ihrem höchsten Theile nach geistige Substanz, nicht mit dem Leibe vermischt [22]), und darum (und zwar gilt dies von der einzelnen Menschenseele) [23]) findet sie auch im Tode des Leibes nicht ihren Untergang, einem Theile nach ist sie in ihrer Existenz vom Körper unabhängig und unsterblich [24]).

3) Zunächst ist der materielle Verstand nur in Möglichkeit erkennend. Damit er in Wirklichkeit erkenne, müssen ihm von einer anderen, von dem Wesen des Menschen getrennten, rein geistigen Substanz die Ideen mitgetheilt werden [25]).

---

22) Lib. Natur. VI. p. 5. c. 2. princ. Id de quo nulla est dubitatio hoc est, quod in homine est aliqua substantia, quae apprehendit intelligibilia recipiendo. Dicemus ergo, quod substantia, quae est in subjectum intelligibilium, non est corpus neque habens esse propter corpus ullo modo, eo quod est virtus in eo aut forma ejus. Es folgt eine Menge von Beweisen, die theils aus Aristoteles entnommen, theils Avicenna eigenthümlich sind.

23) Zwar glaubt Avicenna, eine Mehrheit menschlicher Seelen sei ohne Beziehung auf die von ihnen belebten Leiber nicht denkbar, und bestreitet darum die Möglichkeit einer Präexistenz der Seele vor dem Leibe. (Lib. Natur. VI. p. 5. c. 3. med. Dicemus autem, quod anima humana non fuit prius existens per se et inde venerit in corpus. Animae enim humanae unum sunt in specie et definitione. Si autem posuerimus, quod habuerunt esse per se et non inceperunt esse cum corporibus, impossibile est, ut animae in ipso esse habeant multitudinem. Daher würde in allen menschlichen Leibern nur eine einzige Seele sein, was, wie Avicenna mit Recht sagt, keiner Widerlegung bedarf. Ibid. Anima una numero erit in duobus corporibus. Hoc per se patet falsum esse. Ibid. Nos scimus etiam quod haec anima non est una in omnibus corporibus.) Allein hiedurch lässt er sich nicht abhalten anzunehmen, dass die Seelen nach dem Tode des Leibes, also nach der Auflösung der einmal stattgehabten Verbindung in ihrer Vielheit fortbestehen werden. Dass beide Behauptungen nicht einander widersprechend seien, sucht er in folgender Weise darzuthun: Obwohl die Seelen nach dem Tode ohne Zweifel körperlos sind, sagt er, so sind doch die Folgen ihrer früheren Verbindung mit dem Leibe nicht aufgehoben. Waren sie damals verschiedenen Seins und Wesens wegen der Verschiedenheit ihrer Materien, ihrer Schöpfungszeiten, ihrer den verschiedenen Körpern entsprechenden Affectionen, so sind sie es auch jetzt. Dazu kommt, dass ihre während des Lebens geübten verschiedenen theoretischen und moralischen Thätigkeiten vielleicht bleibende Spuren in ihnen zurückliessen, und ferner die Möglichkeit individualisirender, uns unbekannter Qualitäten. (Ibid.)

24) Lib. Natur. VI. p. 5. c. 4.

25) Ibid. c. 5. princ. Dicemus, quod anima humana prius est intelligens in potentia, deinde fit intelligens in effectu. Omne autem, quod exit de potentia ad

4) Alle intelligibelen Formen präexistiren nämlich immateriell in den reinen Geistern, den Intelligenzen, von denen die höchste [26]) die oberste Sphäre, die anderen die übrigen Himmelssphären bewegen. Von der höchsten Intelligenz aus fliessen sie in die zweite, von der zweiten in die dritte und so fort bis zur letzten, welche die s. g. wirkende Intelligenz (intelligentia agens) ist [27]).

5) Von dieser wirkenden Intelligenz fliessen nun endlich die intelligibelen Formen in unsere Seele, so wie andererseits auch die sublunarischen substantiellen Formen in die körperliche Materie; denn die wirkende Intelligenz allein ist es, die den natürlichen Dingen ihre

---

effectum, non exit nisi per causam, quae habet illud in effectu et extrahit ad illum. Ergo est haec causa, per quam animae nostrae in rebus intelligibilibus exeunt de potentia ad effectum. Sed causa dandi formam intelligibilem non est nisi intelligentia in effectu, penes quam sunt principia formarum intelligibilium abstractarum. Cujus comparatio ad animas nostras est sicut comparatio solis ad visus nostros. quia, sicut sol videtur per se in effectu, et videtur luce ipsius in effectu, quod non videbatur in effectu, sic est dispositio hujus intelligentiae quantum ad nostras animas. — Ibid. p. 1. c. 5. hat er eine potentia in dreifachem Sinne unterschieden: potentia prima vocatur absoluta *materialis*, secunda potentia *potentialis*, tertia est *perfectio*; dem entsprechend dann einen dreifachen intellectus, 1) intellectus *materialis*, 2) int. *in habitu* (et potest hic vocari intellectus in effectu comparatione primi . . ., quamvis etiam possit vocari intellectus in potentia comparatione ejus, qui sequitur post ipsum (vgl. Aristot. De Anim. III, 4. §. 6. p. 429, b, 5.), 3) int. *accommodatus* ab alio, qui vocatur int. accommodatus per hoc. quod declarabitur nobis. quia int. in potentia non erit ad effectum nisi per intellectum, qui semper est in actu (dieser ist die wirkende Intelligenz, welche darum immer in Wirklichkeit erkennt, weil sie reiner Geist ist; s. S. 8. Anm. 20.), et quia, cum conjunctus fuerit intellectus, qui est in potentia, cum illo intellectu, qui est in actu, aliquo modo conjunctionis, imprimetur in eo secundum aliquem modum formandi ille, qui est accommodatus ab extrinsecis (dieser ist der νοῦς ἐνεργείᾳ, das wirkliche Denken).

26) Die höchste, d. h. die höchste der geschaffenen Intelligenzen, nicht die Gottheit, von welcher Avicenna meint, es sei wegen der vollkommenen Einheit und Einfachheit ihres Wesens nicht möglich, dass sie die unmittelbare Ursache von mehr als einem Einzigen sei. Dieses sei die erste Intelligenz, aus welcher, da sie, ihr Sein von einem Anderen empfangend, aus Möglichkeit und Wirklichkeit gemischt, also nicht ohne alle Vielheit sei, ebendarum auch eine Vielheit von Wirkungen hervorgehen könne. Insofern sie nämlich sich selbst als an der Möglichkeit participirend erkenne, bringe sie die Substanz der von ihr bewegten Sphäre hervor; insofern sie ferner sich selbst als der Wirklichkeit theilhaft geworden erkenne, bringe sie die Seele dieser Sphäre hervor; endlich bringe sie, insofern sie ihr Princip erkenne, eine zweite Intelligenz hervor, welche die nächstfolgende. niedere Sphäre bewege; und so gehe es fort bis herab zur Mondsphäre. (Metaph. tract. IX. c. 4.) Aehnliches lehrte schon Alfarabi, Font. Quaest. c. 8.

27) Avicenna nennt sie die Geberin der Formen, eine Bezeichnung, die sich aus der Wirksamkeit, die er ihr, wie wir sogleich hören werden, beilegte, genugsam erklärt. Vgl. auch *Schahrastani* S. 383 u. 426. übers. von Haarbrücker II, S. 265 u. 328.

Formen gibt, indem die Thätigkeit der niederen Ursachen überall eine blos vorbereitende bleibt und sich darauf beschränkt, die Materie zur Aufnahme der Form geeignet zu machen. Ganz analog verhält es sich nun bei der Aufnahme der intelligibelen Formen im materiellen Verstande. Die wirkende Intelligenz ist es auch hier, welche allein die Formen mittheilt, und alle Phantasmen vermögen nichts weiter als den materiellen Verstand zur Aufnahme der Emanation vorzubereiten [28]).

6) Diese Vorbereitung ist aber allerdings eine wesentliche Vorbedingung seines Erkennens [29]). Der materielle Verstand wird nur, indem er auf die einzelnen Vorstellungen, die in der Einbildungskraft sind, hinblickt, von dem Lichte der wirkenden Intelligenz zur Erkenntniss des Allgemeinen erleuchtet; die Thätigkeiten der Phantasie und der sinnlichen Denkkraft (virtus cogitativa) setzen ihn erst in den Stand, sich der wirkenden Intelligenz zu verbinden und die von ihr ausströmenden intelligibelen Formen aufzunehmen [30]).

7) Wie aber verhält der materielle Verstand sich nach dieser Aufnahme? Wird er vielleicht die einmal erfassten Ideen festhalten und für alle Zukunft in sich bewahren? — Keineswegs! vielmehr bleiben die Ideen nur so lange in ihm, als er in Wirklichkeit sie erkennt; und hierin findet sich zunächst nichts, was ihn von anderen erkennenden Vermögen unterschiede; denn auch die sensibelen Formen werden, wenn sie nach der wirklichen Wahrnehmung noch in uns fortbestehen, nicht in den apprehensiven Kräften selbst, sondern in anderen Vermögen, welche die Schatzkammern der apprehensiven Kräfte zu nennen

---

28) Lib. Natur. VI. p. 5. c. 5. Sic anima rationalis, cum conjungitur formis aliquo modo conjunctionis, aptatur, ut contingant in ea ex luce intelligentiae agentis ipsae formae nudae ab omni permixtione.

29) So lange nämlich die menschliche Seele mit ihrem Leibe vereinigt ist. Ist sie vom Körper frei geworden, so bedarf sie auch der vorbereitenden sinnlichen Kräfte nicht mehr. Lib. Natur. VI. p. 5. c. 6. fin. Cum autem anima liberabitur a corpore et ab accidentibus corporis, tunc poterit conjungi intelligentiae agenti et tunc inveniet in ea pulchritudinem intelligibilem et delectabilem perennem.

30) Ibid. c. 5. Cum enim virtus rationalis considerat singula, quae sunt in imaginatione, et illuminatur luce intelligentiae agentis in nos, quam praediximus, fiunt nuda a materia et ab ejus appenditiis et imprimuntur in anima rationali; non quasi ipsa de imaginatione mutentur ad intellectum nostrum, neque quia intentio pendens ex multis, cum ipsa in se sit considerata nuda, per se faciat similem sibi, sed quia ex consideratione coaptatur anima, ut emanet in eam ab intelligentia agente abstractio. Cogitationes enim et considerationes motus sunt aptantes animam ad recipiendum emanationem, sicut termini medii praeparant ad recipiendum conclusionem necessario, quamvis illud fiat uno modo et hoc alio, sicut postea scies. Cum autem accidit animae rationali comparari ad hanc formam nudam mediante luce intelligentiae agentis, contingit in anima ex forma quiddam, quod secundum aliquid est sui generis et secundum aliud non est sui generis, sicut cum lux cadit super colorata, et fit in visu ex illa luce operatio, quae non est similis ei ex omni parte etc.

sind, aufbewahrt. So ist die Imagination die Schatzkammer für den gemeinsamen Sinn oder die Phantasie [31]) (Schatzkammer der Formen), und das Gedächtniss die Schatzkammer für die ästimative und für die sinnliche Denkkraft (Schatzkammer der Intentionen). Zu diesen also müssen sich die apprehensiven Kräfte wenden, so oft in ihnen eine früher aufgenommene Vorstellung erneuert werden soll [32]).

8) Allein für die Ideen des materiellen Verstandes kann es auch eine derartige Schatzkammer nicht geben; denn wäre dies der Fall, so müsste sie, da jedes geistige Subject alle Formen, die es in sich hat, actuell erkennt, so dass bei ihm das Formen-in-sich-haben und Formen-erkennen gleichbedeutende Ausdrücke sind, das Vermögen eines körperlichen Organes sein. Dieses aber ist darum unmöglich, weil keine Form, welche in einer Kraft existirt, die sich bei ihrer Operation eines körperlichen Organes bedient, anders als in Möglichkeit intelligibel ist.

9) Daher bleibt uns nichts übrig [33]), als anzunehmen, dass, so oft

---

31) Beide scheinen nach Avicenna identisch. Im Lib. Natur. VI. p. 1. c. 5. zählt er die Seelenkräfte in folgender Weise auf: a) sinnliche: 1. sensus communis seu phantasia, 2. imaginatio, 3. vis existimationis (die er anderwärts auch aestimativa, beim Menschen aber cogitativa nennt), 4. memorialis et reminiscibilis; b) geistige: 1. virtus agendi, quae est principium movens corpus hominis ad actiones. 2. virtus sciendi.

32) Ibid. p. 4. c. 1. Quod recipit, non est id, quod retinet. Thesaurus *ejus*, *quod apprehendit sensus*, est virtus *imaginativa*. thesaurus vero apprehendentis *intentionem* est virtus *custoditiva*. Ibid. p. 5. c. 6. princ. Imaginata, et quaecunque adhaerent eis, cum anima avertitur ab eis, sunt reposita in virtutibus conservativis eorum. quae vere non sunt apprehendentes (si enim hoc esset, essent apprehendentes et conservantes simul), sed sunt thesaurus, ad quem cum convertit se virtus apprehendens judicans seu aestimatio aut anima aut intellectus, inveniet ea jam haberi. . . . Animalis autem animae discretae sunt virtutes, et unicuique virtuti per se separatim attributa sunt instrumenta, et *formis* assignatus est thesaurus, quas aliquando non contemplatur aestimatio, et assignatus est *intentionibus* thesaurus, quas aliquando non considerat aestimatio. Non enim aestimatio est locus in quo stabiliantur ista, sed est judicans. Et propter hoc dicimus, quod existimatio aliquando respicit formas et intentiones repositas in his *duobus* virtutibus et aliquando avertitur ab eis.

33) Avicenna führt seinen Beweis unter Berücksichtigung der Möglichkeit einer vierfachen Annahme. Nach der ersten würde die Schatzkammer der intelligibelen Formen in einem körperlichen Organe, nach der zweiten in dem geistigen Theile der Seele sein; nach der dritten gäbe es gar keine solche Schatzkammer, sondern die Ideen, selbstständig ausserhalb des Geistes existirend, würden sich, so oft die Seele sich ihnen zuwendete, auf's Neue in ihr gleichsam spiegeln; nach der vierten endlich würden nicht Ideen, die als Dinge für sich existirten, sondern die wirkende Intelligenz es sein, mit der sich die Seele immer und immer auf's Neue verbände, damit dieselbe die intelligibelen Formen in sie ergösse. Die drei ersten Annahmen werden von ihm verwerflich befunden, und so indirect die Wahrheit der letzten erschlossen. Lib. Natur. VI. p. 5. c. 6. Dicemus nunc de humanis animabus, quae

wir etwas geistig erkennen, die intelligibele Form von Neuem aus der
wirkenden Intelligenz unserem materiellen Verstande zufliesse, so dass

in ipsa intelligentia (sc. agente) intelligibilia apprehendunt et deinde convertuntur
ab illis ad alia, ita ut non sint in illis perfecte in effectu, et ideo ipsae non in-
telligant ea perfecte in effectu, an habeant thesaurum, in quo reponant? — Sed
hic thesaurus aut est *cum essentia earum* (2te Annahme), aut *corpus* earum (1te
Annahme), aut *aliquid corporale* earum. — Jam autem diximus (gegen die 1te
Annahme), quod corpus earum, et quod pendet ex corpore earum, non est dignum
ad hoc neque est dignum, ut sit subjectum intelligibilium; quia non est dignum ut
formae intellectae sint situm habentes, sed conjunctio earum cum corpore faciet
eas habere situm; si autem essent in corpore habentes situm, non essent intelligibiles. — Aut dicimus (3te Annahme), quod ipsae *formae intelligibiles* sunt res *per
se existentes*, quarum unaquaeque est species et res per se existens, sed intellectus aliquando aspicit illas et aliquando avertitur ab illis et postea convertitur ad
illas, et est anima quasi speculum, ipsae vero quasi res extrinsecae, quae aliquando
apparent in ea et aliquando non apparent, et hoc fit secundum comparationes,
quae sunt inter eas et animam. — Aut (4te Annahme) *ex principio agente* emanat
in animam forma post formam secundum petitionem animae, a quo principio postea,
cum avertitur, cessat emanatio. Quod si ita esset, esset necesse omnibus horis
addiscere sicut primitus (dies Letzte ist eine Objection gegen die 4te Annahme,
die später gelöst wird). — Dicemus ergo, ultimam partem hujus divisionis esse
veram. Impossibile est enim dici, hanc formam esse in anima in effectu perfecte
et non intelligi ab ea in effectu perfecte. Sensus enim de hoc, quod (d. h. der
Sinn davon, dass u. s. w.) eam intelligit, non est, nisi quia forma existit in ea
(ebenso heisst es weiter unten: formam enim intellectam esse in anima hoc idem
est, quod apprehendi eam), unde impossibile est, esse thesaurum ejus, et impossibile est etiam essentiam animae esse ejus thesaurum; hoc enim, quod est thesaurus
ejus, nihil aliud est, nisi quia forma intellecta existit in ea. etc. (Dies die Widerlegung der 2ten Annahme) . . . Item postea declarabitur in sapientia prima (in der
Metaphysik), quod haec forma non est per se existens (Widerlegung der 3ten Annahme). Restat ergo, ut ultima pars sit vera, et ut *discere* non sit nisi *acquirere
perfectam aptitudinem conjungendi se intelligentiae agenti*, quousque fiat ex ea
intellectus, qui est simplex, a quo emanent formae ordinatae mediante anima in
cogitatione (die aus jenen einfachen Erkenntnissen abgeleiteten Wahrheiten). —
Aptitudo autem, quae praecedit discere, est imperfecta, postquam autem discitur,
est integra. . . . Ergo primum discere est sicut oculi curatio, qui, factus sanus,
cum vult, aspicit aliquid unum et sumit aliquam formam, cum vero avertitur ab
illo, fit illud sibi in potentia proxima effectui. . . . Cum enim dicitur: Plato est
sciens intelligibilia, hic sensus est, ut, cum voluerit, revocet formam ad mentem
suam; cujus etiam sensus est, ut, *cum voluerit possit conjungi intelligentiae agenti*,
ita ut ab ea in ipso formetur ipsum intellectum; non quod intellectum sit prae-
sens suae menti et formatum in suo intellectu in effectu semper, neque (wie der
oben gemachte Einwurf gewollt hatte) sicut erat prius quam disceret, hic enim
modus intelligendi in potentia est virtus, quae acquirit animae, quod, intelligere
cum voluerit, conjungetur intelligentiae, a qua emanat in eam forma intellecta,
quae forma est intellectus adeptus verissime (was er hier int. adeptus, hat er oben
(s. S. 9. Anm. 25.) int. accommodatus genannt; man würde irren, wenn man es mit
dem, was er dort int. in habitu nannte, identificirte, wozu man im Anfang geneigt
sein möchte, weil der Ausdruck int. adeptus dem νοῦς ἐπικτητός, und der int. in

das Erlernen nichts Anderes ist, als das Erwerben einer vollkommenen
Fertigkeit, sich zur Aufnahme der intelligibelen Form mit der wirkenden Intelligenz zu verbinden.

So Avicenna. Jeder, der nur einigermassen mit den Lehren des
Aristoteles sich vertraut gemacht hat, sieht deutlich, eine wie selt-
same Umbildung sie hier erfahren haben: das Sinnliche hört auf die
Quelle des geistigen Erkennens zu sein, in einer offenbar sich Plato
annähernden Weise soll die sinnliche Vorstellung nur noch für eine
Veranlassung unserer geistigen Erkenntniss gelten.

8. Sehr verschieden von der Lehre des Avicenna ist die des
Averroes, der, ein excessiver Enthusiast für Aristoteles [34]), die reine
Lehre desselben zu entwickeln bemüht ist. Wir wollen sehen, mit
welchem Erfolge.

Averroes fasst die beiden Principien, die Aristoteles im fünften
Capitel des dritten Buches von der Seele unterscheidet, den Verstand
der Alles wird und den Verstand der Alles hervorbringt, als zwei
dem Wesen nach von dem sinnlichen Menschen getrennte, rein geistige Substanzen und lehrt über ihre Natur und über die Weise ihrer
Vereinigung mit ihm Folgendes:

1) Das Kind, wenn es geboren wird, entbehrt nicht blos aller
wirklichen geistigen Erkenntniss, es hat auch noch kein geistiges Erkenntnissvermögen, und überhaupt ist nichts in ihm, was nicht körperlich und corruptibel wäre. Nur insofern das Kind seiner Natur
nach so beschaffen ist, dass eine geistige Erkenntnisskraft sich später
mit ihm vereinigen kann, und insofern es sinnliche Bilder (Phantasmen) in sich hat, die in Möglichkeit intelligibel sind, kann man sagen,
es sei in Möglichkeit geistig erkennend [35]).

---

habitu dem νοῦς καθ' ἕξιν nachgebildet erscheint, welche Namen bei Alexander von
Aphrodisias ein und dasselbe bedeuten), et haec virtus est intellectus in effectu,
secundum quod est perfectio (s. ebend.).

34) Zahlreiche Stellen geben von dieser seiner gränzenlosen Verehrung des
Aristoteles Zeugniss. So sagt er De Anim. III, 2. t. c. 14. Omnes enim hoc opi-
nantes non credunt, nisi propter hoc, quod dixit Aristoteles, quoniam ita est difficile hoc: adeo, quod si sermo Aristotelis non inveniretur in eo, tunc valde esset
difficile cadere super ipsum, aut forte impossibile, nisi inveniretur aliquis talis ut
Aristoteles. Credo enim, quod iste homo fuerit regula in natura et exemplar, quod
natura invenit ad demonstrandum ultimam perfectionem humanam in materiis.
Alles Heil der Wissenschaft sieht er in der Nachahmung des Aristoteles und macht
darum Avicenna, einem viel klareren Kopf als er selber ist, seine freiere Bewegung zum Vorwurfe, ibid. c. 5. t. c. 30.: Avicenna non imitatus est Aristotelem
nisi in Dialectica, sed in aliis erravit et maxime in Metaphysica, et hoc quia in-
coepit quasi a se.

35) De Anim. III, 1. t. c. 5. Venet. 1550. f. 164, b. Et ideo cum dicimus
puerum esse intelligentem potentia, potest utique dupliciter intelligi. Uno quidem
modo, quod formae imaginatae, quae in eo existunt, sint intelligibiles potentia.

2) Nichts desto weniger ist es bereits Mensch und der Art nach von den unvernünftigen Thieren verschieden; denn, was dem Menschen seinen Artunterschied gibt, ist keine geistige, sondern eine sinnliche Kraft, die Aristoteles [36]) den leidensfähigen Verstand (intellectus passibilis) nennt [37]), und die ihren Sitz in der mittleren Zelle des Kopfes hat [38]). Durch dieses Vermögen unterscheiden wir die individuellen Vorstellungen und vergleichen sie mit einander, was keines der Thiere thun kann, indem dieselben an seiner Statt nur ein gewisses Urtheil durch Naturinstinct (virtus aestimativa naturalis) haben, vermöge dessen z. B. das Lamm den Wolf als seinen Feind betrachtet. Wir haben beide schon bei Avicenna als virtus cogitativa und virtus aestimativa oder existimativa nennen hören [39]).

3) Je nach der Disposition des leidenden Verstandes unterscheiden sich die Menschen bezüglich ihrer Anlagen zum geistigen Erkennen [40]). und durch seine Thätigkeit in Verbindung mit den Thätigkeiten der Phantasie und des Gedächtnisses erwerben sie das habituelle Wissen, dessen Subject nicht etwas Geistiges, sondern eben der intellectus passibilis ist [41]).

Alio vero modo potest intelligi, videlicet quod intellectus materialis, qui est aptus recipere intelligibile ipsum ipsius formae imaginatae, est utique recipiens potentia et copulatus nobis potentia.

36) De Anim. III, 5. §. 2. p. 430, a, 24. νοῦς παθητικός.

37) De Anim. III, 4. t. c. 20. f. 171, b. Et per istum intellectum [quem vocat Aristoteles passibilem] differt homo ab aliis animalibus.

38) De Anim. III, 5. t. c. 33. f. 174, b.

39) S. o. S. 12. Anm. 31. Averroes sagt zwar das eine oder andere Mal, der intellectus passibilis sei die Einbildungskraft, wie z. B. De Anim. III, 1. t. c. 20. f. 171, a., wo er eine vierfache Bedeutung unterscheidet, in welcher Aristoteles in diesem Buche das Wort intellectus gebrauche: Aristoteles intendebat hic per intellectum passibilem virtutem imaginativam humanam . . .; hoc nomen igitur *intellectus* secundum hoc dicitur in hoc libro quatuor modis. Dicitur enim de intellectu materiali et de intellectu, qui est in habitu, et de intellectu agente et virtute imaginativa. Allein dies ist ungenau gesprochen, und er scheint hier den Namen der Einbildungskraft in dem unbestimmteren Sinne eines sinnlichen Vermögens zu gebrauchen. An anderen Orten sagt er, der intell. passibilis sei Eins mit der virtus cogitativa (so z. B. ibid. t. c. 5. f. 165, b. Intelligit Aristoteles per intell. passibilem ipsam virtutem cogitativam), die er als ein höheres Vermögen von der Einbildungskraft scheidet, ibid. t. c. 6. f. 167, a.: Virtus cogitativa est de genere virtutum existentium in corpore. Et hoc aperte dixit Aristoteles in illo libro [de Sens. et Sens.], cum posuit virtutes individuales distinctas in quatuor ordinibus. In primo posuit sensum communem, deinde virtutem imaginativam, deinde cogitativam et postea rememorativam. Et posuit rememorativam magis spiritualem, deinde cogitativam, deinde imaginativam et postea sensibilem. Licet igitur homo proprie habeat virtutem cogitativam, tamen hoc non facit hanc virtutem esse rationabilem distinctivam; illa enim distinguit intentiones universales non individuales.

40) Ibid. 4. t. c. 20. f. 171, b.

41) Ibid. Et debes scire, quod usus et exercitium sunt causae ejus, quod

4) Anderes gilt von dem actuellen geistigen Erkennen. Dieses kann nur in einem geistigen Vermögen sich finden, und der Mensch gelangt zu ihm durch die Vereinigung mit zwei dem Wesen nach von dem Körper des Menschen sowohl als von einander getrennten geistigen Substanzen, dem materiellen Verstande (intellectus materialis)[42], so genannt, weil er seiner Natur nach bloss in Möglichkeit ist zu den intelligibelen Formen[43]), und dem wirkenden Verstande (intellectus agens), der darum der wirkende heisst, weil er die sinnlichen Bilder im Menschen, die in Möglichkeit intelligibel sind (die Phantasmen), wirklich intelligibel macht und so den materiellen Verstand bewegt[44]).

---

apparet de potentia intellectus agentis, qui est in nobis ad abstrahendum, et intellectus materialis ad recipiendum. Sunt, dico, causae propter *habitum existentem* per usum et exercitium *in intellectu passibili* et corruptibili, quem vocavit Aristoteles passibilem et dicit aperte ipsum corrumpi.

42) Dass auch der intellectus materialis geistig sei, spricht Averroes auf's Klarste aus, z. B. De Anim. I, 1. t. c. 12. Et haec est sententia ejus (Aristotelis) in intellectu materiali, scilicet quod est abstractus a corpore. Ibid. III, 1. t. c. 4. f. 160, a. Aristoteles declaravit haec duo de intellectu [materiali], scilicet ipsum esse in genere virtutum passivarum et ipsum esse non transmutabile, quia neque est corpus, neque virtus in corpore; nam haec duo sunt principium quae dicuntur de intellectu. Ibid. 4. t. c. 20. f. 171, b. Nullus potest ratiocinari per hoc (dass nämlich Aristoteles von einem corruptibelen Verstande spreche), quod intellectus materialis admiscetur corpori etc. Vgl. auch S. 15. Anm. 39., wo Averroes zwischen dem intellectus passibilis und dem int. materialis unterscheidet, und die ff. Anm.

43) De Anim. III, 1. t. c. 5. f. 160, b. Definitio ipsius intellectus materialis haec utique est, nempe quod est id, quod est in potentia ad omnes conceptus formarum materialium universalium et non est actu aliquid entium, antequam intelligat ipsas. Hiemit will aber Averroes nicht sagen, dass er nicht auch Geistiges erkenne; denn ebend. f. 166, a. sagt er: Praeterea intellectus recipiens necesse est ut intelligat illum intellectum, qui actu existit. Nam si intelligit formas materiales, longe magis debet intelligere formas immateriales, et id quod intelligit de ipsis formis separatis, hoc est de ipso intellectu agente, non impedit ipsum intelligere formas materiales. Ebenso t. c. 20. f. 171, a.: Intellectus materialis perficitur per agentem et intelligit ipsum. Und 5. t. c. 36. f. 179, b. Intellectus materialis intelligit utrumque, videlicet formas materiales et formas abstractas.

44) De Anim. III. 1. t. c. 5. f. 165, a. Consentaneum est credere reperiri in anima duas partes intellectus, quarum una est, quae *recipit*, quae quid sit, hic fuit probatum, alia vero, quae *agit*, et est illa, quae facit, ut illae intentiones et conceptus existentes in virtute imaginativa moveant intellectum materialem actu, postquam erant moventes ipsum in potentia ..., et has duas partes esse ingenitas et incorruptibiles, et quod ratio ipsius agentis ad recipiens est veluti ratio ipsius formae ad ipsam materiam. (Nach manchen der hier gebrauchten Ausdrücke könnte man meinen, Averroes habe den int. materialis und agens zum Wesen des Menschen gerechnet, was doch nicht der Fall ist; es erklärt sich dies daraus, dass Averroes die Ausdrucksweise des Aristoteles beibehält, auch wo er ganz andere Vorstellungen damit verbindet.) Ibid. 5. t. c. 36. f. 178, b. Dicamus ergo, quod, cum intellectus, qui in nobis existit, duas habeat actiones (ea scilicet ratione, qua

Der materielle Verstand nimmt die intelligibel gewordenen Begriffe, die in den Phantasmen sind, auf, der wirkende Verstand nimmt sie nicht auf, ja er hat gar keine Kenntniss von ihnen [45]), aber er macht sie für den materiellen Verstand erkennbar; doch nicht, als ob nicht auch er ein erkennendes Wesen wäre, nur gehören die Objecte seines Denkens alle einem anderen, höheren Gebiete an, er erkennt die Welt der Geister.

5) Jedes dieser beiden geistigen Wesen, denen wir unser Erkennen verdanken, ist eine einzige Substanz, die sich nicht mit der Zahl der erkennenden Menschen vervielfältigt [46]); alle, die waren, sind und sein werden, erkennen, was sie geistig erkennen, in demselben erkennenden Vermögen und durch die Thätigkeit derselben wirkenden Kraft. Diese beiden allein sind das Ewige im Menschen, während alles, was dem Einzelnen Besonderes eigen ist, wie es mit der Entstehung des Leibes entstand, so in dem Tode des Leibes seinen Untergang findet [47]).

6) Die Vereinigung mit ihnen geschieht aber in folgender Weise: Zuerst macht die sinnliche Denkkraft (der leidensfähige Verstand) in Verbindung mit der Phantasie und dem Gedächtnisse die Phantasmen, worin die intelligibelen Formen ihrem realen Wesen nach sind, geeignet, den Einfluss des wirkenden Verstandes, durch den sie in Wirk-

---

est relatus ad nos), quarum una est de genere *passionis* et illa quidem est ipsum intelligere, altera vero est de genere *actionis*, nempe quae est abstrahere formas easque denudare a materiis, quod nihil aliud est, quam facere eas intelligibiles actu, postquam erant intelligibiles in potentia, manifestum est, quod etc. etc.

45) De Anim. III, 1. t. c. 19. f. 170, a. intelligentia agens nihil intelligit ex eis, quae sunt hic.

46) Dies ist allerdings, wenigstens bei dem int. materialis, mit welchem wir unsere Gedanken aufnehmen sollen, im höchsten Grade auffallend und eine ganz lächerliche Behauptung; dennoch lehrt es Averroes mit klaren Worten, z. B. De Anim. III, 1. t. c. 5. f. 163, b. Contra id, quod dicit Aristoteles, non pauca insurgunt dubia, quorum ... secundum, quod est caeteris difficilius, est, quod ultima perfectio (der intell. speculativus f. 161, b.) in homine numeraretur ad numerationem individuorum hominis, et prima perfectio (der intell. materialis ibid.) esset *una numero in omnibus.* Ibid. f. 164, a. Illud vero secundum dubium, quod dicebat, quo pacto possit *intellectus materialis* esse *unus numero in cunctis individuis hominum* et ingenitus atque incorruptibilis, et ipsa intelligibilia, quae in eo existant actu, quae quidem sunt ipse intell. speculativus numerentur ad numerationem individuorum hominum generenturque atque corrumpantur ad generationem et corruptionem ipsorum hominum, hoc inquam dubium est satis difficile et arduum. Ibid. f. 165, a. Ex hoc dicto nos possumus opinari *intellectum materialem* esse *unicum in cunctis individuis.* Destr. Destr. f. 349, b. Necesse est, ut sit anima non divisibilis ad divisionem individuorum.

47) De Anim. II, 2. t. c. 21. f. 130, b. Hoc [quod intellectus abstrahitur a corpore, quemadmodum sempiternum a corruptibili] erit, cum quandoque copulatur cum illo et quandoque non copulatur cum illo.

lichkeit intelligibel werden, zu empfangen[45]): wir könnten sie daher gewissen untergeordneten Künsten vergleichen, die für das Werk der höheren Kunst die Instrumente vorbereiten, wie z. B. die Schleifkunst für die Bildhauerkunst und die Exercirkunst für die Kunst des Feldherrn.

7) Haben sie dies gethan, und hat die Thätigkeit des wirkenden Verstandes die Phantasmen intelligibel gemacht[49]), so empfängt der materielle Verstand, der zu allen intelligibelen Formen im Verhältniss der Möglichkeit steht, von den Phantasmen die Begriffe der sensibelen Dinge[50]), und es haben die erkannten intelligibelen Formen sonach ein doppeltes Subject: 1) die Phantasmen und `2) den materiellen Verstand[51]), wie ja auch die sensibelen Formen, z. B. die Farben, ein doppeltes Subject haben: 1) eines ausserhalb des Empfindenden und 2) das Sehvermögen.

Wenn aber in dieser Weise einerseits unser Phantasma und andererseits der materielle Verstand mit derselben intelligibelen Form vereinigt ist, so ist offenbar mittels des Phantasmas eine Form des materiellen Verstandes mit uns verbunden: und wenn eine Form des materiellen Verstandes, so muss, da ja jede Form mit ihrem Subjecte eine Einheit bildet, auch der materielle Verstand selbst mit uns vereinigt sein, und wir erkennen nun durch den materiellen Verstand wie durch eine angeborene Erkenntnisskraft[52]).

---

48) De Anim. III, 1. t. c. 7. f. 167, b. Virtus cogitativa est de genere virtutum sensibilium. Imaginativa autem et cogitativa et rememorativa .... omnes juvant se ad repraesentandum imaginem rei sensibilis, ut aspiciat eam virtus rationalis abstracta et extrahat intentionem universalem et postea recipiat eam, i. e. comprehendat eam. Hätten die Thiere einen intellectus passibilis, so würden auch sie mit dem wirkenden und materiellen Verstande verbunden werden. De Anim. III, 4. t. c. 20. f. 171, b. Et per istum intellectum differt homo ab aliis animalibus et, si non, tunc necesse esset, ut continuatio intellectus agentis et recipientis cum animalibus esset eodem modo.

49) Die Thätigkeit des intell. agens muss der des intell. materialis vorhergehen. De Anim. III, 5. t. c. 36. f. 178, b. Haec autem actio, quae est generare intelligibilia eaque facere, prior existit in nobis, quam actio intellectionis. S. auch die vor. Anm.

50) De Anim. III, 3. t. c. 18. f. 169, b. Necesse est cum hoc, quod posuimus, quod proportio intentionum imaginatarum ad intellectum materialem est sicut proportio sensibilium ad sensus, ut Aristoteles dicet, ponere alium motorem esse (d. i. der intell. agens), qui facit eas movere in actu intellectum materialem, et hoc nihil est aliud, quam facere eas intellectas in actu abstrahendo eas a materia.

51) De Anim. III, 1. t. c. 5. f. 163, b. Oportet dari duo subjecta ipsis intelligibilibus actu existentibus, quorum *unum* est illud subjectum, propter quod ipsa intelligibilia sunt vera, nempe formae, quae sunt imagines verae, *alterum* vero est illud subjectum, propter quod ipsa intelligibilia sunt unum ex entibus mundi, et illud quidem est ipse intellectus materialis. Vgl. S. 20. `Anm. 55.

52) De Anim. III, 1. t. c. 5. f. 164, b. Dicamus ergo nos, manifestum esse,

8) Wir Alle, wurde gesagt, erkennen durch ein und denselben materiellen Verstand; folgt hieraus nicht, dass wir Alle Dasselbe erkennen? — Keineswegs! Beachten wir nur, in wie fern wir durch den materiellen Verstand erkennen. Wir thun dies nur, insofern er durch die Phantasmen mit uns in Verbindung gesetzt wird, die hiefür in gewisser Weise disponirt sein müssen. Nun haben wir aber nicht Alle dieselben Phantasmen, und auch bei denen, welche dieselben Phantasmen haben, sind sie nicht in derselben Weise disponirt; daher ist der Eine so, der Andere anders mit dem materiellen Verstande vereinigt, und es erkennt darum auch nicht der Eine, was der Andere erkennt [53]).

9) Dies Bedenken also wäre beseitigt; aber sofort scheint sich eine andere Inconvenienz aus unseren Behauptungen zu ergeben. Wir sagten, der materielle Verstand empfange die intelligibelen Formen von den Phantasmen in uns; muss darum nicht in ihm ein Wechsel sein, indem ein und dieselbe intelligibele Form in ihm bald wirklich wird, bald wirklich zu sein aufhört? — Keineswegs! Der materielle Verstand empfängt ja die intelligibelen Formen nicht blos von einem einzelnen, sondern von allen auf dem ganzen Erdkreise lebenden Menschen, und unter diesen fanden sich und finden sich und werden sich auch in aller Zukunft immer solche finden, welche die für jede intelligibele Form erforderliche Disposition der Phantasmen haben. Es ist Naturnothwendigkeit, dass ein Philosoph sich finde im menschlichen Geschlechte [54]). Und so sind denn die intelligibelen Formen ewig zu-

---

ipsum hominem non esse actu intelligentem nisi propterea, quod copulatur cum eo intellectus in actu. . . . Et cum jam probatum fuerit, quod intellectus non potest copulari cum omnibus individuis, ut numeretur ad eorum numerationem per eam partem, quae se habet ad eum ut forma, videlicet per intellectum materialem, relinquitur, ut copuletur ipse intellectus nobis omnibus hominibus per copulationem conceptuum seu intentionum intelligibilium nobiscum, quae quidem sunt ipsi conceptus imaginati seu intentiones imaginatae; hoc est per illam partem ipsarum, quae in nobis existit, quae quodam pactu se habet ut forma. (Es ist offenbar, dass der materielle Verstand, der uns in dieser Weise verbunden ist, nicht in demselben Sinne wie andere erkennende Vermögen eine Form und Entelechie von uns genannt werden kann. Daher sagt Averroes ebend.: Ex dictis igitur jam constat, primam perfectionem (d. i. πρώτην ἐντελέχειαν vgl. De Anim. II, 1. §. 5. p. 412, a, 22.) ipsius intellectus differre a primis perfectionibus reliquarum virtutum, et quod hoc nomen perfectio dicitur de eis modo aequivoco.) Ibid. III, 5. t. c. 36. f. 179, b. Homo . . . intelligit omnia entia per intellectum adeptum, quando est copulatus cum formis imaginariis, propria intellectione.

53) Den Unterschied zwischen poietischer und theoretischer Erkenntniss führt daher Averroes auf Unterschiede der Vorbereitung im passibelen Verstande zurück. De Anim. III, 4. t. c. 20. f. 171, b. Intellectus quidem operativus differt a speculativo per diversitatem praeparationis existentis in hoc intellectu.

54) De anim. beatitud. f. 354, a. Ex necessitate est, ut sit aliquis philosophus in specie humana.

gleich und immer neu. Ihre Ewigkeit haben sie von dem einen Subjecte, in dem sie sind, nämlich von dem materiellen Verstande, ihre Neuheit von dem anderen, nämlich von dem Phantasma. Die Wissenschaften können weder entstehen noch vergehen, ausser per accidens, d. h. insofern sie mit dem Socrates oder Plato verbunden sind [55]).

---

55) De Anim. III, 1. t. c. 5. f. 164, a. Et cum omnia ista sint, sicut narravimus, non contingit, ut ista intelligibilia, quae sunt in actu, videlicet ipsa speculativa, sint generabilia et corruptibilia nisi ratione ipsius subjecti, per quod sunt vera (von welchem Averroes kurz zuvor bemerkte, es sei das, quod aliquo pacto movet intellectum) non ratione subjecti, per quod sunt unum entium, scilicet intellectus materialis. Ibid. f. 165, a. Existimandum est in anima reperiri tres partes intellectus. Prima est ipse intell. *recipiens*, secunda vero ipse *agens*, tertia autem est intell. *adeptus seu factus* (das wirkliche Denken); et horum trium duo quidem sunt aeterni, nempe agens et recipiens, tertius vero est partim generabilis et corruptibilis, partim vero aeternus. Sed cum ex hoc dicto nos possumus opinari, intellectum materialem esse unicum in cunctis individuis, possumusque adhuc ex hoc existimare, humanam speciem esse aeternam, ut in aliis locis declaratum fuit: ideo oportebit, intellectum materialem non posse denudari a principiis universalibus natura notis universae humanae speciei (dico autem primas illas propositiones illosque conceptus proprios particulares, qui cunctis communicant rebus), quoniam hujusmodi intelligibilia sunt utique unum ratione recipientis plura vero ratione ipsius conceptus recepti. Ea igitur ratione, qua sunt unica in ipso, sunt utique aeterna, cum ipsum esse non sequeretur ab ipso subjecto recepto, hoc est ab ipso movente, quod quidem est ipsa intentio seu conceptus ipsarum formarum imaginatarum, nullumque reperitur ibi prohibens ratione ipsius recipientis. Idcirco nullam habebit generationem et corruptionem nisi ratione pluralitatis, quae eis accidit, et non ea ratione, qua sunt unum in ipso. Et idcirco si corrumpatur aliquod primorum intelligibilium seu primarum notionum propter corruptionem subjecti ipsius, quo conjungitur nobis et copulatur et est verum, tunc oportebit illud intelligibile non esse corruptibile simpliciter sed corruptibile in respectu unius individuorum . . . . . f. 165, b. At si hujusmodi intelligibilia considerentur, quatenus habent esse simpliciter et non in respectu alicujus individui, tunc vero dicentur habere aeternum esse, et non esse quandoque intelligibilia, quandoque non, sed eodem modo semper existere . . . . . Existimatur quod universum habitatum non potest esse expers alicujus habitus ipsius philosophiae, sicut opinandum est, quod universum habitatum non potest esse expers artium naturalium. Quoniam licet in aliqua parte defuerint ipsae artes, exempli gratia in quadra septentrionali ipsius terrae, non propterea reliquae quadrae privabuntur eis. Nam jam fuit probatum, quod in parte meridionali potest esse habitatio, quemadmodum in parte septentrionali. Ergo fortasse reperietur philosophia in majori parte subjecti omni tempore, quemadmodum homo ex homine et equus ex equo gignitur. Intellectus ergo speculativus est ingenitus et incorruptibilis hac ratione. Ibid. 3. t. c. 20. f. 171, a. Intellectus, qui dicitur materialis, non accidit ei, ut quandoque intelligat, quandoque non nisi in respectu formarum imaginationis existentium in unoquoque individuo, non in respectu speciei; exempli gratia non accidit ei, ut quandoque intelligat intellectum equi et quandoque non, nisi in respectu Socratis et Platonis, simpliciter autem et respectu speciei semper intelligit hoc universale, nisi humana species deficiat omnino, quod est impossibile. . . . Intellectus qui est in potentia, cum non fuerit acceptus in respectu

10) Wir haben gesehen, in welcher Weise unsere Vereinigung mit dem materiellen Verstande stattfindet, betrachten wir nun, in welcher Weise wir mit dem wirkenden Verstande vereinigt werden, eine Vereinigung, durch welche, wenn sie vollkommen wird, wir zur Erkenntniss der reinen Geister und hiedurch zur höchsten Seligkeit des Menschen gelangen. Nicht in einem anderen Leben dürfen wir diese erhoffen[56]), da ja, wie wir schon sagten, mit dem Tode unser individuelles Dasein aufhört; aber in diesem Leben kann sie uns zu Theil werden, wenn auch erst am Abende des Lebens.

11) Die Vereinigung mit dem wirkenden Verstande findet nämlich allmälig in immer vollkommenerer und vollkommenerer Weise statt, und zwar in dem Masse, in welchem unsere durch die Phantasmen vermittelte Erkenntniss der körperlichen Welt sich vervollständigt. Es lässt sich dies also darthun: Offenbar ist es, dass wir die Schlüsse durch die erkannten Principien erkennen; da nun aber auch der wirkende Verstand die Ursache all unseres Erkennens ist, so ist es klar, dass hier Ein und Dasselbe als die Wirkung von Zweien betrachtet werden muss. Ein und dieselbe Wirkung kann aber nur in einem doppelten Falle zwei verschiedenen Dingen zugeschrieben werden: erstens, wenn das eine das Instrument des anderen ist, wie man z. B. das Heilen dem Arzte und der Arznei zuschreiben kann[57]), oder zweitens, wenn das eine zum anderen wie die Form zu ihrem Subjecte, also z. B. wie die Wärme zum Feuer sich verhält, weshalb man sowohl sagen kann, das Feuer, als auch die Wärme des Feuers sei das, was heiss mache. Daher muss auch der wirkende Verstand sich zu jenen Sätzen, welche uns die Principien neuer Erkenntnisse werden, entweder wie die Form zur Materie, oder wie die principielle Ursache zu ihrem Werkzeuge verhalten, welches Verhältniss dem ersten ganz ähnlich ist, denn auch in diesem Falle erscheint der wirkende Verstand gewissermassen als die Perfection, jene unmittelbaren Erkenntnisse aber als das, was durch sie perficirt wird[58]). Wo nun das, was

---

alicujus individui, sed fuerit acceptus simpliciter et in respectu cujuslibet individui, tunc non invenitur aliquando intelligens et aliquando non, sed semper invenitur intelligens. Destr. Destr. f. 349, b. Scientiae sunt aeternae et non generabiles nec corruptibiles nisi per accidens, scilicet ex copulatione earum Socrati et Platoni . . ., quoniam intellectui nihil est individuitatis. (Mit Unrecht schliesst Renan aus dieser Stelle, Averroes habe den intell. materialis für ein Universale gehalten, wie unsere bisherigen Erörterungen und die früheren Citate genügend dargethan haben werden. Was Averroes leugnet, ist nichts Anderes, als dass der Verstand zu dem gehöre, was die Individualität dieses oder jenes Menschen bilde. S. oben S. 17. Anm. 46.)

56) Wie Avicenna geglaubt hatte. S. o. S. 11. Anm. 29.

57) Arist. De generat. et corr. I, 7. p. 324, a, 29.

58) De Anim. III, 5. t. c. 36. f. 179, a. Intellectus, qui in nobis existit, duas obtinet actiones, quae scilicet sunt cognoscere intelligibilia et facere ea (s. o. S. 16.

perficirt wird, da wird immer zugleich auch die Perfection selbst aufgenommen, wie z. B. in der Pupille zugleich die in Wirklichkeit sicht-
bare Farbe und das Licht, das sie sichtbar macht, aufgenommen
wird [59]. Daher wird auch in unserem Falle in dem materiellen Verstande zugleich mit den erkannten Wahrheiten der wirkende Verstand
aufgenommen, und je mehr Gedanken Einer im materiellen Verstande
aufnimmt, um so mehr verbindet er sich mit dem wirkenden Verstande,

---

Anm. 44.). Fiunt autem in nobis ipsa intelligibilia bifariam, nempe aut *naturaliter*,
et sunt illae primae propositiones, quae quidem sunt nobis ignotae, quando scilicet
et unde vel qua ratione nobis evenerint, aut *voluntarie*, et sunt illa intelligibilia,
quae ex illis primis propositionibus seu principiis acquiruntur. Jam autem fuit
probatum, ipsa intelligibilia, quae natura adipiscimur, esse necessarium, ut pro-
veniant a re, quae est de se ipsa intellectus denudatus et abstractus a materia,
qui quidem est ipse intellectus agens. Cum ergo hoc sit probatum, necesse est,
ut intelligibilia, quae sunt in nobis adepta ex primis propositionibus seu primis
principiis, sint quid factum ex congregato ex *propositionibus notis* et *intellectu
agente*. Non enim possumus dicere, ipsas primas propositiones nihil facere ad
inventionem intelligibilium acquisitorum et adeptorum, neque etiam possumus dicere
illas propositiones solas efficere illa intelligibilia, jam enim probatum est, ipsum
agens esse unum et aeternum. . . . Oportet itaque intellectum speculativum esse
quid genitum ex intellectu agente et primis propositionibus, oportetque hoc genus
intelligibilium esse voluntarium, intelligibilibus primis naturalibus contrario modo
se habentibus. Quaelibet autem actio, quae ex aggregato duarum rerum diversa-
rum resultat, oportet utique, ut una illarum duarum rerum se habeat veluti *materia et instrumentum*, altera vero veluti *forma aut agens*. Intellectus ergo, qui
in nobis est, componitur utique ex intellectu adepto et ex intellectu agente, aut
ita, quod propositiones sint veluti materia, et intell. agens sit veluti forma, aut ita,
quod propositiones sint veluti instrumentum, et intellectus agens sit veluti efficiens;
dispositio enim in hoc est satis similis (vgl. Arist. De Anim. II, 1. §. 13. p. 413,
a, 8., wo er auch das bewegende Princip ἐντελέχεια nennt). Averroes erhebt nun
ein Bedenken gegen die so eben entwickelte Lehre und kommt, indem er es beseitigt, zu der genaueren Bestimmung, dass zwischen dem wirkenden Verstande
und den unmittelbar erkannten Wahrheiten nicht ein Verhältniss wie zwischen
Form und Materie, oder Hauptursache und Instrument im eigentlichen Sinne, sondern nur ein Analogon desselben bestehe: Dico ergo, quod, cum dicitur, si con-
clusiones a nobis acquirantur per intellectum agentem et per propositiones, tunc
oportere, ut ipsae propositiones se habeant ad intellectum agentem veluti vera materia et verum instrumentum, hujusmodi dictum non est necessarium, sed hoc tan-
tum est necessarium, nempe ut detur *aliqua proportio et ratio* qua intellectus
adeptus similetur materiae et intellectus agens similetur formae. Weiter unten
(f. 179, b.) erklärt er dieses so: Nam quaecunque duae res, quarum subjectum est
unum et una earum est perfectior altera, oportet, ut ita se habeat perfectior ad
imperfectiorem sicut se habet forma ad materiam. Der wirkende Verstand und
die speculativen Principien aber, sagt er, hätten, insofern der materielle Verstand
beide erkenne, ein und dasselbe Subject, nämlich eben den intellectus materialis.

59) De Anim. III, 5. t. c. 36. f. 179, b. In hoc enim ita se habet res sicut in
ipso transparente (wie Luft, Wasser, Glas, Pupille u. dgl.), quod quidem recipit
colores et lucem simul; lux autem est efficiens colores.

bis er endlich, wenn er die ganze die körperliche Welt betreffende Erkenntniss erlangt hat, vollständig mit dem wirkenden Verstande vereinigt ist. In der Gesammtheit des Perfectibelen hat die Perfection vollständig sich mit ihm verbunden [60]).

12) Hiedurch eröffnet sich ihm nun auch die Erkenntniss des ganzen Reiches der Geister; denn der wirkende Verstand besitzt die Erkenntniss aller geistigen Substanzen von Natur, und wer in dem materiellen Verstande den wirkenden Verstand vollkommen aufgenommen hat, der erkennt nun durch den wirkenden Verstand, was dieser erkennt [61]), und in diesem erhabenen Schauen findet er das höchste Glück und die vollendete Beseligung, er ist angelangt bei dem letzten und äussersten Ziele, das einem Menschen erreichbar war [62]).

Dies die Lehre des Arabers, von der gewiss der besonnene Philosoph von Stagira sich nie etwas hat träumen lassen, die aber trotz ihres wundersamen Mysticismus und ihrer sophistischen Wendungen nicht bloss unter den Arabern grossen Beifall fand, sondern auch in

---

60) De Anim. III, 5. t. c. 36. f. 179, b. Jam ergo invenimus modum, quo possit iste intellectus (agens) copulari nobis in fine. Causa vero, ob quam non copulatur nobis in initio est quidem propterea, quoniam . . . . . oportebit, ut intell. agens copuletur nobis per copulationem intelligibilium speculativorum. Palam autem est, quod quotiescunque omnia intelligibilia speculativa exstant in nobis in potentia, quod ipse quoque est conjunctus nobis potentia, et quotiescunque omnia intelligibilia inerunt nobis actu, ipse quoque copulabitur tunc nobis actu, et quod si aliqua eorum fuerint potentia, aliqua vero actu, copulabitur ipse quoque tunc nobis secundum unam partem ejus, secundum vero aliam partem non, et tunc nos dicemur moveri ad copulationem. Manifestum autem est, quod cum hujusmodi motus fuerit completus, quod statim copulabitur nobis intellectus iste omni ex parte. In dem Fragmente der Epistola Averroys de intellectu, welches Renan (Averr. et l'Averr. p. 348.) veröffentlicht hat, wird der Vorgang so dargestellt: Et iste intellectus, qui est in actu, est, quem homo in se, licet in fine, apprehendit, et iste est intellectus, qui vocatur acquisitus, et est complementum et actus, et quod yles primum potens fuit ad illum. Et propter hoc hora, qua renovata fuit forma, renovata fuit in eo potentia separatarum formarum, quousque descendit vel ascendit de complemento ad complementum et de forma ad formam nobiliorem et propinquiorem ad actum, adeo quod in fine perveniat ad hoc complementum et ad hunc actum in quo nullatenus misceatur potentia aliqua. Wie überhaupt das Fragment viele Dunkelheiten enthält, die grossentheils der schlechten Uebersetzung und der Corruption des Textes zuzuschreiben sind, so ist auch diese Stelle mir wenigstens nicht ganz verständlich.

61) De Anim. III, 5. t. c. 36. f. 180, a. Et hinc quoque patebit cur non copulemur cum hoc intellectu ab initio sed in fine, propterea quia, dum est forma existens in nobis potentia, est conjunctus nobis potentia, et dum est conjunctus nobis potentia, non poterimus intelligere quicquam per ipsum, nisi efficiatur forma in actu, quod quidem fit cum actu conjungitur; et tunc intelligemus per ipsum omnia illa, quae intelligimus (intelligit?) et agemus per illum actionem sibi propriam.

62) De anim. beatitud. c. 4. und 5.

dem *christlichen* Abendlande so zahlreiche Anhänger sich zu gewinnen wusste, dass die grossen Scholastiker, wie namentlich *Thomas von Aquin*, mit aller Macht dagegen eifern zu müssen glaubten. Angesichts so tiefgreifender Missdeutungen, welche die Gestalt der Aristotelischen Lehre gar nicht mehr erkennen lassen, ruft der englische Lehrer voll Entrüstung aus, Averroes sei nicht sowohl ein Peripatetiker als ein Verderber der peripatetischen Philosophie zu nennen. „Non tam peripateticus quam peripateticae philosophiae depravator [63])!"

9. Welche Auslegung hat nun aber er, der grösste Denker des Mittelalters, der mit seinem congenialen Geiste die schwierigst-verständlichen Lehren des Aristoteles aus dem vielfach corrumpirten Texte oft mehr herausgefühlt als herausgelesen hat, selbst den Worten des Philosophen gegeben? — Er gibt eine Erklärung, die mit jenem Fragmente des Theophrast. welches uns in der Paraphrase des Themistius erhalten ist, in beachtenswerther Weise in allen oben angegebenen Puncten zusammentrifft.

Auch ihm ist nämlich einerseits nicht blos der intellectus agens, sondern auch der intellectus possibilis (denn so nennt er, von der Ausdrucksweise der Araber abweichend, den Verstand, der Alles in Möglichkeit ist) [64]) etwas Immaterielles, und auch ihm ist andererseits nicht blos der intellectus possibilis, sondern auch der intellectus agens etwas zum Wesen des Menschen Gehöriges und nicht eine demselben fremde, rein geistige Substanz; beide sind Vermögen der menschlichen Seele. Wenn Aristoteles sagt, sie seien getrennt von dem Leibe [65]), so will er damit nichts Anderes bezeichnen, als dass sie kein Organ haben wie die Potenzen des vegetativen und sensitiven Theiles, sondern in der Seele allein als ihrem Subjecte sich finden. Die menschliche Seele nämlich, auf der Gränze der Körper- und Geisterwelt stehend, überragt wegen der Erhabenheit ihrer Natur das Fassungsvermögen der Materie und kann nicht ganz in ihr eingeschlossen sein; und so besitzt sie Kräfte, die nicht Potenzen des beseelten Leibes, sondern ihr ausschliesslich eigen sind, es bleiben ihr Thätigkeiten, an denen die körperliche Materie nicht Theil hat. In dieser Weise also sind der intellectus possibilis und der intellectus agens in ihrem Wirken und Bestehen körperlos, unvermischt mit der Materie [66]).

---

63) Opuscul. XV. De unitate intellectus contra Averroistas.

64) Im Anfange des eben genannten Opusculums sagt er: [Averroes] asserere nititur intellectum, quem *Aristoteles possibilem vocat*, ipse autem inconvenienti nomine materialem etc. Es bezieht sich dieses wohl ohne Zweifel auf De Anima III, 4. §. 3. p. 429, a, 21. ὥστε μηδ' αὐτοῦ εἶναι φύσιν μηδεμίαν ἀλλ' ἢ ταύτην, ὅτι δυνατόν.

65) De Anim. III, 4. §. 5. p. 429, b, 5. ibid. 5. §. 1. p. 430, a, 17.

66) Comment. De Anim. III. lect. 7. Dicitur enim separatus intellectus, quia non habet organum sicut sensus. Et hoc contingit propter hoc, quia anima humana propter suam nobilitatem supergreditur facultatem materiae corporalis et non potest

Der intellectus possibilis ist das eigentliche Erkenntnissvermögen des geistigen Theiles, alle unsere Ideen finden sich in ihm. Aber nicht von Anfang sind sie wirklich in ihm, vielmehr ist er zunächst die blosse Möglichkeit der Gedanken und wie eine leere Tafel, auf der nichts geschrieben steht. Er nimmt die intelligibelen Formen durch eine Art Leiden auf. und darum sagt Aristoteles [67], das Denken sei ein Leiden [68].

Aber jedes Leiden setzt ausser dem leidenden Princip, in welchem es ist, ein wirkendes voraus. Was also ist das wirkende Princip, welches die intelligibelen Formen in unserem Geiste hervorbringt? Aristoteles sagt, dass der Ursprung unserer Erkenntniss aus den Sinnen sei [69], und hiemit steht im Einklange, was er an einem anderen Orte lehrt, dass die Seele nichts ohne Phantasmen erkenne [70]. Allein nichts Körperliches kann in etwas Unkörperlichem einen Eindruck hervorbringen, und daher genügt nach Aristoteles die blosse Kraft sinnlicher Körper zur Erzeugung unserer Gedanken nicht, sondern es ist etwas Höheres erforderlich, „das Wirkende übertrifft an Würde das Leidende,“ sagt er im dritten Buche von der Seele [71].

Dieses höhere agens ist ein anderes geistiges Vermögen der Seele, der sog. intellectus agens. Er macht die von den Sinnen empfangenen Phantasmen, die, weil die individuelle Materie noch an ihnen haftet, nur in Möglichkeit intelligibel sind, durch Abstraction wirklich intelligibel und ist darum die eigentliche und vorzügliche (wirkende) Ursache der geistigen Erkenntniss, während die Phantasmen nur die Mitursache und gleichsam die Materie der Ursache sind [72].

Der intellectus agens erleuchtet die Phantasmen und abstrahirt die intelligibelen Species von den Phantasmen. Er *erleuchtet* sie, d. h. die Phantasmen, die zu dem Verstande wie die Farben zum Gesichtssinne sich verhalten, werden, wie der sensitive Theil durch seine Verbindung mit dem intellectiven zu höherer Kraft erhoben wird. durch die Einwirkung des intellectus agens geeignet, die Verstandesbegriffe von sich abstrahiren zu lassen. Er *abstrahirt* die intelligibelen Species von den Phantasmen, d. h. durch die Kraft des intellectus agens können wir das allgemeine Wesen der Dinge, dessen Abbilder als Formen in dem intellectus possibilis aufgenommen werden, ohne die individuellen Bestimmungen in unserer Betrachtung erfassen [73].

---

totaliter includi ab ea. Unde remanet ei aliqua actio, in qua materia corporalis non communicat. Et propter hoc potentia ejus ad hanc actionem non habet organum corporale et sic est intellectus separatus.

67) De Anim. III, 4. §. 2. p. 429, a, 13. — 68) Summ. theol. 1ᵃ, 79, 2. corp. 69) Z. B. Anal. Post. II, 19. p. 100, a, 10. — 70) De Anim. III, 7. §. 3. p. 431, a, 16. — 71) De Anim. III, 5. §. 2. p. 430, a, 18. 72) Summ. theol. 1ᵃ 84, 6. corp. — 73) Ebend. 85, 1. ad 4ᵘᵐ.

10. Diese von den Auffassungen Alexanders und der Araber so gänzlich verschiedene Erklärung empfiehlt sich, wie gesagt, dadurch, dass sie sich mit dem, was wir den Aeusserungen des Theophrast entnommen, in Einklang findet.

Allein auch gegen sie erheben sich Bedenken, die schwer zu beseitigen scheinen, und die zum Theile schon *Durandus* geltend gemacht hat[74]), der sich dann dafür entscheidet, seinerseits den intellectus agens gänzlich aufzugeben. Der intellectus agens, hiess es nämlich bei Thomas, wirkt auf die Phantasmen; die Phantasmen könnten sonst nicht die Gedanken im Verstande erzeugen, da nichts Körperliches auf ein Geistiges einzuwirken vermag. Wenn dem so wäre, so würde der intellectus agens nur dann die erforderliche Hilfe leisten, wenn er durch seine Wirksamkeit etwas Geistiges in der Phantasie hervorbrächte, die Phantasmen in etwas Geistiges verwandelte. Allein in einem sinnlichen, an ein Organ geknüpften Vermögen kann unmöglich ein geistiges accidens sich finden; also ist die dem intellectus agens zugeschriebene Wirkung etwas offenbar Unmögliches.

Angenommen aber auch, der intellectus agens könne die Phantasmen in etwas Geistiges verwandeln, so würden sie doch jeden Falls nach der Verwandlung nicht mehr Das sein, was sie vor derselben gewesen, sie würden keine Phantasmen mehr sein. Nun aber sagt Aristoteles, dass wir nie etwas denken können, ohne gleichzeitig das entsprechende Phantasma in uns zu haben[75]), also ist offenbar nach ihm das Phantasma im Augenblicke des Erkennens nicht in etwas Höheres, Intelligibeles umgebildet worden.

11. So sehen wir auch hier in Verlegenheiten uns verwickelt, und aus ihnen erklärt sich die Umgestaltung, welche die Thomistische Lehre unter den Händen des *Suarez*[76]), der freilich selbst von den Ansichten des heil. Thomas sich nicht zu entfernen meinte[77]), erhalten hat.

Suarez behauptet nämlich, „dass die abstrahirende Thätigkeit nicht als eine Einwirkung der geistigen Erkenntnisskraft (des intellectus agens) auf die sinnliche Vorstellung, sondern als eine der Vernunft selbst immanente Wirksamkeit aufzufassen sei. Weil es dieselbe Seele sei, die durch den Sinn und durch die Vernunft erkenne,

---

74) Sent. I. dist. 3. q. 5. — 75) De Anim. III, 8. §. 3. p. 432, a, 8.
76) De Anim. l. IV.
77) Wie sehr dies dennoch der Fall sei, wird Keinem entgehen, der die folgende getreue Darstellung der Auffassung des Suarez, die wir wörtlich der Philos. d. Vorzeit von Jos. Kleutgen (Münster 1860) entnehmen, mit den Aussprüchen des heil. Thomas vergleicht. S. z. B. Summ. theol. 1ᵃ 79, 3. ad 2ᵘᵐ und Cont. Gent. II, 77. cc. med. An der letzteren Stelle heisst es: Est igitur in anima intellectiva virtus *activa in phantasmata*, faciens ea intelligibilia actu, et haec potentia animae vocatur intellectus agens.

so genüge die Gegenwart der sinnlichen Vorstellung, dass die Vernunft zur Aeusserung ihrer Thätigkeit angeregt, und diese Thätigkeit auf den Gegenstand der Sinnlichkeit gerichtet werde; einen ferneren Einfluss aber könne keine sinnliche Vorstellung auf die Entstehung der intellectuellen haben; denn es sei auf das Strengste festzuhalten, dass nichts Materielles auf ein Immaterielles verändernd einwirke. " Man dürfe also nicht glauben, dass „die Vernunft (der intellectus agens) die sinnliche Vorstellung, gleichsam das Materielle abstreifend, reinige, um sie so umgewandelt und vergeistigt aus der Phantasie in sich (den intellectus possibilis) zu übertragen. Die abstrahirende Thätigkeit bringe überhaupt in der Sinnenvorstellung gar keine Veränderung hervor und bestehe einzig darin, dass die Vernunft in sich selbst das intelligibele Bild des Gegenstandes, von dem die Phantasie das sinnliche besitze, erzeuge [78]. "

12. Allein eine blosse Anregung durch die sinnliche Vorstellung konnte wohl vielleicht Plato, nicht aber kann sie Aristoteles genügen. Denn während Plato alle höhere Erkenntniss, als in einem früheren Leben erworben, von Geburt an in uns vorhanden glaubte, so dass nach ihm die Seele nur noch eines Anlasses zur Erinnerung bedürftig war, handelt es sich bei Aristoteles um ein ursprüngliches Erwerben der Gedanken. Der geistige Theil ist nach seiner Lehre völlig von den Ideen entblösst, und auch der intellectus agens hat daher, wenn er zur Seele gehört, keinen Gedanken in sich; wie also soll er nun dem intellectus possibilis die Begriffe mitzutheilen im Stande sein? Allerdings ist es richtig, dass in den sinnlichen Vorstellungen der Phantasie sich gewissermassen das Intelligibele findet, da das Allgemeine concret in dem Einzelnen ist; allein da die Phantasmen als materiell in keiner Weise auf den Geist einwirken sollen, so fehlt es jetzt offenbar gänzlich an einem genügenden activen Principe, welches die möglichen Gedanken zur Wirklichkeit führen würde.

Ferner, setzen wir den Fall, die Anregung durch die sinnliche Vorstellung genüge, und der intellectus agens könne aus der Fülle seiner Machtvollkommenheit sofort die Ideen im Geiste erzeugen, so müssten offenbar, da ja die Phantasmen an ihm nichts ändern, von Anfang an der Kraft nach alle Ideen in ihm enthalten sein. Dann aber bliebe es eben so wie bei Plato, dem Aristoteles diesen Vorwurf macht [79], unerklärlich, warum mit dem Mangel einer Empfindung immer auch der Mangel eines Wissens verbunden ist, geschweige dass man begreifen könnte, warum nach Aristoteles auch nach erlangter Erkenntniss das actuelle Erkennen nur so lange möglich sein solle, als man mit der Phantasie die entsprechenden Einzelvorstellungen festhalte [80].

---

78) Philos. d. Vorzeit S. 125. — 79) Metaph. A. 9. p. 993, a, 7.
80) S. S. 25. Anm. 70. und De Anim. III, 8. §. 3. p. 432, a, 8.

Die Aristotelische Ansicht über das Verhältniss der sinnlichen Erkenntniss zur geistigen ist hier offenbar verlassen.

Ferner: keine Thätigkeit ohne ein Streben zur Thätigkeit, lehrt Aristoteles [81]. Es muss also, wenn der intellectus agens wirkend das geistige Erkennen hervorbrigen soll, ein Streben nach-Erkenntniss im Menschen vorausgesetzt werden. Dieses Streben nun, aus dem die Operation des intellectus agens erfolgt, ist entweder als ein unbewusster Trieb zu denken, wie der, aus welchem die vegetative Thätigkeit der Pflanzen und das Wirken der leblosen Natur hervorgeht; dann aber kann offenbar die Sinneserkenntniss in keiner Weise dafür in Betracht kommen. die einzige Vorbedingung solcher Bethätigung ist ja die Gegenwart und richtige Disposition dessen, was die Wirkung aufzunehmen fähig ist [82]); nun ist aber der intellectus possibilis nach dieser Auffassung von Natur disponirt, den Einfluss des intellectus agens zu empfangen und ist auf das Innigste mit ihm verbunden, also müsste auch ohne alle Empfindung und von Anfang an der geistige Theil die Gedanken in sich erzeugen. Oder aber das Streben, aus dem die Operation des intellectus agens erfolgt, ist ein bewusstes: dann muss es ein sinnliches oder geistiges Begehren sein. Allein ein sinnliches Begehren ist es nicht, denn wie sollte der sinnliche Theil nach der Wahrheit begehren? und wie sollte ein Begehren des sinnlichen Theiles die Bewegung des intellectus agens leiten, zumal nach einer Theorie, die das Sinnliche gar nicht auf das Geistige wirken lässt? Aber auch ein geistiges Begehren kann es nicht sein, denn jedes geistige Wollen setzt ein geistiges Denken voraus, wie Aristoteles im zwölften Buche der Metaphysik uns lehrt [83]), die intellective Seele aber soll ja erst zum Denken gelangen, und wenn sie dazu gelangt, so ist nicht einmal dann das erste, was sie erkennt, die Wahrheit des Denkens, auf die doch das Begehren, aus dem die Thätigkeit des intellectus agens hervorgehen soll, gerichtet sein müsste, sondern die Natur der äusseren Dinge [84]. So ist also mit den übrigen Aristotelischen Lehren eine solche Ansicht vom νοῦς ποιητικός ganz unvereinbar.

Und so müssen wir denn auch von den mittelalterlichen Commentatoren, ohne etwas, was vollkommen befriedigend schien, gefunden zu haben, Abschied nehmen, um uns den neueren Erklärern zuzuwenden. Aller Einzelnen Meinungen können wir, um nicht allzu weit-

---

81) S. u. Abschnitt II. Theil I, n. 15.

82) Metaph. Θ, 5. p. 1048, a, 5. — Phys. VIII, 1. p. 251, b, 5. sagt desshalb Aristoteles: εἰ τοίνυν μὴ ἀεὶ ἐκινεῖτο, δῆλον ὡς οὐχ οὕτως εἶχον ὡς δυνάμενα τὸ μὲν κινεῖσθαι τὸ δὲ κινεῖν, ἀλλ᾽ ἔδει μεταβάλλειν θάτερον αὐτῶν.

83) Metaph. Λ, 7. p. 1072, a, 29.

84) De Anim. III, 4. §. 6. p. 429, b, 5. vgl. auch Metaph. Λ, 9. p. 1074, b, 35.

läufig zu werden, auch hier nicht durchgehen[85]), wir beschränken uns
vielmehr in ähnlicher Weise, wie wir es hinsichtlich der älteren Zeiten gethan, auf die Betrachtung der Auffassungen einiger der vor-
züglichsten deutschen und französischen Kenner der Aristotelischen
Philosophie.

C. Neuere Erklärungen.

13. Vor Allem begegnet uns hier *Trendelenburg*, der in seinem
verdienstvollen Commentare zu den drei Büchern von der Seele (Jena
1833) die Lehre vom νοῦς ποιητικός eingehend behandelt hat. Wir
fassen seine Bemerkungen in folgenden Puncten zusammen:

1) Der νοῦς wird nach der Aristotelischen Lehre, und hierin eben
besteht vorzüglich ihre Schwierigkeit, bald mit den übrigen Seelenkräften auf's Innigste verbunden, so dass er ohne sie nicht bestehen
zu können scheint (νοῦς παθητικός), bald, wenn er als höchster νοῦς,
als νοῦς ποιητικός gefasst wird, von dem übrigen Wesen des Menschen
als etwas Höheres geschieden und als Herr ihm gegenüber gestellt[86]).

2) Was haben wir nun unter dem einen und anderen von ihnen
zu verstehen? — Wir glauben, dass Aristoteles mit dem Ausdrucke
νοῦς παθητικός alle niederen Kräfte gleichsam in einen Knoten ver-
schlungen, in so fern sie zum Denken der Dinge erfordert werden,
bezeichnet habe. Παθητικός νοῦς nennt er diese Kräfte, theils weil
sie von dem νοῦς ποιητικός zur Vollendung geführt, theils weil sie von
ihren Objecten afficirt werden[87]). Die Erwerbung des allgemeinen Begriffes aus der Vergleichung der einzelnen Empfindungen ist, wenn
man auf die Hilfe, welche die Sinne leisten, blickt, Sache des νοῦς
παθητικός[88]).

3) Von ihm verschieden und höher als er ist der νοῦς ποιητικός,
wenn er auch nicht, wie Manche, die schon Themistius widerlegt hat,
behaupten wollten, für den göttlichen Verstand selbst zu halten ist.
Er ist etwas zur Seele 'des Menschen Gehöriges[89]) und darum auch
nicht ein einziger für Alle[90]).

4) Was er eigentlich sei, welches die Gränzen seines Gebietes
seien, wie er seiner Kraft zur Hervorbringung des Wissens sich bediene, über alles Dieses gibt Aristoteles uns nirgends Aufschluss[91]). Nur
das steht fest, dass er die ersten und letzten Principien des Wissens
erfasst, und dass es zuletzt sein Zeugniss ist, auf welches vertrauend
wir der Wahrheit zustimmen[92]). Ohne dasselbe würde uns jede Bürg-

---

85) Vgl. ausser den Specialabhandlungen, die *Ueberweg*, Gesch. d. Philos. I.
2. Ausg. S. 144. zusammenstellt, *Prantl*, Gesch. d. Logik im Abendl. I. S. 108 ff.
86) Comment. in Arist. d. Anim. p. 168. — 87) Ebend. p. 493.
88) Ebend. p. 173. — 89) Ebend. p. 492. — 90) Ebend. p. 493.
91) Ebend. p. 496. — 92) Ebend. p. 494. 495. 173.

schaft fehlen; denn ein Wissen von den Principien gibt es nicht, sie sind ja unbeweisbar, der νοῦς παθητικός aber kann auch nicht Bürge sein, er hängt ja von der Vergleichung der Empfindungen ab, und so würden wir, auf ihn uns berufend, ebenfalls dem Fehler eines Zirkelschlusses verfallen; es bleibt also nur der νοῦς ποιητικός, der durch die eigene Kraft die ersten Principien ergreift[93]). Auf diese übersinnlichen Principien gehen die Worte des elften Buches der Metaphysik: λαμβάνουσι δὲ τὸ τί ἐστιν [αἱ ἐπιστῆμαι] αἱ μὲν διὰ τῆς αἰσθήσεως αἱ δ' ὑποτιθέμεναι[94]). Woher aber legen sie dieselben zu Grunde, wenn nicht aus dem eigenen Geiste[95])?

5) Unser νοῦς ποιητικός, sagten wir, ist nicht der göttliche Geist; allein allerdings ist er etwas Gottverwandtes. Auch der göttliche Geist ist ein νοῦς ποιητικός; denn wer nicht die Existenz Gottes läugnet, dem kann er nichts Anderes sein als jener νοῦς, aus dem die Wahrheit der Dinge fliesst. Aristoteles hat diese Verwandtschaft des göttlichen und menschlichen Geistes im zwölften Buche der Metaphysik angedeutet[96]), ohne freilich hier oder an einem anderen Orte etwas über die Weise, in welcher der menschliche Geist des göttlichen theilhaft sei, zu bestimmen[97]).

6) Indem er ihn aber für etwas so Göttliches hielt, wurde er folgerichtig dazu geführt, ihn nicht aus der Materie sich entwickeln, sondern zu den anderen Kräften von Aussen her hinzukommen zu lassen. Von der Gottheit lässt er ihn entstammen[98]), von ihr aus in den Fötus eingehen, wie dieses mit seiner ganzen Lehre vom Geiste in vollkommenem Einklange ist[99]).

14. Auch diese Erklärung, obwohl sie sich vorsichtig davor hüten will, über die klaren Bestimmungen des Aristoteles hinaus zu gehen, scheint uns nichts desto weniger mehrere Puncte zu enthalten, die mit den Worten des Philosophen verglichen beweisen, dass auch hier die Lehre vom νοῦς nicht in einer Weise dargestellt ist, welche dem Sinne des Aristoteles ganz entsprechend wäre.

Vor Allem müssen wir dies bezüglich des νοῦς, dem als dem νοῦς, der Alles wird, das fünfte Capitel des dritten Buches von der Seele den νοῦς ποιητικός gegenüberstellt, geltend machen. Er ist nach Aristoteles nicht etwas Sinnliches, sondern etwas Geistiges, wie namentlich das vierte Capitel beweist, das von Anfang bis zu Ende von ihm allein handelt, und worin er als zur ψυχή νοητική gehörig (§. 4.), als unvermischt mit dem Leibe (§. 3.), als getrennt vom Leibe (§. 4.), als einfach (§. 9.), als ohne Materie (§. 12.) bezeichnet wird. Nir-

---

93) Ebend. p. 173. — 94) Met. κ, 7. p. 1064, a, 7. (vgl. ebend. ε, 1. p. 1025, b, 10.) — 95) Comment. in Arist. d. Anim. p. 495.
96) Met. Λ, 7. p. 1072, b, 18—30. — 97) Comment. in Arist. d. Anim. p. 492 f.
98) Ebend. p. 175. — 99) Ebend. p. 496.

gends ist auch nur die geringste Andeutung davon zu finden, dass die Rede einem anderen Vermögen sich zuwendete[100]), und der νοῦς ποιητικός wird erst mit Beginn des fünften Capitels eingeführt.

15. In diesem Puncte weicht denn auch *Brandis*, wenn wir ihn recht verstehen, von Trendelenburg ab[101]), dessen Auffassung im Uebrigen der seinigen vollkommen entsprechend ist. Auch er entscheidet sich nämlich in seiner Geschichte der griechisch-römischen Philosophie (1857) dafür, dass der νοῦς ποιητικός zur Individualität des Menschen gehöre, und hält dieselbe Ansicht auch in jüngerer Zeit (1862) in seinen Entwickelungen der griechischen Philosophie mit noch grösserer Bestimmtheit gegenüber anderen Deutungen aufrecht. Wir erlauben uns eine Stelle daraus wörtlich mitzutheilen, die seine Auffassung, welche auch darin nicht von Trendelenburg sich entfernt. dass sie dem νοῦς ποιητικός die Erkenntniss der an sich wahren und gewissen Principien[102]), dem leidenden νοῦς das vermittelnde Denken zuweist[103]). am Besten klar machen wird.

Nachdem er bemerkt, dass der Geist des Menschen unberührt vom Stoffe sei, fährt er fort: „In seiner Zusammengehörigkeit mit dem Vorstellen, so weit er von ihm und der sinnlichen Wahrnehmung den Stoff für das vermittelnde Denken entlehnt und der Denkbilder (Schemata) bedarf. oder sagen wir, so weit er als vermittelndes Denken wirkt, soll er als leidender Geist bezeichnet werden, und kommt ihm Einfachheit und Ewigkeit nicht zu. Nur der Geist im engeren Sinne des Wortes, der theoretische oder der energetische Geist, soll, wenn vom Körper abgelöst, sein, was er (wahrhaft) ist, unsterblich und ewig, auf ihm das eigentliche Ich oder Selbst des Menschen beruhen. Von Aussen werde er uns zu Theil, sei er selber göttlich oder das Göttlichste in uns, heisst es, um seine Unabhängigkeit vom organischen Körper, nicht um ihn als eine zeitweise in uns übergehende Erweisung des allgemeinen Weltgeistes zu bezeichnen[104]). "

---

100) Abgesehen davon, dass nirgends ein solcher Uebergang wahrzunehmen ist, kennzeichnen auch noch in den späteren Theilen manche Ausdrücke unzweideutig den νοῦς, der Alles wird. In den letzten Paragraphen des Capitels wie am Anfange wird das νοεῖν als πάσχειν bezeichnet (vgl. mit §. 2. p. 429, a, 13. die §§. 9. und 11., p. 429, b, 24. und b, 29.) und gerade am Ende findet sich der Vergleich mit der s. g. tabula rasa, den Niemand auf den νοῦς ποιητικός beziehen wird (§. 11. p. 429, b, 31.). Endlich erkennt man auch in den Bestimmungen, die in der Mitte des Capitels gegeben werden, deutlich das Charakteristische des νοῦς, der Alles wird, wie er denn §. 4. und §. 6. (p. 429. a. 29. und b, 8.) als ein in Möglichkeit Seiendes bezeichnet wird.

101) Auch Zeller hat die Darstellung Trendelenburgs desshalb angegriffen. Phil. d. Griech. 2te Aufl. II, 2. S. 442. Anm. 1.

102) Vgl. Griech.-röm. Philos. II, 2. 2. S. 1177. — 103) Ebend. S. 1178.

104) Entw. d. griech. Philos. S. 518.

16. Ein Bedenken wäre durch diese veränderte Auffassung des νοῦς, der Alles wird, beseitigt, nur dass es jetzt nicht recht begreiflich scheint, wie derselbe mit dem Leibe zu Grunde gehen soll, wenn er dem geistigen Theile des Menschen angehört. In seinen Operationen etwa mag er gehindert, wie aber in seiner Existenz beeinträchtigt werden?

Doch davon abgesehen bleibt ein anderes Bedenken, welches die Auffassung des νοῦς ποιητικός selbst unmittelbar betrifft. Wenn nämlich der νοῦς ποιητικός nicht ein höherer, göttlicher Geist, sondern eine Kraft ist, die der einzelnen Seele eigenthümlich ist, so erscheint es als unmöglich, ihn als ein denkendes Vermögen zu fassen. Denn weder könnte man sagen, dass er von Anfang und allezeit denke, noch dass er neu die Gedanken aufnehme. Das Erste nicht, denn eine solche Behauptung würde eben so gegen die Erfahrung, wie gegen die Lehre des Aristoteles in den Büchern von der Seele und in den logischen Schriften, die eben auf diese Erfahrung sich berufen, verstossen [105]; das Letzte nicht, denn das Aufnehmen der Gedanken ist ja eben jenes Werden der νοητά, jenes Leiden, das gerade im Gegensatze zum νοῦς ποιητικός dem νοῦς, der in Möglichkeit ist, beigelegt wird. So wird denn auch von diesem gesagt, nicht etwa, dass er die „vermittelten Gedanken," nein, dass er Alles werde [106]. nämlich alles Intelligibele, wie es Aristoteles im achten Capitel erklärt [107].

So kann uns denn selbst die Hochachtung vor dem Urtheile zweier so ausgezeichneter Kenner der Aristotelischen Philosophie nicht bewegen, einer Ansicht beizustimmen, mit der man diese klaren und wichtigen Bestimmungen des Aristoteles unmöglich vereinigen kann.

17. Während diese Erklärungen sich wenigstens dadurch, dass sie den νοῦς ποιητικός der Individualität des Menschen zuerkennen, an Theophrast annähern, gibt es auch in der neueren Zeit andere, die mehr mit den Auffassungen des Alexander und der arabischen Commentatoren sich verwandt zeigen. Unter ihnen erwähnen wir zunächst die von Ravaisson.

Im ersten Bande seines Essai sur la métaphysique d'Aristote erklärt er [108], nach Aristoteles habe der Mensch nur einen passiven Verstand, der alle Formen erfassen, alle Ideen aufnehmen und analog der ersten Materie Alles werden könne. „Er ist," sagt er. „die universelle Möglichkeit in der Welt der Ideen, wie die erste Materie in der Welt des Realen." Dagegen sei der νοῦς ποιητικός „die abso-

---

105) De Anim. III, 4. §. 12. p. 430, a, 5. τοῦ δὲ μὴ ἀεὶ νοεῖν τὸ αἴτιον ἐπισκεπτέον. Anal. Post. II, 19. p. 99, b, 26.

106) De Anim. III, 5. §. 1. p. 430, a, 14. καὶ ἔστιν ὁ μὲν τοιοῦτος νοῦς, τῷ πάντα γίνεσθαι, κ. τ. λ.

107) Ebend. 8, §. 1. p. 431, b, 22. vgl. auch 4, §. 8. p. 429, a, 17. und §. 11. p. 429, b, 30. — 108) Ess. sur la métaph. d'Aristit. I. p. 586 f. vgl. II. p. 17. 19.

lute Intelligenz, die schöpferische Thätigkeit, die alle möglichen Formen zur Wirklichkeit führe und alle Gedanken hervorbringe. "

Dies erinnert an die Lehre des Avicenna, nur dass dieser jede Form und jeden Gedanken unmittelbar der intelligentia agens entfliessen lässt, während nach Ravaisson Aristoteles, wie er nicht läugnet, dass als secundäre Ursache auch die körperlichen Wesen andere erzeugen, in entsprechender Weise annimmt, dass als secundäres Princip ein Gedanke den anderen in uns erwecke, so dass hier und dort nur als erster Beweger eine höhere Substanz gedacht werden müsse. Diese, die Gottheit selbst, gibt unmittelbar die Principien, aus deren Kraft alles Wissen und alles discursive Denken hervorgeht, und was auf dem theoretischen Gebiete gilt, das gilt auch auf dem praktischen; die göttliche Weisheit gibt das primitive Licht zur Unterscheidung des Guten und Bösen und gibt dem Willen den ersten Impuls, so dass die Tugend nur als ein Werkzeug des absoluten Gedankens erscheint [109]).

In der näheren Bestimmung des νοῦς, der Alles in Möglichkeit ist, trifft dann Ravaisson nahezu mit Alexander zusammen. Das sensitive Princip ist im Grunde dasselbe wie das intellective und vernünftige; darum vergleicht und unterscheidet auch der Verstand die abstracte Form, die sein eigenes Object ist, und die sensibele, was er nicht könnte, wenn er nicht beide in *einem* Bewusstsein umfasste. Und so reducirt sich der ganze Unterschied von Sinn und Verstand auf den von zwei Seinsweisen ein und derselben Sache. Natürlich ist daher auch der Verstand in seiner Existenz an den Leib gebunden; nichts, was dem Menschen individuell ist, ist unsterblich.

18. Durch diese Auffassung allein, meint Ravaisson, lasse sich die Lehre vom Verstande nicht bloss mit sich selbst, sondern auch mit der Metaphysik des Aristoteles in Einklang bringen, sie allein sei dem Geiste des Aristotelischen Systemes entsprechend; wobei er, wie es scheint, auf die Analogie des möglichen Verstandes und der ersten Materie, die beide Gott als ersten Beweger fordern sollen, das grösste Gewicht legt.

Nichtsdestoweniger ist die Auffassung des Verstandes, der Alles wird, als eines organischen Vermögens, wie früher nachgewiesen worden, mit den Aussagen des Aristoteles unvereinbar. Angenommen aber auch, seine Darstellung widerspräche in diesem Puncte nicht den klaren Aussprüchen unseres Philosophen, so würde gerade dann auch das Letzte schwinden, was uns dieselbe empfehlen könnte. Denn wenn der Verstand, der Alles wird, in einem Organ als seinem Subjecte sich fände, so würde offenbar auch ihn die Kraft des ersten Bewegers, insofern dieselbe die Körperwelt beherrscht, erreichen, und

---

109) Eth. Eudem. VII, 14. p. 1248, a, 24.

zwar eben so gut, wie sie die Sinne erreicht. Etwas Geistiges könnte sie in ihm als in einem mit der Materie vermischten Vermögen ohnehin nicht hervorbringen.

Ferner, wenn der Verstand, der Alles wird, Eins mit dem Sinne und nur dem Zustande nach von ihm verschieden wäre, so würde er, da ja die Sinneswahrnehmung vorhergeht, wenn er die erste allgemeine Vorstellung erfasst, eigentlich nicht mehr ein von aller Actualität entblösstes Vermögen, das seine erste Form aufnimmt, sein, und Aristoteles hätte noch eher Grund gehabt zur Erzeugung der ersten Sinneswahrnehmung, als zur Erweckung des ersten allgemeinen Gedankens, ein neues, unmittelbares Eingreifen der Gottheit anzunehmen. Avicenna, so sehr er von Aristoteles sich entfernt, steht ihm doch in so fern näher, als er die Geistigkeit des aufnehmenden Verstandes nicht verkennt, und weiss auch seine Analogie zwischen ihm und der ersten Materie besser zu wahren.

19. Andere, die ebenfalls den νοῦς ποιητικός als einen vom Wesen des Menschen getrennten Geist auffassen, weichen nichtsdestoweniger in wichtigen Puncten von Ravaisson ab, ohne freilich in ihren Versuchen glücklicher zu sein, oder auch nur selbst davon befriedigt zu werden.

Renan will in der Lehre vom νοῦς ποιητικός eine Theorie erblicken, die ziemlich ähnlich der Anschauung Malebranche's sei [110]), und da er nicht läugnen kann, dass diese Lehre sich wenig mit dem allgemeinen Geiste der peripatetischen Philosophie in Einklang finde, so beruft er sich darauf, dass Aristoteles ja gar oft in sein System Fragmente älterer Schulen aufgenommen habe, ohne sich die Mühe zu geben, sie mit seinen eigenen Anschauungen zu versöhnen. So soll denn die ganze Theorie vom νοῦς dem Anaxagoras entlehnt sein [111]), und wenn die Lehre von dem Entstehen unserer Verstandeserkenntnisse in den Analytiken, ja wenn eine Menge von Aussprüchen in den Büchern von der Seele selbst — was Alles Renan selbst eingesteht — mit seiner Auffassung der Lehre vom νοῦς im grellsten Widerspruche stehen, so meint er, dürfe uns dies nicht im Geringsten irre machen. Es sei kindisch, Aristoteles mit sich selbst in Einklang setzen zu wollen, da er sich selbst wenig um so etwas bekümmert habe [112]).

20. Diese seine eigenen Worte entheben uns jeder Kritik. Man darf vielleicht zugeben, dass manche Denker der unreiferen Periode der griechischen Philosophie, wie z. B., dass die älteren Pythagoräer,

---

110) Averr. et l'Averroisme p. 96. Ce qui résulte de tout cela, c'est une théorie assez analogue à celle de Malebranche.

111) Dem Aristoteles ausdrücklich den Vorwurf macht, dass er über die Weise und den Grund der Erkenntniss des νοῦς keinerlei Rechenschaft gegeben habe. De Anim. I, 2. §. 22. p. 405, b, 21. — 112) Averr. et l'Averr. p. 97.

oder dass Empedokles sich über die Vereinbarkeit gewisser blos
äusserlich aufgenommener Lehren mit anderen Anschauungen und sogar mit den Principien ihres Systemes oft Rechenschaft zu geben ver-
säumt haben, allein bei Aristoteles, der immer ein nach allen Seiten
waches Auge hat und zu dessen Methode es sogar gehört, überall auf
die scheinbaren Widersprüche hinzuweisen und sie selbst zu Motiven
des Fortschrittes bei seiner Forschung zu machen, ist eine solche
Annahme im höchsten Grade und mehr als bei jedem Anderen unbe-
rechtigt. Wir wenden uns daher einem anderen der neueren Erklärer zu.

21. *Zeller*, der ebenfalls den νοῦς ποιητικός als einen universellen
Geist als das absolute Denken der Gottheit fasst, aber weder mit Ravaisson übereinstimmt, noch auch Aristoteles zu einem griechischen
Malebranche macht, kommt zu einer Ansicht, nach der wir unserem
Philosophen eine noch weit wunderlichere Theorie zutrauen müssten,
welche dieselben Absurditäten enthalten haben würde, die im Mittelalter den Averroes berühmt gemacht haben.

Das höchste Denken, das vollendet in seinem Gegenstande ruht [113]),
denkt nach Aristoteles, wie Zeller ihn versteht, der Mensch in dem
Verstande des allgemeinen Geistes, so dass die Denkthätigkeit aller
Menschen, so weit sie sich nicht aus der Erfahrung entwickelt, eine
einzige, und zwar mit der Denkthätigkeit Gottes ein und dieselbe ist.
Dass Averroes nicht bloss ein gewisses, sondern alles geistige Denken
des Menschen in einer separaten Substanz, die eben durch sein Denken mit ihm verbunden ist, stattfinden lässt, würde hienach das Einzige sein, worin er von Aristoteles abgewichen, und so wäre ihm nur
eine Vervielfältigung der Absurdität, keineswegs eine Vergrösserung
derselben zur Last zu legen.

22. Wenn aber schon das Sonderbare und Ungereimte dieser
Theorie genügt, um an der Richtigkeit solcher Ergebnisse uns zweifeln zu machen, so bleibt vollends nichts mehr, was diese Auffassung
empfehlen könnte, übrig, wenn man sieht, wie nicht wenige Aussprüche des Aristoteles in offenbarem Widerspruche damit stehen.
Selbst Zeller bekennt dieses und weist auf mehrere Stellen hin, wo

---

113) S. Philos. d. Griech. II, 2. S. 441., wo das Gebiet des leidenden νοῦς gegen
das des νοῦς ποιητικός abgegränzt wird. S. 438. wird dem νοῦς zugeschrieben, dass
er die höchsten Principien, die nicht Gegenstand des vermittelten Denkens sein
können, in unmittelbarer Erkenntniss erfasse, und die folgenden Bemerkungen zeigen,
dass dieses auf den νοῦς ποιητικός zu beziehen ist. — Diese höchsten Principien
also sollten nach der Meinung des Aristoteles wir Menschen in dem Verstande
Gottes denken. Seltsam schon in sich und seltsamer noch, wenn, wie Zeller die
Lehre des Aristoteles deutet, dieser göttliche Verstand selbst keineswegs die
Principien unseres Wissens und überhaupt nicht mehrere Principien, sondern
einzig und allein sich selber denkt!

wir den νοῦς ποιητικός als etwas zur einzelnen Seele Gehöriges dargestellt finden [114]). Aus dem νοῦς, der Alles wird, weiss er auch nicht
was machen; ihn mit dem ποιητικός in engere Verbindung bringen,
kann er nicht, nachdem dieser kein Theil des menschlichen Wesens,
sondern der absolute Weltgeist sein soll, und so sieht er sich denn
dahin gedrängt, ihn wie die Sinne zum Leiblichen des Menschen zu
rechnen [115]); andererseits gesteht er jedoch ein, dass er sich in keiner
Weise zum Stofflichen zählen lasse und macht desshalb der Darstellung Trendelenburgs den Vorwurf, dass sie in diesem Puncte offenbar die Aristotelische Lehre alterire [116]).

23. Es liessen sich noch andere Variationen der Auffassung, die
den νοῦς ποιητικός von der Individualität des Menschen scheidet, anführen, allein schon die erwähnten, die von so ausgezeichneten For-
schern versucht worden sind, genügen, um die Widersprüche darzuthun und die Verwirrung, welche nothwendig durch jeden derartigen
Versuch in die Aristotelische Lehre gebracht wird und um so mehr
sich vergrössert, je mehr man alle einzelnen Aussprüche berücksich-
tigt. Man muss es Zeller nachrühmen, dass er dies am meisten gethan, aber eben darum erscheint auch gerade nach seiner Darstellung
dieser Theil der Aristotelischen Psychologie am meisten als ein Knäuel
verworrener Vorstellungen und als eine Anhäufung sich widersprechen-
der Aussagen.

Wenn dies die Theorie des Aristoteles wäre, in der That, dann
hätte man, wenn man ihn als einen Sensualisten verschrie, nicht
seine Ehre als Philosophen gekränkt, man hätte ihn noch allzu gün-
stig beurtheilt; der Sensualismus ist doch noch eine Ansicht, was
immer man mit Recht an ihr mangelhaft finden mag, aber solch ein
Gerede wäre ohne allen Sinn und Verstand [117]).

---

114) Ebend. S. 441. Anm. 3. — 115) Ebend. S. 443. Anm. 4. — 116) Ebend.
S. 442. Anm. 1.

117) Ueber den Erklärungsversuch von Denis in seinem Rationalisme d'Aristote
s. u. Abschnitt II, Theil IV. Anm. 320.

Zweiter Abschnitt.

Entwickelung der Aristotelischen Lehre vom
νοῦς ποιητικός.

---

1. **W**ir haben viele und verschiedene Erklärungen überblickt, die der Aristotelischen Lehre vom νοῦς ποιητικός in älterer und jüngerer Zeit zu Theil geworden, theils um durch Hinweisung auf die Theilnahme, die sie bei Anderen gefunden, auch unser Interesse anzuregen, theils aber und vorzüglich, um aus der Uneinigkeit der grössten Commentatoren die Schwierigkeit unserer Aufgabe klar zu machen. Fast möchte ich nun aber fürchten, diesen Zweck nur allzu sehr erreicht zu haben; denn wenn Jemand auf die Verschiedenheit der Richtungen blickt, in welcher hier die scharfsinnigsten Erklärer auseinander gehen und zugleich kaum einen einzigen zu einem befriedigenden Ergebnisse gelangen sieht, so dürfte er wohl, weit entfernt einer neuen Untersuchung auf diesem Gebiete mit schärferer Aufmerksamkeit zu folgen, sich eher dazu bewogen fühlen, jedem derartigen Versuche als einem solchen, der Unmögliches erstrebe, seine Theilnahme zu versagen. Nur unter *einer* Bedingung, scheint es, hätten wir etwa noch ein Recht, uns Hoffnung auf ein glücklicheres Ergebniss unserer Forschung zu machen, wenn wir nämlich ausser den dunkelen und spärlichen Angaben des Aristoteles, die bisher die Anhaltspuncte bildeten, neue Quellen für die Erkenntniss seiner Lehre anzugeben vermöchten. Dieses aber ist keineswegs der Fall, unsere Quellen sind keine anderen als die Schriften des Aristoteles, wie sie sämmtlich auch den früheren Erklärern vorlagen.

2. Nichtsdestoweniger ist Mehreres, was unsere Hoffnung aufrecht hält. Einmal hat schon die Betrachtung der früheren Erklärungsversuche unsere Aufgabe ohne Zweifel wesentlich gefördert. Der eine hat dieses, der andere jenes wahre Moment zur Geltung gebracht, und selbst da, wo ein Forscher offenbar vom richtigen Wege abirrte, haben seine Bemühungen uns zum Danke verpflichtet, indem wir, gewarnt durch die Consequenzen, nun nicht mehr versucht sind,

in denselben Seitenweg einzubiegen. Unsere Wahl· ist beschränkt, und ein Fehlgreifen darum minder wahrscheinlich.

Wir haben aus vielen Versuchen und namentlich aus dem Versuche *Zeller's* ersehen, dass es unmöglich ist, den νοῦς ποιητικός für die Gottheit oder für eine andere dem Wesen nach uns fremde, höhere Substanz zu halten. Wir haben ferner aus den Versuchen von *Trendelenburg* und *Brandis* entnommen, dass es unmöglich ist, ihn als etwas der Seele Eigenthümliches und dabei zugleich als etwas Denkendes zu fassen. Wenn er ein wirkendes Princip der Gedanken ist, so folgt ja nicht, dass er die Gedanken selbst in sich habe, da das Denken, wenn es eine Art Leiden ist, wie die Bewegung, nicht in dem Thätigen als solchen, sondern in dem Leidenden sich finden muss. Wir haben endlich aus dem Versuche des *Suarez* erkannt, dass es auch nicht angehe, den νοῦς ποιητικός für eine wirkende Kraft der Seele zu erklären, die mit ihrer Wirksamkeit unmittelbar das passive geistige Vermögen derselben berühre, die also zwar nicht denke, aber doch durch unmittelbare Einwirkung in dem denkenden Vermögen die Gedanken erzeuge. Was bleibt uns demnach übrig, als mit *Thomas von Aquin* anzunehmen, dass der νοῦς ποιητικός wohl ein wirkendes Princip der intellectiven Seele, aber mit seiner Thätigkeit unmittelbar einem niederen Theile zugewandt sei? Allein auch hier sind wir durch die Kritik des *Durandus* gewarnt, sein Wirken so zu bestimmen, als ob dadurch etwas Geistiges im Sinnlichen hervorgebracht werde. Und so sind uns schier alle Wege vertreten. Es muss aber, wenn anders mein Vertrauen auf Aristoteles mich nicht täuscht, ein Ausweg bleiben, und dieser wird es dann sein, der uns das richtige Verständniss der Lehre vermittelt.

3. Unter *einer* Bedingung, sagten wir, bleibe uns Hoffnung auf eine glückliche Lösung unserer Aufgabe, wenn wir nämlich neue Quellen für die Erkenntniss der Lehre vom νοῦς ποιητικός der Forschung sich eröffnen sähen. Dieses nun, wir haben es schon bemerkt, ist insofern nicht der Fall, als auch unsere alleinige Quelle, wenn wir von den Bemerkungen des Theophrast, die Themistius uns überliefert hat, absehen, die schon bisher bekannten und wohl auch zu diesem Zwecke benützten Schriften des Aristoteles bleiben. Denn da in dem dritten Buche von der Seele Aristoteles nur kurz und dunkel spricht, während er in anderen, z. B. in seinen logischen Abhandlungen, es nicht verschmäht, sich ausführlicher und in klareren Worten mitzutheilen, so lag nichts näher, als auch diese bei der Erforschung eines so schwierigen Punctes zu Hilfe zu nehmen.

Wenn wir nun aber nichts Neues, so können wir doch vielleicht Manches in neuer Weise als Quelle benützen; denn wenn man bisher zur Erklärung der dunkelen Worte im fünften Capitel des dritten Buches von der Seele andere Schriften zu Rathe zog, so geschah es hauptsächlich in der Absicht, Parallelstellen oder doch solche Aussprüche zu finden, die durch Angabe neuer Eigenthümlichkeiten des νοῦς ποιητικός den Begriff desselben uns zu ergänzen vermöchten. War nun irgendwo die Rede von einem νοῦς, dem eine hohe Bedeutung zugesprochen wurde, so glaubte man in ihm den νοῦς ποιητικός erkennen zu dürfen und eilte diese Stelle, mit den Aussagen im dritten Buche von der Seele zu combiniren, ein Versuch, der nur Verwirrung hervorrufen konnte, da in Wahrheit nirgends in den logischen Schriften (und dasselbe gilt von der Metaphysik) der νοῦς ποιητικός unmittelbar besprochen wird.

Wir also wollen die Bücher der Logik, namentlich die Lehre der Analytiken vom Entstehen unserer ersten geistigen Erkenntnisse ebenfalls, aber in einer ganz anderen Weise uns zu Nutzen machen, die zwar nicht so unmittelbar zu einem Resultate führt, aber bei der auch ein Fehlgreifen nicht so sehr zu fürchten ist. Wir wollen nämlich auf jenes Moment bei dem Entstehen unserer geistigen Erkenntnisse achten, welches Aristoteles, da er es beobachtete und unmöglich allein aus seinem νοῦς, der Alles wird, oder aus den Thätigkeiten der Sinne zu erklären im Stande war, zu der Annahme des νοῦς ποιητικός genöthigt hat. Die Spuren der ihm zugeschriebenen Wirksamkeit können uns nicht entgehen; durch sie aber dürfen wir sicher über das, was Aristoteles mit seinem νοῦς ποιητικός beabsichtigt und unter ihm verstanden hat, Aufschlüsse zu gewinnen erwarten. Denn die Methode, die Aristoteles als nothwendig empfohlen und die er selbst überall befolgt hat, war ja die, aus der Erkenntniss der Wirkungen und Thätigkeiten in die Natur der Kräfte ᵢ(einzugehen [1]), und wenn wir daher diesen Weg nehmen, so folgen wir so zu sagen seinen Fussstapfen, die gewiss am Besten zu seiner wahren Ansicht von den intellectiven Kräften uns führen werden.

4. Endlich wollen wir noch ein Mittel anwenden, von dem ich mir den besten Erfolg verspreche; es ist die Betrachtung dieses Theiles der Aristotelischen Seelenlehre aus dem Ganzen. Aristoteles, der, wie er von der Poesie Einheit fordert, in der wirklichen Welt eine Einheit erblickt — nicht zerrissen soll sie sein wie eine schlechte Tragödie [2]) — strebt nothwendig auch in seiner Philosophie nach Einheit und Harmonie, und es ist nicht zu denken, dass seine Seelenlehre kein Ganzes, sondern nur eine Anhäufung von Aussprüchen sei, von denen kein späterer auf den früheren Rücksicht nehme. Wenn aber dies nicht der Fall ist, wenn vielmehr die Aristotelische Seelenlehre ein Ganzes ist, harmonisch gegliedert und von *einem* Geiste

---

1) Vgl. De Anim. II, 4. §. 1. p. 415, a, 14. auch ebend. I, 1. §. 6 und 7. p. 402, b, 9. Die Gründe dafür s. Metaph. Θ, 8. p. 1049, b, 10. ff. ebend. 9. p. 1050, b, 29. — 2) Metaph. N. 3. p. 1090, b, 19. vgl. Λ, fin.

durchdrungen, dann werden wir dieses Ganze betrachtend auf das
Verständniss einer schwierigen Einzelnheit vorbereitet sein, wir werden sie, ich möchte sagen, aus ihrem Zwecke begreifen, da auch
hier der Satz nicht·alle Bedeutung verloren haben kann: das Ganze
ist Zweck seiner Theile.

Es wird eine Harmonie bestehen zwischen dem Verhältniss, in
welchem Aristoteles Geistiges und Sinnliches im Wesen des Menschen
vereinigt, und in welchem er es in Verstandeserkenntniss und Sinneswahrnehmung sich berührend denkt, und wer ihn in dem einen Puncte
verstanden, der wird dadurch auch dem Verständnisse des anderen
näher gerückt sein. Es werden ferner in seinen Anschauungen von
den einzelnen Theilen der Seele Analogien sich finden, die, wenn
irgendwo durch eine dunkele Stelle dem Verständniss eine Schwierigkeit bereitet ist, ihren richtigen Sinn uns erkennen lassen, da wir,
auch ehe wir sie erklärt, schon zum Voraus sagen können, was hier
der Analogie nach vermuthet werden müsse.

5. So wollen wir denn mit schnellem Blicke die ganze Aristotelische Psychologie überschauen. Nur hie und da wird ein Punct, der
von Verschiedenen verschieden gedeutet wird, uns zu etwas längerem
Verweilen nöthigen, während wir auf der anderen Seite auch Manches, namentlich was mehr physiologisch ist und, wie es überhaupt
seine Bedeutung verloren hat, insbesondere bei unserer Forschung
nicht massgebend werden kann, gänzlich werden übergehen dürfen.

Erster Theil.

Von der Seele und den Seelenkräften im Allgemeinen.

---

a. Von dem Wesen der Seele und ihrer Vereinigung mit dem Leibe.

1. Vor Allem wird es unsere Aufgabe sein, mit Aristoteles fest-zustellen, zu welcher der Gattungen die menschliche Seele gehöre, und was sie sei; ob sie nämlich eine Substanz, oder eine Qualität, oder eine Quantität sei, oder in einer anderen Kategorie sich finde [1]). Den Ausgangspunct bei dieser Forschung wird dann die Frage nach dem Unterschiede des Lebendigen und Leblosen bilden müssen; denn da wir unter dem Lebendigen und dem Beseelten und ebenso unter dem Leblosen und dem Unbeseelten ein und dasselbe verstehen [2]), so ist klar, dass wenn das Lebendige als Lebendiges von dem Leblosen substantiell verschieden ist, das Beseelte als solches Substanz, und die Seele als Grund eines substantiellen Unterschiedes zur Kategorie der Substanz gehörig ist [3]).

Der Unterschied der Substanzen offenbart sich in dem Unter-schiede ihrer Bewegungen und Thätigkeiten [4]); doch kann man nicht aus jeder Bewegung auf die Natur der Substanz zurück schliessen. Wenn ein Stein nach Oben geschleudert wird, so würde man irren, wenn man ihn, weil er seine Richtung aufwärts nimmt, zu den leich-ten Körpern rechnen wollte, und Aehnliches gilt bezüglich aller ge-

---

1) De Anim. I, 1. §. 3. p. 402, a, 22. πρῶτον δ' ἴσως ἀναγκαῖον διελεῖν ἐν τίνι τῶν γενῶν καὶ τί ἐστι (ἡ ψυχή), λέγω δὲ πότερον τόδε τι καὶ οὐσία ἢ ποιὸν ἢ ποσὸν ἢ καί τις ἄλλη τῶν διαιρεθεισῶν κατηγοριῶν. Vgl. ebend. §. 1. p. 402, a, 7. und Anal. Post. II, 13. p. 96, b, 19.

2) De Anim. II, 2. §. 2. p. 413, a, 20. λέγομεν οὖν ἀρχὴν λαβόντες τῆς σκέψεως, διωρίσθαι τὸ ἔμψυχον τοῦ ἀψύχου τῷ ζῆν.

3) Denn die Principien einer Substanz müssen selbst der Kategorie der Sub-stanz angehören. Vgl. Metaph. Λ, 4. f.

4) Dieser Gedanke liegt zahlreichen Aeusserungen des Aristoteles zu Grunde. Wir verweisen hier nur auf einige Stellen der Bücher von der Seele. De Anim. I, 1. §. 9. f. p. 403, a, 8. II, 1. §. 3. p. 412, a, 13. und 4. §. 1. p. 415, a, 16. III, 4. §. 4. f. p. 429, a, 24. u. s. w.

waltsamen Bewegungen: nur die Bewegungen und Operationen, welche
der Substanz natürlich sind, können in Betracht kommen, weil sie
allein ihr Princip in dem Wesen des Dinges selbst haben [5]). So sehen
wir denn unser Problem auf die Frage zurückgeführt, ob das, was
lebe, von dem, was nicht lebe, in seinen natürlichen Operationen und
Bewegungen verschieden sei. Nur wenn dieses der Fall ist, wird der
Unterschied des Lebendigen und Leblosen als ein Unterschied der
Substanz, und die Seele, das Princip des Lebens, als etwas Substantielles erwiesen sein.

Dass nun dem Lebenden besondere Operationen zukommen, ist
offenbar: denn wir sagen, dass etwas lebe, wenn es denkt, empfindet,
örtlich sich bewegt, sich ernährt und wächst, mögen nun alle diese
Operationen, oder auch nur die eine oder andere von ihnen bei ihm
gefunden werden [6]).

Dass aber diese Bewegungen nicht gewaltsame, sondern natürliche
seien, scheint ebensowenig einem Zweifel zu unterliegen, ja es scheint
dieses bei keiner Bewegung, die wir an den Dingen wahrnehmen, so
gewiss, als gerade bei ihnen [7]). Daher ist das Beseelte von dem Unbeseelten seiner Natur nach verschieden, das Leben ist das substantielle Sein des Lebendigen, und die Seele, das Princip des Lebens [8]),
wird als Princip von Substanzen selbst dem Gebiete des Substantiellen
angehören müssen [9]).

2. Das Lebendige ist von dem Leblosen substantiell verschieden;
Tod und Belebung sind substantielle Veränderungen [10]); die Seele ist
Princip von Substantiellem, sie ist Substanz.

Allein nicht alles, was Grund einer Substanz ist, ist Eins mit der
Substanz, deren Grund es ist. Ein Thier erzeugt das andere, und
das erzeugende ist nicht *eine* Substanz mit dem erzeugten. Es fragt

---

5) Vgl. Phys. II, 1. p. 192, b, 18. 20. und VIII, 4. p. 254, b, 12. De Coel.
III, 2. p. 301, b, 17. Metaph. Δ, 4.

6) De Anim. II, 2. §. 2. p. 413, a, 22. πλεοναχῶς δὲ τοῦ ζῆν λεγομένου, κἂν ἕν
τι τούτων ἐνυπάρχῃ μόνον, ζῆν αὐτό φαμεν, οἷον νοῦς, αἴσθησις κίνησις καὶ στάσις ἡ κατὰ
τόπον, ἔτι κίνησις ἡ κατὰ τροφήν καὶ φθίσις τε καὶ αὔξησις.

7) Daher sagt Aristoteles De Anim. I, 3., obwohl er nicht leugnet, dass es
nahe liege, der Seele selbst gewisse Bewegungen, solche nämlich, welche Lebensfunctionen sind, beizulegen (4. §. 10. p. 408, b, 1. φαμὲν γὰρ τὴν ψυχὴν λυπεῖσθαι,
χαίρειν, θαρρεῖν, φοβεῖσθαι, ἔτι δὲ ὀργίζεσθαί τε καὶ αἰσθάνεσθαι καὶ διανοεῖσθαι· ταῦτα δὲ
πάντα κινήσεις εἶναι δοκοῦσιν. ὅθεν οἰηθείη τις ἂν αὐτὴν κινεῖσθαι.), dass gewaltsame Bewegungen der Seele auch Einer, der fingiren wolle, kaum anzugeben im Stande
sein werde (§. 4. p. 406, a, 26.): ποῖαι δὲ βίαιοι τῆς ψυχῆς κινήσεις ἔσονται καὶ ἠρεμίαι,
οὐδὲ πλάττειν βουλομένοις ῥάδιον ἀποδοῦναι.

8) De Anim. II, 4. §. 4. p. 415, b, 13. τὸ δὲ ζῆν τοῖς ζῶσι τὸ εἶναί ἐστιν, αἰτία
δὲ καὶ ἀρχὴ τούτων ἡ ψυχή.

9) De Anim. II, 1. §. 4. p. 412, a, 19. ἀναγκαῖον ἄρα τὴν ψυχὴν οὐσίαν εἶναι.

10) De Longit. et Brevit. Vitae 2. p. 465, a, 26.

sich also, ob die Seele ein inneres Princip des Beseelten sei, oder eine von ihm verschiedene Substanz, also ein seinem Wesen äusseres Princip und nur insofern etwa in ihm, wie der Schiffer in dem von ihm bewegten Schiffe [11]).

Doch auch dieses ist ja nach dem Gesagten offenbar nicht mehr möglich. Die Seele ist nicht blos kein Accidenz, sie ist auch keine mit dem Beseelten accidentell verbundene Substanz, denn auch in diesem Falle wären die Lebensfunctionen nicht, wie so eben gesagt wurde, natürliche Operationen des Beseelten, sondern sie wären ihm gewaltsam, wie auch die Bewegung des Schiffes durch den Schiffer gewaltsam ist. Die Lebensfunctionen haben in der Natur des Lebendigen ihren Grund; wenn daher ihr Princip die Seele ist, so kann diese nicht von seiner Natur getrennt, sie muss ein inneres Princip des Lebendigen sein, das *eine* Substanz mit ihm bildet [12]).

3. Alle irdischen lebenden Wesen sind, wie die Erfahrung lehrt, so weit sie in die Sinne fallen, sterblich; Lebloses wird aus dem Lebendigen, so wie umgekehrt Lebendiges aus dem Leblosen wird, und gerade in den Uebergängen des Sterbens und Lebendigwerdens zeigt sich recht deutlich, dass die (irdischen [13])) körperlichen Wesen nicht blos accidentellen Veränderungen, sondern auch einem Wechsel der Substanz unterworfen sind. Denn das Lebendige und Leblose, sagten wir, seien verschiedene Substanzen, wenn also Lebloses aus Lebendigem und Lebendiges aus Leblosem wird, so wird eine Substanz aus der anderen Substanz.

Hieraus aber folgt, dass diese Substanzen, lebende wie leblose, durch zwei Principien innerlich constituirt sind, so dass wir, da sich uns die Seele als ein inneres Princip des Lebendigen ergeben hat, nun wieder einen neuen Zweifel hervorkeimen sehen, für welches nämlich von den beiden Principien man die Seele zu halten habe [14]).

Denn in allem, was einer Veränderung unterliegt, lässt sich ein Doppeltes unterscheiden, etwas was während der Umwandlung bleibt und ihr zu Grunde liegt, und etwas Anderes, was während derselben und durch dieselbe verschwindet [15]). Etwas was bleibt, sagen wir;

11) De Anim. II, 1. §. 13. p. 413, a, δ. ἔτι δὲ ἄδηλον εἰ οὕτως ἐντελέχεια τοῦ σώματος ἡ ψυχὴ ὥσπερ πλωτὴρ πλοίου. Vgl. Phys. VIII, 4. p. 254, b, 27.

12) De Anim. II, 2. §. 14. p. 414, a, 20. σῶμα μὲν γὰρ οὐκ ἔστι (ἡ ψυχή), σώματος δέ τι.

13) Von den Himmelskörpern glaubte Aristoteles, dass sie incorruptibel seien. Daher sagt er Metaph. Λ, 1. p. 1069, a, 30. οὐσίαι δὲ τρεῖς, μία μὲν αἰσθητή, ἧς ἡ μὲν ἀΐδιος ἡ δὲ φθαρτή . . . · ἄλλη δὲ ἀκίνητος, κ. τ. λ.

14) De Anim. I, 1. §. 3. p. 402, a, 25. ἔτι δὲ (ἀναγκαῖον διελεῖν) πότερον τῶν ἐν δυνάμει ὄντων (ἡ ψυχή) ἢ μᾶλλον ἐντελέχειά τις· διαφέρει γὰρ οὔ τι σμικρόν. Vgl. ebend. II, 1. §. 2. ff. p. 412, a, 7. und 2, §. 12. f. p. 414, a, 4.

15) Vgl. hiezu und zu dem Folgenden Phys. I, 7. p. 190, a, 14. b, 10. ff. Metaph. H, 1. p. 1042, a, 32. ebend. Λ, 2. p. 1069, b, 3.

denn wenn nichts bliebe, was zuerst das Eine und dann das Andere wäre,
so könnte man nicht sagen, dass das Eine das Andere geworden oder
Dieses früher Jenes gewesen sei. Das Eine wäre ja gänzlich untergegangen, das Andere als etwas ganz Neues an seine Stelle getreten,
es würde nicht aus dem Anderen, sondern nur nach dem Anderen sein.

Aber eben so klar ist, dass bei jeder Umwandlung etwas verschwinden muss; denn wenn Alles bliebe, so würde kein Werden, keine
Verwandlung, sondern vollkommene Ruhe sein.

So liegt denn z. B. der Ortsveränderung der Körper zu Grunde,
der, als etwas was in Möglichkeit hier und dort ist, in der Bewegung
bleibt, während seine örtliche Bestimmtheit eine andere und andere
wird. Ebenso bleibt bei der Erwärmung der Körper, der in Möglichkeit kalt und warm ist, während die Kälte der Wärme weicht. Aehnlich ist es bei der Ausdehnung und bei jedem accidentellen Wechsel;
eine accidentelle Form wird verloren und eine andere an ihrer Statt
erlangt, dagegen bleibt die Substanz, welche die Möglichkeit des Einen
und Anderen an sich hat, als Subject des accidentellen Werdens.

Was wird nun aber dem substantiellen Wechsel, wie er z. B.
zwischen lebenden und leblosen Körpern gefunden wird, zu Grunde
liegen? Wird es eine andere wirkliche Substanz, oder werden es vielleicht die Accidenzien sein? — Beides ist unmöglich! denn in dem
einen Falle müsste die Substanz Accidenz einer anderen Substanz sein,
was widersprechend wäre; in dem anderen Falle aber würde sich das
Verhältniss zwischen Substanz und Accidenz geradezu verkehren, die
Accidenzien würden das Subject der Substanz, während doch die Substanz das Subject der Accidenzien ist[16]). Es bleibt also nur übrig anzunehmen, dass das, was, dem Werdenden und Vergehenden gemeinsam, dem substantiellen Wechsel zu Grunde liege, zwar allerdings etwas Substantielles sei, keineswegs aber eine wirkliche Substanz, sondern die blosse substantielle Möglichkeit, in welcher wir daher, da sie
nicht wie die accidentellen Möglichkeiten an einem anderen Subjecte
haftet, das letzte Subject des Seienden zu erblicken haben[17]).

Sie ist es, die durch verschiedene substantielle Actualitäten zuerst
das Eine, dann das Andere ist, die mit der einen Actualität das Vergehende innerlich constituirte, aus der sich dann die entstehende Substanz entwickelte, und die auch in dieser als das eine der beiden sie
constituirenden Elemente[18]) bleibt. Aristoteles nennt sie die Mate-

---

16) Vgl. Metaph. Z, 13. p. 1038, b, 27. und 29.

17) Metaph. Z, 3. p. 1029, a, 23. τὰ μὲν γὰρ ἄλλα τῆς οὐσίας κατηγορεῖται, αὕτη
δὲ τῆς ὕλης. ὥστε τὸ ἔσχατον καθ᾿ αὐτὸ οὔτε τί οὔτε ποσὸν οὔτε ἄλλο οὐθέν ἐστιν.

18) Elemente (στοιχεῖα) in dem Sinne, in welchem dieses Wort z. B. Metaph.
Λ, 4. p. 1070, a, 34. u. ö. in diesem und dem folgenden Kapitel gebraucht wird,
nicht in dem gewöhnlicheren Sinne der einfachen Körper.

rie [19]). die Substanz im Sinne der Materie [20]), oder im Sinne der zu Grunde liegenden [21]). das Princip, woraus etwas wird, oder ist [22]). das Aufnehmende [23]), die Möglichkeit oder die Substanz in Möglichkeit [24]). das Nichtseiende [25]) u. dgl. mehr, und im Gegensatze zu ihr das andere Princip die Form [26]), die Wirklichkeit [27]), die Perfection [28]), das, worein etwas sich verwandelt (d. h. worein es, indem es sich verwandelt, kommt) und worin die Materie ist, wenn sie in Wirklichkeit ist [29]), den Grund der Existenz [30]), das vermöge dessen etwas ist, was es ist [31]), die Species [32]), den Begriff [33]), die Wesenheit oder die erste Wesenheit [34]), das Was-war-sein [35]) u. dgl.. Namen, die genugsam anzeigen, wie durch

---

19) ὕλη z. B. De Anim. II, 1. p. 412. a. 9. 19. Metaph. II. 1. p. 1042. a. 27. u. a. unzähligen Orten.

20) ὡς ὕλη οὐσία. De Anim. l. c. a. 7. Metaph. II. 2. p. 1042, b. 9. u. a. a. O.

21) ὑποκείμενον De Anim. II, 1. p. 412, a, 19. ebend. 2, p. 414. a, 14. Phys. I, 9. p. 192, a, 31. Metaph. A. 3. p. 983, a, 30. ebend. z. 8. p. 1035, a, 28. 31. u. 13. p. 1038, b, 2. u. a. a. O. ἢ ὡς ὑποκείμενη οὐσία ebend. H, 2. p. 1042, b, 9.

22) ἐξ οὗ γίγνεται z. B. Metaph. A. 3. p. 983, b, 24. ebend. B, 4. p. 999. b, 7. Λ, 2. princ. z, 7. p. 1032, a, 17. Phys. I, 9. p. 192, a. 31. — ἐξ οὗ Metaph. z. 7. p. 1032, a, 21. ebend. Λ, 2. p. 1013, b, 20. vgl. Λ, 4. princ. u. s. f.

23) δεκτικόν z. B. De Generat. et Corr. I. 10. p. 328. b, 10. De Anim. II, 2. p. 414, a, 10. Metaph. Λ, 4. p. 1015, a, 16. u. s. f.

24) δύναμις z. B. De Anim. II. 1. p. 412, a, 9. ebend. 414, a, 16. ἡ δυνάμει οὐσία z. B. Metaph. H, 2. p. 1042, b, 10. δυνάμει τόδε τι ebend. b, 27.

25) μὴ ὄν z. B. Phys. I, 8. p. 191, b, 27. De Gen. et Corr. I, 3. p. 317, b, 15. Metaph. Γ, 4. p. 1007, b, 28. ebend. N, 2. p. 1089. a, 28. vgl. auch Metaph. z. 3. p. 1029, a, 24.

26) μορφή z. B. Phys. II. 1. p. 193, a, 30. b, 4. 18. 19. De Anim. II. 1. p. 412. a, 8. ebend. 2, p. 414, a, 9. Metaph. H, 6. p. 1045, b, 18.

27) ἐνέργεια z. B. De Anim. II. 2. p. 414. a, 9. Metaph. H. 2. p. 1043, a, 12. 20. ebend. 3. p. 1043, b, 1.

28) ἐντελέχεια z. B. De Anim. II, 1. p. 412, a, 10. ebend. 2. p. 414, a, 16. 25. Metaph. z, 13. p. 1038, b, 6. vgl. ebend. Λ, 24. p. 1023, a, 34.

29) εἰς ὃ μεταβάλλει z. B. Metaph. Λ, 3. p. 1070, a, 2. ebend. a, 11. vgl. Θ, 8. p. 1050, a, 15.

30) τὸ αἴτιον τοῦ εἶναι De Anim. II, 4. p. 415, b, 12.

31) τὸ καθ' ὅ z. B. Metaph. Λ, 18. princ. ebend. z, 7. p. 1032, a, 21. De Anim. II, 1. p. 412, a, 8.

32) εἶδος z. B. De Anim. II, 1. p. 412, a, 8. 10. Metaph. z, 7. p. 1032, b, 1.

33) λόγος z. B. De Anim. I, 2. p. 403, b, 2. 8. ebend. II, 2. p. 414, a, 9. 13. 27. De Gener. Animal. I. 1. p. 715, a, 5. 8. Metaph. H, 1. p. 1042, a, 28. ebend. 2. p. 1043, a, 12. Λ, 2. p. 1069, b, 34. u. a. a. O. οὐσία ἡ κατὰ τὸν λόγον, De Anim. II, 1. p. 412, b, 10. Metaph. z, 10. p. 1035, b, 15. εἶδος τὸ κατὰ τὸν λόγον Phys. II, 1. p. 192, a, 31.

34) οὐσία z. B. De Anim. II, 4. p. 415, b, 11. πρώτη οὐσία Metaph. z, 7. p. 1032, b, 2. ebend. 13. p. 1038, b, 10., wozu Trendelenburg, Gesch. d. Kat. S. 40.

35) τὸ τί ἦν εἶναι z. B. De Anim. II, 1. p. 412, b, 11. Metaph. A, 3. p. 983, a, 27. ebend. z, 7. p. 1032, b, 1. 14.; 10. p. 1035, b, 32. und 13. p. 1038, b, 3.

dieses Princip die Substanz erst Sein und Wesensbestimmtheit erhält, während die Materie als solche das Unbestimmte ist [36]).

Blicken wir nun zurück auf das, was bezüglich der Seele festgestellt worden. Wir hatten sie als etwas Substantielles und als ein inneres Princip der beseelten Substanz erkannt; die beseelten Substanzen aber, so weit sie einem substantiellen Wechsel unterliegen, d. h. so weit sie sterblich sind, ergaben sich uns jetzt als durch zwei Principien innerlich constituirt, von denen das eine Substanz im Sinne der Materie, das andere im Sinne der Form ist. Eines von beiden ist die Seele; aber welches von beiden?

Die Frage löst sich leicht; denn da die Seele nicht in dem Sterbenden bleibt, und da ferner sie es ist, die dem Lebendigen seine Wesensbestimmtheit gibt, es zum Wirklichlebenden macht, so kann sie offenbar nicht die Materie, sondern sie muss das die Möglichkeit der Substanz zum wirklichen Sein Vollendende, das die Materie Belebende, sie muss die substantielle Form, die Energie, die Entelechie des lebenden Wesens sein. Das also wird der Begriff sein, der den Seelen der sterblichen Wesen gemeinsam zukommt: *„Die Seele ist die erste Entelechie eines natürlichen Körpers, der in Möglichkeit Leben hat* [37])."

Ein solcher Körper aber ist organisch, denn auch die Theile der Pflanzen sind Organe, obwohl einfachere Organe als die Organe der Thiere. So ist das Blatt ein Schutz der Fruchtschale, und diese ein Schutz der Frucht, die Wurzeln aber erscheinen dem Munde analog, indem durch sie die Pflanze ihre Nahrung einsaugt; und so werden wir denn die Seele eines sterblichen Wesens auch als *„die erste Entelechie eines physischen, organischen Körpers"* bezeichnen können [38]).

Ueber diesen Ausdruck s. *Trendelenburg*, Rhein. Mus. 1828. Heft 4. De Anim. p. 192 ff. 471 ff. und Gesch. d. Kateg. S. 34 ff. *Schwegler*, Arist. Metaph. IV. S. 369 ff. *Bonitz* in Metaph. p. 311 ff. *Zeller*. Philos. der Griech. 2. Aufl. II, 2. S. 146. Anm. 1.

36) ἄριστον Phys. III, 6. p. 207, a, 30. Metaph. Γ, 4. p. 1007, b, 26. und 5. p. 1010, a, 3. ebend. Z, 11. p. 1037, a, 27. vgl. 3, p. 1029, a, 20. Daher ist sie auch an und für sich nicht erkennbar Phys. l. c. Metaph. Z, 10. p. 1036, a, 8. ἡ δ' ὕλη ἄγνωστος καθ' αὐτήν. Vgl. auch Phys. I, 7. p. 191, a, 7.

37) De Anim. II, 1. §. 5. p. 412, a, 27. διὸ ψυχή ἐστιν ἐντελέχεια ἡ πρώτη σώματος φυσικοῦ δυνάμει ζωὴν ἔχοντος. vgl. ebend. 2. §. 12 ff. p. 414, a, 4. Metaph. Z, 10. p. 1035, b, 14. ebend. u, 6. p. 1045, b, 11., wozu ebend. b, 16. Λ, 3. p. 1070, a, 21—27. u. a. a. O.

38) De Anim. II, 1. §. 6. p. 412, a, 28. τοιοῦτο δὲ (σῶμα) ὃ ἂν ᾖ ὀργανικόν. ὄργανα δὲ καὶ τὰ τῶν φυτῶν μέρη, ἀλλὰ παντελῶς ἁπλᾶ, οἷον τὸ φύλλον περικαρπίου σκέπασμα, τὸ δὲ περικάρπιον καρποῦ. αἱ δὲ ῥίζαι τῷ στόματι ἀνάλογον, ἄμφω γὰρ ἕλκει τὴν τροφήν (vgl. Phys. II, 7. p. 199, a, 23.). εἰ δή τι κοινὸν ἐπὶ πάσης ψυχῆς δεῖ λέγειν, εἴη ἂν ἐντελέχεια ἡ πρώτη σώματος φυσικοῦ ὀργανικοῦ.

4. Aus diesem Ergebnisse unserer Untersuchung erklärt sich nun eine Reihe von Thatsachen der Erfahrung, wofür Jene, welche die Seele als eine Substanz für sich betrachten, die nur in dem Leibe wohne und ihn wie der Schiffer das Schiff bewege, kaum einen Grund anzugeben vermögen.

So könnte z. B., wenn diese Ansicht die richtige wäre, wohl eine jede Materie beseelt und zwar eine jede von jeder beliebigen Seele beseelt sein — denn warum sollte nicht auch eine Thierseele in einen menschlichen Leib eingehen können und eine Menschenseele in einem Thier- oder Pflanzenkörper, oder auch in einem Steine Raum finden? — Aber die Erfahrung lehrt, dass immer nur Körper von einer gewissen Beschaffenheit es sind, die eine Seele und zwar diese oder jene Seele haben [39]), so zwar, dass wenn der Leib eine das Wesen zerstörende Veränderung erleidet, sofort die Seele nicht mehr in ihm gefunden wird. Woher nun diese Erscheinung, die in ihrer Allgemeinheit genugsam ihre Nothwendigkeit zu erkennen gibt? — Uns beantwortet sich die Frage leicht; die Seele selbst bestimmt ja das Wesen ihres Körpers, indem sie nichts anderes als die Actualität des lebenden Körpers ist. In der That, es wäre so unmöglich, dass die Seele des einen lebenden Wesens in dem Leibe des anderen Wohnung nähme, wie dass die Natur der Flöte in eine Geige führe, so dass man nun auf der Geige Flöte spielen könnte [40]).

---

39) Man könnte hier einwenden, die Erfahrung lehre nicht, dass nur in gewissen Arten von Körpern gewisse Arten von Seelen seien, sondern blos, dass sie sich nie durch ihre Thätigkeiten in ihnen manifestiren. — Allein man bedenke, dass wenn dieses Letztere erfahrungsgemäss *niemals* der Fall ist, es offenbar nicht der Fall sein kann. Warum aber sollte die Seele eines Löwen, wenn sie in dem Körper eines Hasen wäre, nicht auch in ihm den ihr eigenthümlichen Muth, und die Seele eines Hundes in dem Körper einer Katze nicht auch in ihm die sie auszeichnende Treue und Anhänglichkeit zu zeigen vermögen? — Angenommen aber auch, es lasse sich vielleicht ein Grund ausfindig machen, wesshalb die Seelen des Löwen und Hundes in fremden Leibern die ihnen eigene Kraft und Tüchtigkeit nicht offenbaren könnten (und für die Seele des Thieres wenigstens, wenn sie in einer Pflanze, und für die der Pflanze, wenn sie in einem unorganischen Körper sich fände, würde allerdings der Mangel entsprechender Organe als hinreichender Erklärungsgrund dienen), so wäre doch jedenfalls die Verbindung von solchen Seelen und Körpern offenbar zwecklos, und schon dies würde genügen, sie mit Sicherheit zu verneinen. Wir können also mit Bestimmtheit sagen, dass eine gewisse Art von Seelen immer nur einer gewissen Art von Körpern innewohne; und da dieses allgemein der Fall ist, so ist es nothwendig der Fall, und der Grund dieser Nothwendigkeit muss aufgesucht werden (denn die Erkenntniss jener Zwecklosigkeit enthebt dieser Frage nicht), er muss aus dem richtig gefassten Begriffe der Seele sich ergeben.

40) De Anim. II, 2. §. 14. p. 414, a, 20. σῶμα μὲν γὰρ οὐκ ἔστι (ἡ ψυχή), σώματος δέ τι, καὶ διὰ τοῦτο ἐν σώματι ὑπάρχει, καὶ ἐν σώματι τοιούτῳ, καὶ οὐχ ὥσπερ οἱ πρό-

5. Ebenso erklärt sich ein anderes Phänomen, das nicht wenig dazu dienen muss, unsere Ansicht von der Seele zu bestätigen. Die Erfahrung lehrt uns nämlich, dass man bei den Pflanzen, wenn man sie zerschneidet, in jedem der getrennten Theile die vegetativen Lebensfunctionen wahrnimmt, und etwas Aehnliches macht sich bei gewissen Thieren bemerkbar, indem, wenn sie zerschnitten werden, beide Theile empfinden und sich örtlich bewegen, und daher offenbar auch Phantasie und sinnliches Begehren haben, da diese die unzertrennlichen Begleiter der Empfindung sind. Aus *einem* beseelten Wesen sind hier zwei geworden [41]), und nicht blos die körperlichen Substanzen,

---

τερον εἰς σῶμα ἐνήρμοζον αὐτήν, οὐδὲν προσδιορίζοντες ἐν τίνι καὶ ποίῳ, καίπερ οὐδὲ φαινομένου τοῦ τυχόντος δέχεσθαι τὸ τυχόν. οὕτω δὲ γίνεται καὶ κατὰ λόγον· ἑκάστου γὰρ ἡ ἐντελέχεια ἐν τῷ δυνάμει ὑπάρχοντι καὶ τῇ οἰκείᾳ ὕλῃ πέφυκεν ἐγγίνεσθαι. Ebend. I, 3. §. 22. p. 407, b, 13. ἐκεῖνο δὲ ἄτοπον συμβαίνει καὶ τούτῳ τῷ λόγῳ καὶ τοῖς πλείστοις τῶν περὶ ψυχῆς· συνάπτουσι γὰρ καὶ τιθέασιν εἰς σῶμα τὴν ψυχήν, οὐδὲν προσδιορίσαντες διὰ τίν᾽ αἰτίαν καὶ πῶς ἔχοντος τοῦ σώματος. καίτοι δόξειεν ἂν τοῦτ᾽ ἀναγκαῖον εἶναι· διὰ γὰρ τὴν κοινωνίαν τὸ μὲν ποιεῖ τὸ δὲ πάσχει καὶ τὸ μὲν κινεῖται τὸ δὲ κινεῖ. τούτων δ᾽ οὐδὲν ὑπάρχει πρὸς ἄλληλα τοῖς τυχοῦσιν. οἱ δὲ μόνον ἐπιχειροῦσι λέγειν ποῖόν τι ἡ ψυχή, περὶ δὲ τοῦ δεξομένου σώματος οὐδὲν ἔτι προσδιορίζουσιν, ὥσπερ ἐνδεχόμενον κατὰ τοὺς Πυθαγορικοὺς μύθους τὴν τυχοῦσαν ψυχὴν εἰς τὸ τυχὸν ἐνδύεσθαι σῶμα· δοκεῖ γὰρ ἕκαστον ἴδιον ἔχειν εἶδος καὶ μορφήν. παραπλήσιον δὲ λέγουσιν ὥσπερ εἴ τις φαίη τὴν τεκτονικὴν εἰς αὐλοὺς ἐνδύεσθαι· δεῖ γὰρ τὴν μὲν τέχνην χρῆσθαι τοῖς ὀργάνοις, τὴν δὲ ψυχὴν τῷ σώματι. Vgl. ebend. 4. §. 8. p. 408, a, 25.

41) Wie völlig ungenügend die Erklärung mancher neuerer Physiologen ist, welche meinen, dass jenen Theilstücken kein wirkliches Empfinden und in weiterer Folge auch keine Seele zuzuschreiben sei, dass man vielmehr ihre scheinbaren Lebensäusserungen trotz der täuschendsten Aehnlichkeit mit solchen, die aus dem Bewusstsein stammen, nur für mechanische Reflexbewegungen zu halten habe: zeigt sich besonders bei jenen Thierarten, bei welchen die Theile nachwachsend sich zu vollständigen thierischen Organismen ergänzen, die auch nicht eine einzige der vitalen Kräfte, die dem ursprünglichen Thiere zukamen, vermissen lassen. Ich weiss wohl, dass man, um sich mit dieser Thatsache zurecht zu finden, abspringend von dem in den anderen Fällen angewandten Erklärungsversuche zu einer weiteren Hypothese (der Existenz mehrerer Thierseelen in *einem* Leibe) seine Zuflucht genommen hat, die mit jener ersten in keinerlei verwandtschaftlicher Beziehung steht. Allein abgesehen von allem, was derselben Sonderbares und Inconvenientes anhaftet, würde schon die Unbeständigkeit und Willkür, die bei diesem Verfahren herrscht, den vollgültigen Beweis dafür liefern, dass man weder in diesem noch in dem anderen Erklärungsversuche glücklich gewesen sein könne. Hier und dort muss der Erklärungsgrund ein und derselbe sein, weil hier und dort auch die zu erklärende Erscheinung ein und dieselbe ist. Schon Aristoteles, dem noch keiner jener Fälle, worin die Theilstücke fortleben, bekannt ist, bemerkt in Betreff der übrigen mit Recht, dass, wenn die Theile des zerschnittenen Thieres nicht fortleben, dieses von keiner Bedeutung sei, indem es daher komme, dass sie nicht die zu ihrer Erhaltung nöthigen Organe haben (De Anim. I, 5. §. 26. p. 411, b, 22. De Longit. et Brevit. Vit. 6. p. 467, a, 20. De Juvent. et Senect. 2. p. 468, b, 5.). Man verschliesse einem vollkommenen lebenden Wesen die Zugänge der Nahrung,

sondern auch die Seelen haben sich also vervielfältigt und zwar durch eben jene Zertheilung, welche die körperliche Substanz vervielfältigt hat[42]); denn Niemand wird ja doch wohl behaupten wollen, dass der eine Theil durch die Seele, die in dem anderen Theile ist, Leben und Empfindung haben könne. Wenn aber dieses unmöglich ist, wenn vielmehr jedem der Theilstücke eine besondere Seele eigen sein muss, so fragt es sich woher doch plötzlich, auf eine so willkürliche Veranlassung hin, die zweite Seele gekommen, wenn sie nämlich nicht zur Natur des Körpers selbst gehörig, sondern dem Wesen nach von ihm geschieden ist und eine Substanz für sich allein bildet? Es möchte in der That schwierig sein, auch nur etwas zu erfinden, wodurch in einer irgendwie wahrscheinlichen Weise eine Lösung des Räthsels gegeben würde.

Uns dagegen liegt die Erklärung nahe. Wenn ein Dreieck in zwei andere getheilt wird, so sind diese nicht mehr durch *eine* Dreiecksgestalt dreieckig, an die Stelle der einen sind zwei neue accidentelle Formen getreten. Woher sind sie gekommen? Beide waren der Möglichkeit nach in dem, was der Wirklichkeit nach ein einziges Dreieck gewesen ist. Nicht anders verhält es sich in ähnlichen Fällen mit anderen accidentellen Formen, und auch mit den substantiellen Formen corruptibeler Dinge. Wenn eine körperliche Substanz in mehrere Körper zerfällt, so waren in ihr der Wirklichkeit nach nur eine,. der Möglichkeit nach aber viele substantielle Actualitäten, durch welche jetzt jene Mehrheit der entstandenen Körper wirklich ist. Ob die entstehenden Körper von derselben Art mit dem zerstörten sind, hängt von den besonderen Umständen ab, häufig aber ist es der Fall, wie z. B. wenn ein Stein in mehrere Steine derselben Art zerschlagen wird; und so hat es denn gar nichts Auffallendes, wenn auch aus einem lebenden Körper in gewissen Fällen durch Theilung zwei lebende Wesen derselben Art hervorgehen. Wo in Wirklichkeit *eine* Seele, da sind in

---

man öffne einem andern die Adern, so werden beide nicht dauernd fortzuleben fähig sein, wer aber möchte behaupten, dass desshalb auch alle Lebenszeichen, die sie nach jener Operation geben, nur noch scheinbar seien? So hat man denn in der That mit jenen Erklärungen nur der Meinung Vorschub geleistet, welche den Thieren Seele und Leben absprechen zu müssen glaubt, was gewiss allem gesunden Sinne zum Trotze gesagt wird und eine partielle Skepsis genannt werden kann.

42) De Anim. II, 2. §. 8. p. 413, b, 16. ὥσπερ γὰρ ἐπὶ τῶν φυτῶν ἔνια διαιρούμενα φαίνεται ζῶντα καὶ χωριζόμενα ἀπ' ἀλλήλων, ὡς οὔσης τῆς ἐν τούτοις ψυχῆς ἐντελεχείᾳ μὲν μιᾶς ἐν ἑκάστῳ φυτῷ, δυνάμει δὲ πλειόνων, οὕτως ὁρῶμεν καὶ περὶ ἑτέρας διαφορὰς τῆς ψυχῆς συμβαῖνον ἐπὶ τῶν ἐντόμων ἐν τοῖς διατεμνομένοις· καὶ γὰρ αἴσθησιν ἑκάτερον τῶν μερῶν ἔχει καὶ κίνησιν τὴν κατὰ τόπον, εἰ δ' αἴσθησιν καὶ φαντασίαν καὶ ὄρεξιν· ὅπου μὲν γὰρ αἴσθησις, καὶ λύπη τε καὶ ἡδονή, ὅπου δὲ ταῦτα, ἐξ ἀνάγκης καὶ ἐπιθυμία. Vgl. ebend. I, 4. §. 18. p. 409, a, 9. und die in der vor. Anm. citirten Stellen.

Brentano, Die Psychologie des Aristoteles. 4

Möglichkeit zwei Seelen gewesen[43]); denn eine solche Seele ist ja nichts anderes als die substantielle Form einer beseelten Materie, sie ist keine Substanz für sich, sie gehört wesentlich zum Körper und wird nur durch den abstrahirenden Verstand als etwas Besonderes gesetzt; und so erklärt sich denn eine Erscheinung und ordnet sich leicht den allgemeinen Gesetzen unter, welche nach anderen Anschauungen von der Seele in so hohem Grade befremdend war.

6. Mit gleicher Einfachheit sehen wir aber auch noch eine weitere Frage, die gar ernst und vielfach die Geister beschäftiget hat, sich lösen, wir meinen die Frage nach der Art und Weise in welcher die Seele in ihrem Leibe und mit demselben zu einer Einheit verbunden sei.

Wenn die Seele eine Form der substantiellen Materie ist, so ist sie in ihr und Eins mit ihr, wie auch accidentelle Formen in accidentellen Materien und mit denselben Eines sind. So wenig es also noch einer Untersuchung bedarf, um darzuthun, wie das Siegel mit dem geformten Wachse Eines sei, so wenig haben wir noch nach der Einheit der Seele mit ihrem Leibe und nach der Weise ihrer Existenz in ihm zu forschen, denn eine innigere Vereinigung kann es ja nicht geben, als die, welche zwischen der Potenz und ihrer Actualität besteht[44]).

7. Die Seele ist die Actualität des Lebendigen. Die Seele der sterblichen Wesen ist daher nicht selbst das Lebendige, sondern, da dieses ja hier aus Materie und Form zusammengesetzt ist, nur ein Bestandtheil dessen was lebt[45]).

---

43) S. d. vor. Anm.

44) De Anim. II, 1. §. 7. p. 412, b, 6. διὸ καὶ οὐ δεῖ ζητεῖν εἰ ἓν ἡ ψυχὴ καὶ τὸ σῶμα, ὥσπερ οὐδὲ τὸν κηρὸν καὶ τὸ σχῆμα, οὐδ' ὅλως τὴν ἑκάστου ὕλην καὶ τὸ οὗ ὕλη· τὸ γὰρ ἓν καὶ τὸ εἶναι ἐπεὶ πλεοναχῶς λέγεται, τὸ κυρίως ἡ ἐντελέχειά ἐστιν. Vgl. Metaph. H, 6. p. 1045, b, 7. — fin.

45) Bei den aus Materie und Form bestehenden Dingen ist die Form nicht das Seiende, sondern nur das, vermöge dessen das Seiende ist; die Materie ist hier das Seiende durch die Form (De Anim. II, 1. §. 2. p. 412, a, 6. λέγομεν δὴ γένος ἕν τι τῶν ὄντων τὴν οὐσίαν, ταύτης δὲ τὸ μὲν ὡς ὕλην, ὃ καθ' αὐτὸ μὲν οὐκ ἔστι τόδε τι, ἕτερον δὲ μορφὴν καὶ εἶδος, καθ' ἣν ἤδη λέγεται τόδε τι, καὶ τρίτον τὸ ἐκ τούτων). Dies spricht sich auch in dem Satze aus, dass die Form nicht werde (Metaph. Z, 8. p. 1033, b, 5—19., ebend. H, 1. p. 1042, a, 30. Λ, 3. princ. u. a. a. O.); denn da die Form nicht vor dem Werden ist (Metaph. Λ, 3. p. 1070, a, 21.), so ist sie, wenn sie in dem Werden nicht das Werdende ist, auch nach dem Werden nicht das Gewordene, also nicht das Seiende, sondern nur ein Bestandtheil des Seienden und mit und in ihm seiend. Da nun das Sein der beseelten Substanzen das Leben ist (De Anim. II, 4. §. 4. p. 415, b, 12.), so lebt bei ihnen nicht die Seele, sondern der Leib durch die Seele. Und wie er und nicht die Seele es ist, die lebt, so ist auch er und nicht die Seele es, welche die Lebensthätigkeiten übt, nur übt er sie durch die Seele. Daher sagt Aristoteles (De Anim. I, 4. §. 12.

Allein es gibt auch incorruptibele Substanzen, also solche, die
frei von Materie, reine Actualitäten sind, und auch ihnen kann Leben
zukommen, da, wie wir noch sehen werden, an manchen jener Operationen, die wir als Lebensfunctionen bezeichneten, namentlich an dem
Denken der Körper keinen Antheil hat. In solchen geistigen Wesen
also würde, da sie reine Formen sind, Seele und Beseeltes zusammen
fallen; die Seele wäre nicht blos das, wodurch das Lebende lebt, sie
selbst wäre das was lebt [46]).

Endlich ist noch ein dritter Fall denkbar, nämlich der, dass ein
lebendes Wesen theilweise sterblich und theilweise unsterblich, dass
es also dem einen Theile nach reine Form, dem anderen, sterblichen
Theile nach dagegen aus Materie und Form bestehend wäre. Denn
dass es widerspräche, wenn eine einzige Substanz so völlig unähnliche
Theile in sich vereinigte, das, sage ich, kann man gegen die Annahme
einer solchen Möglichkeit nicht geltend machen, da, was uns in zahlreichen, namentlich der Pflanzen- und Thierwelt angehörigen Beispielen als Thatsache vor Augen steht, mehr als genügend ist, diesen Einwand zu entkräften. Pflanzen und Thiere sind ja, wie wir gesehen
haben, lebendige Substanzen, und in ihnen allen, besonders aber in
den höheren Arten, tritt die grosse Mannigfaltigkeit und Ungleichheit
der Organe klar zu Tage. Die Theile haben also hier die entgegen-
gesetztesten Eigenschaften und die verschiedensten Dispositionen,
andere sind aus anderen Elementen gemischt [47]), allein alle diese Verschiedenheiten und Gegensätze heben die Einheit des lebenden We-

---

p. 408, b, 11.), dass, wenn man sage, die Seele zürne, es eigentlich so unrichtig sei,
wie wenn man sage, sie webe oder sie führe ein Gebäude auf, und an einer anderen Stelle leugnet er, dass die Sinnenbilder in der Seele seien (De Anim. III, 4.
§. 4. p. 429, a, 27.), oder dass sie Begierde oder Abscheu, Furcht, Lust oder
Mitleid habe u. dgl. (De Anim. I, 1. §. 9. f. p. 403, a, 5.)

46) S. Metaph. Λ, 7 ff. — Wenn Aristoteles (Metaph. Λ, 7. p. 1072, b, 29.)
Gott ζῷον ἀίδιον ἄριστον nennt (vgl. ebend. Δ, 26. p. 1023, b, 32.), und dem entsprechend (De Anim. I, 1. §. 5. p. 402, b, 7.) auch von einer ψυχὴ θεοῦ spricht,
so ist, da Gott reine Energie ist (Metaph. Λ, 7. p. 1072, a, 25.), diese ψυχὴ selbst
zugleich das ἔμψυχον. Daher nennt er ihn nicht blos ζῷον, sondern auch ζωή
(ebend. b, 28.) und fügt, nachdem er gesagt, dem Gotte komme Leben und Ewigkeit zu, die Worte bei, „denn dieses ist der Gott" (wobei er freilich unter Leben
mehr die Lebensthätigkeit als das Sein des Lebendigen zu verstehen scheint, die
bei Gott, nicht aber bei anderen lebenden Substanzen mit diesem zusammenfällt).

47) Daher argumentirt Aristoteles gegen Empedokles, der, indem er die Seele
für das Mischungsverhältniss der Elemente erklärt, weder die Einheit der Seele
noch die des lebenden Wesens zu wahren weiss (De Anim. I, 4. §. 6. p. 408, a, 14.
ebend. 5. §. 12. p. 410, b, 10. vgl. auch die letzten §§. des Kap.). — In den Thieren, die sich örtlich bewegen, erkennt Aristoteles sich selbst bewegende Substanzen, aber die Möglichkeit dieser Selbstbewegung erklärt sich ihm aus der Mehrheit und Verschiedenheit ihrer Theile. (Phys. VIII. 4. p. 254, b, 13. 27.)

sens, die Einheit der Substanz nicht auf. Und so kann man denn auch nicht von vorn herein aus der Verschiedenheit des Corruptibelen und Incorruptibelen auf eine Unmöglichkeit ihrer Vereinigung zu einer einzigen lebenden Substanz schliessen.

In einem solchen Falle wird nun aber die Seele weder selbst für sich allein das ganze lebende Wesen, noch auch wird sie das blosse die Materie belebende Princip sein können. Nur einem Theile nach ist sie mit der Materie vermischt; theilweise also belebt sie die Materie, theilweise ist sie dagegen selbst lebendig und das Subject der Lebensfunctionen. Und wenn daher der körperliche Theil einer solchen Substanz corrumpirt, so wird die Seele nur theilweise mit ihm vergehen, indem andere Formen an ihrer Statt in der Materie wirklich werden; jener Theil von ihr, der frei von Materie ist, wird von diesem Tode nicht berühret werden, sondern als eine Substanz für sich ein Leben fortführen, das überhaupt nicht enden wird.

Eine solche Seele nun muss die menschliche Seele sein, wenn sie, wie man sagt, in dem Tode des Leibes nicht ihren Untergang findet; und sie ist wirklich eine solche, da wir aus den Operationen des Menschen nachweisen werden, dass er nur theilweise sterblich ist. Vor der Hand genügt es uns, die Möglichkeit einer solchen theilweise sterblichen, theilweise unsterblichen Substanz in's Auge gefasst zu haben [48]).

8. Fassen wir kurz das Resultat der bisherigen Untersuchungen zusammen, so ist es folgendes: Die Seele ist die substantielle Entelechie eines lebendigen Wesens; und da die lebendigen Substanzen, wie sie auf Erden sich finden, alle, wenigstens einem Theile nach corruptibel, also aus Materie und Form zusammengesetzt sind, so ist die Seele jedes irdischen Wesens eine substantielle Form, welche entweder ganz oder theilweise die Actualität eines in Möglichkeit lebenden, organischen Körpers ist [49]).

---

48) Hierauf beschränkt sich zunächst auch Aristoteles. So im ersten Buche z. B. De Anim. I, 1. §. 9 f. p. 403, a, 3. und im zweiten, z. B. 2. §. 9. p. 413, b, 24. Der Grund, wesshalb er dieses thut, liegt in der schon erwähnten allgemeinen Regel, die er De Anim. II, 4. §. 1. (p. 415, a, 16.) gibt. Obwohl er daher in den beiden ersten Büchern von der Seele öfter die Frage von der Geistigkeit des intellectiven Theiles berührt und an manchen Stellen auch bereits deutlich seine Meinung erkennen lässt (vgl. die f. Anm.), ja an einigen sie sogar mit Bestimmtheit ausspricht und ihre Begründung anbahnt, so kann er doch erst im dritten Buche, wo die Untersuchung der Verstandesthätigkeit ihm die nöthigen Anhaltspuncte gegeben hat, in erschöpfender Weise den Gegenstand behandeln.

49) De Anim. II, 1. §. 12. p. 413, a, 4. ὅτι μὲν οὖν οὐκ ἔστιν ἡ ψυχὴ χωριστὴ τοῦ σώματος, ἢ μέρη τινὰ αὐτῆς, εἰ μεριστὴ πέφυκεν, οὐκ ἄδηλον· ἐνίων γὰρ ἡ ἐντελέχεια τῶν μερῶν ἐστιν αὐτῶν. οὐ μὴν ἀλλ᾽ ἔνιά γε οὐδὲν κωλύει, διὰ τὸ μηθενὸς εἶναι σώματος ἐντελεχείας.

b. Von den Theilen der menschlichen Seele.

9. Wir wenden uns nun zu einigen Fragen, die, mit dem so eben Erörterten in engstem Zusammenhange stehend, den Uebergang von der Betrachtung der Seele im Allgemeinen zu den speciellen psychologischen Untersuchungen des Aristoteles uns vermitteln werden.

Erstens fragen wir: Gibt es unter den auf Erden lebenden Wesen Substanzen verschiedener Art und also auch verschiedenartige Seelen, oder haben alle die gleiche Wesensbeschaffenheit [50]?

Zweitens: Kann ein und dasselbe lebende Wesen von mehreren Seelen beseelt sein, oder ist dieser Fall undenkbar [51]? Endlich

Drittens: Lässt sich in der Seele eine Mehrheit von Theilen unterscheiden und in welchem Sinne [52]?

10. Um zur Lösung der ersten Frage zu gelangen, müssen wir auf den schon oben ausgesprochenen Grundsatz zurückkommen, dass in den verschiedenen Arten der natürlichen Operationen die Unterschiede der Naturen sich offenbaren. Wenn also nicht alles, was auf Erden lebt, an denselben Lebensfunctionen Theil hat, so ist uns dies ein genügender Beweis dafür, dass die lebenden Substanzen und folglich auch die Seelen, als innere Wesen-bestimmende Principien derselben, ungleichartig sein müssen [53].

So sind denn offenbar die Pflanzen- und Thierseelen von verschiedener Art, denn wenn die Thiere die vegetativen Functionen der Ernährung, des Wachsthums und der Erzeugung mit den Pflanzen gemein haben, so haben doch die Pflanzen nicht an der Empfindung Theil, die bei den Thieren gefunden wird. Ferner haben manche Thiere nur die Empfindung des Gefühles und Geschmackes, während andere mit Gefühl und Geschmack auch die übrigen Sinnesthätigkeiten vereinigen. Wiederum haben auch diese Thiere nicht alle an der örtlichen Bewegung Theil, und selbst unter jenen lebenden Wesen, in welchen wir die vegetativen Kräfte und die sämmtlichen Empfindungsvermögen mit der Fähigkeit der örtlichen Bewegung verbunden finden, zeigt sich noch ein Unterschied, indem die meisten von ihnen der vernünftigen Denkkraft entbehren, welche dem Menschen als das verliehen erscheint, was ihn vor allem anderen, was auf Erden lebt, aus-

---

50) De Anim. I, 1. §. 4 f. p. 402, b, 1. (σκεπτέον) πότερον ὁμοειδὴς ἅπασα ψυχὴ ἢ οὔ · εἰ δὲ μὴ ὁμοειδής, πότερον εἴδει διαφέρουσιν ἢ γένει. κ. τ. λ.

51) De Anim. I, 1. §. 6. p. 402, b, 9. εἰ μὴ πολλαὶ ψυχαὶ ἀλλὰ μόρια. Ebend. II, 2. §. 7. p. 413, b, 13. πότερον δὲ τούτων (nämlich von der ἀρχὴ θρεπτική, αἰσθητική, διανοητική, κινητική) ἕκαστόν ἐστι ψυχὴ ἢ μόριον ψυχῆς.

52) De Anim. I, 1. §. 4. p. 402, b, 1. σκεπτέον δὲ καὶ εἰ μεριστὴ (ἡ ψυχὴ) ἢ ἀμερής.

53) Vgl. De Anim. II, 2. §. 11. p. 413, b, 32. und ebend. §. 6. p. 413, b, 11.

zeichnet [54]). In allen diesen Abstufungen des Lebens gibt sich deutlich eine Mehrheit der Arten zu erkennen.

11. Weil nun aber jede höhere Stufe die Kräfte der niederen mit anderen, neu hinzukommenden Vermögen vereinigt, so liegt der Gedanke nicht fern, es möge das höhere lebende Wesen, wie es die Lebensfunctionen des niederen und ausser denselben andere, die jenem mangeln, in sich hat, wohl auch ein ähnliches Lebensprincip, eine der Seele des niederen Lebendigen gleiche Seele und ausser derselben eine andere haben, die nur in ihm sich finden und so seinen Unterschied von dem ersten erklären würde.

Nichtsdestoweniger ist eine solche Annahme unstatthaft und den bereits gewonnenen Ergebnissen unserer Forschung widerstreitend. *Eine* Materie kann nie gleichzeitig durch mehrere Formen bestimmt [55]), *ein* Wirkliches nie durch mehrere Wirklichkeiten wirklich sein [56]); wenn also, wie wir gesehen haben, die Seele die substantielle Actualität des Lebendigen ist, so ist es undenkbar, dass jemals irgend ein Beseeltes von mehr als *einer* Seele beseelt und belebt sein sollte [57]).

Von der Form empfängt die Substanz Sein und Einheit [58]); weit

---

54) De Anim. II, 2. §. 2 ff. p. 413, a, 22. ebend. 3. §. 1 f. p. 414, a, 29. ebend. §. 7. p. 415, a, 1. ebend. III, 12. p. 434, a, 22.

55) Phys. I, 7. p. 190, b, 28. ἓν δὲ τὸ εἶδος. Metaph. Λ, 4. p. 1070, b, 19. ἕκαστον τούτων (näml. εἶδος, στέρησις, ὕλη) ἕτερον περὶ ἕκαστον γένος ἐστίν, οἷον ἐν χρώματι λευκὸν, μέλαν, ἐπιφάνεια, φῶς, σκότος, ἀήρ· ἐκ δὲ τούτων ἡμέρα καὶ νύξ. Vgl. ebend. Δ, 6. p. 1016, a, 24. u. 28. p. 1024, b, 9. Wären also mehrere Formen gleichzeitig in derselben Materie, so müssten sie von derselben Gattung sein, wie es z. B. die Form des Würfels und die Kugelgestalt oder die rothe und grüne Farbe sind. Wenn aber diese sich vereinigen liessen, so könnte auch die Kälte mit der Wärme vereinigt werden, d. h. das Kalte könnte zugleich warm und überhaupt das Entgegengesetzte das Entgegengesetzte sein; denn allem dem steht ein und dasselbe Gesetz entgegen, worauf sich die Definition Metaph. Δ, 10. (p. 1018, a, 22.) gründet: ὅσα μὴ ἐνδέχεται ἅμα παρεῖναι τῷ ἀμφοῖν δεκτικῷ, ταῦτα ἀντικεῖσθαι λέγεται, ἢ αὐτὰ ἢ ἐξ ὧν ἐστίν. φαιὸν γὰρ καὶ λευκὸν ἅμα τῷ αὐτῷ οὐχ ὑπάρχει· διὸ ἐξ ὧν ἐστὶν ἀντίκειται. Hiedurch aber würde all unser Denken seinen Halt verlieren; denn nun stünde nichts mehr im Wege, dass nicht auch das Wahre zugleich falsch wäre, und das Bejahte zugleich verneint würde. Metaph. Γ, 3. p. 1005, b, 26. und 5. p. 1009, a, 34. De Anim. III, 2. §. 4. p. 427, a, 5.

56) De Sens. et Sens. 7. p. 447, b, 17.

57) Da dieses in so evidentem Widerspruche mit den Grundlehren unseres Philosophen steht, so geht Aristoteles De Anim. I, 1. §. 6. (p. 402, b, 9.) und ebenso ebend. II, 2. §. 7. (p. 413, b, 13.), nur leise die Frage berührend, darüber hinweg. Er setzt voraus, dass Niemanden, der einigermassen in seine Lehre eingeführt sei, in dieser Beziehung ein ernstlicher Zweifel entstehen werde, obwohl er selbst berichtet, dass frühere Philosophen, z. B. Empedokles, dessen Behauptungen er nach gewohnter Weise zu ihren Consequenzen weiterbildet, eine Mehrheit von Seelen angenommen hätten. De Anim. I, 2. §. 6. p. 404, b, 12.

58) De Anim. II, 4. §. 4. p. 415, b, 12. sagt er: τὸ γὰρ αἴτιον τοῦ εἶναι πᾶσιν ἡ

entfernt also davon, dass z. B. in dem Menschen eine Mehrheit von Seelen angenommen werden dürfte, die nur durch ihre gemeinsame Wohnung in demselben Leibe zu einer gewissen Einheit verbunden wären, müssen wir vielmehr sagen, dass die menschliche Seele es ist, die den Theilen des Leibes ihre Einheit gibt; wesshalb wir ihn denn auch, wenn er im Tode der Seele verlustig geworden, zerfallen sehen [59]).

12. Wir kommen zur dritten Frage: Gibt es eine Mehrheit von Theilen der Seele, und in welchem Sinne etwa lässt sich eine solche behaupten?

Wo Theile sind, da ist Trennung, oder Trennbarkeit [60]); dieses gilt eben so von den logischen wie von den reell verschiedenen Theilen eines Dinges; denn der Gattungsbegriff wird ohne den Artunterschied gefunden, wenn auch nicht umgekehrt [61]), und wenn man ein Quadrat durch die Diagonale zerlegt, so trennt man die beiden Dreiecke, aus denen es bestanden hatte, wirklich. Da nun in den irdischen lebenden Wesen, die, wie wir sagten, alle aus Materie und Form bestehen, Seele und Beseeltes nicht Dasselbe bedeuten, da vielmehr hier die Seele selbst kein Lebendes, sondern nur Princip eines Lebenden ist (ein Satz, der selbst beim Menschen nur in beschränktem Masse eine Ausnahme erleidet), so ist es vor Allem klar, dass, wie nicht die Seele das ist, was lebt, auch nicht die Seele das ist, was lebendig wird und stirbt und in Theile sich auflöst, sondern das Beseelte [62]).

Aber ebenso ist es auch klar, dass, weil die Seele hier kein Seiendes für sich, sondern nur ein inneres Princip jenes Seienden ist,

---

οὐσία. Das Eine aber convertirt mit dem Seienden. Metaph. Γ, 2. p. 1003, b, 22. τὸ ὂν καὶ τὸ ἓν ταὐτὸν καὶ μία φύσις, τῷ ἀκολουθεῖν ἀλλήλοις ὥσπερ ἀρχὴ καὶ αἴτιον. Vgl. auch Metaph. Β, 4. p. 999, b, 21.

59) Vgl. De Anim. I, 5. §. 23 ff. — §. 24. p. 411, b, 5. heisst es: λέγουσι δή τινες μεριστὴν αὐτὴν, καὶ ἄλλο μὲν νοεῖν ἄλλο δὲ ἐπιθυμεῖν. τί οὖν δή ποτε συνέχει τὴν ψυχήν, εἰ μεριστὴ πέφυκεν; οὐ γὰρ δὴ τό γε σῶμα· δοκεῖ γὰρ τοὐναντίον μᾶλλον ἡ ψυχὴ τὸ σῶμα συνέχειν· ἐξελθούσης γοῦν διαπνεῖται καὶ σήπεται. εἰ οὖν ἕτερόν τι μίαν αὐτὴν ποιεῖ, ἐκεῖνο μάλιστ' ἂν εἴη ψυχή. κ. τ. λ. Die Stelle scheint beim ersten Anblicke nicht hieher zu gehören, da Aristoteles nicht von einer Mehrheit der Seelen, sondern der Seelentheile spricht. Allein der Unterschied beider Fragen ist nicht gross, denn, wie der Verlauf der Untersuchung zeigt, spricht er hier von solchen Theilen, deren Annahme die Seele nur noch als eine geordnete Summe verschiedener Lebensprincipien bestehen liesse. Daher die Frage: πότερον ἕν (nicht ἁπλοῦν oder ἀμερές) ἢ πολυμερές; — De Anim. I, 5. §. 12. p. 410, b, 10., wo er die Meinung des Empedokles bekämpft, sagt er: ἀπορήσειε δ' ἄν τις καὶ τί ποτ' ἐστὶ τὸ ἑνοποιοῦν αὐτά. ὕλῃ γὰρ ἔοικε τά γε στοιχεῖα, κυριώτατον δ' ἐκεῖνο, τὸ συνέχον, ὅ τι ποτ' ἐστὶν· τῆς δὲ ψυχῆς εἶναί τι κρεῖττον καὶ ἄρχον ἀδύνατον.

60) Daher fragt Aristoteles De Anim. II, 2. §. 7. p. 413, b, 14. · · εἰ μόριον, πότερον οὕτως ὥστ' εἶναι χωριστὸν λόγῳ μόνον ἢ καὶ τόπῳ; vgl. Metaph. Δ, 25. p. 1023, b, 12.

61) Categ. 3. p. 1, b, 16.

62) S. o. S. 50. Anm. 44.

zu welchem zugleich die Materie gehört, nur das Beseelte direct in der Kategorie der Substanz zu stehen kommt, während die Seele blos reductiv sowohl unter diesen obersten Gattungsbegriff, als auch unter die Artbegriffe sich ordnen lässt[63]. In Folge davon hat die Seele keine selbstständige Definition, sondern kann nur mit Rücksicht auf den anderen Bestandtheil, die Materie, definirt werden, wie dieses schon an der oben gegebenen allgemeinen Definition der Seele sich zeigte[64]. Es ergibt sich also in ähnlicher Weise wie zuvor, dass man von Theilen der Seele, die eigentlich und zunächst ihr zukämen, nicht reden kann.

Allein allerdings können sowohl diese, als auch die in der früheren Weise unterschiedenen Theile des Beseelten gewissermassen auf die Seele übertragen werden, insofern die Seele die Form des Ganzen nach allen seinen Theilen ist. Sie bestimmt den Begriff und alle seine Differenzen, sie belebt das Lebendige und alle Organe des Lebendigen, das Auge stirbt mit dem Thiere und ist nach dem Tode desselben nur noch homonym ein Auge zu nennen[65].

13. So haben wir denn bereits zwei Weisen kennen gelernt, in welchen sich eine Mehrheit von Theilen in der Seele unterscheiden lässt. Beide kommen ihr zu in Beziehung auf die Theile der Substanz, deren Form sie ist, und es sind Unterscheidungen ähnlicher Art bei allen Formen materieller Substanzen möglich.

Die Seele ist aber als Form einer lebenden Substanz zugleich das erste Princip der Lebensfunctionen, alle Lebenskräfte wurzeln in ihr[66]; und da nun auch das Gebiet der Lebensfunctionen und Lebenskräfte Theile hat, indem die einen von den anderen gewissermassen getrennt oder trennbar sind, so haben wir, wenn wir mehrere solcher Theile in einem lebenden Wesen vereinigt finden, auch das Ganze der Lebenskräfte und alle seine Theile auf die Seele zurückzuführen; und in Rücksicht auf diese Theile ihres Kraftgebietes können wir dann ebenso, wie in Rücksicht auf die Theile des beseelten Wesens, von Theilen der Seele sprechen.

Es ist aber diese Unterscheidung von Theilen eine doppelte; die

---

63) Vgl. meine Abhandlung: Von der mannigfachen Bedeutung des Seienden nach Aristoteles, S. 138 ff.

64) S. o. S. 46. Anm. 37. u. 38.

65) De Anim. I, 4. §. 8. p. 408, a, 25. ebend. II, 1. §. 9. p. 412, b, 17. Meteor. IV, 12. p. 390, a, 10. De Generat. Anim. II, 1. p. 734, b, 24. und p. 735, a, 6. — Nur wenn man in dem Beseelten substantielle Theile in dem Sinne unterscheidet, dass man es als Ganzes seinen beiden inneren Principien, der Materie und Form, gegenüberstellt, kann man natürlich diese Mehrheit der Theile in keiner Weise der Seele beilegen, da ja die ganze Seele in Abstraction von der Materie gefasst wird.

66) Vgl. De Anim. II, 4. §. 6. p. 415, b, 21.

eine lehnt sich an die physische, die andere an die logische Theilung der Substanz an, — denn von jener Theilmehrheit, die der Zahl der Kräfte gleichkommt, insofern jede Kraft ihrem Sein und Begriffe nach von den anderen sich unterscheidet [67]), wenn sie auch in Wirklichkeit nie von ihnen getrennt erscheint, wollen wir nicht sprechen. Es bleibt uns demnach die Trennung von Kräften, insofern die einen in diesem, die anderen in jenem trennbaren Theile der Substanz sich finden (Trennung in verschiedenen Theilen des Subjectes) [68]), sowie die Trennung von Kräften, insofern nicht alle lebenden Wesen, die an den einen auch an den anderen Kräften participiren (Trennung in verschiedenen Arten) allein zur Betrachtung übrig.

In der ersten Beziehung wird uns die Trennung der Kräfte des unsterblichen Theiles des Menschen von den übrigen wichtig werden [69]).

In der zweiten Beziehung haben wir schon gesehen, dass die vegetativen Kräfte vom Gefühlssinne, dieser von den höheren Empfindungsvermögen, diese wiederum von der örtlichen Bewegung und endlich auch sie von den vernünftigen Kräften trennbar sind. Wenn Aristoteles Theile der Seele unterscheidet, so thut er es meist in Bezug auf diese in den Arten trennbaren Theile ihres Kraftgebietes [70]).

Es fallen aber die so unterschiedenen Seelentheile weder mit der Zahl der Seelenkräfte, noch auch mit den Theilen ihrer Definition, wiewohl sie sich, wie wir sagten, an dieselbe anlehnen, geradezu in Eins zusammen. Wenn jeder Theil des Kraftganzen in einer neuen Differenz des Wesens gründet, so ist doch nicht umgekehrt an jede Differenz ein Unterschied in der Zahl der Kräfte geknüpft [71]). Bei vielen lebenden Substanzen offenbart sich die Verschiedenheit der Natur nur in den Modificationen derselben Lebensthätigkeiten. So haben z. B. das Pferd und der Löwe dieselben Lebensfunctionen, allein sie sind

---

67) De Anim. III, 10. §. 5. p. 433, a, 31. vgl. ebend. II, 2. §. 10. p. 413, b, 29.

68) Aristoteles bedient sich hiefür des Ausdruckes: dem Orte nach getrennt, χωριστὸν τόπῳ (De Anim. II, 2. §. 7. p. 413, b, 14. ebend. III, 2. §. 13. p. 427, a, 5., wozu ebend. III, 4. §. 4. p. 429, a, 27. καὶ εὖ δὴ οἱ λέγοντες τὴν ψυχὴν εἶναι τόπον εἰδῶν, πλὴν κ. τ. λ. Vgl. auch De Memor. et Remin. 2. p. 453, a, 24. De Somn. et Vigil. 2. p. 456, a, 23.) Verwandt ist eine andere Bezeichnung: μεγέθει χωριστόν. (De Anim. III, 9. §. 1. p. 432, a, 20. ebend. 10. §. 8. p. 433, b, 25. vgl. ebend. II, 12. §. 2. p. 424, a, 26.), die aber nur auf solche Kräfte, die mit dem Leibe vermischt sind, anwendbar ist.

69) Eine örtliche Trennung der sensitiven Kräfte von einander nahm Aristoteles ebensowenig an, wie eine Trennung der vegetativen von den sensitiven. Vgl. vorläufig De Part. Animal. II, 1. p. 647, a, 24.

70) Wegen ihrer Beziehung zu den Seelenkräften nennt Aristoteles sie manchmal selbst δυνάμεις, z. B. De Anim. II, 4. §. 2. p. 415, a, 25. ebend. §. 9. p. 416, a, 19. 21.

71) Vgl. Histor. Animal. I, 1. p. 486, a, 22.

modificirt; wenn beide erzeugende Kraft haben, so erzeugt doch das eine ein Pferd und der andere einen Löwen.

Ebensowenig bildet die Seele als Princip jeder einzelnen Kraft einen eigenen Seelentheil in diesem Sinne, denn gewisse Kräfte sind schlechterdings untrennbar, wie z. B. Empfindung und sinnliches Begehren, wenn die eine, dem kommt nothwendig auch die andere zu[72]).

Dagegen musste Aristoteles einen ernährenden Theil und, da er glaubte, dass viele Pflanzen und Thiere sich nicht durch Zeugung fortpflanzen, einen erzeugenden Theil, ferner einen durch Tastsinn und Geschmack fühlenden, ferner einen durch die höheren Sinne empfindenden (genauer genommen sowohl einen sehenden als hörenden)[73]), ferner einen örtlich bewegenden und endlich einen vernünftig denkenden Theil als besondere Seelentheile des Menschen festhalten, denn es finden sich diese Kräfte getrennt in verschiedenen Arten der lebenden Wesen.

14. Doch an keiner Stelle, wo Aristoteles von den Seelentheilen spricht, hat er sie in solcher Vollständigkeit aufgezählt, an manchen offenbar, um nicht zu weitläufig zu werden, da ja Jeder, der das Princip kennt und es in den Beispielen, die Aristoteles gibt, erläutert sieht, leicht auch die fehlenden Glieder der Reihe ergänzen kann, an anderen dagegen mit der deutlich hervortretenden Absicht einer Reduction auf drei Haupttheile, den vegetativen, sensitiven und intellectiven, von welchen der erste dem Menschen mit den Thieren und Pflanzen, der zweite mit den Thieren gemein, der dritte dagegen unter allen irdischen Wesen ihm ausschliesslich eigen ist.

In der That ist es auf den ersten Blick einleuchtend, dass diese Theile die Haupttheile der Seele, die eigentlichen Stufen des Lebens sind, während die anderen, mit ihnen verglichen, nur für Unterabtheilungen und complementäre Erhebungen der schon begonnenen Stufe zu ihrer vollen Höhe gelten können[74]).

Die Pflanze, die bewusstlos und nur nach blinden Trieben wirkt, wie die leblose Substanz, erhebt sich nur dadurch über die Welt der unorganischen Körper, dass sie dabei sich selbst bewegt, was ihr durch die Mehrheit ihrer Organe möglich wird[75]). Sie gehört darum, was

---

72) De Anim. II, 3. §. 2. p. 414, b, 1. εἰ δὲ τὸ αἰσθητικόν (ὑπάρχει), καὶ τὸ ὀρεκτικόν· ὄρεξις μὲν γὰρ ἐπιθυμία καὶ θυμὸς καὶ βούλησις, τὰ δὲ ζῷα πάντ᾽ ἔχουσι μίαν γε τῶν αἰσθήσεων, τὴν ἁφήν· ᾧ δ᾽ αἴσθησις ὑπάρχει, τούτῳ ἡδονή τε καὶ λύπη καὶ τὸ ἡδύ τε καὶ λυπηρόν, οἷς δὲ ταῦτα, καὶ ἡ ἐπιθυμία· τοῦ γὰρ ἡδέος ὄρεξις αὕτη. κ. τ. λ. Ebenso a. a. O.

73) Was z. B. Metaph. A, 1. (p. 980, b, 23.) beweist, wo er den Bienen das Gehör abspricht.

74) Vgl. De Anim. II, 4. §. 15. p. 416, b, 23. ebend. III, 1. §. 4. p. 425, a, 9. ebend. 9. §. 6. p. 432, b, 23. und 11. §. 1. p. 433, b, 31. De Part. Animal. II, 10. p. 655, b, 29. De Somn. et Vigil. 2. p. 455, a, 7.

75) Phys. VIII, 4. p. 255, a, 12. ἔτι πῶς ἐνδέχεται συνεχές τι καὶ συμφυὲς αὐτὸ

Viele bestritten haben, zwar allerdings zu den lebenden Wesen [76]), aber offenbar besteht ein mächtiger Abstand zwischen ihrem Leben und dem Leben der Thiere, die nicht blos nach blinden Trieben wirken, sondern mit Bewusstsein streben, indem sie schon ein eigentliches Begehren haben, und darum auch mit Bewusstsein sich selbst und Anderes bewegen können.

Aber noch weit grösser ist der Abstand, der zwischen dem thierischen Leben und dem Leben des Menschen sich zeigt, wenn anders derselbe, wie Aristoteles lehrt, geistige Kräfte in sich hat, deren Subject allein die Seele ist [77]). Alle sinnlichen Kräfte sind noch nicht Seelenkräfte im vollen Sinne des Wortes, ihr Princip zwar ist die Seele, aber ihr Subject ist der beseelte Leib [77]). Daher ist das Wesen der Thiere nur die höchste Formation des Materiellen, und ihr Leben endet, indem der Leib zerfällt; anders der Mensch, der mit seinem niederen, den Thieren verwandten Theile zugleich etwas Gottverwandtes [79]), Unsterbliches [80]) in der Einheit seines Wesens verbindet.

Betrachten wir nun gegenüber solchen Differenzen der Lebensstufen, deren jede so hoch über die andere sich erhebt [81]), dass sie das Lebende als leblos neben sich erscheinen lässt, die übrigen Unterschiede der genannten Seelentheile; offenbar sind sie von keiner, oder doch von einer ungleich geringeren Bedeutung. Denn die innige Verwandtschaft der höheren und niederen Sinne ist einleuchtend, und die örtliche Bewegung steht gewissen Thätigkeiten niederer Theile eben so nahe, wie sich höhere und niedere Sensationen stehen [82]). Alle empfindenden Wesen, auch die, welche wie die Pflanzen an *einen* Ort gefesselt sind, haben nämlich gewisse willkürliche Beweg-

---

ἑαυτὸ κινεῖν; ἧ γὰρ ἓν καὶ συνεχὲς μὴ ἀφῇ, ταύτῃ ἀπαθές· ἀλλ' ἧ κεχώρισται, ταύτῃ τὸ μὲν πέφυκε ποιεῖν τὸ δὲ πάσχειν. οὔτ' ἄρα τούτων οὐδὲν αὐτὸ ἑαυτὸ κινεῖ (συμφυὴ γάρ), οὔτ' ἄλλο συνεχὲς οὐδέν, ἀλλ' ἀνάγκη διῃρῆσθαι τὸ κινοῦν ἐν ἑκάστῳ πρὸς τὸ κινούμενον, οἷον ἐπὶ τῶν ἀψύχων ὁρῶμεν, ὅταν κινῇ τι τῶν ἐμψύχων αὐτά. Vgl. ebend. p. 254, b, 30. und VII, 1. p. 242, a, 14.

76) Phys. VIII, 4. p. 255, a, 6. ζωτικόν τε γὰρ τοῦτο (τὸ αὐτὰ ὑφ' αὐτῶν κινεῖσθαι) καὶ τῶν ἐμψύχων ἴδιον. Vgl. De Anim. II, 2. §. 3. p. 413, a, 25.

77) Vgl. vorläufig De Anim. III, 4. §. 4. p. 429, a, 27.

78) Vgl. vorläufig De Anim. II, 12. §. 2. p. 424, a, 26. De Sens. et Sens. p. 436, a, 6.

79) Vgl. vorl. De Anim. I, 4. §. 14. p. 408, b, 29.

80) De Anim. I, 4. §. 13. p. 408, b, 18. ebend. II, 2. §. 9. p. 413, b, 24.

81) De Generat. Animal. I, 23. p. 731, a, 33. αἴσθησιν γὰρ ἔχουσι (τὰ ζῷα), ἡ δ' αἴσθησις γνῶσίς τις. ταύτης δὲ τὸ τίμιον καὶ ἄτιμον πολὺ διαφέρει σκοποῦσι πρὸς φρόνησιν καὶ πρὸς τὸ τῶν ἀψύχων γένος. πρὸς μὲν γὰρ τὸ φρονεῖν ὥσπερ οὐδὲν εἶναι δοκεῖ τὸ κοινωνεῖν ἀφῆς καὶ γεύσεως μόνον, πρὸς δὲ ἀναισθησίαν βέλτιστον· ἀγαπητὸν γὰρ ἂν δόξειε καὶ ταύτης τυχεῖν τῆς γνώσεως, ἀλλὰ μὴ κεῖσθαι τεθνεὸς καὶ μὴ ὄν.

82) Vgl. De Mot. Animal. 4. p. 700, a, 23.

ungen [83]) der Glieder, deren sie z. B. zur Aufnahme der Speise sich
bedienen [84]), und zu diesen Bewegungen verhält sich die örtliche Bewegung ganz ähnlich, wie das Gehör oder Gesicht sich zu dem Gefühl und Geschmacke verhalten.

Ferner wird noch durch einen anderen Umstand klar, dass jene
zwischen die Eintheilung in Pflanzen-, Thier- und Menschenseele ein-
geschobenen Glieder nicht ein neues Lebensgebiet eröffnen, sondern
nur ein früheres ergänzen. Jede eigentlich neue Lebensstufe muss
Kräfte haben, die höher stehen als alle, die auf der früheren Stufe
bereits vorhanden gewesen sind. Dies ist aber bei jenen Zwischen-
gliedern keineswegs der Fall. Mag man den Gesichtssinn als etwas
Höheres gegenüber dem Gefühle anerkennen [85]), so steht er doch keinen Falls so hoch wie das innere Empfindungsvermögen [86]), welches,
wie wir später des Näheren sehen werden, die Sensationen der äusseren Sinne wahrnimmt und unterscheidet, und dieses findet sich in
allen Thieren, auch in jenen, deren Sinnengebiet am meisten beschränkt
ist. Ebenso kommt die örtliche Bewegung sicher nicht dem Hören
und Sehen an Würde gleich, wesshalb auch wohl Niemand einen Lah-
men mehr als einen Blinden beklagen wird [87]), und um so mehr steht
auch sie dem genannten inneren Sinne, der Empfindung der Empfindungen nach, über der sie doch nach der Ordnung der Seelentheile
hoch zu stehen kommen müsste.

Endlich sehen wir, dass von den Hauptstufen des Lebens in allen
irdischen lebenden Wesen jede niedere Stufe eine Vorstufe der höheren ist, die niemals übersprungen wird; aber bei jenen Unterabtheilungen ist nicht durchgehends dasselbe der Fall, es gibt Thiere, die
nicht an den höheren Sinnen, aber doch an der örtlichen Bewegung
participiren [88]), und nach Aristoteles gibt es nicht blos Pflanzen, sondern auch Thiere ohne Zeugungskraft.

So erscheint denn die Zurückführung, die Aristoteles mit jener
grösseren Zahl von Theilen der menschlichen Seele auf drei Theile im
engeren Sinne, auf den vegetativen, sensitiven und intellectiven vor-

---

83) Diese eben sind es, die uns als Kriterium der sensitiven Fähigkeit und
thierischen Natur des lebenden Wesens dienen.

84) De Anim. III, 13. §. 4. p. 435, b, 22. γεῦσιν δὲ (ἔχει τὸ ζῷον) διὰ τὸ ἡδὺ ἢ
λυπηρόν, ἵνα αἰσθάνηται τὸ ἐν τροφῇ καὶ ἐπιθυμῇ καὶ κινῆται.

85) De Insomn. 2. p. 460, b, 21.

86) Wovon De Anim. III, 2.

87) Metaph. Λ, 1. p. 980, a, 24. οὐ γὰρ μόνον ἵνα πράττωμεν, ἀλλὰ καὶ μηδὲν μέλ-
λοντες πράττειν τὸ ὁρᾶν αἱρούμεθα ἀντὶ πάντων ὡς εἰπεῖν τῶν ἄλλων. Wenn wir mit
Aristoteles unter den geistigen Thätigkeiten das Denken als die höchste ansehen,
so fordert es schon die Analogie, dass wir auch unter den Lebensfunctionen des
beseelten Leibes die erkennende Thätigkeit für die vornehmste halten.

88) De Anim. III, 11. §. 1. p. 433, b, 31.

nimmt, in jeder Weise gerechtfertigt. Von ihnen allein spricht er im zweiten Buche von der Erzeugung der Thiere, Cap. 3., im zweiten Buche von der Seele, Cap. 4. §. 1. und ebendaselbst im dritten Buche Cap. 9. §. 3. Ferner im ersten Buche der Nikomach. Ethik Cap. 6. und ebendaselbst Cap. 13. [89]); und auf sie allein muss man, wenn man genau sein will, auch den Vergleich der Seelen mit den geometrischen Figuren im dritten Capitel des zweiten Buches von der Seele §. 6. [90]) beschränken, indem, wie in jeder folgenden Figur die vorhergehende, in dem Viereck das Dreieck, und in dem Fünfeck das Viereck enthalten ist, auch in jeder folgenden Lebensstufe die frühere, in dem sensitiven Leben das vegetative und in dem intellectiven das sensitive bei den irdischen lebenden Wesen [91]) nothwendig sich eingeschlossen findet [92]); bei jenen Zwischentheilen, die in weiterem Sinne *auch* Seelentheile genannt werden konnten, ist dieses ja, wie gesagt, nicht allgemein der Fall. Nur insofern auch diese Unterschiede des Kraftgebietes auf specifische Unterschiede der Seelen hinweisen, denen der Begriff der Seele als Gattungsbegriff gemeinsam ist, hat der Vergleich mit den Figuren auch für sie volle Geltung, da alle an dem Begriffe der Seele gemeinsam participiren [93]), woraus dann hervorgeht, dass wie der Begriff der Figur auch der Begriff der Seele die vollkommene Definition für keine einzige Seele ist, und die Aufgabe, die näheren Bestimmungen zu erforschen, noch zu lösen bleibt [94]).

c. Von der mehrfachen Gattung der Kräfte in den höheren Seelentheilen.

15. In dem Vierecke ist das Dreieck als Theil enthalten und mit einem anderen Theile verbunden, der ebenfalls ein Dreieck ist, wie

---

89) De Generat. Animal. II, 3. p. 736, b, 8. De Anim. II, 4. §. 1. p. 415, a, 14. ebend. III, 9. §. 3. p. 432, b, 6. Eth. Nicom. I, 6. p. 1097, b, 33. ebend. 13. p. 1102, a, 32 ff. Für Einzelnes vgl. De Anim. II, 4. §. 2. §. 9. §. 15. p. 415, a, 23. p. 416, a, 18. b, 23., wo die ψυχή θρεπτική und γεννητική zusammen *eine* δύναμις und die πρώτη ψυχή genannt werden.

90) De Anim. III, 3. §. 6. p. 414, b, 28. παραπλησίως δ' ἔχει τῷ περὶ τῶν σχημάτων καὶ τὰ κατὰ ψυχήν· ἀεὶ γὰρ ἐν τῷ ἐφεξῆς ὑπάρχει δυνάμει τὸ πρότερον ἐπί τε τῶν σχημάτων καὶ ἐπὶ τῶν ἐμψύχων, οἷον ἐν τετραγώνῳ μὲν τρίγωνον, ἐν αἰσθητικῷ δὲ τὸ θρεπτικόν. ὥστε καὶ καθ' ἕκαστον ζητητέον, τίς ἑκάστου ψυχή, οἷον τίς φυτοῦ καὶ τίς ἀνθρώπου ἢ θηρίου.

91) ἐν τοῖς θνητοῖς De Anim. II, 2. §. 4. p. 413, a, 32.

92) Aristoteles hebt in der Durchführung des Vergleiches zwar auch zunächst und hauptsächlich diese drei Glieder hervor (s. oben Anm. 90.), wendet ihn aber dann, so weit es thunlich ist, auch auf die übrigen an. Vgl. die ff. §§. und De Anim. III, 12.

93) De Anim. II, 3. §. 5. p. 414, b, 19. δῆλον οὖν ὅτι τὸν αὐτὸν τρόπον εἷς ἂν εἴη λόγος ψυχῆς τε καὶ σχήματος· οὔτε γὰρ ἐκεῖ σχῆμα παρὰ τὸ τρίγωνόν ἐστι καὶ τὰ ἐφεξῆς, οὔτ' ἐνταῦθα ψυχὴ παρὰ τὰς εἰρημένας. γίνοιτο δ' ἂν καὶ ἐπὶ τῶν σχημάτων λόγος κοινός, ὃς ἐφαρμόσει μὲν πᾶσιν, ἴδιος δ' οὐδενὸς ἔσται σχήματος. ὁμοίως δὲ καὶ ἐπὶ ταῖς εἰρημέναις ψυχαῖς.

94) De Anim. II, 3. §. 5. p. 414, b, 25. und §. 6. b, 32.

man findet, wenn man das Viereck durch die Diagonale wirklich in seine Theile zerlegt. Mit ihnen verbindet das Fünfeck, in welchem sich von dem Scheitel eines Winkels nach jedem der beiden gegenüberliegenden eine Diagonale ziehen lässt, in derselben Weise noch ein anderes Dreieck als den dritten Theil, und so erscheint das Viereck gewissermassen als zwei, das Fünfeck als drei Figuren. Aehnliches finden wir nun bei den Seelen der Pflanzen, der Thiere und des Menschen. Die Seele des Thieres ist gewissermassen zwei, die Seele des Menschen aber drei Seelen und zwar (da es sich ja hier um eine Theilung der Seele nach ihrem Kraftgebiete handelt) der Kraft nach drei Seelen zu nennen. Die *eine* menschliche Seele erscheint als Princip eines dreifachen Kraftgebietes, deren jedes für sich allein alles das, was zum Wirken einer Substanz gehört, in sich begreift.

Dies bedarf einer näheren Erklärung.

Es ist ein von Aristoteles häufig ausgesprochener Grundsatz, dass alles Werdende aus etwas Synonymem werde [95]). Für Kunst und Natur gilt dieses Gesetz gemeinsam; denn ein Mensch, sagt er, erzeugt den anderen Menschen, und das Haus, das seiner Idee nach in dem Verstande des Baumeisters ist, wird das Princip des in der Aussenwelt aufzuführenden Gebäudes [96]). Selbst da, wo etwas durch Glück geschieht oder durch Zufall entsteht, obwohl das eine von ihnen eine Privation der Kunst, der andere eine Privation der natürlichen Ursache ist [97]), finden wir noch dasselbe Gesetz bis zu einem gewissen Masse wenigstens in Kraft [98]). Aristoteles drückt es in anderer Fassung auch so aus, dass er sagt, das Aehnliche bringe das Aehnliche hervor [99]), oder auch, die Möglichkeit gehe in dem Einzelnen, die Wirklichkeit aber schlechthin voran [100]).

Ein zweites Gesetz des Wirkens ist, dass jedes Wirken aus einem Streben hervorgeht [101]), möge nun dieses Streben nothwendig mit der Form, der es folgt, verbunden sein, wie z. B. ein warmer Körper vermöge seiner Wärme nothwendig die Neigung hat, einen kälteren zu erwärmen, wesshalb wir nur beide mit einander in Berührung zu

---

95) Metaph. Λ, 3. p. 1070, a, 4. ἐκάστη ἐκ συνωνύμου γίγνεται οὐσία.

96) Metaph. Λ, 4. p. 1070, b, 30.

97) Metaph. Λ, 3. p. 1070, a, 7. ἡ μὲν οὖν τέχνη ἀρχὴ ἐν ἄλλῳ, ἡ δὲ φύσις ἀρχὴ ἐν αὐτῷ · ἄνθρωπος γὰρ ἄνθρωπον γεννᾷ · αἱ δὲ λοιπαὶ αἰτίαι (die τύχη und das αὐτόματον) στερήσεις τούτων.

98) Metaph. Z, 7. und 9. vgl. unten Theil IV, No. 32. i. d. Mitte.

99) De Anim. II, 5. p. 417, a, 20. u. §. 7. p. 418, a, 4.

100) Metaph. Θ, 8. p. 1049, b, 17. und p. 1050, b, 1. De Anim. III, 7. §. 1. p. 431, a, 2.

101) Auch die bewusstlose Natur hat ein Streben, s. z. B. De Anim. II, 4. §. 2. p. 415, b, 1. De Generat. et Corrupt. II, 10. p. 336, b, 27. u. an vielen andern Orten.

bringen haben, um des Erfolges sicher zu sein, oder möge das Streben ein Begehren sein, welches sich frei nach entgegengesetzten Seiten wendet [101]), wie es z. B. möglich ist, dass von zwei Aerzten, die beide denselben Begriff der Gesundheit haben, der eine die Genesung, der andere die Krankheit herbeiführen will [103]).

Dieses Streben, in dem wir das nächste Princip der Wirkung zu erkennen haben [104]), stammt aus jener Aehnlichkeit, vermöge deren, wie bemerkt, das zu Wirkende in dem Wirkenden präexistirt, das Aehnliche hat die Neigung zum Aehnlichen; und darum haben wir in jener Aehnlichkeit ebenfalls ein Princip, und zwar ein früheres Princip, des Werdens anzuerkennen. Die wirkende Ursache bewegt nur, indem sie von der Wirkung, insofern sie der Aehnlichkeit nach in dem Wirkenden präexistirt, d. i. von dem Zwecke bewegt wird. Verstand und Natur, sagt Aristoteles, wirken um eines Zweckes willen [105]), und wenn er in den Büchern der Physik und in dem ersten Buche der Metaphysik und an anderen Orten vier Principien des Werdens: Materie, Form, Wirkende- und End-Ursache unterscheidet, so räumt er der Endursache, oder dem Zwecke die erste Stelle ein.

Aus diesen beiden Ursachen geht nun die Wirkung selbst hervor, die darin besteht, dass das Leidende die Form, die es der Möglichkeit nach in sich hatte, wirklich empfängt; denn in dem Leidenden ist die Wirkung, nicht in dem Wirkenden, wenigstens nicht in dem Wirkenden als solchen [106]). Allein dadurch, dass das, was das Vermögen zu leiden hatte, wirklich leidend wird, wird auch das, was das Vermögen zu wirken hatte, wirklich wirkend; die eine und nämliche Energie, welche in dem passiven Vermögen aufgenommen wird, actualisirt auch das active, das ihm gegenüber steht, und kommt, indem sie das Leiden des einen ist, zugleich dem anderen als Wirkung zu [107]).

Blicken wir nun zurück auf das, wovon wir ausgegangen. Wir haben gesagt, dass durch die Scheidung der menschlichen Seelen-

---

102) Vgl. Metaph. Θ, 2. p. 1046, b, 4. ebend. 5. p. 1047, b, 35.

103) Der Begriff der Gesundheit ist nämlich gewissermassen zugleich die Erkenntniss des Gegentheils. Vgl. De Anim. III, 6. §. 5. p. 430, b, 23.

104) De Anim. III, 10. §. 5. p. 433, a, 30.

105) De Anim. II, 4. §. 5. p. 415, b, 16. ὥσπερ γὰρ ὁ νοῦς ἕνεκά του ποιεῖ, τὸν αὐτὸν τρόπον καὶ ἡ φύσις, καὶ τοῦτ' ἔστιν αὐτῆς τέλος.

106) Phys. III, 3. princ. De Anim. II, 3. §. 12. p. 414, a. 11. δοκεῖ γὰρ ἐν τῷ πάσχοντι καὶ διατιθεμένῳ ἡ τῶν ποιητικῶν ὑπάρχειν ἐνέργεια.

107) Phys. III, 3. p. 202, a, 13. φανερόν, ὅτι ἐστὶν ἡ κίνησις ἐν τῷ κινητῷ· ἐντελέχεια γάρ ἐστι τούτου, καὶ ὑπὸ τοῦ κινητικοῦ· καὶ ἡ τοῦ κινητικοῦ δὲ ἐνέργεια οὐκ ἄλλη ἐστίν· δεῖ μὲν γὰρ εἶναι ἐντελέχειαν ἀμφοῖν· κινητικὸν μὲν γάρ ἐστι τῷ δύνασθαι, κινοῦν δὲ τῷ ἐνεργεῖν· ἀλλ' ἔστιν ἐνεργητικὸν τοῦ κινητοῦ, ὥστε ὁμοίως μία ἡ ἀμφοῖν ἐνέργεια ὥσπερ τὸ αὐτὸ διάστημα ἓν πρὸς δύο καὶ δύο πρὸς ἕν, καὶ τὸ ἄναντες καὶ τὸ κάταντες· ταῦτα γὰρ ἓν μὲν ἐστιν, ὁ μέντοι λόγος οὐχ εἷς· ὁμοίως δὲ καὶ ἐπὶ τοῦ κινοῦντος καὶ κινουμένου. κ. τ. λ. De Anim. III, 2. p. 425, b, 25. s. auch die vor. Anm.

kräfte in vegetative, sensitive und intellective das Kraftgebiet in der
Art zerlegt werde, dass in jedem Theile für sich allein sich alles das
finde, was zum Wirken einer Substanz gehöre, dass also die menschliche Seele virtuell drei Seelen sei. Hiemit meinten wir nichts anderes, als dass jedem der drei Theile, dem vegetativen, sensitiven
und intellectiven, nicht bloss ein besonderes Wirken, sondern auch
eine besondere Neigung zum Wirken und eine besondere Weise der
Participation jener Aehnlichkeit zukomme, die das Wirkende mit dem
haben muss, was gewirkt werden soll. Wohl hängt von der vegetativen Seele die sensitive und von dieser die intellective in ihrer Thätigkeit ab [108]), indem die vegetative der sensitiven die Organe baut,
und wie wir noch sehen werden, auch die intellective, so lange sie
mit dem Leibe verbunden ist, nicht ohne gleichzeitige Thätigkeit der
sensitiven operiren kann; wohl greift auch umgekehrt die höhere
Seele mehrfach bestimmend in das Werk der niederen ein und steht
nur mittelst ihrer, die intellective durch ihren Einfluss auf das Werk
der sensitiven, und diese durch die Bewegung der Organe des Leibes, die das Werk der vegetativen sind, mit der Aussenwelt in Verbindung: allein wenn sich hierin die Einheit des menschlichen Lebens
offenbart, so schliesst dieses doch nicht aus, dass sich insofern auf
jeder neuen Lebensstufe ein ganz neues Bereich lebendiger Wirksamkeit eröffnet, als jedem höheren Seelentheile nicht blos eine neue
Weise des Wirkens, sondern auch des Strebens [109]) eigen ist, welches
Streben zugleich aus einer Form hervorgeht, vermöge deren in einer
neuen Weise das zu Wirkende in dem Wirkenden präexistirt.

Betrachten wir den vegetativen Theil. Wie das Wirken der leb-

---

108) Schon die Thatsache, dass allgemein die intellective Seele nicht ohne die
sensitive, und die sensitive nicht ohne die vegetative gefunden wird, weist darauf
hin, dass ein Verhältniss der Abhängigkeit der höheren von der niederen bestehen
müsse. Der niedere Theil muss die Vorbedingung und vorbereitende Disposition
zum höheren sein. In der That geht desshalb sogar in ein und demselben Wesen
der *Zeit* nach die niedere der höheren Seele voran, sie ist dem *Entstehen* nach
die frühere. Aber eben darum ist die höhere der *Natur* nach die frühere (vgl.
Metaph. M, 2. p. 1077, a, 26.), und daher ist auch umgekehrt die niedere von
der höheren abhängig als von ihrem Zwecke (De Generat. Animal. II, 3. p. 736,
b, 4.). Das Gleiche gilt von den Operationen. Das Empfinden wird erst möglich,
wenn die vegetative Seele die Organe gebildet hat; unregelmässige Bildungen der
Organe machen die Empfindung unmöglich. Das Denken wird erst möglich, wenn
sinnliche Vorstellungen in der Phantasie sind; Störungen der Phantasiebilder können das Denken unmöglich machen. Umgekehrt herrscht die sensitive Seele über
das Werk der vegetativen, den Leib, und bewegt ihn nach ihrem Verlangen, die
intellective aber wenigstens der naturgemässen Ordnung nach über die sinnlichen
Vorstellungen und durch sie über die Begierden und Bewegungen. Vgl. vorläufig
Polit. I, 3. p. 1254, a, 34.
109) De Anim. III, 9. §. 3. p. 432, b, 6. εἰ δὲ τρία ἡ ψυχή, ἐν ἑκάστῳ ἔσται ὄρεξις.

losen Körper, so folgt auch noch die ganze vegetative Lebensthätigkeit
einem blinden Triebe, der aus der Natur und Beschaffenheit des menschlichen Leibes stammt, wie er auch auf nichts anderes, als auf dessen
Erhaltung und Perfection in Individuum und Species gerichtet ist [110].
Die Form, wodurch das, was wirkt, dem, was gewirkt wird, ähnlich ist,
ist hier in derselben Weise in dem Wirkenden, in welchem sie in dem,
was die Wirkung erfährt, nach dem Leiden ist, und das Streben ist
eine unbewusste natürliche Neigung. Ganz anders dagegen bewegt,
strebt und participirt an der Form des zu Wirkenden der sensitive
Theil. Ein Thier sieht z. B. die zu verschlingende Speise und hat die
Vorstellung des Verschlingens, es begehrt sie zu verschlingen, und
verschlingt sie wirklich. Hier ist nicht blos das Bewegen ein anderes,
auch die Neigung, aus welcher es hervorgeht, ist, als bewusstes Streben,
völlig verschieden von der Neigung, aus der die Wirksamkeit der Pflanzen
und der leblosen Körper stammt, und die Form dessen, worauf die
Bewegung gerichtet ist, ist als Vorstellung in dem Wirkenden. Endlich
unterscheidet sich der intellective Theil wieder von dem sensitiven
und erhebt sich in seiner Thätigkeit in dreifacher Beziehung über ihn,
wie der sensitive sich über den vegetativen erhebt. Der allgemeine
Begriff des Hauses, der in dem Verstande des Baumeisters existirt,
erweckt die Neigung seines Willens, die nicht blos den vegetativen
Trieben, sondern auch den sinnlichen Affecten unähnlich ist und in
demselben Verhältnisse zu ihnen steht, wie die Gedanken zu den sinnlichen Vorstellungen; und dem Wollen folgt das Handeln, der intellective Theil bewegt den sensitiven und durch dessen Vermittelung [111]
die Glieder des Leibes, so dass das Gebäude dem Plane gemäss er-
richtet wird.

16. Weil nun in dem vegetativen Theile die Aehnlichkeit dessen,
worauf sein Wirken gerichtet ist, schon von Natur sich findet und in
derselben Weise ihm innewohnt, in welcher auch in leblosen Dingen
die Formen sind, aus denen ihre Wirksamkeit hervorgeht; und weil
ferner auch das Streben des vegetativen Theiles kein anderes als jener blinde Naturtrieb ist, der auch die Bewegungen der leblosen Substanzen zur Folge hat: so ist es klar, dass alle vegetativen Seelenvermögen bewegende Kräfte sein müssen, deren Thätigkeit darin besteht, etwas dem Wirkenden Aehnliches hervorzubringen.

Anders dagegen wird es sich mit dem sensitiven und intellectiven
Theile verhalten. Weder die sinnlichen Vorstellungen, noch die Ideen [112]
haften von Natur aus in dem erkennenden Wesen, und da die Neigung die bereits aufgenommene Form, also das Begehren das Erken-

---

110) Vgl. De Anim. II, 4. §. 2. p. 415, a, 23.
111) Worüber unten Theil IV, n. 28.
112) Worüber unten Theil IV, n. 2.

nen zur Voraussetzung hat, so ist es offenbar, dass die sensitive und intellective Seele nicht blos an und für sich von allen Formen entblösst sind, sondern dass sie auch kein wirkliches Begehren ursprünglich in sich haben können. Daher wird es nöthig sein, für beide höhere Seelentheile ausser bewegenden Kräften auch passive Vermögen und zwar von zweifacher Gattung anzunehmen, die einen, um die Aehnlichkeit des zu Wirkenden zu erfassen, die anderen, um nach ihm zu streben, so dass wir für jeden von ihnen drei Gattungen der Seelenkräfte zu unterscheiden haben werden, erstens formerfassende (apprehensive), welche die Möglichkeit der Vorstellungen, zweitens begehrende, welche die Möglichkeit der Strebungen sind, und drittens bewegende Vermögen [113]). So sehen wir hier das Seelenleben viel reicher in seinen Kräften und viel mannigfaltiger in der Entwickelung seiner Thätigkeit.

Es ist wahr, dass trotz aller dieser Vermögen die sensitive und intellective Seele in gewisser Weise minder gut zu ihrem Wirken ausgerüstet scheinen als die vegetative, welcher die Principien des Wirkens schon wirklich von der Natur gegeben sind. Allein gerade dieser Mangel wird zum Vorzuge [114]). Wie die Natur den Thieren alle Waffen und Werkzeuge, deren sie benöthigt sind, fertig gegeben hat, während sie dem Menschen nichts anderes als die Hände, und in ihnen nur die Möglichkeit der zur Bestreitung seiner Bedürfnisse nöthigen Werkzeuge verlieh; wie sie ihn aber desshalb nicht stiefmütterlich bedachte, da ihm gerade hieraus jene Vielheit und Mannigfaltigkeit der Instrumente erwächst, die ihn zu Leistungen in einem viel ausgedehnteren Kreise befähigt: so finden sich auch der sensitive und intellective Theil, weil sie zunächst aller sensibelen und intelligibelen Bilder entbehren, und nur die Möglichkeit der Sinneswahrnehmung und des Denkens haben, nur scheinbar im Nachtheile gegenüber der vegetativen Seele, denn in diesen Vermögen besitzen sie nicht blos die eine oder andere, sondern *alle* sinnlichen und geistigen Formen der Möglichkeit nach [115]), so dass man, wie die Hand das Werkzeug der Werkzeuge, die sensitive und intellective Seele die Form der Formen nennen kann [116]).

---

113) Wir werden später sehen, wie die Anlage zum Bewegen mit dem Vermögen des Begehrens ein und dasselbe ist, da das actuelle Begehren, wenn es auf etwas Praktisches gerichtet ist, selbst das Princip der Bewegung wird. Allein das Vermögen zu bewegen und das Vermögen zu begehren bleiben trotzdem verschieden, weil ihre Acte verschiedener Gattung sind.

114) Vgl. unten Theil IV, n. 2. u. Anm. 14. u. 15.

115) De Anim. III, 8. §. 1. p. 431, b, 21. ἡ ψυχὴ τὰ ὄντα πώς ἐστι πάντα. ἢ γὰρ αἰσθητὰ τὰ ὄντα ἢ νοητά, ἔστι δ' ἡ ἐπιστήμη μὲν τὰ ἐπιστητά πως, ἡ δ' αἴσθησις τὰ αἰσθητά.

116) De Anim. III, 8. §. 2. p. 432, a, 1. ὥστε ἡ ψυχὴ ὥσπερ ἡ χείρ ἐστιν· καὶ γὰρ ἡ χεὶρ ὄργανόν ἐστιν ὀργάνων, καὶ ὁ νοῦς εἶδος εἰδῶν καὶ ἡ αἴσθησις εἶδος αἰσθητῶν. Vgl.

Ebenso ist, wenn an die Stelle der durch die natürliche Form determinirten, immer actuellen Neigung des vegetativen Theiles in dem sensitiven und intellectiven Theile das Begehrungsvermögen als blosse Möglichkeit der Strebungen tritt, dennoch ein überreicher Ersatz geboten. Dort ist das Streben einförmig, hier dagegen haben wir eine grosse Mannigfaltigkeit des Begehrens, welche im vernünftigen Theile, wie wir noch sehen werden [117]), so vollkommen alle Bande natürlicher Determination gebrochen hat, dass es in ein und demselben Falle mit Freiheit nach entgegengesetzter Seite sich wenden kann.

17. Wir haben nicht blos in dem sensitiven, sondern auch in dem intellectiven Theile drei Gattungen von Seelenkräften unterschieden. Es könnte aber scheinen, als hätten wir uns hiebei von der Lehre des Aristoteles entfernt, da dieser im dritten Capitel des zweiten Buches von der Seele nur fünf Gattungen der Seelenvermögen, nämlich die der ernährenden, die der begehrenden, die der empfindenden, die der örtlich bewegenden und endlich die der vernünftig denkenden Vermögen aufzählt [118]). Wenn nun dem vegetativen Theile die erste Gattung, dem sensitiven die drei folgenden angehören, so bleibt für den intellectiven Theil offenbar nur eine einzige Gattung übrig, und diese scheint zu den formerfassenden Kräften zu gehören, da die denkende Kraft des menschlichen Geistes, der Verstand, nach Aristoteles ein formenaufnehmendes Vermögen ist, das sich zu den intelligibelen Formen, den Ideen, wie der Sinn zu den sensibelen Formen verhält [119]).

Allein es kann uns diese Stelle, in welcher Aristoteles, wie er ausdrücklich bemerkt, nur auf das bereits Besprochene Rücksicht

De Part. Animal. IV, 10. p. 687, a, 16. οὐ διὰ τὰς χεῖράς ἐστιν ὁ ἄνθρωπος φρονιμώτατος, ἀλλὰ διὰ τὸ φρονιμώτατον εἶναι τῶν ζῴων ἔχει χεῖρας. ὁ γὰρ φρονιμώτατος πλείστοις ἂν ὀργάνοις ἐχρήσατο καλῶς, ἡ δὲ χεὶρ ἔοικεν εἶναι οὐκ ἐν ὄργανον ἀλλὰ πολλά· ἔστι ὡσπερεὶ ὄργανον πρὸ ὀργάνων. τῷ οὖν πλείστας δυναμένῳ δέξασθαι τέχνας τὸ ἐπὶ πλεῖστον τῶν ὀργάνων χρήσιμον τὴν χεῖρα ἀποδέδωκεν ἡ φύσις. ἀλλ' οἱ λέγοντες ὡς συνέστηκεν οὐ καλῶς ὁ ἄνθρωπος ἀλλὰ χείριστα τῶν ζῴων (ἀνυπόδητόν τε γὰρ αὐτόν εἶναί φασι καὶ γυμνὸν καὶ οὐκ ἔχοντα ὅπλον πρὸς τὴν ἀλκήν) οὐκ ὀρθῶς λέγουσιν. τὰ μὲν γὰρ ἄλλα μίαν ἔχει βοήθειαν, καὶ μεταβάλλεσθαι ἀντὶ ταύτης ἑτέραν οὐκ ἔστιν, ἀλλ' ἀναγκαῖον ὥσπερ ὑποδεδεμένον ἀεὶ καθεύδειν καὶ πάντα πράττειν, καὶ τὴν περὶ τὸ σῶμα ἀλεώραν μηδέποτε καταθέσθαι, μηδὲ μεταβάλλεσθαι ὃ δὴ ἐτύγχανεν ὅπλον ἔχων. τῷ δὲ ἀνθρώπῳ τάς τε βοηθείας πολλὰς ἔχειν, καὶ ταύτας ἀεὶ ἔξεστι μεταβάλλειν, ἔτι δ' ὅπλον οἷον ἂν βούληται καὶ ὅπου ἂν βούληται ἔχειν. ἡ γὰρ χεὶρ καὶ ὄνυξ καὶ χηλὴ καὶ κέρας γίνεται καὶ δόρυ καὶ ξίφος καὶ ἄλλο ὁποιονοῦν ὅπλον καὶ ὄργανον· πάντα γὰρ ἔσται ταῦτα διὰ τὸ πάντα δύνασθαι λαμβάνειν καὶ ἔχειν.

117) Theil III, n. 22.
118) De Anim. II, 3. §. 1. p. 414, a, 31. δυνάμεις δ' εἴπομεν θρεπτικόν, ὀρεκτικόν, αἰσθητικόν, κινητικὸν κατὰ τόπον, διανοητικόν.
119) De Anim. III, 4. §. 3. p. 429, a, 15. s. unten Theil IV, n. 2 ff.

nimmt [120]), (er hat aber von dem geistigen Theile noch gar nicht gesprochen oder doch nur hie und da mit wenigen vorgreifenden Worten ihn berührt) nicht in solcher Weise massgebend werden. In der That, wenn der Verstand kein geistiges Vermögen und dem Subjecte nach von den Sinnen verschieden wäre, so würde es nicht nöthig sein, eine eigene Gattung begehrender Vermögen für ihn anzunehmen, und ebenso wären wir in diesem Falle der Annahme einer neuen Gattung bewegender Kräfte überhoben; denn auch für jeden der Sinne im Einzelnen bedürfen wir solcher Annahmen nicht, und der Verstand wäre ja in diesem Falle nur ein Sinn unter anderen Sinnen. Anders verhält es sich dagegen, wenn, wie Aristoteles in den späteren Erörterungen nachweist [121]), der Verstand etwas Uebersinnliches ist; denn hieraus ergibt sich auf's Klarste die Nothwendigkeit einer übersinnlichen, strebenden Kraft [122]), an welche sich dann, ähnlich wie an das sensitive Begehren, auch eine entsprechende Bewegung knüpfen wird [123]). Hätte Aristoteles diese Vermögen dem geistigen Theile abgesprochen, so hätte er zugleich jeden Einfluss des Verstandes auf den leiblichen Theil des Menschen läugnen müssen, wovon, weit entfernt, er vielmehr eine so bedeutende Wirksamkeit in Betreff des Leibes ihm zuerkannte, dass er dieselbe sogar zum Princip einer Eintheilung machte, indem er ein dem Verstande unterworfenes und ein seiner Herrschaft sich entziehendes Gebiet der leiblichen Fähigkeiten unterschied [124]). Später werden wir die zahlreichen Stellen kennen lernen [125]), worin sich seine Ansicht auf's Unzweifelhafteste kund gibt, so dass sich wohl Niemand ihnen gegenüber auf unsere Stelle wird berufen wollen, in welcher wir in dem ὀρεκτικόν auch das intellective Begehren [126]) und in dem κινητικὸν κατὰ τόπον auch die geistig bewegende Kraft, wenigstens gewissermassen und insofern sie mittelbar bei der örtlichen Bewegung massgebend wird [127]), noch ununterschieden eingeschlossen denken dürfen.

18. Ja weit entfernt, dass dem geistigen Theile ein Analogon der drei Gattungen des sensitiven mangeln könnte, müssen wir vielmehr vermuthen, dass ihm von Aristoteles noch eine vierte Gattung von Kräften zugeschrieben worden sei. Denn nach seiner Lehre ist das Verhältniss, welches zwischen dem vegetativen und sensitiven, und das, welches zwischen dem sensitiven und intellectiven Theile besteht, nicht dasselbe, vielmehr ist zwischen den beiden letzten der

---

120) Er sagt: δυνάμεις δ' εἴπομεν κ. τ. λ. s. oben S. 67. Anm. 118.
121) S. unten Theil IV, n. 4 ff.
122) S. ebend. n. 24. — 123) S. ebend. n. 25.
124) Eth. Nicom. I, 13. — 125) Theil IV, n. 23.
126) De Anim. II, 3. §. 2. p. 414, b, 2. bezeichnet er, ausser ἐπιθυμία und θυμος auch die βούλησις als unter der ὀρεξις mitbegriffen.
127) Vgl. De Anim. III, 10.

Abstand grösser, indem sie, wie wir schon bemerkt haben [128]), nicht blos in den Arten, sondern auch dem Subjecte nach getrennt sind, während die vegetative Seele mit der sensitiven in dieser Beziehung eine Einheit ausmacht; beide sind mit dem Leibe vermischt, und ihr Sitz in dem Leibe ist ein und derselbe. Wenn daher nach der Zerschneidung eines Thieres beide Theilstücke fortleben, so sind *beide* Thiere, d. h. es haben beide die vegetativen und sensitiven Fähigkeiten, nicht aber hat das eine die vegetativen und das andere die sensitiven, und überhaupt kann Niemand den vegetativen und den sensitiven Theil eines Thieres wirklich scheiden, wogegen der intellective Theil des Menschen allerdings von den übrigen trennbar ist und im Tode wirklich von ihnen losgelöst wird [129]).

Hienach ist es wohl einleuchtend, dass, wenn eine Analogie zwischen den Theilen der Seele besteht, sie vollkommener zwischen dem intellectiven und dem vegetativ-sensitiven in Eins gefasst, als zwischen dem intellectiven und sensitiven, oder zwischen dem sensitiven und vegetativen Theile bestehen werde; und da nun der vegetativ-sensitive Theil vier Gattungen von Kräften umfasst, von denen die eine formerfassend, eine andere begehrend ist, zu denen noch zwei wirkende, nämlich eine bewusst und eine unbewusst bewegende kommen, so haben wir im intellectiven Theile ebenfalls vier Gattungen der Kräfte als Analoga von ihnen zu erwarten. Drei derselben sind bereits erwähnt worden, es erübrigt also noch etwas über die bewusstlos wirkende geistige Kraft beizufügen.

19. Aber dürfen wir denn wirklich auf blossen Grund der Analogie mit dem leiblichen Theile des Beseelten hin auf eine solche vierte Kraft des geistigen Theiles schliessen? — Eine nähere Erwägung der Verhältnisse wird zeigen, dass diese Annahme keine vage und willkürliche Hypothese ist.

Blicken wir auf die ganze Welt der Dinge, die zunächst den menschlichen Geist umgeben, so sehen wir, dass hier jede Substanz eine unbewusste Einwirkung auf andere übt. Der eine Körper verdrängt den anderen Körper, oder er drückt auf ihn, oder zieht ihn empor, oder erwärmt ihn, oder übt einen anderen und vielleicht vielfachen unbewussten Einfluss auf ihn aus. Auf dieser steten bewusstlosen Wirksamkeit ruht die ganze einheitliche Zusammenordnung der Körperwelt; und um so mehr besteht natürlich, wenn *eine* Substanz, wie es bei den organischen Körpern der Fall ist, eine Mehrheit von unterschiedenen Theilen umfasst, zwischen diesen Theilsubstanzen ein

---

128) S. oben n. 13. u. Anm. 69. so wie n. 14. u. Anm. 77 ff.

129) De Anim. II, 2. §. 9. p. 413, b, 25. (ὁ νοῦς) ἔοικε ψυχῆς γένος ἕτερον εἶναι, καὶ τοῦτο μόνον ἐνδέχεται χωρίζεσθαι, καθάπερ τὸ ἀΐδιον τοῦ φθαρτοῦ. τὰ δὲ λοιπὰ μόρια τῆς ψυχῆς φανερὸν ἐκ τούτων ὅτι οὐκ ἔστι χωριστά, καθάπερ τινές φασιν · τῷ δὲ λόγῳ ὅτι ἕτερα, φανερόν.

solches unbewusstes Causalverhältniss. Wäre es nun nicht auffallend,
wenn bei dem geistigen Theile der Seele, der ja auch Substanz, und
zwar als Theilsubstanz zum Wesen des Menschen gehörig ist, dieses
allgemeine Gesetz eine Ausnahme erleiden würde? — Oder ist etwa
in dem Begriffe des Geistes etwas enthalten, was einem solchen unbewussten Wirken widerspricht? Dies wenigstens möchten wir mit
Bestimmtheit verneinen. Denn dass der Geist mit *Bewusstsein* auf
das Leibliche einen Einfluss üben kann, schliesst offenbar die Möglichkeit einer *unbewussten* Einwirkung nicht aus; nur die Behauptung,
dass ein und dieselbe Wirkung zugleich bewusst und unbewusst aus
ihm hervorgehe, wäre widersprechend. Und dem dient zur Bestätigung,
dass auch jenem Organe, welches der Sitz der Empfindung ist, und
wenn es auch nicht, wie Aristoteles lehrte, zugleich der Mittelpunct
des sensitiven und vegetativen Lebens sein mag, immerhin, da es ja
körperlich ist, ausser dem bewussten auch ein unbewusstes Wirken auf
die übrigen Theile des Leibes zukommt.

Doch vielleicht genügt das Gesagte noch nicht, einem Jeden das
Bestehen eines unbewussten Einflusses des geistigen auf den leiblichen
Menschen wahrscheinlich zu machen. Dass in der irdischen Welt jeder
Körper unbewusst auf andere, ihn umgebende Körper wirkt, ist wohl
unläugbar, wie auch er selbst wieder von ihnen einen solchen Einfluss
erfährt; allein dass etwas Geistiges, wie enge es auch mit einem Körperlichen verbunden sein möge, unbewusst darauf wirke, dürfte Einem
trotzdem zweifelhaft scheinen, weil ja, könnte er sagen, auch umgekehrt das Körperliche mit seinen unbewussten Trieben keine Wirkung
im Geiste hervorzubringen vermöge. Denn in der That kann man sich
weder denken, dass der Körper den Geist erwärme, noch dass er ihn
abkühle, noch dass er ihn erleuchte, oder in irgend einer anderen
Weise durch seine Beschaffenheiten, ähnlich einer körperlichen Substanz, alterire.

Doch wie dem auch sein möge, gewiss wird Niemand, auch wenn
er zunächst nicht zugeben will, dass dem geistigen Theile ein *unbewusstes* Wirken auf den leiblichen zukomme, in Abrede stellen, dass
er in *irgend einer Weise* auf ihn einwirke [130]); und wir haben ja auch

---

130) Die Verbindung beider würde sonst zwecklos erscheinen. Vgl. De Anim.
III, 12. §. 4. p. 434, b, 3. — Beiläufig sei bemerkt, dass wir Torstrik nicht beistimmen können, wenn er die Worte 'ἀλλὰ μὴν οὐδὲ ἀγέννητον' für eingeschoben
erklärt (sie sind wohl gegen Plato gerichtet, vgl. De Anim. I, 3. §. 11 ff. p. 406,
b, 25. bes. §. 19.); denn offenbar ist das Argument des Aristoteles nicht blos für
die irdischen, sondern für alle körperlichen Wesen beweisend, und er konnte es
gar nicht auf die einen oder anderen willkürlich beschränken. Wie sich aber hiemit seine Lehre von den Himmelssphären und den sie bewegenden Geistern vereinigen lasse, und welches überhaupt nach ihm das Verhältniss der einen und anderen zu einander sei, kann an diesem Orte nicht untersucht werden.

bereits, wenigstens im Allgemeinen, auf die Erscheinungen des äusseren Lebens hingewiesen, in welchen sich der herrschende Einfluss einer mit Bewusstsein wirkenden geistigen Kraft nicht verkennen lasse. Wie nun, wenn sich´ gerade hieraus die Nothwendigkeit eines unbewussten Einflusses des Geistigen auf das Leibliche ergeben würde? Das bewusste Einwirken des Geistigen setzt das Wollen und Denken voraus. Diese beiden aber sind, wie das Empfinden und sensitive Begehren, zunächst nur der Möglichkeit nach in der Seele vorhanden und verlangen daher, um wirklich zu werden, dass, wie auf das empfindende Organ, auch auf *ihr* Subject etwas Anderes verändernd einwirke. Was aber sollte dieses Andere sein, wenn nicht der leibliche Theil des Menschen? Und wenn daher dieser, als Körper, nicht aus sich selbst, und in Folge seiner natürlichen Beschaffenheiten, einen Trieb zum Wirken auf das Geistige hat, so ist es offenbar, dass er den Impuls dazu von etwas Anderem, und zwar von etwas Geistigem empfangen haben müsse; und dieses wird der geistige Theil des Menschen selber gewesen sein, denn eine fremde geistige Substanz wird ja doch Niemand ohne ganz zwingenden Grund gleich einem *deus ex machina* zu Hilfe rufen wollen.

Nur *eine* Ausflucht bliebe vielleicht noch offen, wenn man nämlich annähme, dass der leibliche Theil des Menschen zwar nicht mit einem bewusstlosen Triebe, wohl aber mit seinem sensitiven Begehren nach einer Wirkung im geistigen Theile strebe. — Allein diese Annahme wäre offenbar die ungereimteste von allen, denn da, wer etwas mit Bewusstsein begehrt, es auch mit seiner Vorstellung erfasst haben muss, so würden wir nach dieser Hypothese eine sinnliche Vorstellung von etwas Geistigem haben, was gewiss undenkbar ist. Der sensitive Theil hat also kein *bewusstes* Streben zur Einwirkung auf das Geistige, und wenn daher der Leib, wie ganz richtig bemerkt wurde, auch keinen angeborenen Trieb hat, *unbewusst* darauf zu wirken, so folgt, weit entfernt, dass hiedurch auch für den geistigen Theil der Mangel eines solchen Triebes wahrscheinlich würde, gerade hieraus am klarsten die Nothwendigkeit einer geistigen Kraft, die bewusstlos ihren Einfluss im leiblichen Theile geltend macht [131]).

---

131) In demselben Verhältnisse, in welchem das Wirken eines irdischen lebenden Wesens vollkommener ist, erscheint es von Natur aus minder vollkommen dazu ausgerüstet. Wir haben schon früher darauf aufmerksam gemacht, dass die Aehnlichkeit des zu Wirkenden bei den vegetativen Operationen schon von Anfang wirklich gegeben sei, während bei dem bewussten Wirken der sensitiven und intellectiven Seele die Formen, auf welche das Wirken gerichtet ist, zunächst nur der Möglichkeit nach in dem Wirkenden sich finden. Nun aber zeigt sich auch zwischen der mit sensitivem und der mit intellectivem Bewusstsein wirkenden Kraft wieder ein ähnlicher Unterschied; die letztere, die offenbar über die erstere weit erhaben ist, erscheint doch ursprünglich minder gut zum Wirken gerüstet

In der Einseitigkeit des Verhältnisses wird man bei näherer Erwägung nichts Inconvenientes finden; denn der Geist ist seiner Substanz nach reine Energie, der Körper aber mit der substantiellen
Möglichkeit vermischt, und dem ist es ganz entsprechend, wenn, wo
Geistiges und Leibliches sich in einem Causalzusammenhange berühren,
der Geist mehr activ, der Leib mehr passiv erscheint, da das Princip
des Wirkens eine Wirklichkeit, das Princip des Leidens eine Möglichkeit ist.

Das wirkende Princip, sagt Aristoteles [132]), übertrifft das leidende
an Würde, wenn also auch in irgend einem Falle ein *Wechselverkehr*
zwischen Geist und Leib statt hat, so ist es doch immer von vornherein wahrscheinlich, um nicht zu sagen nothwendig, dass die Priorität des Wirkens und das eigentliche Princip desselben in dem geistigen Theile sich finden werde.

Wäre das Princip im leiblichen Theile des Menschen, so würden
wir ausser den schon erwähnten vier Gattungen der Lebenskräfte noch
eine fünfte und höchste Gattung, nämlich die, vermöge deren er das
Geistige bewegte, in ihm anzunehmen genöthigt sein, während auf
Seiten des geistigen Theiles nur drei Gattungen sich finden würden,
nun aber haben wir in jedem Theile eine vierfache Art von Kräften,

---

als jene. Wenn der mit Empfindung wirkenden Kraft die Aehnlichkeit des zu
Wirkenden noch mangelt, so hat doch die Natur dem lebenden Wesen in den
Objecten die entsprechenden Principien gegeben, durch welche die sensibelen Formen, die der Möglichkeit nach in ihr sind, wirklich werden. Bei dem mit geistiger
Erkenntniss wirkenden Vermögen ist aber auch dieses nicht der Fall; denn, da
der Geist durch die Einwirkung des leiblichen Theiles erkennend wird, und, wie
wir noch sehen werden, das erste geistige Erkennen sich auf etwas Körperliches
bezieht, so ist hier die Ungleichheit zwischen Subject und Object grösser, es kann
dieses nicht mehr aus eigener Kraft eine Einwirkung auf die intellective Seele
üben, und so muss die eigene Wirksamkeit des geistigen Theiles es erst fähig
machen, Princip seiner Gedanken zu werden. Wir können dieses Verhältniss
einer höheren Vollkommenheit, die doch zugleich ihrer Vollendung ursprünglich
ferner steht, einer Erscheinung im vegetativen Leben der Pflanzen, Thiere und
Menschen vergleichen. Der Pflanze ist die Nahrung von Natur gegeben; das
Thier und namentlich die höheren Thierarten müssen sie suchen, aber sie finden
sie nach Bedürfniss fertig vor; der Mensch endlich muss sie durch eigene Arbeit
erst gewinnen und bereiten; und doch ist gerade der menschliche Leib, der aus
dem Nahrungsstoffe erneuert und erzeugt wird, unstreitig der vollkommenste aller
Organismen, und somit die vegetative Kraft des Menschen die edelste und höchste.
In ähnlicher Weise also hat, wie wir sagten, auch das bewusstlos Wirkende die
Aehnlichkeit, vermöge deren das Gewirkte im Wirkenden präexistiren muss, von
Natur, das sensitivbewusste dagegen muss sie erst aufnehmen, und das intellective
muss sie sogar durch eigene Wirksamkeit erst bilden, indem es das, was der
Möglichkeit nach intelligibel ist, wirklich intelligibel macht.

132) De Anim. III, 5. §. 2. p. 430, a, 18. ἀεὶ γὰρ τιμιώτερον τὸ ποιοῦν τοῦ πάσχοντος καὶ ἡ ἀρχὴ τῆς ὕλης.

die sich einander in der vollkommensten Analogie entsprechen. Beide Theile haben formerfassende, beide haben begehrende, beide haben bewusst und unbewusst bewegende Vermögen.

So hat es sich denn mehr und mehr herausgestellt, wie die Annahme einer bewusstlos wirkenden geistigen Kraft analog den bewusstlosen Kräften des leiblichen Theiles für Aristoteles allerdings ein Bedürfniss war. Sie ist es, von der er im fünften Capitel des dritten Buches von der Seele spricht, denn sie ist keine andere als jener νοῦς ποιητικός, der vor allem Denken sich bethätigt, da er das wirkende Princip des geistigen Erkennens ist. Der Beweis hiefür muss späteren Erörterungen [133]) aufbewahrt werden; vorläufig wollten wir nur darauf aufmerksam machen, dass der harmonische Ausbau der Aristotelischen Seelenlehre eine solche vierte Gattung der geistigen Vermögen verlangte.

---

133) Theil IV, n. 32.

Zweiter Theil.

Von den Seelentheilen im Einzelnen und zuerst von der vegetativen Seele.

———

1. Wir haben von der Seele und von den Seelentheilen im Allgemeinen gehandelt; wir gehen jetzt zur besonderen Betrachtung der einzelnen über. Sie wird unsere Vermuthungen bestätigen, vorgreifende Angaben rechtfertigen und namentlich allem dem, was sich auf die noch unerwiesene Geistigkeit des intellectiven Theiles bezog, erst seine Begründung geben.

Zuerst sprechen wir von dem vegetativen, dann von dem sensitiven, zuletzt aber von dem intellectiven Theile, eine Ordnung, die sowohl für die besondere Aufgabe unserer Abhandlung, als auch, durch ein glückliches Zusammentreffen, für die Darstellung der Aristotelischen Seelenlehre an und für sich die entsprechendste ist. Denn die vegetative Seele ist die erste und allgemeinste und die Vorbedingung der sensitiven, und ein gleiches Verhältniss findet bei den sterblichen lebenden Wesen zwischen der sensitiven und intellectiven Seele statt. Darum hat auch Aristoteles in den Büchern von der Seele selbst diese Ordnung empfohlen[1]) und, man kann sagen, bis zum Ende eingehalten; denn wenn er, nachdem er schon von den geistigen Erkenntnisskräften gehandelt, in späteren Capiteln des dritten Buches[2]) erst von der örtlichen Bewegung spricht und so zum sensitiven Theile zurückkehrt, so thut er dieses, ohne sich von dem intellectiven abzuwenden, da er dabei zugleich, und zwar ganz vorzüglich, auf den Nachweis bedacht ist, wie die intellective Erkenntniss bei der örtlichen Bewegung betheiligt sei. Ebenso entwickelt er in den darauf folgenden Erörterungen nicht blos die Gründe, warum der vegetative Theil Vorbedingung des sensitiven sei, und warum die höheren Sinne und die örtliche Bewegung niemals ohne den Gefühlssinn gefunden werden,

———

1) De Anim. II, 4. §. 2. p. 415, a, 23.
2) De Anim. III, 9—11.

sondern er erklärt auch, warum kein Körper, der nicht an der Empfindung Theil hat, mit einer intellectiven Seele verbunden sein könne[3]).

2. Dem Begriffe nach sind die Acte früher als die Potenzen und die Objecte früher als die Acte; darum, sagt Aristoteles[4]), müssen wir bei der Untersuchung des vegetativen Theiles, und ebenso bei der des sensitiven oder intellectiven, von der Betrachtung des Objectes ausgehen. Zunächst haben wir daher von der Nahrung zu sprechen[5]), auf welche die Thätigkeiten der sämmtlichen vegetativen Kräfte, wenn auch in verschiedener Weise, gerichtet sind; denn die eine bezieht sich darauf, insofern die Nahrung in die Substanz des lebenden Wesens selbst verwandelt werden[6]), die andere, insofern sie durch ihre Grösse zum vollkommenen Masse desselben beitragen[7]), eine dritte endlich, insofern sie in die Substanz eines neuen, ähnlichen lebenden Wesens umgebildet werden kann[8]).

In Betreff der Nahrung gehen aber die Meinungen der früheren Philosophen in entgegengesetzter Richtung auseinander[9]). Die einen sagen, die Nahrung müsse dem Körper, in den sie umgebildet werde, ähnlich sein, das Aehnliche nähre sich und wachse durch das Aehnliche. Die anderen dagegen behaupten, dass immer Entgegengesetztes durch Entgegengesetztes sich nähre; denn, sagen sie, das Aehnliche könne nicht von dem Aehnlichen leiden, die Nahrung aber werde verwandelt und verkocht und somit, wie alles, was verwandelt werde, in etwas Entgegengesetztes verwandelt. Ferner begründen sie ihre Meinung dadurch, dass, wenn das sich Nährende und das, womit es sich nähre, einander ähnlich wären, das lebende Wesen ebenso von der Nahrung, wie diese von ihm verarbeitet werden müsste, was doch keineswegs der Fall sei, da es vielmehr seiner Nahrung wie der Künstler seinem Stoffe gegenüber stehe.

Aristoteles schlichtet den Streit, indem er zeigt, dass beide Ansichten in gewisser Weise wahr und in gewisser Weise falsch seien.

3) De Anim. III, 12. §. 4. p. 434, b, 3. — Der Plan der drei Bücher von der Seele ist klar durchdacht und von Anfang bis Ende in entsprechender Weise durchgeführt. Die Betrachtung der örtlichen Bewegung nach dem geistigen Erkennen erspart manche Wiederholung und ist schon durch die Bemerkung De Anim. I, 2. §. 2. p. 403, b, 25. u. d. F. vorgedeutet, womit De Anim. III, 9. §. 1. p. 432, a, 15. zu vergleichen ist. Auch auf die Untersuchungen in den letzten Capiteln wurde bereits im zweiten Buche als auf solche hingewiesen, denen eine spätere Stelle gebühre. (De Anim. II, 2. §. 5. p. 413, b, 9.)
4) De Anim. II, 4. §. 1. p. 415, a, 16. Vgl. die Fragen ebend. I, 1. §. 6 f. p. 402, b, 10.
5) De Anim. II, 4. §. 2. p. 415, a, 23. §. 9. p. 416, a, 19.
6) De Anim. II, 4. §. 13. p. 416, b, 11. — 7) Ebend.
8) De Generat. Animal. II, 4. p. 740, b, 34.
9) De Anim. II, 4. §. 10. p. 416, a, 29.

Mit dem Namen der Nahrung, sagt er [10]), könne man nämlich ein Doppeltes bezeichnen:

1) das Letzte, was nach vollkommener Zubereitung mit dem Körper zusammenwachse [11]),

2) aber auch den ursprünglichen, noch unbearbeiteten Stoff. Fasse man die Nahrung im ersten Sinne, so gelte der Satz, dass das Aehnliche sich mit Aehnlichem nähre, im zweiten Sinne dagegen müsse man sagen, dass das Unähnliche die Nahrung des Unähnlichen sei.

3. Auf diesen Nahrungsstoff wirkt nun, wie bemerkt, die vegetative Seele in dreifacher Weise ein; einmal, indem sie sich desselben als eigentlicher Nahrung, d. i. zur Erhaltung des individuellen Lebens bedient, denn das beseelte Wesen stirbt, wenn es der Nahrung beraubt wird [12]); dann, indem sie den Stoff so verwendet, dass er ein Mittel des Wachsthums wird, denn das lebende Wesen verlangt, damit es nicht blos sei, sondern auch in seiner Art vollkommen sei, ein gewisses Mass von Grösse [13]), zu dem es nicht beim ersten Entstehen gelangt, sondern erst allmälig heranwächst; endlich verarbeitet die vegetative Seele den Nahrungsstoff auch in der Art, dass sie ihn zum Samen bildet, aus welchem ein anderes, aber gleichartiges Wesen hervorgeht [14]), und auch dieses ist eine Art Selbsterhaltung, ja sogar die vorzüglichere Weise derselben [15]), denn durch die Ernährung kann der beseelte Leib nur eine kurze Zeit sein Leben fristen, aber durch die Zeugung sich fortpflanzend lebt er und erhält er sich wenigstens seiner Art nach alle Zeit, indem er, so weit das sterbliche Wesen es vermag, an dem ewigen Dasein der Gottheit Theil nimmt. Am Göttlichen aber so weit als möglich Theil zu haben, danach strebt die ganze

---

10) De Anim. II, 4. §. 11. p. 416, b, 8. πότερον δ' ἐστὶν ἡ τροφὴ τὸ τελευταῖον προσγινόμενον ἢ τὸ πρῶτον, ἔχει διαφοράν. εἰ δ' ἄμφω, ἀλλ' ἡ μὲν ἄπεπτος ἡ δὲ πεπεμμένη, ἀμφοτέρως ἂν ἐνδέχοιτο τὴν τροφὴν λέγειν· ἢ μὲν γὰρ ἄπεπτος τὸ ἐναντίον τῷ ἐναντίῳ τρέφεται, ᾗ δὲ πεπεμμένη, τὸ ὅμοιον τῷ ὁμοίῳ. ὥστε φανερὸν ὅτι λέγουσί τινα τρόπον ἀμφότεροι καὶ ὀρθῶς καὶ οὐκ ὀρθῶς.

11) Daraus, dass Themistius und Philoponus des Ausdruckes „προςκρινόμενον‘ statt des von Aristoteles gebrauchten „προςγινόμενον‘ sich bediene, möchte ich nicht schliessen, dass ursprünglich „προςκρινόμενον‘ gelesen worden sei. Der Sinn beider Ausdrücke ist hier derselbe, und man konnte den einen durch den andern erklären. Vgl. das προςγινόμενον [De Sens. et Sens. 6. p. 446, a, 14. — Vgl. Trendelenburg zu unserer Stelle.

12) De Anim. II, 4. §. 13. p. 416, b, 14.

13) De Anim. II, 4. §. 8. p. 416, a, 14. De Generat. Animal. II, 1. p. 733, b, 2. — 14) De Anim. II, 4. §. 13. p. 416, b, 15.

15) Die erzeugende Kraft gilt Aristoteles für die höchste der drei vegetativen Kräfte, und er will darum auch nach ihr diesen ganzen Theil der Seele benannt wissen. De Anim. II, 4. §. 15. p. 416, b, 23. ἐπεὶ δὲ ἀπὸ τοῦ τέλους ἅπαντα προσαγορεύειν δίκαιον, τέλος δὲ τὸ γεννῆσαι οἷον αὐτό, εἴη ἂν ἡ πρώτη ψυχὴ γεννητικὴ οἷον αὐτό.

Natur; und desshalb nennt auch Aristoteles die Erzeugung die natür-
lichste unter den Functionen des Lebens [16]).

4. Diese Bemerkungen bestätigen, was wir über den Grund, wesshalb in dem vegetativen Theile neben den wirkenden Vermögen der
Ernährung, des Wachsthums und der Erzeugung ein Seelenvermögen
anderer Gattung sich nicht finden lasse, gesagt haben. Was die lebende Substanz als vegetative vollbringt, ist nur die Einführung der
eigenen substantiellen Form in eine fremde Materie [17]), ihr Object,
wenn wir als solches den Terminus ihres Wirkens bezeichnen [18]), ist
der Art nach mit ihr selbst identisch. Daher hat sie jene Aehnlichkeit, nach welcher, wie wir oben sahen, das, was gewirkt werden
soll, in dem Wirkenden enthalten sein muss, nicht erst durch eine
Lebensthätigkeit aufzunehmen nöthig und bedarf keiner Vermögen, wie
solche z. B. in den Sinnen dem sensitiven Theile gegeben sind. Sie
hat jene Aehnlichkeit, weil sie ist, was sie ist, und es ist ihr dieselbe in eben der Weise natürlich, in welcher die Form einer leblosen
Substanz dieser natürlich ist.

Demgemäss ist denn auch jenes Streben, welches die zweite Voraussetzung alles Wirkens ist, bei ihr von keiner anderen Art als der
bewusstlose Naturtrieb, aus welchem die natürlichen Bewegungen der
unorganischen Substanzen hervorgehen, es ist keine besondere Lebens-
function. Die zweite Classe der Seelenvermögen, nämlich die der begehrenden, ist daher, ebenso wie die der formaufnehmenden Kräfte
nothwendig von ihr ausgeschlossen.

Demnach bleibt für das vegetative Gebiet einzig und allein die
Gattung der wirkenden, und zwar der bewusstlos wirkenden Kräfte
übrig. Ihr gehören die drei Seelenvermögen, von denen wir gesprochen haben, an. Dass sie verschieden sind, ergab sich uns aus der
Verschiedenheit dessen, was sie wirken, dass sie aber auf eine Seele
als ihr Princip zurückzuführen, also wirklich Seelenvermögen sind,

---

16) De Anim. II, 4. §. 2. p. 415, a, 26. φυσικώτατον γὰρ τῶν ἔργων τοῖς ζῶσιν,
ὅσα τέλεια καὶ μὴ πηρώματα, ἢ τὴν γένεσιν αὐτομάτην ἔχει, τὸ ποιῆσαι ἕτερον οἷον αὐτό,
ζῶον μὲν ζῶον, φυτὸν δὲ φυτόν, ἵνα τοῦ ἀεὶ καὶ τοῦ θείου μετέχωσιν ᾗ δύνανται· πάντα
γὰρ ἐκείνου ὀρέγεται, κἀκείνου ἕνεκα πράττει ὅσα πράττει κατὰ φύσιν. . . . ἐπεὶ οὖν κοινωνεῖν ἀδυνατεῖ τοῦ ἀεὶ καὶ τοῦ θείου τῇ συνεχείᾳ, διὰ τὸ μηδὲν ἐνδέχεσθαι τῶν φθαρτῶν
ταὐτὸ καὶ ἓν ἀριθμῷ διαμένειν, ᾗ δύναται μετέχειν ἕκαστον, κοινωνεῖ ταύτῃ, τὸ μὲν μᾶλλον
τὸ δ' ἧττον· καὶ διαμένει οὐχ αὐτὸ ἀλλ' οἷον αὐτό, ἀριθμῷ μὲν οὐχ ἕν, εἴδει δ' ἕν. Vgl.
De Generat. Animal. II, 1. p. 731, b, 24. Oecon. I, 3. p. 1343, b, 23.

17) Die Seele ist bei allen Lebensthätigkeiten das οὗ ἕνεκα ᾧ, bei den vegetativen aber zugleich auch das οὗ ἕνεκα οὗ. De Anim. II, 4. §. 5. p. 415, b, 20. διτ-
τῶς δὲ (ἐστὶν ἡ ψυχὴ) τὸ οὗ ἕνεκα, τό τε οὗ καὶ τὸ ᾧ. Vgl. Torstrik zu der Stelle.

18) Und dieser ist in der That das eigentliche Object der wirkenden Thätigkeiten, von welchem sie als von ihrem Ziele die specifische Differenz empfangen.
So ist z. B. das Erwärmen die Bewegung zur Wärme und das Heilen die Bewegung zur Gesundheit.

haben wir schon oben dargethan [19]) und wollen den dort angegebenen Grund auch hier in Kürze wiederholen. Wenn eine Thätigkeit der Selbsterhaltung oder des Wachsthums auch anderen offenbar leblosen Wesen zugeschrieben werden kann, so kommt sie ihnen doch nicht in derselben Weise wie den Pflanzen zu, welche alles dieses vollbringen, indem sie vermöge der Mehrheit ihrer Organe, durch das eine auf das andere wirkend, sich selbst bewegen; und die Selbstbewegung ist es, die alles Lebende kennzeichnet.

Daher hat Aristoteles im ersten Capitel des zweiten Buches von der Seele aus dem Organismus der Pflanzen die Nothwendigkeit der Annahme einer Pflanzenseele dargethan [20]). Im vierten Capitel, wo er speciell von der vegetativen Seele handelt, vertheidigt er gegen Empedokles, dass das Wachsthum der Pflanzen nach Oben und Unten nicht auf die nach entgegengesetzten Richtungen strebenden Elemente des Feuers und der Erde, sondern auf die Seele zurückzuführen sei, indem er ihm zugleich sein gänzliches Verkennen des pflanzlichen Organismus nachweist [21]). Anderen gegenüber, die alles Wachsthum auf die Natur des Feuers zurückführen wollten, macht er geltend, dass in diesem Falle die lebenden Wesen masslos sich ausdehnen würden, während doch für jede Art der Pflanzen und der Thiere eine natürliche Gränze des Wachsthums sich gesetzt finde. Er gibt zu, dass die Wärme bei den vegetativen Functionen allerdings mitbetheiligt sei, allein sie sei nur Mitursache [22]) und gleichsam ein Instrument der ersten Seele [23]).

19) S. o. S. 58.

20) De Anim. II, 1. §. 6. p. 412, b, 1. S. ob. Theil I. Anm. 38.

21) De Anim. II, 4. §. 7. p. 415, b, 28. Ἐμπεδοκλῆς δ' οὐ καλῶς εἴρηκε τοῦτο, προστιθεὶς τὴν αὔξησιν συμβαίνειν τοῖς φυτοῖς κάτω μὲν συρριζουμένοις διὰ τὸ τὴν γῆν οὕτω φέρεσθαι κατὰ φύσιν, ἄνω δὲ διὰ τὸ πῦρ ὡσαύτως. οὔτε γὰρ τὸ ἄνω καὶ κάτω καλῶς λαμβάνει· οὐ γὰρ ταὐτὸ πᾶσι τὸ ἄνω καὶ κάτω καὶ τῷ παντί, ἀλλ' ὡς ἡ κεφαλὴ τῶν ζῴων, οὕτως αἱ ῥίζαι τῶν φυτῶν, εἰ χρὴ τὰ ὄργανα λέγειν ἕτερα καὶ ταὐτὰ τοῖς ἔργοις. πρὸς δὲ τούτοις τί τὸ συνέχον εἰς τἀναντία φερόμενα τὸ πῦρ καὶ τὴν γῆν; διασπασθήσεται γάρ, εἰ μή τι ἔσται τὸ κωλῦσον· εἰ δ' ἔσται, τοῦτ' ἐστὶν ἡ ψυχὴ καὶ τὸ αἴτιον τοῦ αὐξάνεσθαι καὶ τρέφεσθαι.

22) De Anim. II, 4. §. 8. p. 416, a, 9. δοκεῖ δὲ τισιν ἡ τοῦ πυρὸς φύσις ἁπλῶς αἰτία τῆς τροφῆς καὶ τῆς αὐξήσεως εἶναι· καὶ γὰρ αὐτὸ φαίνεται μόνον τῶν σωμάτων ἢ τῶν στοιχείων τρεφόμενον καὶ αὐξόμενον. διὸ καὶ ἐν τοῖς φυτοῖς καὶ ἐν τοῖς ζῴοις ὑπαλάβει τις ἂν τοῦτο εἶναι τὸ ἐργαζόμενον. τὸ δὲ συναίτιον μέν πώς ἐστιν, οὐ μὴν ἁπλῶς γε αἴτιον, ἀλλὰ μᾶλλον ἡ ψυχή· ἡ μὲν γὰρ τοῦ πυρὸς αὔξησις εἰς ἄπειρον, ἕως ἂν ᾖ τὸ καυστόν, τῶν δὲ φύσει συνισταμένων πάντων ἐστὶ πέρας καὶ λόγος μεγέθους τε καὶ αὐξήσεως· ταῦτα δὲ ψυχῆς, ἀλλ' οὐ πυρός, καὶ λόγου μᾶλλον ἢ ὕλης. Vgl. ebend. §. 16. p. 416, b, 27.

23) De Generat. Animal. II, 4. p. 740. b, 31. (ἡ τῆς θρεπτικῆς ψυχῆς δύναμις) ἐκ τῆς τροφῆς ποιεῖ τὴν αὔξησιν, χρωμένη οἷον ὀργάνοις θερμότητι καὶ ψυχρότητι.

Dritter Theil.

Von der sensitiven Seele.

———

Indem wir uns, um uns nicht von unserer eigentlichen Aufgabe zu entfernen, mit diesem schnellen Blicke auf den vegetativen Theil der Seele begnügen, gehen wir zur sensitiven Seele über, die, auf ein weniger beschränktes Object gerichtet, wie bemerkt, drei Gattungen von Lebensfunctionen in sich vereinigt. Wir betrachten zunächst die sensitiven Functionen der ersten Gattung, nämlich die Empfindung und Phantasie, und da die letzte aus der ersten hervorgeht, so wollen wir zuerst von der Empfindung handeln.

a. Von der Empfindung im Allgemeinen und von der Zahl der äusseren Sinne.

2. Wir empfinden, indem wir von dem Empfundenen bewegt werden und leiden[1]). Fragen wir daher, ob das Empfindende dem Empfundenen ähnlich sei oder nicht, so ergibt sich die Antwort hiefür aus dem allgemeinen Gesetze, dass das Leidende dem, wodurch es leidet, vor dem Leiden unähnlich, nach dem Leiden aber ähnlich ist. Das Empfindende ist vor dem Empfinden in Möglichkeit so, wie sein Object schon in Wirklichkeit ist, es leidet also, indem es unähnlich ist, aber nach dem Leiden ist es ihm verähnlicht und ist so, wie jenes ist[2]).

Allein zwischen Leiden und Leiden besteht ein grosser Unterschied, je nachdem man darunter eine Alteration im eigentlichen Sinne, welche immer die Corruption eines Wirklichen durch etwas Entgegengesetztes ist[3]), oder ein Leiden versteht, welches ohne jede Corruption, ohne jeden Verlust einer Form von Seite des leidenden Subjec-

———

1) De Anim. II, 5. §. 1. p. 416, a, 33. ἡ δ' αἴσθησις ἐν τῷ κινεῖσθαί τε καὶ πάσχειν συμβαίνει, καθάπερ εἴρηται (vgl. ebend. 4. §. 6. p. 415, b, 23.)· δοκεῖ γὰρ ἀλλοίωσίς τις εἶναι.

2) De Anim. II, 5. §. 3. p. 417, a, 17. ebend. §. 7. p. 418, a, 3.

3) In einem noch engeren und eigentlicheren Sinne beschränken wir das Leiden auf jene Alterationen, bei welchen die Form, die verloren wird, die dem Subjecte convenientere war, wie z. B. bei dem Erkranken des gesunden Leibes.

tes, das, was in diesem der Möglichkeit nach lag, zur Wirklichkeit, also nur das Unvollendete in den Zustand der Vollendung bringt[4]). Ein Leiden im ersten Sinne ist z. B. das Gelbwerden eines rothfarbigen Körpers, oder das Kaltwerden eines warmen u. dgl., denn das eine ist die Corruption des Rothen, das andere die Corruption des Warmen als solchen, das eine führt in dem Subjecte den Verlust der rothen Farbe, das andere den der Wärme herbei. Ein solches Leiden also ist das Empfinden nicht. Allerdings mag es mit einer Alteration verbunden sein, indem z. B. die warme Hand, die etwas Kaltes berührt, während der Empfindung und durch Einwirkung des Empfundenen kälter wird. Allein nicht insofern wir kalt werden, empfinden wir das Kalte, sonst würden auch Pflanzen und unorganische Körper empfinden[5]), sondern insofern das Kalte objectiv, d. h. als Erkanntes[6]) in uns existirt, also insofern wir die Kälte aufnehmen, ohne selbst das physische Subject derselben zu sein, welches nur, indem es alterirt wird, diese oder irgendwelche andere Form empfangen kann. Darum sagt Aristoteles im zwölften Capitel des zweiten Buches von der Seele, dass der Sinn die sensibelen Formen ohne Materie

---

4) De Anim. II, 5, §. 5. p. 417, b, 2. οὐκ ἔστι δ' ἁπλοῦν οὐδὲ τὸ πάσχειν, ἀλλὰ τὸ μὲν φθορά τις ὑπὸ τοῦ ἐναντίου, τὸ δὲ σωτηρία μᾶλλον τοῦ δυνάμει ὄντος ὑπὸ τοῦ ἐντελεχείᾳ ὄντος καὶ ὁμοίου οὕτως ὡς δύναμις ἔχει πρὸς ἐντελέχειαν. Dieses letztere Leiden, zu welchem, wie wir sogleich sehen werden, die Empfindung gehört, ist eine vollendete Energie, so gut wie die Quantitäten, Qualitäten u. s. f. vollendete Energieen sind; das erstere dagegen ist, wenn es etwas Andauerndes ist, als Bewegung im eigentlichen Sinne eine unvollendete Energie. (De Anim. II, 5. §. 3. p. 417, a, 16. Metaph. Θ, 6. p. 1048,[b, 28. 33.) Wie etwas, was warm ist, so lange es warm ist, in jedem Augenblicke warm ist, so hat auch Jemand, der die Empfindung der Wärme hat, so lange er sie hat, in jedem Augenblicke diese Empfindung. So sehen wir auch einen Gegenstand, so lange wir ihn sehen, in jedem Zeitpuncte; und dasselbe gilt von den übrigen Sinneswahrnehmungen. Anders würde es sein, wenn die Empfindung eine Bewegung im ersten und eigentlichen Sinne wäre. Der fliegende Pfeil fliegt nicht in einem Augenblicke von a nach d, aber auch nicht nach c oder b. Er bewegt sich zwar in jedem *Zeittheile;* allein in einem *Zeitpuncte* für sich allein, können wir nicht sagen, dass er sich auch nur im Geringsten fortbewegt habe, obwohl er niemals ruhte, sondern mit der grössten Schnelligkeit dahineilte. Vgl. Phys. VI, 3. p. 234, a, 24. ebend. 8. p. 239, b, 1. u. 9. princ. u. b, 30.

5) De Anim. II, 12. §. 4. p. 424, a, 32.

6) Wir gebrauchen den Ausdruck ‚objectiv‘ hier und im Folgenden nicht in dem Sinne, der in neuerer Zeit der übliche ist, sondern in jenem, den die Aristoteliker des Mittelalters damit (mit dem scholastischen objective) zu verbinden pflegten, und der eine sehr kurze und präcise Bezeichnung der Aristotelischen Lehre ermöglicht. Materiell, als physische Beschaffenheit, ist die Kälte in dem Kalten; als Object, d. h. als Empfundenes', ist sie in dem Kältefühlenden. Vgl. De Anim. III, 2. §. 4 ff. p. 425, b, 25, wo Aristoteles sagt, dass das αἰσθητὸν κατ' ἐνέργειαν in dem Sinne sei.

aufnehme [7]), und erläutert dieses mit dem Gleichnisse des Wachses, welches die Gestalt des Siegels ohne das Gold oder Eisen in sich aufnimmt. Freilich ist dieser Vergleich nicht vollkommen entsprechend [7a]), indem das geformte Wachs nicht individuell dieselbe Form wie das Siegel in sich trägt, sondern nur eine gleichartige, der Sinn aber, der die Form des Sensibelen aufnimmt, dieselbe. Und darum nimmt auch das Wachs die Gestalt des Siegels als physisches Subject und durch eine Art Corruption auf, denn es verliert die Figur, die ihm bis dahin eigen gewesen; der Sinn aber empfängt die sensibele Form nicht durch eigentliche Alteration, wenn auch, wie schon gesagt, eine solche ihre Aufnahme begleiten mag, und z. B. der empfindende Körper, wenn er das Warme berührt, zugleich ein das Warme fühlender aus einem nichtfühlenden und ein warmer aus dem entgegengesetzten kalten wird. Er *fühlt* etwas Warmes, d. h. er hat eine Wärme objectiv in sich, er *ist* warm, d. h. er hat eine Wärme physisch, materiell in sich. Die Aufnahme in dieser letzten Weise war eine eigentliche Alteration, ein Verlust der Kälte, ein Werden des Entgegengesetzten aus dem Entgegengesetzten, die Aufnahme in der ersten Weise war nur eine einfache Actualisirung dessen, was der Potenz nach in dem Subjecte vorhanden war, gewiss also kein πάσχειν im eigentlichen Sinne, obwohl von dem πάσχειν im Allgemeinen, von der Kategorie des Leidens mit umschlossen [8]).

---

7) De Anim. II, 12. §. 1. p. 424, a, 17. καθόλου δὲ περὶ πάσης αἰσθήσεως δεῖ λαβεῖν ὅτι ἡ μὲν αἴσθησίς ἐστι τὸ δεκτικὸν τῶν αἰσθητῶν εἰδῶν ἄνευ τῆς ὕλης· οἷον ὁ κηρὸς τοῦ δακτυλίου ἄνευ τοῦ σιδήρου καὶ τοῦ χρυσοῦ δέχεται τὸ σημεῖον, λαμβάνει δὲ τὸ χρυσοῦν ἢ τὸ χαλκοῦν σημεῖον, ἀλλ᾽ οὐχ ᾗ χρυσὸς ἢ χαλκός· ὁμοίως δὲ καὶ ἡ αἴσθησις ἑκάστου ὑπὸ τοῦ ἔχοντος χρῶμα ἢ χυμὸν ἢ ψόφον πάσχει, ἀλλ᾽ οὐχ ᾗ ἕκαστον ἐκείνων λέγεται, ἀλλ᾽ ᾗ τοιονδὶ, καὶ κατὰ τὸν λόγον. Ebend. §. 4. p. 424, b, 2. sagt Aristoteles, um zu erklären, warum die Pflanzen, obwohl sie erwärmt werden, nicht empfinden: αἴτιον γὰρ τὸ μὴ ἔχειν ... τοιαύτην ἀρχὴν οἵαν τὰ εἴδη δέχεσθαι τῶν αἰσθητῶν, ἀλλὰ πάσχειν μετὰ τῆς ὕλης. Ebend. III, 2. §. 3. p. 425, b, 22. τὸ ὁρᾶν ἐστιν ὡς κεχρωμάτισται· τὸ γὰρ αἰσθητήριον δεκτικὸν τοῦ αἰσθητοῦ ἄνευ τῆς ὕλης ἕκαστον. Ebend. III, 8. §. 2. p. 431, b, 28. sagt Aristoteles (nachdem er vorher bemerkt: ἔτι δ᾽ ἡ ἐπιστήμη μὲν τὰ ἐπιστητά πως, ἡ δ᾽ αἴσθησις τὰ αἰσθητά §. 1. b, 22.): ἀνάγκη δ᾽ ἢ αὐτὰ ἢ τὰ εἴδη εἶναι. αὐτὰ μὲν γὰρ δὴ οὔ· οὐ γὰρ ὁ λίθος ἐν τῇ ψυχῇ, ἀλλὰ τὸ εἶδος᾽ ὥστε ... ὁ νοῦς εἶδος εἰδῶν καὶ ἡ αἴσθησις εἶδος αἰσθητῶν. Vgl. noch ebend. 12. §. 2. p. 434, a, 29.

7 a) Er gilt nur insofern, als das Wachs nicht die Natur des Siegels und alle seine Eigenschaften, sondern allein seine Gestalt annimmt, und ebenso das empfindende Vermögen, z. B. der Wärmesinn, nicht in jeder Hinsicht dem empfundenen Objecte sich verähnlicht, sondern nur die eine oder andere seiner sinnlichen Beschaffenheiten in sich nachbildet, der Wärmesinn seine Wärme oder Kälte, nicht aber seine Süssigkeit, der Geschmackssinn seine Süssigkeit, nicht aber seine Farbe u. s. f.

8) Die Frage, warum das empfindende Organ, obwohl es immer sensible Beschaffenheiten in sich hat, nicht immer empfinde, und die Bemerkungen über die angeborene Fertigkeit des Empfindens im Gegensatze zur Nothwendigkeit des gei-

3. Wir haben aber´ eine Mehrheit von empfindenden Vermögen. Da nun die Potenzen sich unterscheiden, wenn ihre Acte, und diese, wenn ihre Objecte verschieden sind, so werden wir, um den Unterschied und die eigentliche Beschaffenheit eines jeden der Empfindungsvermögen zu bestimmen, auf die Verschiedenheit ihrer Objecte hinblicken müssen. Allein nicht jeder Unterschied der Objecte wird uns hiebei massgebend werden. Wenn sich in einem Objecte etwas findet, was in keiner Weise die Sinnesaffection mitbestimmt, so kommt dieses, da es offenbar in gar keiner Beziehung zum Empfindungsvermögen steht, bei der Bestimmung seines Wesens nicht in Betracht. Wenn ferner einem Objecte etwas eigen ist, was zwar allerdings eine Verschiedenheit der Sinnesaffection zur Folge hat, aber nur vermöge einer anderen Eigenschaft des Objectes diesen Einfluss übt, so wird auch dieses die specifische Differenz der sensitiven Kraft uns nicht erkennen lassen. Vielmehr müssen wir einzig und allein auf diejenige Eigenschaft des Objectes achten, die das eigentlich wirkende Princip der Empfindung ist, und zu der desshalb der Sinn als das leidende Princip in natürlicher Relation steht.

Daher hält Aristoteles im sechsten Capitel des zweiten Buches von der Seele, wo er zur speciellen Betrachtung der einzelnen Sinne überzugehen im Begriffe steht, nachdem er bemerkt hat, dass man bei jedem Sinne zuerst von dem sensibelen Objecte sprechen müsse[9]), für nöthig, zugleich eine dreifache Weise, in der etwas sensibel genannt werden könne, zu unterscheiden. „Sensibel,“ sagt er, „nennt man etwas in dreifacher Weise. Was in der ersten und zweiten Weise sensibel ist, wird *als solches* empfunden, was aber in der dritten Weise sensibel ist, nur *per accidens*. Von den beiden ersten ist das eine das *eigenthümliche* Object jedes einzelnen Sinnes, das andere aber allen Sinnen *gemeinsam*[10]).

Unter dem *eigenthümlichen* Sinnesobjecte versteht Aristoteles jene Eigenschaft des wahrgenommenen Gegenstandes, welche das wirkende Princip für die Alteration des Sinnes ist, und nach der wir, weil sie das natürliche Correlat des leidenden Vermögens ist[11]), wie schon

---

stigen Erlernens, welche Aristoteles mit dem so eben Erörterten in Verbindung bringt, werden wir, vom intellectiven Theile handelnd, besprechen.

9) De Anim. II, 6. §. 1. p. 418, a, 7. λεκτέον δὲ καθ' ἑκάστην αἴσθησιν περὶ τῶν αἰσθητῶν πρῶτον.

10) Ebend. λέγεται δὲ τὸ αἰσθητὸν τριχῶς, ὧν δύο μὲν καθ' αὑτά φαμεν αἰσθάνεσθαι, τὸ δὲ ἓν κατὰ συμβεβηκός. τῶν δὲ δύο τὸ μὲν ἴδιόν ἐστιν ἑκάστης αἰσθήσεως, τὸ δὲ κοινὸν πασῶν.

11) De Anim. II, 6. §. 4. p. 418, a, 24. τῶν δὲ καθ' αὑτὰ αἰσθητῶν τὰ ἴδια κυρίως ἐστὶν αἰσθητά, καὶ πρὸς ἃ ἡ οὐσία πέφυκεν ἑκάστης αἰσθήσεως. Daher beginnt Aristoteles das folgende Capitel also: οὗ μὲν οὖν ἐστιν ἡ ὄψις, τοῦτ' ἐστιν ὁρατόν.

bemerkt, das Wesen des Sinnes zu bestimmen haben. Es versteht sich daher von selbst, dass dieses Object nicht verschiedenen Sinnen gemeinsam sein kann. Aristoteles gibt als seine besonderen Merkmale an, dass es mit keinem anderen Sinne wahrgenommen werden könne, und dass in Betreff seiner der Sinn keiner Täuschung unterliege. Er erläutert es durch die Beispiele der Farbe, des Schalles und des Geschmackes, von denen die eine das eigenthümliche Object des Gesichtes, der andere des Gehöres, der dritte des Geschmacksinnes sei [11]).

Mit dem Namen des *gemeinsamen* Sinnesobjectes bezeichnet er dagegen solche Eigenheiten eines Gegenstandes, welche zwar die Sinneswahrnehmung modificiren, aber nur durch die eben besprochene eigentlich wirkende Eigenschaft. Es ist klar, dass bei solchen secundären Sinnesobjecten der Grund wegfällt, um desswillen das eigenthümliche Sensibele auf die Affection eines einzigen Sinnes beschränkt sein musste. Sie sind daher für viele, ja für alle Sinne (wenn auch für den einen mehr, für den anderen minder [13])) wahrnehmbar, wie dieses in ihrem Namen selbst angedeutet ist. Aristoteles zählt im sechsten Capitel des zweiten Buches von der Seele [14]) fünf und im ersten des dritten Buches [15]) sechs solche gemeinsame sensibele Objecte auf, die Bewegung, die Ruhe, die Zahl, das Eins (welches, an der ersten Stelle nicht genannt, offenbar in der Zahl mit einbegriffen ist), die Figur und die Grösse. und wenn er in der Abhandlung von dem

---

ὁρατὸν δ' ἐστὶ χρῶμα κ. τ. λ. Das οὖ ἐστίν ist gleich πρὸς ὅ ἐστιν. Ebenso De Anim. III, 2. §. 10. p. 426, b, 8. ἑκάστη μὲν οὖν αἴσθησις τοῦ ὑποκειμένου αἰσθητοῦ ἐστιν. Was, wie die gleich darauf folgenden Beispiele zeigen (λευκὸν καὶ μέλαν, γλυκὺ καὶ πικρόν), auf das ἴδιον αἰσθητόν zu beziehen ist. So ist auch ebend. 1. §. 8. p. 425, b, 7. καὶ αὐτὴ λευκοῦ zu erklären. λευκόν steht als die vorzüglichste Farbe für die Farbe überhaupt. Vgl. auch Top. I, 15. p. 106, a, 29. De Part. Animal. I, 1. p. 641, b, 1.

12) De Anim. II, 6. §. 2. p. 418, a, 11.

13) De Sens. et Sens. 1. p. 437, a, 8.

14) De Anim. II, 6. §. 3. p. 418, a, 17.

15) De Anim. III, 1. §. 5. p. 425, a, 13. ἀλλὰ μὴν οὐδὲ τῶν κοινῶν οἶόν τ' εἶναι αἰσθητήριόν τι ἴδιον, ὧν ἑκάστη αἰσθήσει αἰσθανόμεθα κατὰ συμβεβηκός (οἷον κινήσεως, στάσεως, σχήματος, μεγέθους, ἀριθμοῦ, ἑνός · ταῦτα γὰρ πάντα κινήσει αἰσθανόμεθα, οἷον μέγεθος κινήσει · ὥστε καὶ σχῆμα, μέγεθος γάρ τι τὸ σχῆμα [μέγεθός τι, ähnlich φωνή τις, s. Anm. 64, eine bestimmte Weise einer Grösse, vgl. meine Mannigf. Bedeut. d. Seiend. S. 156 f. S. 202 ff.; eine Fläche, welche die Gestalt eines Rechteckes hat, hat vielleicht dieselbe Grösse, wie eine andere, die ein Quadrat ist. aber sie hat sie in anderer Weise, das Verhältniss von Länge und Breite ist bei ihr ein anderes; aus dieser engen Beziehung von Figur und Grösse folgt, dass, wer die eine auch die andere wahrnimmt] · τὸ δ' ἠρεμοῦν τῷ μὴ κινεῖσθαι · ὁ δ' ἀριθμὸς τῇ ἀποφάσει τοῦ συνεχοῦς) καὶ τοῖς ἰδίοις · ἑκάστη γὰρ ἓν αἰσθάνεται αἴσθησις. In Betreff der Lesart und der Bedeutung dieser Stelle vgl. Theil III. Anm. 55.

Sinne und Sinnesobjecte[16]) nur vier nennt, nämlich Figur, Grösse, Bewegung und Zahl, so ist klar, dass der Unterschied nicht wesentlich ist, da er offenbar die Ruhe als Privation auf die Bewegung reduciren konnte. Es bleibt daher um so weniger zu bezweifeln, dass er diese Zahl für eine geschlossene gehalten habe, als in der Stelle des dritten Buches auch der Zweck der Argumentation die Vollzähligkeit der angeführten Arten voraussetzt.

Per accidens sensibel endlich nennt Aristoteles alles dasjenige, was einem wahrgenommenen Gegenstande zukommt, ohne für die Empfindung in irgend einer Weise mitbestimmend zu werden[17]). Er erläutert es durch ein Beispiel. Es sieht Jemand etwas Weisses, und dieses ist der Sohn des Diares. Allerdings kann man nun sagen, er sehe den Sohn des Diares, allein er sieht ihn nicht als solchen, er sieht das Weisse, und dem Weissen, das er sieht, kommt es zu, Sohn des Diares zu sein[16]). In dieser Weise ist auch das, was zu dem eigenthümlichen Sinnesobjecte des einen Sinnes gehört, für die übrigen Sinne wahrnehmbar[19]), man schmeckt das Farbige und sieht das Tönende u. dgl. Wenn uns daher Aristoteles oben gesagt hat, dass das eigenthümliche Sinnesobject nur von *einem* Sinne wahrgenommen werden könne, so hat er dabei auf das Wahrnehmen per accidens keine Rücksicht genommen, und in der That ist es ja auch richtig, dass, was bloss per accidens, eigentlich gar nicht empfunden werde. Darum kann auch das per accidens Sensibele bei der Bestimmung der specifischen Differenzen der Sinnesvermögen am allerwenigsten in Betracht kommen; vielmehr ist das, was als solches, und zwar als eigenthümliches Sinnesobject wahrgenommen wird, dabei allein massgebend. Zu ihm, sagt Aristoteles, ist das Wesen jedes Sinnes von Natur hingeordnet[20]), und hierin liegt auch der Grund, weshalb, wenn nicht krankhafte Zustände eintreten, bezüglich seiner der Sinn keinen

---

16) De Sens. et Sens. 1. p. 437, a, 8.

17) De Anim. II, 6. §. 4. p. 418, a, 23. διὸ καὶ οὐδὲν πάσχει ᾗ τοιοῦτον ὑπὸ τοῦ αἰσθητοῦ.

18) De Anim. II, 6. §. 4. p. 418, a, 20. Vielleicht beziehen sich diese Worte auf einen zur Zeit des Aristoteles bekannten Trugschluss der Sophisten, was namentlich in dem ersten Capitel des dritten Buches (§. 6. f. p. 425, a, 24.) der Zusammenhang ziemlich wahrscheinlich macht (vgl. unten Anm. 55.). Im Wesentlichen würde dann das Sophisma kein anderes gewesen sein, als das, welches noch heute in den Lehrbüchern der Logik als Beispiel der *fallacia per accidens* figurirt. Weisst Du, wer der Verkleidete ist? — Nein! — So weisst Du nicht, wer Dein Vater ist! Vgl. das 24. Cap. De Soph. Elench., welches sich mit der fallacia per acc. beschäftigt (bes. p. 179, b, 29.); dass mit ihr die Sophisten am meisten ihr Unwesen trieben, bemerkt Aristoteles ausdrücklich. Metaph. E, 2. p. 1026, b, 15. ebend. K, 8. p. 1064, b, 28.

19) De Anim. III, 1. §. 7. p. 425, a, 30,

20) S. o. Anm. 11.

Täuschungen unterworfen ist[21]). denn die Natur selbst würde es sein, die ihn täuschte.

4. So werden wir denn den Gesichtssinn als den Sinn der Farbe[22]), das Gehör als den Sinn des Schalles zu definiren haben und analog auch bei jedem anderen Sinne verfahren müssen ; die besondere Natur des eigenthümlichen Objectes wird uns die besondere Natur des empfindenden Vermögens erkennen lassen. Aristoteles geht desshalb bei der Untersuchung des Gesichtssinnes von der Betrachtung der Farbe, bei der des Gehöres von der Betrachtung des Schalles aus und bleibt derselben Methode bei allen Sinnen getreu.

Indem er aber so denselben Grundgedanken durch das ganze Gebiet der Sinne verfolgt, kommt er bei dem Gefühlssinne zu dem Resultate, dass derselbe nur irrthümlich für ein einziges Empfindungsvermögen gehalten werde[23]). Das Warme und Kalte trägt ebenso, wie das Trockene und Feuchte alle Merkmale des ἴδιον αἰσθητόν an sich ; wäre daher der Sinn für warm und kalt und für trocken und feucht ein und derselbe, so würde in diesem Falle *ein* Sinn zwei eigenthümliche Sinnesobjecte haben, was, da das eigenthümliche Object dem Sinne seine Artbestimmtheit gibt, natürlich einen Widerspruch enthalten würde.

b. Von dem Sinne der Sensation.

5. Doch wir müssen auf diesem Wege zu der Annahme auch noch eines anderen Sinnes geführt werden, und Aristoteles zögert nicht, auch diese Consequenz zu ziehen. Da wir nämlich empfinden, dass wir sehen und hören, so entsteht die Frage, ob wir dieses mit dem Gesichte und Gehöre selbst, oder mit einem anderen Sinne wahrnehmen[24]). Nähmen wir mit dem Gesichtssinne selbst wahr, dass wir sehen, so müssten wir, da die Thätigkeit dieses Sinnes das Sehen ist, sehen, dass wir sehen[25]), und das Sehende als Sehendes müsste also

---

21) De Anim. II, 6. §. 2. p. 418, a, 12. ebend. III, 3. §. 12. p. 428, b, 18.

22) S. o. Anm. 11.

23) De Anim. II, 11. §. 1—10. Dass seine Unterscheidung von vier Elementen mit der Annahme eines zweifachen Gefühlssinnes in Zusammenhang stehe, beweist der Schluss der Erörterung (p. 423, b, 26.): ἅπται μὲν οὖν εἰσίν αἱ διαφοραί τοῦ σώματος ᾗ σῶμα˙ λέγω δὲ διαφορὰς αἷ τὰ στοιχεῖα διορίζουσι, θερμὸν ψυχρὸν, ξηρὸν ὑγρόν, περὶ ὧν εἰρήκαμεν πρότερον ἐν τοῖς περὶ στοιχείων. Vgl. ebend. III, 13. §. 1. p. 435, a, 21. — De Part. Animal. II, 1. p. 647, a, 18. lässt jedoch Aristoteles es ungewiss, ob in dem s. g. Gefühlssinne nicht noch mehr als zwei Sinne zusammengefasst seien. De Sens. et Sens. 6. p. 445, b, 12. scheint er noch βάρος und κοῦφον als ἁπτά aufzuführen.

24) De Anim. III, 2. §. 1. p. 425, b, 12. ἐπεὶ δ' αἰσθανόμεθα ὅτι ὁρῶμεν καὶ ἀκούομεν, ἀνάγκη ἢ τῇ ὄψει αἰσθάνεσθαι ὅτι ὁρᾷ, ἢ ἑτέρᾳ.

25) De Anim. III, 2. §. 2. p. 425, b, 17. ἔχει δ' ἀπορίαν˙ εἰ γὰρ τὸ τῇ ὄψει αἰσθάνεσθαί ἐστιν ὁρᾶν, ὁρᾶται δὲ χρῶμα ἢ τὸ ἔχον, εἰ ὄψεταί τις τὸ ὁρῶν, καὶ χρῶμα ἕξει τὸ ὁρῶν πρῶτον.

entweder zu dem eigenthümlichen Object des Gesichtssinnes oder zu einem der gemeinsamen Sinnesobjecte gehören. Aber Beides ist unmöglich, denn in dem ersten Fall müsste, da die Farbe das eigenthümliche Object des Gesichtssinnes, eine Mehrheit der eigenthümlichen Objecte aber bei keinem Sinne möglich ist, das Sehende als solches ein Farbiges sein [26]), was schon früher von uns als irrig nachgewiesen wurde. Denn farbig wird etwas, insofern es physisch, materiell die Farbe aufnimmt durch ein πάσχειν μετὰ τῆς ὕλης [27]), sehend dagegen, insofern es die Farbe objectiv aufnimmt, τὸ εἶδος ἄνευ τῆς ὕλης [28]). In dem zweiten Falle aber müsste das Sehen ebenso wie andere gemeinsame Sinnesobjecte zu der gesehenen Farbe sich verhalten, d. h. es müsste wie die Grösse oder Gestalt oder Bewegung sich mit ihr vereinigt finden und, zugleich mit der Farbe und durch die Farbe sichtbar, in demselben Acte des Sehens wahrgenommen werden. Der weisse Stein also, den Einer sieht, wäre das Sehende, wie er das so und so Grosse und das so und so Gestaltete ist, was offenbar eine lächerliche Umkehrung des Verhältnisses von Subject und Object wäre. Allerdings ist gewissermassen jedes Gesehenwerden ein Sehen, das Sehen des Einen ist das Gesehenwerden des Anderen [29]), aber das Gesehene ist darum nicht das Sehende, und das Gesehene erlangt, indem es gesehen wird, nichts, wodurch seine Erscheinung modificirt werden könnte; denn die Bewegung ist in dem Bewegten [30]), und wir dürfen hier nicht der Sprache vertrauen, die das Gesehenwerden wie ein Leiden, das Sehen wie ein Wirken bezeichnet, während das Sehende das in Wahrheit Leidende ist [31]). Es ist also offenbar, dass das Sehende höchstens per accidens gesehen wird, und dass, wenn wir dennoch wahrnehmen, dass wir sehen, dies durch die Thätigkeit eines anderen Sinnes geschehen muss [32]).

---

26) Ebend. — 27) De Anim. II, 12. §. 4. p. 424, b, 2. S. ob. Anm. 7.

28) De Anim. II, 12. §. 1. p. 424, a, 18. S. ob. Anm. 7.

29) De Anim. II, 2. §. 4. ff. p. 425, b, 25. vgl. Phys. III, 3. p. 202, a, 18.

30) De Anim. II, 2. §. 5. p. 426, a, 2. vgl. Phys. III, 3. p. 202, a, 13.

31) Vgl. Soph. Elench. 22. p. 178, a, 15.

32) Dass dieser Sinn nicht der Gefühlssinn sein könne, ist neben andern Gründen besonders darum offenbar, weil wir sonst das Sehen durch Berührung des Sehenden wahrnehmen müssten. Vielleicht ist dies der Sinn der dunkeln Stelle De Anim. III, 2. §. 11. p. 426, b, 15. ῇ καὶ δῆλον ὅτι ἡ σάρξ οὐκ ἔστι τὸ ἔσχατον αἰσθητήριον· ἀνάγκη γὰρ ἦν ἀπτόμενον αὐτοῦ (d. i. τοῦ κρίνοντος) κρίνειν τὸ κρῖνον. In welchem Falle σάρξ zur Bezeichnung des Gefühlssinnes, ἔσχατον αἰσθητήριον zur Bezeichnung des inneren Sinnes gebraucht sein würde. Vgl. den ungenauen Gebrauch von ἀκοή und ὀψή De Anim. III, 1. §. 3. p. 425, a, 4. 7. Eine andere Erklärung, welche durch einen gewissen Gleichlaut mit II, 11. §. 9. p. 423, b, 20. nahe gelegt wird, würde die Stelle sehr undeutlich erscheinen lassen, und ich begreife nicht, wie sie in den Zusammenhang passen soll. S. darüber *Torstrik*, De Anim. p. 169.

6. Auch anderen Spuren folgend gelangen wir zur Annahme eines solchen Empfindungsvermögens.

Jeder Sinn vermag die Unterschiede des von ihm empfundenen Objectes wahrzunehmen; das Gesicht z. B. kann das Weisse und Schwarze, der Geschmack das Süsse und Bittere unterscheiden. Da wir nun aber auch das Weisse von dem Süssen zu unterscheiden vermögen, so fragt es sich, welcher Sinn erkenne, dass sie verschieden sind; denn daran, dass ein Sinn es uns offenbare, können wir, da das eine wie das andere unter die sensibelen Dinge gehört, nicht zweifeln [33]). Aber ebenso ist es klar, dass dieser Sinn weder das Gesicht noch der Geschmack sein könne, da, wie wir schon oben sagten, der eine von ihnen das Süsse, der andere das Weisse nur per accidens, d. h. eigentlich gesprochen gar nicht empfindet. Wir sehen uns daher genöthigt, einen anderen, von beiden verschiedenen Sinn, der uns jene Unterscheidung ermöglicht, anzunehmen. — Oder können wir vielleicht durch die gleichzeitigen Sensationen zweier verschiedener Sinne den Unterschied des Weissen und Süssen wahrnehmen? Sicher nicht! es ist dies so wenig möglich, als dass zwei verschiedene Menschen, von denen der eine dieses, der andere jenes Object gleichzeitig empfindet, darum deren Verschiedenheit zu erkennen im Stande sind [34]).

7. Indessen dürfen wir nicht einen Einwand ausser Acht lassen, der gegen dieses Argument erhoben werden möchte. Die Empfindungen des Gesichtes und des Geschmackes, könnte man sagen, sind nicht getrennt wie die Empfindungen verschiedener Menschen, der sensitive Theil ist nur einer; denn, wie wenigstens Aristoteles annahm, und wie auch heute noch aus psychologischen Gründen wahrscheinlich ist, wenn auch die Physiologie nichts Sicheres darüber festgestellt hat, werden die verschiedenen Empfindungen von allen Seiten *einem* Organe zugeführt, so dass sie in ihm gleichzeitig sich finden und vereinigt sein können. Die Bedenken gegen die Möglichkeit einer solchen Annahme beseitigt Aristoteles in dem Buche von dem Sinne und dem Sinnesobjecte [35]) mit der richtigen Bemerkung, dass, wie in dem

---

33) De Anim. III, 2. §. 10. p. 426, b, 8. ἑκάστη μὲν οὖν αἴσθησις τοῦ ὑποκειμένου αἰσθητοῦ ἐστιν, ὑπάρχουσα ἐν τῷ αἰσθητηρίῳ ᾗ αἰσθητήριον, καὶ κρίνει τὰς τοῦ ὑποκειμένου αἰσθητοῦ διαφοράς, οἷον λευκὸν μὲν καὶ μέλαν ὄψις, γλυκὺ δὲ καὶ πικρὸν γεῦσις. ὁμοίως δ' ἔχει τοῦτο καὶ ἐπὶ τῶν ἄλλων. ἐπεὶ δὲ καὶ τὸ λευκὸν καὶ τὸ γλυκὺ καὶ ἕκαστον τῶν αἰσθητῶν πρὸς ἕκαστον κρίνομεν, τίνι καὶ αἰσθανόμεθα ὅτι διαφέρει; ἀνάγκη δὴ αἰσθήσει· αἰσθητὰ γάρ ἐστιν.

34) De Anim. III, 2. §. 11. p. 426, b, 17. οὔτε δὴ κεχωρισμένοις ἐνδέχεται κρίνειν ὅτι ἕτερον τὸ γλυκὺ τοῦ λευκοῦ, ἀλλὰ δεῖ ἑνί τινι ἄμφω δῆλα εἶναι. οὕτω μὲν γὰρ κἂν εἰ τοῦ μὲν ἐγὼ τοῦ δὲ σὺ αἴσθοιο, δῆλον ἂν εἴη ὅτι ἕτερα ἀλλήλων. δεῖ δὲ τὸ ἓν λέγειν ὅτι ἕτερον· ἕτερον γὰρ τὸ γλυκὺ τοῦ λευκοῦ. λέγει ἄρα τὸ αὐτό. ὥστε ὡς λέγει, οὕτω καὶ νοεῖ καὶ αἰσθάνεται. ὅτι μὲν οὖν οὐχ οἷόν τε κεχωρισμένοις κρίνειν τὰ κεχωρισμένα, δῆλον.

35) De Sens. et Sens. 7. p. 449, a, 13. ἢ ὥσπερ ἐπὶ τῶν πραγμάτων αὐτῶν ἐν-

Körper, auf den die Empfindung gerichtet ist, zugleich Farbe und
Wärme und Qualitäten anderer Gattung wirklich sein können, auch in

δέχεται, οὕτω καὶ ἐπὶ τῆς ψυχῆς. τὸ γὰρ αὐτὸ καὶ ἐν ἀριθμῷ λευκὸν καὶ γλυκύ ἐστι καὶ
ἄλλα πολλά, εἰ μὴ χωριστὰ τὰ πάθη ἀλλήλων, ἀλλὰ τὸ εἶναι ἕτερον ἑκάστῳ. ὁμοίως τοίνυν
θετέον καὶ ἐπὶ τῆς ψυχῆς τὸ αὐτὸ καὶ ἐν εἶναι ἀριθμῷ τὸ αἰσθητικὸν πάντων, τῷ μέντοι
εἶναι ἕτερον καὶ ἕτερον, τῶν μὲν γένει (z. B. für Süss und Weiss), τῶν δὲ εἴδει (z. B.
für Weiss und andere Farben). ὥστε καὶ αἰσθάνεται’ ἂν ἅμα τῷ αὐτῷ καὶ ἑνί, λόγῳ δ’
οὐ τῷ αὐτῷ. Vgl. auch die vorhergehende ausführliche Erörterung der Frage
über die Einheit oder Mehrheit des empfindenden Subjectes (p. 448, b, 17. f.).
Dieselbe Lehre, dass das eigentlich empfindende Organ nur Eines sei, finden wir
De Anim. III, 7. §. 3. p. 431, a, 17. ὥσπερ δὲ ὁ ἀὴρ τὴν κόρην τοιανδὶ ἐποίησεν, αὐτὴ
δ’ ἕτερον, καὶ ἡ ἀκοή (d. i. das nächste Organ des Gehöres vgl. ebend. 1. §. 3. p.
425, a, 4.) ὡσαύτως. τὸ δὲ ἔσχατον ἕν, καὶ μία μεσότης· τὸ δ’ εἶναι αὐτῇ πλείω. Vgl.
ferner De Anim. I, 5. §. 26. p. 411, b, 26. ebend. II, 2. §. 10. p. 413, b, 27.
III, 9. §. 3. p. 432, b, 1. De Memor. et Remin. I. p. 450, a, 29. ebend. 2, p.
453, a, 24. De Somn. et Vigil. 2. p. 455, a, 20. ἔστι μὲν γὰρ μία αἴσθησις, καὶ τὸ
κύριον αἰσθητήριον ἕν· τὸ δ’ εἶναι αἰσθήσει τοῦ γένους ἑκάστου ἕτερον, οἷον ψόφου καὶ
χρώματος (αἴσθησις ist wieder ein ungenauer Ausdruck für αἰσθητικόν). Ebend. a,
33. b, 10. 34. De Insomn. 3. p. 461, b, 3. De Juvent. et Senect. p. 467, b,
21. 25—29. ebend. 3. p. 469, a, 10. und 4. p. 469, b, 4. De Part. Animal. II, 1.
p. 647, a, 24. ebend. 10. p. 656, a, 27. b, 24. III, 3. p. 665, a. 10. ebend. 4. p. 666,
a, 11. 34. ebend. 5. p. 667, b, 21. und 10. p. 672, b, 16. IV, 5. p. 681, b, 15. 32.
De Mot. Animal. (eine Schrift, die wir für ächt halten, da sie, wie sie sich
selbst als Aristotelisch ankündigt, auch dem Inhalte nach seiner würdig und in
der Form seiner Schreibweise vollkommen entsprechend ist. Die Worte 10.
p. 703, a, 10., um derentwillen sie neueren Kritikern verdächtig schien, müssen
nicht nothwendig als Citat der Schrift περὶ πνεύματος gefasst werden, sie können
auch auf De Generat. Animal. II, 2. p. 735, b, 37. und 3. p. 736, b, 37. sich
beziehen, und eine Abweichung von der Lehre des Aristoteles ist auch in ihnen
im Geringsten nicht zu finden.) 9. p. 702, b, 20. ebend. 11. p. 703, b, 23. (wo
nach αἴτιον ein Kolon zu setzen und nach τὰς mit Codd. P. u. S. γὰρ einzufügen
ist.) — Allerdings fehlt es nicht an Stellen, in welchen Aristoteles eine Verschiedenheit des Subjectes für verschiedene Empfindungsvermögen anzunehmen scheint.
Doch löst sich bei vielen wenigstens der scheinbare Widerspruch, wenn man beachtet, dass Aristoteles in mehrfachem Sinne von einem Sinnesorgane spricht
(αἰσθητήριον). Häufig nennt er so die die Empfindung vermittelnden Organe z. B.
Auge und Ohr und andere Sinneswerkzeuge, und deren gibt es viele, an andern
Orten aber versteht er darunter das Subject der Empfindung selbst, welches er, um
es von jenen zu unterscheiden, manchmal πρῶτον αἰσθητήριον (De Anim. II, 12.
§. 2. p. 424, a, 24. De Somn. et Vigil. 2. p. 455, b, 10. p. 456, a, 21. ebend.
3. p. 458, a, 28. De Part. Animal. III, 4. p. 666, a, 34. u. a. a. O.) anderwärts
auch ἔσχατον αἰσθητήριον (z. B. De Anim. III, 2. §. 11. p. 426, b, 16.) nennt, und
dieses ist nach seiner Lehre, wenn wir sie richtig verstehen, ein einziges. Hiezu
mögen noch Nachlässigkeiten des Ausdrucks z. B. αἰσθητικόν für αἰσθητήριον, u.
dgl. und ein Anschmiegen an die gewöhnliche Redeweise kommen, da ja auch wir
oft sagen, das Auge sehe und das Ohr höre. Manche Stellen bleiben aber immer
schwer erklärbar. — Wenn aber das empfindende Subject nach Aristoteles *eines*
ist, so gilt es ihm natürlich doch nicht für eine untheilbare Einheit, für einen
mathematischen Punct. Es ist ausgedehnt (De Anim. II, 12. §. 2. p. 424, a, 26.);

.

dem Organe, das empfindet, zugleich Farbenwahrnehmung und Wärme-empfindung, kurzum eine Mehrheit von Sinnesthätigkeiten zu bestehen vermöge. Ist nun dieses richtig, so scheint auch ohne die Annahme einer neuen empfindenden Kraft unsere Unterscheidung heterogener Sinnesobjecte erklärlich zu werden. Die Sinne sind nicht getrennt, sie sind in ein und demselben Subjecte, und dieses Subject, indem es durch verschiedene Vermögen zwei Objecte gleichzeitig aufnimmt, wird eben hiedurch — so sollte man wenigstens glauben — das eine von dem anderen zu unterscheiden im Stande sein [36]).

Ja es scheint das Problem auf diese Weise sich leichter und voll-kommener als durch die Annahme *einer* unterscheidenden Kraft, die beide empfinde, zu lösen. Denn ein und dasselbe empfindende Vermögen kann zu ein und derselben Zeit nur eine einzige Empfindung haben; der Mög-lichkeit nach schliessen sich zwar in ihm verschiedene Empfindungen nicht aus, da, wie das Warme zugleich der Möglichkeit nach kalt ist, so auch der Sinn, der Wärme empfindet, zugleich der Möglichkeit nach die Empfindung der Kälte in sich hat, allein in Wirklichkeit findet sich immer nur die eine von beiden Empfindungen in dem Sinne, wie auch etwas niemals gleichzeitig warm und kalt sein kann [37]). Keine

---

und darum geschieht es, dass, wie wir oben schon erwähnt haben, wenn Thiere zerschnitten werden, oft beide Theilstücke empfinden. (Vgl. auch de Part. Animal. IV, 5. p. 682, a, 4. und ebend. 6. b, 29.) Fragen wir nach den Gründen, auf welche sich die Meinung des Aristoteles von der Einheit des empfindenden Thei-les stützte, so waren sie wohl theils teleologisch, wie die erste der beiden eben citirten Stellen andeutet, theils Erfahrungsthatsachen. Dass die nächsten Sinnes-werkzeuge, wie z. B. das Auge, nicht empfinden, bewiesen ihm Fälle, wie der, den er De Sens. et Sens. 2. (p. 438, b, 12.) erzählt, worin ein Krieger durch eine Verletzung an den Schläfen das Sehvermögen einbüsste. Ferner liess ihn die Beob-achtung, dass wir nicht gleichzeitig zwei Farben- oder Tonvorstellungen haben können — denn, wenn die Augenaxen verdreht sind, stört ein Bild das andere, und wenn Zwei uns etwas gleichzeitig in's Ohr sagen, der Eine in das eine, der Andere in das andere, so können wir keinen von beiden recht verstehen — auf die Einheit des Gesichtssinnes und ebenso des Gehöres schliessen, womit selbstver-ständlich zugleich die Einheit des sehenden und des hörenden Theiles erwiesen und die Annahme einer Einheit des empfindenden Theiles überhaupt nahegelegt war. (De Sens. et Sens. 7. p. 448, b, 22. — p. 449, a, 2. und ebend. p. 447, a, 17.) Endlich musste ihn in seiner Meinung die Thatsache bestärken, dass, wenn Je-mand schläft, nie ein Theil allein schläft. Es kommt nicht vor, dass Einer, der dem Gesichtssinne nach einschläft, dem Gehöre nach wach bliebe, oder umgekehrt. Warum aber dieses? Darum, weil der Schlaf eine Affection des ersten, den Sin-nen gemeinsamen Organes ist. Wäre ihr Subject nicht gemeinsam, so würde ihnen auch jener Zustand der Unbeweglichkeit und Gebundenheit, die der Schlaf ist (p. 454, b, 20.), nicht nothwendig gemeinsam sein. De Somn. et Vigil. 2. p. 455, a, 25.

36) De Anim. III, 2. §. 13. p. 427, a, 2.
37) De Anim. III, 2. §. 14. p. 427, a, 5.

Materie hat zwei Formen, keine Potenz zwei Energien zu derselben Zeit [38]).

8. Hiezu kommt ein anderes, noch tiefer greifendes Bedenken. Wenn wir nämlich annehmen, dass wir durch *einen* Sinn den Unterschied des Süssen und Weissen erkennen, so ist dieses nur möglich, wenn wir diesem Sinne die Fähigkeit, sowohl das Süsse als das Weisse als solches zu empfinden, zuschreiben. Wir müssen also für ein und dasselbe empfindende Vermögen ein mehrfaches eigenthümliches Sinnesobject annehmen und stossen hiemit einen Grundsatz um, der uns so fest stand, dass wir um seinetwillen sogar den Gefühlssinn in zwei Sinne zerlegen zu müssen glaubten.

9. In der That, der Einwand scheint wohl begründet; dennoch werden wir uns durch ihn nicht beirren lassen; und da unserer Annahme ein Doppeltes vorgeworfen wird, erstens, dass sie überflüssig, zweitens, dass sie unmöglich sei, so wollen wir zuerst untersuchen, ob denn wirklich die Einheit des empfindenden Subjectes oder die örtliche Einheit, wie Aristoteles sie nennt, zur Unterscheidung verschiedener Sinnesobjecte hinreiche, dann aber unsere Aufmerksamkeit darauf richten, ob, und wie etwa die gegen die Aristotelische Theorie erhobenen Bedenken sich beseitigen lassen werden.

Was nun das Erste betrifft, so ist leicht einzusehen, dass die Einheit des empfindenden Organes, wenn dasselbe nicht, insofern es Organ, d. h. insofern es Subject des Empfindungsvermögens ist [38]), *eines* ist, zur Erkenntniss der Verschiedenheit zweier Objecte nicht genüge. Denn das Unterscheiden ist das Empfinden der Verschiedenheit [40]), jedes Empfinden aber ist die Energie eines empfindenden Vermögens, und zwar *eines* empfindenden Vermögens, da keine Energie in mehr als *einer* Potenz sein kann; keine Form actualisirt zwei Materien. Wenn wir also nach der uns entgegenstehenden Annahme durch zwei Vermögen das Süsse von dem Weissen unterschieden, so würden wir die beiden Objecte durch zwei Energien, wir würden sie doppelt unterscheiden. Aber doch nicht ohne sie doppelt zu erkennen? — Es ist also vielmehr offenbar, dass wir sie gar nicht unterscheiden würden, da wir durch keines der beiden Vermögen, weder durch den Geschmack, noch durch das Gesicht, diese Empfindung zu haben fähig sind.

10. Was aber entgegnen wir auf die beiden Einwürfe, welche die Aristotelische Behauptung als unmöglich und früheren Bestimmun-

---

38) De Sens. et Sens. 7. p. 447, b, 17. Vgl. Top. II, 10. p. 114, b, 34. und die oben, Theil I, Anm. 55. citirten Stellen.

39) De Anim. III, 2. §. 10. p. 426, b, 9. (ἡ αἴσθησις ὑπάρχει) ἐν τῷ αἰσθητηρίῳ ἢ αἰσθητήριον.

40) De Anim. III, 2. §. 10. p. 426, b, 14.

gen widersprechend darthun wollen? Werden wir es läugnen, dass
wie die Einheit des Empfindenden, so auch die Einheit der Zeit der
Empfindung für beide Objecte erfordert werde, damit ihre Verschiedenheit erkennbar sei? — Keineswegs! Aristoteles bemerkt ausdrücklich nicht blos, dass Ebendasselbe den Unterschied des einen und
anderen erkenne, sondern auch, dass es eben dann, wann es erkenne,
dass dieses Object von jenem verschieden sei, auch erkenne, dass
jenes von diesem sich unterscheide [41]). Allein müssen nicht auch
seine Gegner zugeben, dass trotzdem *ein* Empfindungsvermögen die
Verschiedenheit mehrerer Objecte wahrnehmen könne? Sie werden gewiss nicht läugnen, dass, wie oben gesagt wurde, der Geschmack die
Verschiedenheit des Bitteren und Süssen und das Gehör die des hohen und tiefen Tones erkennt. Was also bei diesen Sinnen zuge-
standener Massen der Fall ist, wird, wenn es auch für jenes Vermögen, das zwischen dem Süssen und Weissen und zwischen jedem und
jedem Sinnesobjecte unterscheidet, behauptet wird, keine ungereimte
Annahme sein [42]).

Wie aber löst sich die Schwierigkeit? Denn gelöst ist sie hiedurch noch nicht, wenn auch als lösbar nachgewiesen. — Wie sie für
alle Unterscheidungsvermögen dieselbe ist, so löst sie sich auch für
alle in derselben Weise, nämlich durch die Beachtung dessen, was
der Zeitgegenwart, dem *Jetzt*, eigenthümlich ist. Wie man einen
Punct, der zwei Linien verbindet, gewissermassen Eins und gewissermassen Zwei nennen kann, so auch das Jetzt, da in ihm das, was
war, und das, was sein wird, das Vergehende und das Entstehende,
sich berühren; und Manche haben es darum geradezu einen Punct
genannt [43]). Der Bindepunct ist der Endpunct der einen und der An-

---

41) De Anim. III, 2. §. 12. p. 426, b, 22. ὅτι μὲν οὖν οὐχ οἶόν τε κεχωρισμένοις
κρίνειν τὰ κεχωρισμένα, δῆλον· ὅτι δ' οὐδ' [ἐν] ἐν κεχωρισμένῳ χρόνῳ, ἐντεῦθεν. ὥσπερ
γὰρ τὸ αὐτό λέγει ὅτι ἕτερον τὸ ἀγαθόν καὶ τὸ κακόν, οὕτω καὶ ὅτε θάτερον λέγει ὅτι
ἕτερον, καὶ θάτερον.

42) De Anim. III, 7. §. 4. p. 431, a, 20. s. unt. Anm. 49. vgl. zum Verständniss auch Anm. 46.

43) Phys. IV, 10. p. 218, a, 33. berichtet Aristoteles, dass Manche die Himmelssphäre selbst für die Zeit erklärt haben. Vermuthlich galt ihnen, da sie die
Zeit als räumliche Grösse fassten, das Jetzt als ein Punct in ihr. Aristoteles
bezeichnet es aber auch selbst oft als eine Art Punct. s. z. B. Phys. IV, 10.
p. 218, a, 20. ebend. 11. p. 220, a, 4. u. d. f. bis zum Ende des Cap. (eine Stelle,
die vorzüglich dienlich ist, die unsrige, De Anim. III, 2. §. 15. (s. Anm. 46.),
zu erläutern. Auch Metaph. в, 5. p. 1002, b, 5. vergleicht er es dem Puncte.
Ebenso Phys. IV, 13. princ.; nur, sagt er, sei es kein bleibender Punct. Vgl.
in demselben Cap. p. 222, b, 1., ferner Phys. VI, 1. p. 231, b, 6. ebend. 3. p. 233,
b, 35. — p. 234, a, 24. und Phys. VIII, 1. p. 251, b, 20., wo ebenfalls von dem
Jetzt in ähnlicher Weise wie an unserer Stelle gesprochen wird. Daraus, dass
unter dem Puncte hier das Jetzt zu verstehen ist, erklärt sich nun der Ausdruck:

fangspunct der anderen Linie und insofern zwei und getheilt, obwohl
er eigentlich *einer* und untheilbar ist; und in ganz ähnlicher Weise
ist das Jetzt zwar *eines* und ungetheilt, aber als Endpunct der ver-
gangenen und Anfangspunct der zukünftigen Zeit zwei und getheilt,
und wenn daher in ihm ein Wechsel stattfindet, wie z. B. wenn zwei
Vorstellungen auf einander folgen, so ist in ihm die Gränze zweier Dinge,
die Gränze zweier Vorstellungen. die, wie jede Gränze, eins und ungetheilt und doch zugleich gewissermassen zwei und getheilt ist. „Insofern also der Punct (der Zeitpunct, das Jetzt) ungetheilt ist, ist das
Unterscheidende eins und zugleich [44]); insofern er aber getheilt ist, bedient es sich zugleich ein und desselben Punctes zweifach. Insofern
es sich nun der Gränze als zweier bedient, unterscheidet es zwei Objecte
und ist Getrenntes als etwas, was Getrenntes empfindet [45]); insofern
sie aber Eines ist, unterscheidet es durch Eines und zugleich [46]). "
Betrachten wir dieses an einem Beispiele. Wenn das Gehör zwei
Töne unmittelbar nacheinander vernimmt, so enthält der Augenblick,
in welchem die eine auf die andere Sinneswahrnehmung folgt, die
Gränze von beiden; in diesem Augenblicke nun erkennen wir den Wechsel beider Töne und ihre Verschiedenheit. Aehnlich ist es bei dem
Geschmacke und bei allen übrigen Sinnen; und auch bei dem Sinne,
der, wie wir sagten, das Weisse von dem Süssen und jedes Sinnesobject von jedem unterscheidet, kann es daher nicht anders sein;
auch mit ihm erkennen wir in dem Augenblicke, wo zwei Empfindungen mit einander wechseln, beide Objecte und erkennen, dass sie
verschieden sind. Hiemit wäre der erste Einwand beseitigt und wir
können zur Lösung des zweiten übergehen.

ἣν καλοῦσί τινες στιγμήν, der bisher unerklärlich schien. Vgl. Trendelenburg zu
d. Stelle.

44) D. h. es hat *eine* Empfindung in sich, es unterscheidet durch *einen* Act
und unterscheidet in *einem* Momente.

45) Das Unterscheidende ist Getrenntes, sagt Aristoteles, ´d. h. es hat zwei
αἰσθήματα (oder νοήματα) in sich, die nicht in derselben Zeit, sondern nach einander sind.

46) Vgl. De Anim. III, 6. §. 1. f. p. 430, a, 26. De Anim. III, 2. §. 15.
p. 427, a, 9. ἀλλ᾽ ὥσπερ ἣν καλοῦσί τινες στιγμήν (nämlich das νῦν), ᾗ μία καὶ ᾗ δύο,
ταύτῃ καὶ διαιρετή. ἡ μὲν οὖν ἀδιαίρετον (sc. τὸ νῦν, welches so eben mit dem Ausdrucke
ἣν καλοῦσί τινες στιγμήν umschrieben und §. 12. (p. 426, b, 28.), auf den unsere
Stelle sich bezieht, ausdrücklich genannt worden ist; sonst müsste, was uns nicht
wahrscheinlich ist, σημεῖον als Subject gedacht werden), ἐν τὸ κρῖνόν ἐστι καὶ ἅμα,
ᾗ δὲ διαιρετὸν ὑπάρχει, δὶς τῷ αὐτῷ χρῆται σημείῳ ἅμα. ᾗ μὲν οὖν δυσὶ (l. δὶς oder besser ὡς δυσὶ. vgl. Torstrik, der auf Phys. VIII, 8. p. 262, a, 19. p. 263, a, 23. und
ebend. IV, 12. p. 220, a, 4.) verweist. χρῆται τῷ πέρατι, (hier, nicht vor τῷ ist
zu interpunctiren; was hier πέρας, wird De Anim. III, 7. §. 4. p. 431, a, 22.
ὅρος genannt) δύο κρίνει καὶ κεχωρισμένα ἐστὶν ὡς κεχωρισμένων (sc. αἰσθητῶν αἰσθανόμενον)·
ᾗ δ᾽ ἕν, ἑνὶ καὶ ἅμα. Vgl. De Anim. III, 7. §. 4. p. 431, a, 20. Anm. 49.

11. Die Schwierigkeit war aber diese: Wenn man, wurde gesagt, durch *einen* Sinn den Unterschied zwischen Süss und Weiss erkennen würde, so müsste *ein* Sinn Beides zu empfinden fähig sein; dieser Sinn hätte also ein mehrfaches eigenthümliches Object, was unmöglich ist. Wir fügen bei, dass als eine weitere Consequenz sich zu ergeben scheint, dass mehrere Sinne an demselben eigenthümlichen Objecte Theil haben würden, weil ja auch das Gesicht das Weisse und der Geschmack das Süsse empfindet. Alle früheren Bestimmungen scheinen also mit einer solchen Annahme im Widerspruche.

Doch diese Widersprüche schwinden bei näherer Betrachtung. Blicken wir auf den Verlauf unserer Erörterungen zurück, so haben wir auf einem doppelten Wege die Existenz des Sinnes, von dem wir sprechen, nachgewiesen. Bei der ersten Beweisführung waren wir davon ausgegangen, dass in dem Bereiche unserer Wahrnehmungen ein eigenthümliches Sinnesobject sich finde, welches von dem Objecte jedes der bereits angenommenen Sinne verschieden sei. Die Farbe, haben wir gesagt, sehen wir, aber wir sehen nicht, dass wir sie sehen; wir hören den Ton, aber wir hören nicht, dass wir ihn hören; trotz dem nehmen wir wahr, dass wir sehen und hören, und nehmen dies nicht in der Weise wahr, in welcher gemeinsame Sinnesobjecte wahrgenommen werden. Hieraus haben wir die Existenz eines besonderen Sinnes erschlossen.

Wenn wir uns nun fragen, was das eigenthümliche Object dieses Sinnes sei, so liegt es zu Tage, dass wir als solches unsere Sensation bezeichnen müssen. Die äusseren Objecte sind sein Gegenstand nicht. Weil aber die Unterschiede der Empfindungen den Unterschieden der Objecte analog sich verhalten, so gibt sich in dem Unterschiede der einen nothwendig auch der Unterschied der anderen zu erkennen, und daher kommt es, dass die Unterscheidung heterogener Sinnesobjecte auf die Kraft dieses Sinnes zurückgeführt werden kann.

Und hierin liegt die Lösung des erhobenen Einwandes. Keiner der Widersprüche, zu denen unsere Annahme führen sollte, ergibt sich wirklich aus ihr; denn weder folgt daraus, dass der Sinn, der die heterogenen Objecte unterscheidet, dasselbe eigenthümliche Object mit anderen Sinnen habe, noch auch, dass ihm selbst ein mehrfaches eigenthümliches Object zukomme. Sein eigenthümliches Object sind einzig und allein die Sensationen, wie die Farben das eigenthümliche Object des Gesichtes sind; indem er aber wahrnimmt, dass wir das Weisse sehen und das Süsse schmecken, und diese Sensationen unterscheidet, lehrt er uns zugleich die analoge Verschiedenheit des Weissen und Süssen selbst kennen [47]).

---

47) Vgl. hier De Memor. et Remin. 1. p. 450, b, 20. ff. bes. p. 451, a, 5.,

Wenn ein schwarzer und ein weisser Körper von dem Gesichtssinne wahrgenommen werden, so sind nicht sie selbst, aber Analoga von ihnen [48]) in dem Gesichtssinne, und da nun diese in *einem* Sinne vereinigt sind und in ihrem Unterschiede der Verschiedenheit der äusseren Dinge entsprechen, so unterscheidet er durch sie die äusseren Gegenstände. Es sei A das Weisse und B das Schwarze und C verhalte sich zu D wie A zu B, also auch umgekehrt. Wenn nun C und D in *einem* Sinne, nämlich in dem Gesichtssinne sind, so ist in ihm das Verhältniss, nicht bloss von C und D, sondern auch von A und B [49]).

Ganz ähnlich müssen wir nun aber den Vorgang bei der Unterscheidung von Sinnesobjecten verschiedener Gattung, wie z. B. von dem Weissen und Süssen, erklären; das Problem ist im Wesentlichen noch dasselbe wie dort, wo wir zwischen Objecten, die innerhalb *einer* Gattung entgegengesetzt sind, unterschieden [50]). Es sei A das Weisse und B das Süsse und C und D seien die den äusseren Objecten analogen Empfindungen des Weissen und Süssen, von denen die eine im Gesichtssinne, die andere im Geschmackssinne ist, E und

---

welche Stelle zeigt, dass unsere Lösung wohl sicher im Sinne des Aristoteles gegeben ist. Das Gedächtniss ist nämlich in der κοινὴ αἴσθησις, worunter eben der Sinn, von dem wir handeln, zu verstehen ist. Allgemein kann er genannt werden, insofern er jedes sensibele Object von jedem anderen unterscheidet und in Folge der Einwirkung des einen und andern sich bethätigt (ebend. p. 450, a, 10.).

48) De Memor. et Remin. 2. p. 452, b, 12.

49) De Anim. III, 7. §. 4. p. 431, a, 20. τίνι δ' ἐπικρίνει (das *eine*, letzte Sinnesorgan, dem die übrigen die Empfindungen vermitteln) τί (vielleicht besser ὅτι, vgl. ebend. 2. §. 10. p. 426. b, 14.) διαφέρει γλυκὺ καὶ θερμόν, εἴρηται μὲν καὶ πρότερον (nämlich im 2. Cap.), λεκτέον δὲ καὶ ὧδε. ἔστι γὰρ ἕν τι, οὕτω δὲ καὶ ὡς ὅρος (nämlich δύο vgl. o. Anm. 46.)· καὶ ταῦτα (nämlich die beiden αἰσθητά, die in dem Sinne sind) ἓν τῷ ἀνάλογον καὶ τῷ ἀριθμῷ ὂν ἔχει πρὸς ἑκάτερον (ἐστιν) ὡς ἐκεῖνα πρὸς ἄλληλα. (Die Empfindung des einen und andern Gegenstandes verhalten sich zu einander als Empfindungen, wie die Gegenstände selbst sich zu einander verhalten. 18 und 12 verhalten sich zu 3 und 2 als sechsfache Mehrheiten; in dieser sechsfachen Mehrheit haben sie (18 und 12) ganz dasselbe Verhältniss zu einander wie 3 und 2. So ist es auch bei den Empfindungen und ihren Gegenständen. Die Wahrnehmungen von Roth und Grün verhalten sich zu Roth und Grün wie Wahrnehmungen zu ihren Objecten, und als Wahrnehmungen haben sie unter sich ganz dasselbe Verhältniss wie das Rothe und Grüne als sensibele Beschaffenheiten.).... ἔστω δὴ ὡς τὸ Α τὸ λευκὸν πρὸς τὸ Β τὸ μέλαν, τὸ Γ πρὸς τὸ Δ ὡς ἐκεῖνα πρὸς ἄλληλα· ὥστε καὶ ἐναλλάξ. εἰ δὴ τὰ ΓΔ ἑνὶ εἴη ὑπάρχοντα, οὕτως ἕξει ὥσπερ καὶ τὰ ΑΒ, τὸ αὐτὸ μὲν καὶ ἕν, τὸ δ' εἶναι οὐ τὸ αὐτό, κἀκεῖνο (l., wie auch Torstrik vorschlägt, κἀκεῖνα) ὁμοίως. Die beiden letzten Worte entsprechen dem ὥστε καὶ ἐναλλάξ.

50) De Anim. III, 7. §. 4. p. 431, a, 24. τί γὰρ διαφέρει τὸ ἀπορεῖν πῶς τὰ μὴ ὁμογενῆ (denn dieses ist, wie auch Torstrik erkannt hat, die richtige Lesart) κρίνει ἢ τἀναντία, οἷον λευκὸν καὶ μέλαν;

F aber sollen sich zu diesen beiden Sensationen wie sie zu ihren Objecten verhalten. Wenn nun E und F in *einem* Sinne sind, in demjenigen nämlich, der die Sensationen wahrnimmt, so ist in ihm nicht bloss das Verhältniss von E und F, sondern auch das von C und D. also auch das von A und B, d. h. das Verhältniss des Weissen und Süssen, deren Unterscheidung in Frage kam[51]).

So etwa können wir mit Aristoteles die Einwürfe beantworten, die seiner Lehre eines von allen äusseren Sinnen verschiedenen inneren, d. h. eines besonderen, auf die inneren Bewegungen des sensitiven Theiles selbst gerichteten Sinnes sich entgegen stellten. Dieser muss es wohl sein, der, wie er wahrnimmt, dass wir empfinden, auch die übrigen sensitiven Operationen. z. B. das sinnliche Begehren, uns erkennen lässt und uns das Selbstbewusstsein gibt, so weit es dem sinnlichen Theile zukommt[52]). Er ist desshalb ohne Frage der vornehmste unter allen Sinnen.

12. Vielleicht bemerkt aber nicht Jeder, welche hohe Bedeutung er auch dadurch für uns hat, dass er uns die Unterscheidung eines jeden Sinnesobjectes von jedem anderen ermöglicht, und wir glauben daher, mit einigen Worten wenigstens. darauf aufmerksam machen zu müssen. Vor Allem ist es nämlich zu beachten, dass wir ohne diesen inneren Sinn nicht bloss die Unterschiede der eigenthümlichen Objecte verschiedener Empfindungsvermögen, sondern auch die von solchen Objecten nicht wahrnehmen würden, die zwar durch mehrere Sinne wahrnehmbar sind, aber von denen thatsächlich je eines nur durch *einen* äusseren Sinn erfasst wird. Es fühlt Einer z. B. einen eckigen und sieht zugleich einen runden Gegenstand und erkennt die Verschiedenheit beider Gestalten: aber weder durch den Gesichtssinn noch durch das Gefühl unterscheidet er beide, es kann vielmehr nach unseren Erörterungen nur der innere Sinn sein, der ihm die Unterscheidung möglich macht. So können wir auch durch das Gefühl sowohl als durch das Gesicht die örtliche Verschiedenheit zweier Dinge wahrnehmen[53]), allein in einem Falle. wo Jemand thatsächlich das eine bloss sieht, das andere bloss fühlt, ist es wiederum nur der innere Sinn, der ihn die örtliche Trennung beider kennen lehrt.

Weil nun aber jeder Sinn, der die Unterschiede eines Objectes bemerkt, auch den Mangel solcher Unterschiede zu erkennen im Stande ist, so wird der innere Sinn, da er die örtliche Verschiedenheit zweier Dinge, von denen wir das eine durch das Gefühl, das andere durch den Gesichtssinn erfassen, wahrnimmt, auch dann, wenn wir ein und

---

51) Aristoteles fügt nur ganz kurz am Schlusse der in Anm. 49. citirten Stelle die Worte bei: ὁ δ' αὐτὸς λόγος καὶ εἰ τὸ μὲν A τὸ γλυκὺ εἴη, τὸ δὲ B τὸ λευκόν.

52) Vgl. De Sens. et Sens. 7. p. 448, a, 29.

53) Vgl. de Anim. II, 6. §. 2. p. 418, a, 16. u. Anal. Post. I, 31. p. 87, b, 30.

dasselbe Ding gleichzeitig fühlen und sehen, bemerken, dass jene Verschiedenheit hier nicht besteht [54]), und so vermögen wir zu erkennen, dass das Gefühlte mit dem Gesehenen Eines sei, indem es örtlich mit ihm zusammentrifft.

Hieraus ergibt sich, dass, wenn z. B. die Wärme und die Röthe, in *einem* Subjecte zusammen bestehend, gleichzeitig von uns wahrgenommen werden, wir zwar allerdings empfinden, dass das Warme roth und dass das Rothe warm ist, allein dass wir dieses weder sehen noch fühlen, sondern durch eine von beiden verschiedene Sinnesthätigkeit, nämlich durch die des inneren Sinnes wahrnehmen. Ohne ihn würden wir die Einheit des Warmen und Rothen nicht anders als per accidens empfinden, da der Gesichtssinn das Warme, und das Gefühl das Weisse nicht anders als per accidens zu erkennen fähig ist, wir würden sie also, eigentlich gesprochen, gar nicht empfinden [55]).

---

54) De Anim. III, 1. §. 5. p. 425, a, 18.

55) Es wird gut sein, die Stelle, die worin Aristoteles diese Lehre ausspricht, etwas eingehender zu betrachten, da sie ke nen geringen Schwierigkeiten unterliegt. Im ersten Cap. des dritten Buches von der Seele sucht Aristoteles zu zeigen, dass es kein Empfindungsvermögen ausser jenen, deren wir theilhaft sind, geben könne. Seine Erörterung ist nicht in allen Theilen befriedigend und konnte dieses zufolge der Natur der Frage auch gar nicht sein. Denn wie wollte Einer mit Sicherheit beweisen, dass es keine uns gänzlich unbekannte sensibele Qualität geben könne? So lange aber dieses nicht bewiesen ist, ist offenbar auch die Unmöglichkeit eines uns fremden Sinnesvermögens nicht dargethan. (vgl. De Anim. III, 1. §. 4. p. 425, a, 11.).

Dagegen konnte Aristoteles allerdings beweisen, dass es für die s. g. gemeinsamen Sinnesobjecte keinen besondern Sinn geben könne; ja es ergibt sich dieser Beweis sogar sehr leicht und einfach aus dem, was wir früher festgestellt haben. Da nämlich kein Sinn mehr als *eine* sensible Qualität wahrnehmen kann, *wir* aber durch unsere Sinne und sogar durch jeden von ihnen die sämmtlichen gemeinsamen Sinnesobjecte nebst der eigenthümlichen sensibelen Qualität wahrzunehmen fähig sind, so ist es offenbar, dass die gemeinsamen Sinnesobjecte keine sensibelen Qualitäten, d. h. keine solchen Beschaffenheiten sind, welche das eigenthümliche Object eines Sinnes sein können. Es ist also schlechterdings undenkbar, dass es einen Sinn der Grösse oder Zahl gebe, wie es z. B. einen Sinn der Farbe gibt. Diesen Beweis führt Aristoteles §. 5. p. 425, a, 13. — 21. in der Art, dass er zuerst den Untersatz gibt, wobei er zugleich klar macht, dass jeder Sinn alle gemeinsamen Sinnesobjecte erkenne. Jeder auch der unvollkommenste Sinn nimmt nämlich ausser seinem eigenthümlichen Sinnesobjecte die örtliche Bewegung wahr; wenn aber diese, so nimmt er auch Ausdehnung, Gestalt, Ruhe und Zahl wahr (p. 425, a, 14—19.). Dann folgt der Obersatz (p. 425, a, 19.): ἑκάστη γὰρ ἓν αἰσϑάνεται αἴσϑησις (nämlich ἓν ἴδιον αἰσϑητόν. vgl. De Anim. II, 11. §. 2. p. 422, b, 32.). Endlich kommt der Schlusssatz (p. 425, a, 20—21.), der auch schon am Anfange in etwas anderer Weise ausgesprochen worden (p. 425, a, 13—14.).

Jeder aber mag leicht die Folgerungen ziehen, die aus einer solchen Isolirung der Sinneswahrnehmungen sich ergeben würden, für

Hierauf beseitigt er einen Einwand, und dieser Theil der Erörterung ist für
uns der wichtigste (§. 5. p. 425, a, 21. — §. 7. b, 4.). Es könnte nämlich Jemand entgegnen, der Obersatz des Schlusses sei falsch, denn er widerspreche der
Erfahrung, die uns unzählige Fälle darbiete, in welchen wir durch die Wahrnehmung des *einen* Sinnes das eigenthümliche Sinnesobject des andern erkennen.
Wer Wasser sieht, erkennt nebst der Farbe zugleich die Feuchtigkeit, wer Feuer
sieht, zugleich die Wärme, wer Honig sieht, zugleich die Süssigkeit des gesehenen
Gegenstandes (§. 5, a, 22.). Diesen Einwand also, den er nur ganz kurz andeutet,
löst Aristoteles, indem er sagt, wenn wir durch den Gesichtssinn das Süsse erkennen,
so sei dies nur darum möglich, weil wir ausser dem Gesichtssinne auch den Geschmackssinn haben. Denn dadurch könne es geschehen, dass, nachdem wir
früher schon die Vereinigung der Süssigkeit mit dem gesehenen Gegenstande in
Folge gleichzeitiger Wahrnehmungen des Gesichts- und Geschmackssinnes erkannt
haben, wir uns beim Wiedersehen seiner Süssigkeit erinnern (es ist nämlich mit Bekker
und Trendelenburg an der Lesart ἀναγνωρίζομεν festzuhalten §. 6, a, 22—24.). Wenn
aber eine solche gleichzeitige Wahrnehmung nicht vorhergegangen sei, dann, sagt
er, erkennen (l. αἰσθανόμεθα) wir durch das Sehen das Süsse nicht anders, als wir
den Sohn des Kleon erkennen, indem wir sehen, dass er weiss, nicht aber, dass
er der Sohn des Kleon ist (vgl. was wir Anm. 18. über dieses Beispiel bemerkt
haben), also bloss per accidens (a, 24—27.). So verhält es sich nun aber nicht
mit unserer Erkenntniss der gemeinsamen Sinnesobjecte. Nicht mittels der Erinnerung und mit Hülfe eines anderen Sinnes erkennen wir durch das Sehen und
Hören die örtliche Bewegung eines Gegenstandes u. s. f., sondern wir nehmen sie
mit jedem unserer Sinne per se wahr; und somit zeigt sich schon die Grundlosig-
keit des Einwandes (§. 7. a, 27—28.). Noch schlagender aber wird er dadurch
widerlegt, dass wir in diesem Falle, wenn nämlich die gemeinsamen Sinnesobjecte
sensible Beschaffenheiten und die eigenthümlichen Objecte von Sinnen wären, die
uns mangeln, gar keine Erkenntniss derselben haben könnten. Denn nur, weil
wir zugleich den Geschmackssinn haben, sagten wir, sei es möglich, durch den
Gesichtssinn die Süssigkeit eines Gegenstandes zu erkennen (§. 7. a, 28—30.).
Nachdem Aristoteles in dieser Weise den Einwand gelöst hat, fügt er eine nähere
Erklärung hinzu über die Art, in welcher wir durch die Wahrnehmung des einen
Sinnes zur Erkenntniss des eigenthümlichen Objectes des andern gelangen. Wenn
einer Galle sieht und erkennt, dass sie bitter ist, so muss, nach dem, was wir
gesagt haben, eine *gleichzeitige* Wahrnehmung des Gesichts- und Geschmackssinnes schon vorhergegangen sein. Allein auch diese frühere gleichzeitige Wahrnehmung würde nicht hinreichen, wenn nicht die *Vereinigung* der sichtbaren und
schmeckbaren Beschaffenheit erkannt worden wäre. Mit welchem nun von beiden
Sinnen haben wir ihre Vereinigung wahrgenommen? Mit keinem von ihnen konnten wir sie empfinden und hätten sie darum gar nicht empfinden können, wenn
nicht der innere Sinn die beiden gleichzeitigen Sensationen wahrgenommen hätte.
Mit ihm also haben wir damals die Vereinigung dieser Farbe und dieses Geschmackes in der Galle erkannt, und durch ihn entsteht uns auch jetzt beim
Sehen die Erkenntniss des bitteren Geschmacks. §. 7. p. 425, a, 30. τὰ δ' ἀλλή-
λων ἴδια κατὰ συμβεβηκὸς αἰσθάνονται αἱ αἰσθήσεις, οὐχ ᾗ αὑταί (so glauben wir mit
Torstrik lesen zu müssen), ἀλλ' ᾗ μία (nämlich die κοινὴ αἴσθησις, der Sinn der
Sensation), ὅταν ἅμα γένηται ἡ αἴσθησις ἐπὶ τοῦ αὐτοῦ, οἷον χολὴν ὅτι πικρὰ καὶ ξανθή·

Wissenschaft, für Kunst, für jedes practische Thun, da sogar die ein-
fachste Bewegung kaum noch möglich wäre. So wichtig also ist der
innere Sinn, abgesehen vom Selbstbewusstsein, das er uns verleiht, schon
allein als das die Sinnesobjecte verschiedener Sinne von einander unterscheidende Vermögen. Er ist offenbar der höchste Sinn, höher auch
als Gehör und Gesicht, und dennoch findet er sich, weil er zugleich
für alle Thiere unentbehrlich ist, wie wir schon oben bemerkt haben,
auch in den niedrigsten Thierarten, die an keinem anderen äusseren
Sinne, ausser an dem Gefühl und Geschmacke Theil haben [56]. Wir
konnten hieraus mit Recht einen Grund für die Einheit des sensitiven
Theiles entnehmen.

c. Von dem Subjecte der Empfindung.

13. Alle Sinne, auch dieser höchste, innere Sinn, sind nicht in
der Seele, sondern in dem beseelten Leibe als ihrem Subjecte. Dieses ergibt sich schon aus einer früher von uns besprochenen Erscheinung, nämlich aus der Thatsache, dass bei vielen Thieren, wenn man
sie zerschneidet, in beiden Theilen Leben und Empfindung, und zwar
sowohl äussere Empfindung, als sensitives Selbstbewusstsein, sich zeigen. Aus *einem* empfindenden Wesen sind hier zwei geworden, die

---

οὐ γὰρ δὴ ἑτέρας γε τὸ εἰπεῖν ὅτι ἄμφω ἕν· (beiläufig sei hier bemerkt, dass der Vergleich dieser Worte mit De Anim. III, 3. §. 12. p. 428, b, 19. zeigt, dass der
hergebrachte Text τοῦ συμβεβηκέναι ταῦτα nicht corrumpirt ist) διὸ καὶ ἀπατᾶται καὶ
ἐὰν ᾖ ξανθόν, χολὴν οἴεται εἶναι. — Vgl. De Memor. et Remin. 1. p. 451, a, 17. u.
vorher p. 450, b, 28.

Dieser langen Anmerkung haben wir nur noch 1) ein paar Worte über den
Text De Anim. III, 1. §. 5. p. 425, a, 15., wo Torstrik statt κατὰ συμβεβηκός lesen
will οὐ κατὰ συμβεβηκός, beizufügen. Wir glauben, dass die Aenderung nicht nöthig ist, wenn man annimmt, dass Aristoteles, wie Trendelenburg meint, κατὰ
συμβεβηκός hier in einem andern als dem gewöhnlichen Sinne gebraucht habe. Es
lässt sich dies durch manche andere Stellen wahrscheinlich machen. z. B. Metaph. Z, 10. p. 1036, a, 11. (wozu Theil IV. Anm. 107.) u. De Anim. III, 3. §. 12,
p. 428, b, 24. Vgl. Metaph. Θ, 2. p. 1046, b, 13. ebend. A, 1. p. 981, a, 20. u. De
Anim. I, 1. §. 2. p. 402, a, 15. Die κοινὰ αἰσθητά würden in diesem Falle als κατὰ συμβεβηκός empfundene bezeichnet sein, weil sie blos secundäre Sinnesobjecte sind (ἀκολουθοῦντα De Anim. III, 1. §. 8. p. 425, b, 5.), nicht jenes erste, wozu der Sinn
von Natur aus hingeordnet ist. — 2) haben wir noch eine Bemerkung über die
Worte καὶ τοῖς ἰδίοις (De Anim. III, 1. §. 5. p. 425, a, 19.) zu machen nöthig.
Es scheint uns das Beste, was Simplicius vorschlägt (von dem man mit Unrecht
glaubt, er habe a, 16. κοινῇ statt κινήσει gelesen, da er nur dem Sinne nach citirt),
dass man nämlich οἷον κινήσεως — συνεχοῦς (a, 15—19.) als Zwischensatz fasst
und wie in Klammern eingeschlossen denkt. κατὰ συμβεβηκός καὶ τοῖς ἰδίοις ergänzen sich dann zu *einem* klaren Ausdrucke, und der Sinn ist ein vollkommen angemessener. — 3) ἀλλ' ἢ οὕτως ὥσπερ ὁρᾶν (a, 29—30.) ist keine unnütze Wiederholung, obwohl entbehrlich. — 4) Ueber μέγεθος γάρ τι s. Anm. 15.

56) Vgl. De Somn. et Vigil. 2. p. 455, a, (15.) 22.

sensitive Seele hat mit dem Leibe sich vervielfältigt, was, wenn sie etwas Geistiges wäre, unmöglich hätte geschehen können [57].

Ferner lässt sich dasselbe aus den Folgen mancher Empfindungen darthun. Wenn nämlich ein Sinn ein sehr lebhaftes Sinnesobject, das Gesicht z. B. ein sehr helles Licht, das Gehör einen sehr starken Ton, der Geruchssinn einen sehr intensiven Geruch wahrgenommen hat, so bleibt er eine Zeit lang unfähig zur Empfindung schwächerer Objecte, ja es kann geschehen, dass er dadurch auf immer geschwächt, wenn nicht gänzlich in seinem Wesen zerstört wird [58]. Dies weist deutlich darauf hin, dass das empfindende Subject etwas Körperliches und Corruptibeles, dass das Empfindungsvermögen eine mit der Materie vermischte Form, ein λόγος ἔνυλος [59]) ist. Ein geistiges Subject hätte dadurch nicht alterirt werden und Schaden leiden können, vielmehr wäre sein Vermögen durch solche intensive Acte nur zu grösserer Fertigkeit ausgebildet worden [60]).

Einen dritten Beweis endlich können wir aus der nothwendigen Verwandtschaft der Sinnesvermögen und der Sinnesobjecte ableiten, und dieser Beweis wird, da er von dem Realgrunde der Empfindung ausgeht, der eigentlich apodiktische sein. Wir haben ein mehrfaches Sinnesobject unterschieden: das vorzüglichste unter ihnen war das eigenthümliche Sinnesobject, nämlich jene körperliche Qualität, die das wirkende Princip der Empfindung ist; denn *sie* wird zunächst und durch sich selbst, alles Andere nur mit ihr und durch sie wahrgenommen. Da nun der Sinn, seiner ganzen Natur nach zu diesem

---

57) S. o. Theil I. Anm. 42. — 58) De Anim. III, 4. §. 5. p. 429, a, 29. ebend. II, 12. §. 3. p. 424, a, 28. — 59) De Anim. I, 1. §. 10. p. 403, a, 25.

60) Vgl. was hierüber im IV. Theile n. 8. erörtert werden wird. — Der Beweis, den wir hier gegeben, ist darum nicht ganz schlagend, weil, auch wenn das Subject der Empfindung geistig wäre, durch die Corruption der vermittelnden körperlichen Organe unser Empfindungsvermögen beeinträchtigt oder auch zu jeder Wahrnehmung unfähig werden könnte. In der That beweist die nach der Erblindung durch zu heftige Lichteindrücke fortbestehende Fähigkeit für Farbenbilder der Phantasie, dass das Sinnesvermögen jedenfalls nicht gänzlich zerstört worden ist; denn, wie wir sogleich sehen werden, sind die Phantasievorstellungen in den entsprechenden wahrnehmenden Kräften. Allein auch die Phantasie und das Gedächtniss, welches einen Theil der Phantasie ausmacht, leiden und nehmen, wie bekannt, insbesondere im Alter regelmässig ab. Somit ist offenbar auch das eigentliche Subject der Empfindung der Alteration unterworfen und etwas Leibliches (De Anim. I, 4. §. 14. p. 408, b, 25. ebend. III, 5. §. 2. p. 430. a, 23.) Hiezu kommt, dass wir nach sehr lebhaften Sinneswahrnehmungen nicht blos in der nächsten Zeit unfähiger zu andern Wahrnehmungen derselben Gattung sind, sondern auch über unsere Phantasie nicht dieselbe Macht haben, wie sonst. Die Farbenerscheinung bleibt oder verwandelt sich vielmehr nach besondern physiologischen Gesetzen und hindert oder stört doch wenigstens die willkürlichen Vorstellungen. Aehnliches gilt von den Tönen, den Melodieen, die wir, wie wir sagen, nicht los werden können, u. dgl. (vgl. De Mem. et Rem. 2. p. 453, a, 28.)

Objecte hingeordnet [61]) , sich zu ihm wie das leidende Princip zu seinem adäquaten wirkenden Principe [62]) verhält, so ist er seinem Wesen nach nothwendig mit ihm verwandt und kann nicht so hoch darüber erhaben [62 a]) sein, wie er es in dem Falle sein würde, wenn er immateriell und unsterblich wäre, während jenes körperlich und vergänglich ist. Ganz besonders aber muss jenes Object, dessen Empfindung für jeden der Sinne am wohlthuendsten ist, dazu dienen, uns seine Natur und Beschaffenheit erkennbar zu machen. Für das Gehör z. B. ist ein solches der harmonische Einklang, und da nun dieser in einem bestimmten Verhältnisse gemischter Töne besteht, so wird auch das Gehör ein bestimmtes Verhältniss in dem empfindenden Organe und ein Mittleres zwischen Extremen sein. Und darum nennt Aristoteles das Vermögen der Empfindung wiederholt eine μεσότης [63]) ; denn Aehnliches wie vom Gehöre müssen wir auch von allen anderen Sinnen sagen. Auch bei ihnen gibt es Extreme und eine Mitte und Mischung der Extreme, die am Angenehmsten empfunden wird, und der Grund hievon kann auch bei ihnen kein anderer sein, als dass die gemischte Empfindung dem Sinnesvermögen mehr entspricht als die der reinen Extreme. Die Natur des Sinnes gibt das Mass für die Empfindungen ab. Wird dieses Mass nach der einen oder anderen Seite allzusehr überschritten, so wird der Sinn beleidigt und verletzt. Darum beleidigen nicht nur disharmonische, sondern auch allzu grelle oder dumpfe Töne das Ohr, das Sehen bei allzu grosser Helle oder Dunkelheit verdirbt die Augen und das Allzusüsse oder Bittere berührt den Geschmackssinn, das allzu Heisse oder Kalte den Gefühlssinn unangenehm [64]). Eine Sinnesbewegung, die für das Organ allzu

---

61) S. o. Anm. 11. — 62) De Sens. et Sens. 6. p. 445, b, 7. vgl. De Anim. III, 2. §. 4—8. p. 425, b, 25 — p. 426, a, 27.

62 a) Nicht das leidende Princip ist über das wirkende, sondern das wirkende über das leidende erhaben. De Anim. III, 5. §. 2. p. 430, a, 18. ἀεὶ γὰρ τιμιώτερον τὸ ποιοῦν τοῦ πάσχοντος καὶ ἡ ἀρχὴ τῆς ὕλης.

63) Z. B. De Anim. II, 11. §. 11. p. 424, a, 4. ebend. 12. §. 4. p. 424, b, 1. III, 7. §. 2. p. 431, a, 11. 19. u. 13. §. 1. p. 435, a, 21. An den Stellen, wo er genauer spricht, bezeichnet er nicht das Vermögen, sondern das Subject der Empfindung als μεσότης.

64) De Anim. III, 2. §. 9. p. 426, a, 27. εἰ δ' ἡ συμφωνία (der harmonische Einklang, der bekanntlich von allem Hörbaren das Angenehmste ist) φωνή τις (eine bestimmte Weise eines Schalles vgl. μέγεθός τι, Anm. 15.; unser Text ist daher wohl nicht als corrumpirt zu betrachten), ἡ δὲ φωνὴ καὶ ἡ ἀκοή ἔστιν ὡς ἓν ἐστι καὶ ἔστιν ὡς οὐχ ἓν τὸ αὐτό (wie im Vorhergehenden dargethan worden), λόγος δ' ἡ συμφωνία, ἀνάγκη καὶ τὴν ἀκοὴν λόγον τινὰ εἶναι. καὶ διὰ τοῦτο καὶ φθείρει ἕκαστον ὑπερβάλλον, καὶ τὸ ὀξὺ καὶ τὸ βαρύ, τὴν ἀκοήν· ὁμοίως δὲ καὶ ἐν χυμοῖς τὴν γεῦσιν, καὶ ἐν χρώμασι τὴν ὄψιν τὸ σφόδρα λαμπρὸν ἢ ζοφερὸν καὶ ἐν ὀσφρήσει ἡ ἰσχυρὰ ὀσμὴ καὶ γλυκεῖα καὶ πικρά, ὡς λόγου τινὸς ὄντος τῆς αἰσθήσεως. διὸ καὶ ἡδέα μέν, ὅταν εἰλικρινῆ καὶ ἀμιγῆ ἄγηται εἰς τὸν λόγον, οἷον τὸ ὀξὺ ἢ γλυκὺ ἢ ἁλμυρόν· ἡδέα γὰρ τότε. ὅλως δὲ μᾶλ-

mächtig ist, löst seine Proportion, wie auch die Harfe verstimmt wird und der Einklang ihrer Saiten sich löst, wenn sie allzu heftig geschlagen werden [65]). Aus allem dem geht also klar hervor [66]), dass das Subject der Sinne und der Sinnesthätigkeiten nicht die Seele allein, sondern der beseelte Leib sein müsse.

14. Hieran knüpft sich aber sogleich die weitere Frage, ob, da der Leib eines Thieres viele Glieder hat, alle, oder nur einige, oder vielleicht nur ein einziger Theil des thierischen Organismus der Träger der Empfindung sei. Dass *alle* empfinden, wird schwerlich Jemand behaupten wollen, da dieses offenbar und so zu sagen handgreiflich der Erfahrung widerstreitet. Dagegen nehmen Viele, und unter ihnen natürlich alle diejenigen, welche meinen, dass das Auge sehe, und das Ohr höre u. s. w., wenigstens eine *gewisse* Vielheit empfindender Organe an. Aristoteles jedoch hat auch diese Ansicht verworfen. Der sensitive Theil ist nach ihm ein einziger dem Subjecte nach, und wie die verschiedenen Radien eines Kreises in *einem* Centrum zusammentreffen, so gelangen auch die heterogenen Einwirkungen sinnlicher Qualitäten zuletzt zu einem einzigen Organe, welches allein jene besondere Beschaffenheit hat, die zur Empfindung erfordert wird. Wir haben bereits früher hievon Erwähnung gethan und zugleich einige Gründe angegeben, die Aristoteles bei dieser Behauptung massgebend geworden sind [67]). Theils waren sie teleologischer Art, theils stützten sie sich auf die Beobachtung von Erscheinungen, welche die gewöhnliche Ansicht, dass die äusseren Organe die empfindenden seien, widerlegten und die Einheit des empfindenden Subjectes wenigstens wahrscheinlich machten. Darauf, dass, wenn die Empfindungen nicht alle in einem Organe sein würden, ein anderes Wesen das Sehende, ein anderes das Hörende wäre u. s. f., hat Aristoteles sich nicht berufen und konnte dieses auch nicht thun, da ja nach ihm der ganze Leib des lebenden Wesens zu ein und derselben Substanz gehört. Wie daher beim Menschen, obwohl das Empfinden etwas Leibliches, das intellectuelle Denken aber etwas Geistiges ist, dennoch ein und dasselbe denkt und empfindet, so würde auch,

---

λον τὸ μιχτὸν συμφωνία ἢ τὸ ὀξὺ ἢ βαρύ, ἀρχῇ δὲ τὸ θερμαντὸν ἢ ψυχτόν. ἡ δ' αἴσθησις ο λόγος· ὑπερβάλλοντα δὲ λυπεῖ ἢ φθείρει.

65) De Anim. II, 12. §. 2. p. 424, a, 24. αἰσθητήριον δὲ πρῶτον ἐν ᾧ ἡ τοιαύτη δύναμις. ἔστι μὲν οὖν ταὐτὸν τὸ δ' εἶναι ἕτερον· μέγεθος μὲν γὰρ ἄν τι εἴη τὸ αἰσθανόμενον· οὐ μὴν τό γε αἰσθητικῷ εἶναι οὐδ' ἡ αἴσθησις μέγεθός ἐστιν, ἀλλὰ λόγος τις καὶ δύναμις ἐκείνου. φανερὸν δὲ ἐκ τούτων καὶ διὰ τί ποτε τῶν αἰσθητῶν αἱ ὑπερβολαὶ φθείρουσι τὰ αἰσθητήρια· ἐὰν γὰρ ᾖ ἰσχυροτέρα τοῦ αἰσθητηρίου ἡ κίνησις, λύεται ὁ λόγος, τοῦτο δ' ἦν ἡ αἴσθησις, ὥσπερ καὶ ἡ συμφωνία καὶ ὁ τόνος κρουομένων σφόδρα τῶν χορδῶν.

66) Aristoteles hält dies für so einleuchtend, dass er meint, es bedürfe eigentlich keines Beweises. De Sens. et Sens. 1. p. 436. b, 6.

67) S. o. Anm. 35.

wenn das Sehen in dem einen, das Hören in dem anderen Organe sich
fände, dennoch ein und dasselbe sehen und hören. Diesen Grund
also hat Aristoteles nicht übersehen, sondern er war nach seiner ganzen psychologischen Grundanschauung für ihn nicht anwendbar. Jene
dagegen, die er anführt, sind auch heute noch der Beachtung werth
und werden in keiner Weise dadurch beeinträchtigt, dass er vermöge
weiterer Vermuthungen das Herz für diesen einheitlichen Sitz der
Empfindung hielt, eine Ansicht, die bekanntlich mit der weiteren Aus-
bildung der Physiologie sich schon lange als irrig erwiesen hat.

d. Von der Phantasie.

15. Das Empfinden im eigentlichen Sinne ist nicht die einzige
Operation des sensitiven Theiles, durch welche er fremder Formen
theilhaft ist, denn auch ohne Sinneswahrnehmung haben wir sensibele
Formen objectiv (vorgestellt) [68]) in uns [69]). Man nennt sie Phantasmen und die Fähigkeit, Phantasmen in sich zu haben, Phantasie [70]).
Die Phantasmen an und für sich betrachtet unterscheiden sich in nichts
von den Bildern, die während der Sinneswahrnehmung in uns gegenwärtig sind [71]), und wie diese in verschiedene Gattungen sich scheiden, je nachdem sie mittelst des Auges, oder Ohres, oder eines anderen Sinneswerkzeuges wahrgenommen werden, und je nachdem die
Farbe, oder der Ton, oder ein anderes eigenthümliches Sinnesobject
das wirkende Princip für sie ist, so scheiden sich auch die Phantasmen in mehrere und jenen ganz entsprechende Gattungen [72]); es gibt
Phantasmen, worin die Farbe, andere, worin der Ton, andere, worin
eine andere sensibele Eigenthümlichkeit die Grundbestimmung bildet.
Auch Phantasmen von der Eigenthümlichkeit jenes inneren auf die
Sensationen selbst gerichteten Sinnes gibt es, und namentlich haben
wir bei jeder Erinnerung Phantasmen dieser Art, denn man erinnert
sich, etwas früher gesehen oder gehört zu haben u. dgl. [73]), also eines
früheren Sehens oder Hörens, und ohne dass diese Acte jetzt wirklich
bestehen und empfunden werden können, haben wir die Vorstellung
von ihnen in uns.

Da nun die Phantasmen und die Sensationen ganz dieselben sind,
so sind sie offenbar auch in denselben Potenzen und in demselben
Subjecte. Die Phantasmen sind also in den Sinnen und in dem ersten
Sinnesorgane als solchem [74]).

---

68) S. Anm. 6. — 69) De Anim. III, 3. §. 7. p. 428, a, 7. 15. vgl. De Insomn. 1. p. 459, a, 15. — 70) De Anim. III, 3. §. 6. p. 428, a, 1.

71) De Somn. et Vigil. 2. p. 456, a, 26.

72) De Anim. III, 3. §. 11. p. 428, b, 11. ἡ δὲ φαντασία . . . δοκεῖ εἶναι . . .
ὧν αἴσθησίς ἐστιν. vgl. u. Anm. 74.

73) De Memor. et Remin. 1. p. 450, b, 20. f. besonders p. 451, a, 5.

74) De Insomn. 1. p. 459, a, 1. ἆρ' οὖν τὸ μὲν μηδὲν ὁρᾶν (ἐν τῷ ὕπνῳ) ἀληθές;

16. Worin aber besteht denn der Unterschied von Phantasie und Empfindung, den wir doch selbst anerkennen mussten? Beide sind Bewegungen derselben Sinne [75], ein Leiden derselben Art; verschieden aber sind sie darin, dass (da jedes Leiden ein Wirken ist) die Empfindung die Einwirkung des gegenwärtigen sensibelen Objectes ist, während die Phantasie in früheren Sensationen ihren Grund hat [76]

Die Bewegung, welche das sensibele Object hervorbringt, setzt sich nämlich oft, auch wenn das sensibele Object nicht mehr einwirkt, in weiteren ähnlichen Bewegungen fort. Wie die Luft forttönt, auch wenn die schallende Glocke verstummt ist, so kann auch in den Sinneswerkzeugen (in den secundären und in dem ersten) [77] der Ton nachklingen, und in dem letzten Sinnesorgane nachdauernd gehört werden [78]. Oft erfolgt freilich eine Bewegung der Phantasie nicht unmittelbar nach der Sinneswahrnehmung, allein auch dann ist sie eine Bewegung durch die Sinnesbewegung, indem diese einen nachhaltigen Eindruck auf das Sinnesorgan gemacht und eine solche Beschaffenheit, eine solche bleibende Disposition [79] in ihm zurückgelassen

τὸ δὲ μηδὲν πάσχειν τὴν αἴσθησιν οὐκ ἀληθές, ἀλλ' ἐνδέχεται καὶ τὴν ὄψιν πάσχειν τι καὶ τὰς ἄλλας αἰσθήσεις, ἕκαστον δὲ τούτων ὥσπερ ἐγρηγορότος προσβάλλει μέν πως τῇ αἰσθήσει, οὐχ οὕτω δὲ ὥσπερ ἐγρηγορότος· καὶ ὁτὲ μὲν ἡ δόξα λέγει ὅτι ψεῦδος τὸ ὁρώμενον, ὥσπερ ἐγρηγορόσιν, ὁτὲ δὲ κατέχεται καὶ ἀκολουθεῖ τῷ φαντάσματι. De Anim. I, 4. §. 12. p. 408, b, 17.

75) Obwohl *begrifflich* auch das *Vermögen* der Phantasie (vgl. de Anim. III, 3. §. 7. p. 428, a, 5. Insomn. 1. p. 459, a, 16.) von dem der Sinneswahrnehmung zu unterscheiden ist, weil die Acte der Phantasie von den Sinneswahrnehmungen verschieden sind, und die Potenzen nach den Acten begrifflich bestimmt werden (vgl. De Anim. II, 2. §. 10. p. 413, b, 29.). An manchen Stellen scheint Aristoteles zu bezweifeln, dass alle Thiere Phantasie haben, d. h. dass alle Thiere ihre Sinnenbilder nach der Empfindung vorstellen können. So z. B. an der ebengenannten (III, 3. §. 7.). Doch dies ist seine eigentliche Meinung nicht (vgl. De Anim. II, 2. §. 8. p. 413, b, 22. ebend. III, 11. §. 1. p. 434, a, 4.), auch jenen Thieren, welche der höheren Sinne beraubt sind, erkennt er eine, wenn auch unvollkommene, Phantasie zu. Wenn aber auch nicht alle Thiere Phantasie hätten, so würden wir desshalb dennoch nicht Sinn und Phantasie für verschiedene Vermögen halten müssen; denn es würde keineswegs folgen, dass bei jenen, in welchen nach der Sinneswahrnehmung eine Vorstellung bleibt, dieselbe nicht in dem wahrnehmenden Vermögen bleibe, sondern nur, dass manche wahrnehmende Vermögen in ihrer Art so unvollkommen seien, dass sie nicht länger, als das Object auf sie wirkt, seine Vorstellung festhalten können.

76) De Anim. III, 3. §. 13. p. 429, a, 1. ἡ φαντασία ἂν εἴη κίνησις ὑπὸ τῆς αἰσθήσεως τῆς κατ' ἐνέργειαν γιγνομένη. vgl. §. 11. p. 428, b, 10.

77) De Insomn. 2. p. 459, b, 5.

78) Aristoteles vergleicht diese Erscheinung mit der Fortbewegung eines Körpers nach dem Stosse. De Insomn. 2. p. 458, a, 28.

79) Aristoteles nennt sie ἕξις De Memor. et Remin. 1. p. 450, a, 30. ebend. 2. p. 451, b, 3., doch nicht im gewöhnlichen Sinne einer Fertigkeit, wie sie z. B. das Wissen ist, wovon weiter unten.

hat, vermöge deren unter gewissen Umständen, und namentlich wenn eine andere Sinnesvorstellung anregend wirkt, die frühere sensibele Form in dem Sinne wiederkehrt. Was immer in der Phantasie erscheint, ist früher, wenn auch in anderen Verbindungen, durch eine Sinneswahrnehmung aufgenommen worden.

Als eine Nachwirkung der Sinneswahrnehmung ist die Phantasie schwächer als diese und Aristoteles nennt sie daher eine schwache Empfindung [80]); ebenso ist auch die Täuschung bei der Phantasie häufiger und vielfältiger [81]).

Wegen der Aehnlichkeit der Phantasmen mit den Sinneswahrnehmungen bewegen sie auch das Begehren in Abwesenheit des sensibelen Objectes, wie diese es in Gegenwart desselben bewegen, und darum sagt Aristoteles, dass die sensitiv lebenden Wesen sich in ihrem Thun vielfach von ihren Phantasien leiten lassen, die Thiere, weil sie der Vernunft entbehren, immer, die Menschen aber dann, wenn ihre Vernunft von Leidenschaft oder Krankheit, oder vom Schlafe umschleiert ist [82]).

e. Von dem sinnlichen Begehren und der willkürlichen Bewegung des Leibes.

17. Hierin liegt schon die Abhängigkeit des sinnlich begehrenden und bewegenden Vermögens von den empfindenden angedeutet. Wir wollen beide nur mit kurzen Worten berühren, und auch dieses wird zum Theil eine blosse Wiederholung dessen sein, was wir schon früher, als wir von den Theilen der Seele im Allgemeinen sprachen, erörtert haben, da ein weiteres Eingehen sich von dem Zwecke unserer Abhandlung entfernen würde.

Wir haben schon oben bemerkt, dass die sensitive Seele an der Gattung der strebenden Lebenskräfte Theil habe, und dass in einem jeden empfindenden Wesen ein Begehrungsvermögen gefunden werde [83]). Wir haben ferner auch den Grund dieser Erscheinung und des Unterschiedes erkannt, der in dieser Beziehung zwischen der sensitiven und der auf eine einzige Gattung der Lebenskräfte beschränkten vegetativen Seele besteht; weil das Object ihres Wirkens der Aehnlichkeit nach ihr angeboren ist, so hat sie keine formaufnehmenden Lebenskräfte, und eben deshalb tritt auch jener Trieb, welcher der natürlichen Form folgt. an die Stelle der strebenden Lebensthätigkeiten [84]).

---

80) Rhetor. 1, 11. p. 1370, a, 28. De Insomn. 3. p. 460, b, 32. u. p. 461, a, 18.
81) Vgl. De Anim. III, 3. §. 7. p. 428, a, 11. u. bes. ebend. §. 12. p. 428. b, 18.
82) De Anim. III, 3. §. 15. p. 429, a, 4. vgl. ebend. 10. §. 1. p. 433, a, 9. u. dieses ganze so wie das folgende Capitel.
83) De Anim. II, 2. §. 8. p. 413, b, 23. ebend. 3. §. 2. p. 414, b, 1.
84) Vgl. die betreffenden Erörterungen im ersten Theile dieses Abschnittes (n. 16.).

Wegen der Zusammengehörigkeit von Empfindung und sinnlichem Begehren, von denen die eine so nothwendig bei dem anderen ist, wie die natürliche Form bei dem Naturtriebe, ist es einleuchtend, dass auch das Subject des sinnlichen Begehrens nicht die Seele allein, sondern der beseelte Leib, und zwar dasselbe Organ, welches das Subject der Empfindung ist, sein müsse [85]). Ausserdem lassen sich die bezüglich der Empfindung angeführten Gründe alle in gleicher Weise dafür benützen zu zeigen, dass die sinnlich begehrende Kraft mit dem Leibe vermischt sei, ja wir können uns hier auf manche Erscheinungen berufen, welche die Mitleidenschaft des Leibes wo möglich noch offenbarer und auffallender als bei der Empfindung zeigen [86]).

18. Wir haben bisher von dem sinnlich begehrenden Vermögen wie von einer Einheit gesprochen. Dies steht im Widerspruche mit der Ansicht mancher älterer und neuerer Erklärer unseres Philosophen, welche meinen, Aristoteles habe, an Plato sich anschliessend, ein doppeltes Begehrungsvermögen des sensitiven Theiles, nämlich das Vermögen der Begierde (ἐπιϑυμία) und die zornig strebende Kraft (ϑυμός) unterschieden. Uns ist diese Ansicht sowohl wegen einiger Aeusserungen in den Büchern von der Seele, als auch aus allgemeineren Gründen, wegen der ganzen Weise, in der Aristoteles über die Einheit und Vielheit der Kräfte zu urtheilen pflegt, nicht wahrscheinlich.

Im neunten Capitel des dritten Buches von der Seele [87]) sagt er, dass das Vermögen der Phantasie sich von dem der Empfindung mehr als das Vermögen der Begierde von dem mit Zornmuth strebenden Vermögen unterscheide. Da es sich nun aus unseren früheren Erörterungen ergeben hat, dass die Vorstellungen der Phantasie nach seiner Lehre in denselben Sinnen sind, welche die sensibelen Formen durch die Wahrnehmung erfassen, so lässt sich, wie uns scheint, aus diesen Worten klar genug erkennen, dass wir nach ihm auch Begierde und Zorn nicht für Thätigkeiten zweier verschiedener Kräfte halten dürfen.

An einer anderen Stelle desselben Buches sagt Aristoteles, dass die Lust und die Begierde und die der einen und anderen entgegengesetzte sinnliche Erregung Affecte desselben Vermögens seien [88]).

---

85) De Anim. III, 7. §. 2. p. 431, a, 13. οὐχ ἕτερον τὸ ὀρεκτικὸν καὶ φευκτικόν, οὔτ᾽ ἀλλήλων οὔτε τοῦ αἰσϑητικοῦ· ἀλλὰ τὸ εἶναι ἄλλο. Vgl. das unmittelbar Vorhergehende. Anm. 88. — 86) Vgl. De Anim. I, 1. §. 10. p 403, a, 16—27.

87) De Anim. III, 9. §. 2. f. p. 432, a, 22. vgl. ebend. 10. §. 5. p. 433, a, 31.

88) De Anim. III, 7. §. 2. p. 431, a, 8. τὸ μὲν οὖν αἰσϑάνεσϑαι ὅμοιον τῷ φάναι μόνον καὶ νοεῖν· ὅταν δὲ ἡδὺ ἢ λυπηρόν, οἷον καταφᾶσα ἢ ἀποφᾶσα, διώκει ἢ φεύγει· καὶ ἔστι τὸ ἥδεσϑαι καὶ λυπεῖσϑαι τὸ ἐνεργεῖν τῇ αἰσϑητικῇ μεσότητι πρὸς τὸ ἀγαϑὸν ἢ κακόν, ᾗ τοιαῦτα. καὶ ἡ φυγὴ δὲ καὶ ἡ ὄρεξις τοῦτο ᾗ κατ᾽ ἐνέργειαν. Vgl. auch unt. Anm. 103.

Wenn nun aber die Lust oder Unlust, für die man heutzutage meistens ein besonderes Vermögen, nämlich das s. g. Gefühl, annimmt, nach Aristoteles ein Affect derselben Fähigkeit ist, in welcher, als ein anderer Affect, die sinnliche Begierde sich findet, so ist es gewiss höchst unwahrscheinlich, dass er für die zornige Erregung, welche jeder von beiden näher, als die eine der anderen zu stehen scheint, die Annahme einer besonderen Kraft für nöthig gehalten habe.

In dieser Meinung werden wir aber auch noch durch andere Betrachtungen bestärkt. Einmal spricht hiefür, dass alles sensitive Streben zunächst in Abhängigkeit von ein und demselben formaufnehmenden Vermögen, nämlich von dem inneren Sinne, thätig ist, wie sich dieses offenbar daraus ergibt, dass, wenn auch das οὖ ἕνεκα οὖ (das, wonach man begehrt) bei dem Streben des sensitiven Theiles etwas dem Strebenden Fremdes ist, das οὖ ἕνεκα ᾧ (das, wofür man etwas begehrt) [89]) doch nichts anderes als das Strebende selber sein kann, wesshalb ein solches Streben ohne Selbstbewusstsein nicht denkbar wäre [90]).

Zudem werden alle Bewegungen der sinnlichen Affecte durch Vorstellungen von sinnlich Gutem oder Bösem, Angenehmem oder Unangenehmem, obwohl in mannigfachen Mischungen und Abstufungen hervorgerufen [91]). Die Verschiedenheit derselben ist nicht grösser als die Verschiedenheit der Farben ist, und wie daher diese nicht hinreicht, die Einheit des sensibelen Objectes und demzufolge die des Gesichtssinnes aufzuheben, so wird auch trotz der Mannigfaltigkeit dessen, was die Affecte erregt, das appetibele Object und somit das sinnlich begehrende Vermögen ein einziges bleiben; denn von der Einheit des eigenthümlichen Objectes hängt, wie schon öfter bemerkt wurde, immer die Einheit des Vermögens ab.

Dem wäre noch beizufügen, dass, wenn es mehrere Vermögen der sinnlichen Affecte gäbe, gleichzeitig eine Mehrheit solcher Bewegungen in uns statt finden könnte [92]). Dieses aber ist niemals der

---

89) Vgl. o. Theil II. Anm. 17.

90) Vgl. De Anim. III, 7. §. 6. p. 431, b, 12., wo zunächst in Betreff des intelligibelen Guten gesagt wird, es unterscheide sich von Anderem, was wir erkennen τῷ ἁπλῶς καὶ τινί.

91) Von der ἐπιθυμία sagt Aristoteles De Anim. II, 3. §. 2. p. 414, b, 6., sie sei die ὄρεξις τοῦ ἡδέος. vgl. Eth. Nicom. III, 4. p. 1111, b, 15. Statt θυμός gebraucht er Rhetor. I, 10. p. 1369, a, 2. den Ausdruck ὀργή, von welcher er De Anim. I, 1. §. 11. p. 403, a, 30. sagt, sie sei die ὄρεξις ἀντιλυπήσεως ἤ τι τοιοῦτον. Die Rache ist aber ohne Zweifel auch in gewisser Weise süss, wenngleich die Lust in ihr nicht rein und unvermischt ist. Wenn Aristoteles in der Anm. 88. citirten Stelle aus dem dritten Buche von der Seele das sinnliche Gute und Böse dem ἡδύ und λυπηρόν gleichsetzt und es als Object der sinnlichen ὄρεξις bezeichnet, scheint er sowohl die ἐπιθυμία als den θυμός gemeinsam darunter zu begreifen.

92) Es wäre ähnlich wie bei den Sinnesvorstellungen, für welche ob. Anm. 35. die Stelle aus De Sens. et Sens. 7. zu vergleichen ist.

Fall, wenigstens kann man eine solche Mehrheit in keinem Falle nachweisen; nur dass allerdings die Beobachtung hier eine unsichere ist, und es leicht geschehen kann, dass, was nur ein gemischter Affect ist, für einen doppelten Affect und umgekehrt gehalten werde. Darum möchte den früheren Gründen grössere Ueberzeugungskraft innewohnen.

Die Gründe, welche die gegentheilige Ansicht für sich anführen kann, sind leicht zu widerlegen. Sie sind hauptsächlich folgende zwei: Erstens, Aristoteles führt mehrmals das vernünftige Wollen, die Begierde und den Zornmuth in einer Weise nebeneinander auf, welche sie wie auf gleicher Linie stehend erscheinen lässt [93]). Nun ist aber das Wollen, wie wir später sehen werden, etwas Geistiges, und daher nicht blos eine andere Bethätigung derselben Kraft wie die Begierde; also scheint nach Aristoteles auch der zornigen Erregung ein besonderes Vermögen zu entsprechen.

Dieser Einwand jedoch verliert alle beweisende Kraft, wenn man auf andere Stellen achtet, wo, wie z. B. im dritten Capitel des dritten Buches von der Seele [94]), Sinneswahrnehmung, Meinung, Wissen und Einsicht (d. i. Erkenntniss der Principien) ebenfalls in eine Reihe gestellt erscheinen, obwohl die drei letzten in dem Verstande, die erste dagegen in den Sinnen ist. Ebenso finden wir die Phantasie, deren Vermögen nach Aristoteles nicht reell von dem der Sinneswahrnehmung verschieden ist, manchmal neben dem Empfinden und zugleich neben solchen Thätigkeiten genannt, die nicht in demselben Vermögen sind [95]).

Noch weniger Bedeutung kommt einem zweiten Argumente zu, welches sich darauf stützt, dass in der Nikomachischen Ethik [96]) eine doppelte Herrschaft der Leidenschaften (ἀκρασία), eine der Begierden (τῶν ἐπιθυμιῶν) und eine der zornigen Aufwallungen (τοῦ θυμοῦ) unterschieden werde. Hieraus, sagen wir, kann man aus dem Grunde nicht auf eine Zweiheit der Vermögen schliessen, weil es ja auch in anderen und wohl in allen Kräften für verschiedene Acte verschiedene Habitus geben kann. So ist z. B. die Fertigkeit in den Bewegungen des Zitherspielers eine andere als die Fertigkeit in den Bewegungen des Zeichners, und die habituelle Erkenntniss des Mathematikers eine andere als die physicalische Wissenschaft.

Wie aber auch immer in diesem Puncte Andere anders die Aristotelischen Aussagen deuten mögen, jedenfalls steht fest, dass Aristoteles alles sinnliche Begehren in ein und demselben Subjecte, nämlich in dem Centralorgane des sensitiven Lebens vereinigt dachte [97]),

---

93) Z. B. De Anim. II, 3. §. 2. p. 414, b, 2. — 94) De Anim. III, 3. §. 6. p. 428, a, 4. — 95) Z. B. De Anim. III, 9. §. 3. p. 432, a, 31.

96) Eth. Nicom. VII, 7. — 97) Die concupiscibele Kraft ist in ihm nach der schon

und diese Bestimmung ist es, die hauptsächlich für uns von Wichtigkeit ist.

19. An das sinnliche Begehren schliesst sich in engster Weise das Vermögen der bewussten Bewegungen des Leibes an, von welchen Aristoteles in den Büchern von der Seele die örtliche Bewegung, als die vorzüglichste, allein eingehender behandelt hat. Was aber von ihr gilt, muss im Wesentlichen auch für die Bewegungen des Mundes und Gaumens bei der Aufnahme der Speise, so wie für andere, in ähnlicher Weise freiwillige, partielle Bewegungen der Glieder Geltung haben.

Wie für die Psychologie bei der Betrachtung der Empfindung weniger die secundären als das primäre Organ derselben, und ihre vermittelnden Vermögen weniger als die eigentlich empfindende Kraft von Interesse sind, so ist ihr auch bezüglich der Bewegungen des Leibes die Frage nach dem ersten und eigentlichen Principe derselben mehr als die nach ihren vermittelnden Werkzeugen von Wichtigkeit[96]). Ist, fragt sie, dieses Princip etwas Geistiges oder ist es etwas Leibliches? und wenn dies, ist es dem Subjecte nach von den sinnlich wahrnehmenden und begehrenden Vermögen verschieden, oder ist es mit ihnen vereinigt und vielleicht gar mit dem einen oder andern von ihnen ein und dasselbe?

Dass es nun etwas Leibliches sei, ist offenbar, indem eine solche bewegende Kraft nicht blos beim Menschen, sondern auch bei den Thieren, die nicht am Geiste Theil haben, gefunden wird[98 a]), und ebenso ist es einleuchtend, dass es in demselben Organe, in welchem die Vermögen des sinnlichen Begehrens und der Empfindung sind,

---

citirten Stelle De Anim. III, 7. §. 2. (s. o. Anm. 88.), die irascibele, die auch an dieser Stelle miteingeschlossen gedacht werden muss, nach De Anim. I, 1. §. 11. p. 403, a, 31.; denn das Herz hielt Aristoteles für das sensitive Centralorgan.

98) De Anim. III, 10. §. 7. p. 433, b, 19. ᾧ δὲ κινεῖ ὀργάνῳ ἡ ὄρεξις, ἤδη τοῦτο σωματικόν ἐστιν· διὸ ἐν τοῖς κοινοῖς σώματος καὶ ψυχῆς ἔργοις θεωρητέον περὶ αὐτοῦ. Dann fügt er folgende kurze Bemerkung über die Fortpflanzung der Bewegung vom ersten bewegenden Organe bei: νῦν δὲ ὡς ἐν κεφαλαίῳ εἰπεῖν, τὸ κινοῦν ὀργανικῶς ὅπου ἀρχὴ καὶ τελευτὴ τὸ αὐτό, οἷον ὁ γιγγλυμός· ἐνταῦθα γὰρ τὸ κυρτὸν καὶ κοῖλον τὸ μὲν τελευτὴ τὸ δ' ἀρχή· διὸ τὸ μὲν ἠρεμεῖ τὸ δὲ κινεῖται, λόγῳ μὲν ἕτερα ὄντα, μεγέθει δ' ἀχώριστα· πάντα γὰρ ὤσει καὶ ἕλξει κινεῖται. διὸ δεῖ ὥσπερ ἐν κύκλῳ μένειν τι, καὶ ἐντεῦθεν ἄρχεσθαι τὴν κίνησιν. De Mot. Animal., wo im achten Capitel dies näher erläutert wird, findet sich 10. p. 703, a, 29. der bekannte schöne Vergleich mit dem Staate: ὑποληπτέον δὲ συνεστάναι τὸ ζῷον ὥσπερ πόλιν εὐνομουμένην. ἔν τε γὰρ τῇ πόλει ὅταν ἅπαξ στῇ ἡ τάξις, οὐδὲν δεῖ κεχωρισμένου μονάρχου, ὃν δεῖ παρεῖναι παρ' ἕκαστον τῶν γινομένων, ἀλλ' αὐτὸς ἕκαστος ποιεῖ τὰ αὑτοῦ ὡς τέτακται, καὶ γίνεται τόδε μετὰ τόδε διὰ τὸ ἔθος· ἐν δὲ τοῖς ζῴοις τὸ αὐτὸ τοῦτο διὰ τὴν φύσιν γίνεται καὶ τῷ πεφυκέναι ἕκαστον οὕτω συστάντων ποιεῖν τὸ αὑτοῦ ἔργον, ὥστε μηδὲν δεῖν ἐν ἑκάστῳ εἶναι ψυχήν, ἀλλ' ἔν τινι ἀρχῇ τοῦ σώματος οὔσης τἆλλα ζῆν μὲν τῷ προσπεφυκέναι, ποιεῖν δὲ τὸ ἔργον τὸ αὑτῶν διὰ τὴν φύσιν.

98 a) De Part. Animal. I, 1. p. 641, b, 4,

sein müsse [99]), da ja jede bewusste und freiwillige Bewegung aus einem Erkennen und Begehren stammt [100]). Dass aber die bewegende Kraft mit einem dieser beiden Vermögen identisch sei, ist nicht möglich, wenn anders der Satz seine Richtigkeit hat, dass der Begriff und das Wesen der Potenz sich nach ihren Acten bestimmen, und dass Thätigkeiten von verschiedener Gattung eine Verschiedenheit der Kräfte voraussetzen; denn die sensitiven Affecte, und um so mehr die Empfindungen sind ja ohne alle Frage von den Bewegungen des Leibes und seiner Glieder der Gattung nach verschieden.

Nichtsdestoweniger kann man in gewissem Sinne die Fähigkeit zu begehren mit der Fähigkeit solche Bewegungen hervorzubringen ein und dieselbe nennen [101]); wenn man nämlich nicht das Vermögen, sondern die ursprüngliche Anlage zu der einen oder anderen Operation mit diesem Namen bezeichnen will. Denn das begehrende Vermögen ist etwas Passives [102]) und darum eine Möglichkeit, die Möglichkeit der sinnlichen Affecte, das bewegende Vermögen dagegen ist etwas Actives und darum eine Energie, und diese Energie ist keine andere als ein Act des begehrenden Vermögens selber. Wenn nämlich zur sinnlichen Vorstellung die Begierde hinzugetreten ist, so folgt aus dieser die Bewegung, indem die in dem Sinne aufgenommene Form als Zweck, die Begierde aber als bewegende Ursache wirkt [103]), aus welchen beiden Principien,

---

99) S. d. in der vorigen Anm. citirte Stelle De Anim. III, 10. Das ὥσπερ ἐν κυκλῳ μένον ist das Herz. De Somn. et Vigil. 2. p. 455, b. 84. ὅτι μὲν οὖν ἡ τῆς αἰσθήσεως ἀρχὴ γίνεται ἀπὸ τοῦ αὐτοῦ μέρους τοῖς ζῴοις ἀφ' οὗ περ καὶ ἡ τῆς κινήσεως διώρισται πρότερον ἐν ἑτέροις κ. τ. λ. De Part. Animal. III, 4. p. 666. a, 11. u. a. a. O. Daher sagt er von dem Herzen, weil in ihm alle aufnehmenden, begehrenden und bewegenden Kräfte vereinigt sind: ἡ δὲ καρδία ... οἷον ζῷόν τι πέφυκεν ἐν τοῖς ἔχουσιν. In den Thieren, welche kein Herz haben, gilt dann selbstverständlich dasselbe von dem Analogon des Herzens.

100) De Anim. III, 10. §. 1. p. 433. a, 9. φαίνεται δέ γε δύο ταῦτα κινοῦντα, ἢ ὄρεξις ἢ νοῦς, εἴ τις τὴν φαντασίαν τιθείη ὡς νόησίν τινα· .... ἄμφω ἄρα ταῦτα κινητικὰ κατὰ τόπον, νοῦς καὶ ὄρεξις.

101) De Anim. III, 10. §. 6. p. 433, b, 10. εἴδει μὲν ἓν ἂν εἴη τὸ κινοῦν, τὸ ὀρεκτικόν, ἢ ὀρεκτικόν. ebend. §. 9. a. 27. ὅλως μὲν οὖν, ὥσπερ εἴρηται, ᾗ ὀρεκτικὸν τὸ ζῷον, ταύτῃ αὑτοῦ κινητικόν.

102) Denn die Begierden sind in ihm vgl. De Anim. III, 2. §. 5. p. 426, a, 4. ἡ γὰρ τοῦ ποιητικοῦ καὶ κινητικοῦ ἐνέργεια ἐν τῷ πάσχοντι ἐγγίνεται. ebend. 10. §. 7. p. 433, b, 17. κινεῖται γὰρ τὸ ὀρεγόμενον (denn dieses ist, wie Torstrik mit Recht sagt, und wozu schon Trendelenburg sich hinneigt, die richtige Lesart) ᾗ ὀρέγεται, καὶ ἡ ὄρεξις κίνησίς τίς ἐστιν ἡ ἐνεργείᾳ (corr. Torstrik).

103) De Anim. III, 10. §. 2. p. 433, a, 18. τὸ ὀρεκτικόν (denn diese Lesart, die in allen Handschriften mit Ausnahme einer einzigen sich findet und auch die Lesart des Simplicius ist, ist die richtige) γὰρ κινεῖ, καὶ διὰ τοῦτο ἡ διάνοια κινεῖ, ὅτι ἀρχὴ αὐτῆς ἐστι τὸ ὀρεκτόν· καὶ ἡ φαντασία δὲ ὅταν κινῇ, οὐ κινεῖ ἄνευ ὀρέξεως. ἓν δή τι τὸ κινοῦν, τὸ ὀρεκτικόν (wie Torstrik mit Recht liest). ebend. §. 7. p. 433, b, 14. τὸ δὲ κινοῦν διττόν, τὸ μὲν ἀκίνητον, τὸ δὲ κινοῦν καὶ κινούμενον· ἔστι δὲ τὸ μὲν ἀκίνητον

nach den allgemeinen Lehren der Aristotelischen Physik, die Wirkung selbst hervorgeht.

Freilich wird nicht jeder sinnliche Affect eine Bewegung zur Folge haben, so wie auch nicht jede in dem Sinne aufgenommene Form einen Affect erregen wird. Damit dieses der Fall sei, muss das Vorgestellte in irgend einer Weise dem Vorstellenden angenehm oder unangenehm sein [104]), und damit dann weiterhin auch eine Bewegung des Leibes erfolge, muss es zugleich als etwas durch sie Erreichbares erscheinen [105]). Sind diese beiden Bedingungen vorhanden, und ist der Affect eingetreten, so findet die Bewegung, wenn nicht eine krankhafte Disposition [106]) oder ein äusseres Hemmniss ihr im Wege steht, mit derselben Nothwendigkeit statt, wie die Wirkung des bewusstlosen Triebes in der disponirten Materie [107]).

20. Doch wie lässt sich mit dieser letzten Bemerkung die Thatsache vereinigen, dass nur der schwache, von der eigenen Leidenschaft geknechtete Mensch alles, was seine Begierde verlangt, zur Ausführung bringt, der tugendhafte dagegen, wie auch immer in ihm eine Leidenschaft sich regen mag, nicht handelt, so lange die Vernunft ihm zu handeln verbietet [198])? Scheint sich nicht hieraus zu ergeben, dass die Bewegung des Leibes in keiner innigeren Beziehung zu den sinnlichen als zu den geistigen Kräften stehe, ja dass sogar das Verhältniss zu den letzten naturgemäss das innigere sei, da offenbar gerade der Tugendhafte es ist, welcher der Natur entsprechend handelt, und die Unenthaltsamkeit und Zügellosigkeit als eine Corruption der Natur angesehen werden muss [109]). Wie also lassen sich unsere Behauptungen, dass die bewegende Kraft dem sensitiven Theile angehöre, und dass ihr wirkendes Princip ein sinnlicher Affect sei, mit solchen Erscheinungen in Einklang bringen? — Die Antwort hierauf ergibt sich sehr einfach daraus, dass der geistige Theil, obwohl er nicht selbst das unmittelbare Princip der örtlichen Bewegung in sich hat, dennoch aus dem Grunde einen Einfluss auf sie besitzt, weil er die sinnlichen Affecte bald erregen, bald unterdrücken, oder in der Art modificiren kann, dass eine Bewegung nicht mehr aus

---

τὸ πρακτὸν ἀγαθόν, τὸ δὲ κινοῦν καὶ κινούμενον τὸ ὀρεκτικον. Weil es nach Aristoteles nur *ein* sinnlich begehrendes Vermögen gibt, seine Begierden aber viele sind, so sagt er in der Anm. 101. citirten Stelle, der Art nach sei das bewegende Princip ein einziges, der Zahl nach aber seien es viele.

104) Vgl. De Anim. III. 10. §. 6. p. 433, b, 7. — 105) De Anim. III, 10. §. 4. p. 433, a, 27. — 106) Eth. Nicom. I, 13. p. 1102, b, 18.

107) Vgl. Metaph. Θ, 5. p. 1048, a, 5—21.

108) De Anim. III. 9. §. 9. p. 433, a, 6. ἀλλὰ μὴν οὐδ᾽ ἡ ὄρεξις ταύτης κυρία τῆς κινήσεως· οἱ γὰρ ἐγκρατεῖς ὀρεγόμενοι καὶ ἐπιθυμοῦντες οὐ πράττουσιν ὧν ἔχουσι τὴν ὄρεξιν, ἀλλ᾽ ἀκολουθοῦσι τῷ νῷ.

109) Polit. I, 5. p. 1254, a, 36. (s. in der f. Anm.)

ihnen hervorgeht. Wie daher nach der alten Weltanschauung die Bewegung der höheren Sphäre die der niederen, so reisst das höhere Begehren des Menschen das niedere naturgemäss mit sich fort und bestimmt hiedurch mittelbar auch die Bewegung des Leibes, die der Bewegung einer dritten Sphäre vergleichbar ist [110]).

---

110) De Anim. III, 11. §. 3. p. 434, a, 12. finden wir folgende Worte, die den Erklärern viele Schwierigkeit bereitet haben: νικᾷ δ᾽ ἐνίοτε καὶ κινεῖ (ἡ ὄρεξις) τὴν βούλησιν, ὁτὲ δ᾽ ἐκείνη ταύτην, ὥσπερ σφαῖρα σφαῖραν (wie Torstrik nicht ohne guten Grund statt des blossen σφαῖρα oder σφαίραν zu lesen vorschlägt), ἡ ὄρεξις τὴν ὄρεξιν, ὅταν ἀκρασία γένηται· (der ἀκρατής ist, wie wir aus der Nikomachischen Ethik ersehen, der schwache Mensch, der es sich zwar nicht zum Grundsatze gemacht hat, die Lust als höchstes Gut zu erstreben und alles Andere ihr zum Opfer zu bringen (vgl. Eth. Nicom, VII, 9. p. 1151, a, 11. u. den ἀκόλαστος ebend. 8. p. 1150, a, 19.), und der darum auch nicht immer und in jedem Falle auf Kosten der Vernunft den Leidenschaften sich hingibt (er ist ja εὐμετάπειστος ebend. 9. p. 1151. a, 14. vgl. d. Ende d. Cap.), der aber dennoch häufig, wenn der Reiz der Versuchung mächtiger wird, sich überwinden lässt und in sie einwilligt. Bei diesem also besiegt bald das sinnliche Begehren das vernünftige, bald behält wieder das vernünftige Begehren die Oberhand. Das siegende reisst das besiegte mit sich fort, wie eine Himmelssphäre in ihrer Bewegung die andere mit sich fortreisst) φύσει δὲ ἀεὶ ἡ ἄνω ἀρχικωτέρα καὶ κινεῖ. (Obwohl von den beiden Sphären oft die niedere die höhere bewegt, wie eben bemerkt worden, so ist doch diese Herrschaft der niederen über die höhere widernatürlich; der Natur nach ist immer die höhere die herrschendere und bewegende). ὥστε τρεῖς φορὰς ἤδη κινεῖσθαι. Diese Worte sind es, welche, obwohl auch das Vorhergehende nicht ganz von Schwierigkeiten frei war, den Erklärern am meisten Verlegenheit bereitet haben. Zwei der Bewegungen sind allerdings leicht anzugeben, aber was, fragte man sich, soll die dritte Bewegung sein? Die Auslegungen gehen hier weit auseinander; die unsrige haben wir schon angedeutet, und wenn man auf den Zusammenhang und den Zweck der ganzen Stelle achtet, so zweifeln wir nicht, dass man ihr den Vorzug vor den früheren geben werde. — Die Frage, von der Aristoteles ausgegangen und auf welche seine ganze, mit dem Ende dieses Capitels abschliessende Untersuchung zielt, ist die nach dem Principe der örtlichen Bewegung, insbesondere der Bewegung des Menschen. Die örtliche Bewegung setzt sich bei ihm wirklich aus drei Bewegungen zusammen. Denn einmal ist das Gehen ein fortgesetztes Fallen, zweitens wirkt ausser der körperlichen Schwere der Einfluss der sensitiven Seele und ihres Begehrens, endlich, da auch noch das sensitive Begehren dem Einflusse des intellectiven Theiles unterliegt, wird drittens das geistige Begehren, der Wille mitbestimmend. So haben wir, wenn der Mensch vernünftig handelt, gleichsam drei einander über- und untergeordnete Sphären zu unterscheiden, deren jede folgende eine complicirtere Bewegung hat, indem bei ihr ein neuer bewegender Factor hinzutritt, vernünftige Seele, sensitive Seele und Leib. Vgl. De Coel. II, 12. p. 293, a, 6. Nach anderen Auslegungen bleibt der ganze Vergleich höchst mangelhaft und dunkel. Die der älteren Commentatoren widerlegt schon Trendelenburg, zu d. St.; der seinigen aber möchten wir, abgesehen von andern Gründen, darum nicht beistimmen, weil sich unmöglich annehmen lässt, dass Aristoteles hier von einem Kampfe sinnlicher Begierden untereinander rede. Es ist auch nicht die Spur einer Andeutung dafür vorhanden;

In welcher Weise aber dieses möglich sei, da doch das sinnliche Begehren den in den Sinnen aufgenommenen Formen folgt, darüber wird uns die Betrachtung der geistigen Kräfte, zu der wir sogleich übergehen werden, Aufschluss geben; sie wird uns nämlich zeigen, dass der geistige Theil eine Kraft hat, wodurch er die Vorstellungen der Phantasie mit Freiheit zu bewegen und umzubilden im Stande ist [111]). Ehe wir jedoch von diesem wirkenden Principe sprechen, müssen wir, wie wir es bei dem sensitiven Theile gethan, zuerst von dem formenaufnehmenden geistigen Vermögen handeln.

---

denn, dass das geistige Begehren nicht ὄρεξις genannt werden könne, ist unrichtig, wie ausser vielen andern Stellen die beiden vorhergehenden Capitel deutlich zeigen. So sagt 10. §. 6. p. 433, b, 5. ἐπεὶ δ' ὀρέξεις γίνονται ἐναντίαι ἀλλήλαις, τοῦτο δὲ συμβαίνει ὅταν ὁ λόγος καὶ ἡ ἐπιθυμία ἐναντίαι ὦσι, γίνεται δ' ἐν τοῖς χρόνου αἴσθησιν ἔχουσιν (ὁ μὲν γὰρ νοῦς διὰ τὸ μέλλον ἀνθέλκειν κελεύει, ἡ δ' ἐπιθυμία διὰ τὸ ἤδη· φαίνεται γὰρ τὸ ἤδη ἡδὺ καὶ ἁπλῶς ἡδὺ καὶ ἀγαθὸν ἁπλῶς, διὰ τὸ μὴ ὁρᾶν τὸ μέλλον), κ. τ. λ. Ebenso kann man nicht gegen unsere Erklärung einwenden, das Bewegtwerden des Leibes könne nicht mit einem zweifachen Begehren als dritte Bewegung genannt werden, da es selber kein Begehren sei. Denn offenbar thut Aristoteles im zehnten Capitel ganz dasselbe, wenn er sagt (§. 7. p. 433, b, 14.): τὸ δὲ κινοῦν διττόν, τὸ μὲν ἀκίνητον, τὸ δὲ κινοῦν καὶ κινούμενον· ἔτι δὲ τὸ μὲν ἀκίνητον τὸ πρακτὸν ἀγαθόν, τὸ δὲ κινοῦν καὶ κινούμενον τὸ ὀρεκτικόν (κινεῖται γὰρ τὸ ὀρεγόμενον ᾗ ὀρέγεται, καὶ ἡ ὄρεξις κίνησίς τίς ἐστιν ἡ ἐνέργεια). τὸ δὲ κινούμενον τὸ ζῷον. Somit ist nichts, was uns im Wege stünde. Unsere Deutung erhält aber noch eine weitere Stütze durch eine Parallelstelle im ersten Buche der Politik, die wir als letzten Beweisgrund beifügen wollen. Polit. I, 5. p. 1254, a, 34. τὸ ζῷον πρῶτον συνέστηκεν ἐκ ψυχῆς καὶ σώματος, ὧν τὸ μὲν ἄρχον ἐστὶ φύσει τὸ δ' ἀρχόμενον. δεῖ δὲ σκοπεῖν ἐν τοῖς κατὰ φύσιν ἔχουσι μᾶλλον τὸ φύσει, καὶ μὴ ἐν τοῖς διεφθαρμένοις. διὸ καὶ τὸν βέλτιστα διακείμενον καὶ κατὰ σῶμα καὶ κατὰ ψυχὴν ἄνθρωπον θεωρητέον, ἐν ᾧ τοῦτο δῆλον· τῶν γὰρ μοχθηρῶν ἢ μοχθηρῶς ἐχόντων δόξειεν ἂν ἄρχειν πολλάκις τὸ σῶμα τῆς ψυχῆς διὰ τὸ φαύλως καὶ παρὰ φύσιν ἔχειν. ἔστι δ' οὖν, ὥσπερ λέγομεν, πρῶτον ἐν ζῴῳ θεωρῆσαι καὶ δεσποτικὴν ἀρχὴν καὶ πολιτικήν· ἡ μὲν γὰρ ψυχὴ τοῦ σώματος ἄρχει δεσποτικὴν ἀρχήν, ὁ δὲ νοῦς τῆς ὀρέξεως πολιτικὴν καὶ βασιλικήν· ἐν οἷς φανερόν ἐστιν ὅτι κατὰ φύσιν καὶ συμφέρον τὸ ἄρχεσθαι τῷ σώματι ὑπὸ τῆς ψυχῆς καὶ τῷ παθητικῷ μορίῳ ὑπὸ τοῦ νοῦ καὶ τοῦ μορίου τοῦ λόγον ἔχοντος, τὸ δ' ἐξ ἴσου ἢ ἀνάπαλιν βλαβερὸν πᾶσιν.

111) S. unten Theil IV. n. 28. — Einen anderen Einwand, den Aristoteles De Anim. III, 9. §. 6. p. 432, a, 19. dagegen erhebt, dass die örtlich bewegende Kraft zum sensitiven Theile gehöre, lässt er ungelöst; wohl desshalb, weil die Lösung Jedem von selbst einleuchtet. Er bemerkt nämlich, die bewegende Kraft scheine nicht zum sensitiven Theile zu gehören, weil sie auch vollkommen entwickelten thierischen Organismen abgehe, da ja, was Zeugungskraft habe, vollkommen entwickelt zu nennen sei. — Hierauf ist einfach zu erwidern, dass, was zeugende Kraft habe, allerdings dem vegetativen Leben nach vollendet sich zeige (τέλος τὸ γεννῆσαι οἷον αὐτό. De Anim. II, 4. §. 15. p. 416, b, 24.), dass aber das Vermögen der Zeugung nicht die Vollendung des sensitiven Theiles sei und daher mit einem Mangel der Entwickelung des sensitiven Lebens verbunden sein könne.

Vierter Theil.

Von der intellectiven Seele.

---

a. Von dem Verstande, der alles Intelligibele in Möglichkeit ist.

1. Die erste Frage, die uns hier beschäftigt, ist natürlich diese: gibt es in dem Menschen ein erkennendes Vermögen, welches von den bereits betrachteten sinnlichen Erkenntnisskräften, wenn nicht dem Subjecte nach, doch jedenfalls dem Sein nach, verschieden ist[1]?

Wir kennen das Verfahren, welches wir zu ihrer Lösung einschlagen müssen, und haben es schon zum öfteren angewandt, wenn es sich darum handelte, über die Einheit oder Mehrheit erkennender Vermögen zu entscheiden. Von der Betrachtung der Acte und Objecte müssen wir ausgehen, und wenn wir einen Erkenntnissact in uns finden, in welchem keines der eigenthümlichen Objecte unserer Sinne vorgestellt wird, so folgt hieraus, dass uns noch eine andere formenaufnehmende Seelenkraft ausser den Sinnen eigen sein müsse. Offenbar ist dies der Fall[2]. Wir haben in uns den Begriff der Farbe, den Begriff des Tones im Allgemeinen, und diese Vorstellungen können unmöglich zu den Sinnenbildern des Gesichtes und des Gehöres gerechnet werden. Denn das Gesicht erkennt wohl das Weisse und Schwarze und jede der Farben im Einzelnen, die Farbe aber als solche erkennt es nicht. Diese ist weder weiss noch schwarz; wäre sie das eine, so wäre sie dem anderen entgegengesetzt und könnte

---

1) Vgl. De Anim. III, 4. §. 1. p, 429, a, 11. χωριστόν κατὰ μέγεθος bedeutet dasselbe, wie ebend. II, 2. §. 7. p. 413, b, 15. χωριστὸν τόπῳ, verschieden dem Subjecte nach s. o. Theil I, Anm. 68.
2) Vgl. De Anim. II, 5. §. 6. p. 417, b, 22. III, 4. §. 7. f. p. 429, b, 10. eine Stelle, die wir sogleich eingehender untersuchen werden. ebend. 6. §. 7. p. 430, b, 28. 8. §. 2. p. 432, a, 2. u. §. 3. a, 12. Metaph. Γ, 5. p. 1010, a, 1. 24. Anal. Post. I, 18. p. 81, b, 6., 31. p. 87. b, 28. 37. II, 13. p. 97, b, 26., 19. p. 100, a, 7. 16. Phys. I, 5. p. 189, a, 5. Metaph. A, 1. p. 981, b, 10. B, 4. p. 999, a, 26. Z, 10. p. 1035, b, 34., 11. p. 1036, a, 28. Eth. Nicom. VI, 6. p. 1140, b, 31., 10. p. 1142, a, 26., 12. p. 1143, b, 4. VII, 5. p. 1147, b, 4. Die μαθηματικά im Gegensatze zu den αἰσθητά z. B. De Sens. et Sens. 6. p. 445, b, 14.

nicht von ihm ausgesagt werden. Ebenso ist der Ton im Allgemeinen weder a noch b, und weder ein Flöten- noch Harfenton, noch irgend ein anderer von denen, die das Ohr vernimmt. Wenn aber nicht einmal diese Sinne, deren eigenthümliches Object die Farben und die Töne sind, die Begriffe von Farbe und Ton erfassen können, so noch viel weniger die übrigen der genannten sensitiven Vermögen. Ferner, sehen wir auf die mathematischen Begriffe, auf die Begriffe der Fläche und Linie, des Quadrates und des Kreises; offenbar enthalten sie keine Vorstellung von Roth oder Warm oder Süss oder von irgend einem anderen der eigenthümlichen Sinnesobjecte. Endlich enthalten die Begriffe der Zahl, der Substanz und andere nicht einmal die Vorstellung einer Ausdehnung in sich, welche doch die nothwendige Grundlage aller sinnlichen Qualitäten bildet [3]). Es kann also kein Zweifel darüber bestehen, dass wir ausser den besprochenen sinnlichen Kräften noch ein anderes erkennendes Vermögen in uns haben, und dieses nennen wir den *Verstand*.

2. Wenn es aber einerseits feststeht, dass der Verstand sich von den Sinnen unterscheidet, so kann es doch andererseits nicht geläugnet werden, dass er in vieler Beziehung ihnen ähnlich gedacht werden müsse [4]). Durch beide Vermögen unterscheidet unsere Seele und erkennt die Dinge [5]), und beide werden uns bei unserem Begehren und Handeln massgebend und leitend [6]), wesshalb auch ältere Denker, den Unterschied von Verstandesthätigkeit und Sinneswahrnehmung gänzlich übersehend, die eine mit der anderen identificirt haben [7]).

Weil denn das Denken in solcher Weise dem Empfinden ähnlich ist, so muss es wohl ein Leiden durch das Intelligibele sein [8]) in jenem uneigentlicheren Sinne des Leidens, der für die Empfindung von uns festgestellt worden, und überhaupt wird der Verstand zu dem Intelligibelen wie der Sinn zum Sensibelen sich verhalten müssen [9]). Er ist also leidenslos, aber fähig, die intelligibelen Formen aufzunehmen [10]), wie der Sinn zur Aufnahme der sensibelen Formen fähig

---

3) De Sens. et Sens. 6. p. 445, b, 10. — 4) De Anim. III, 3. §. 1. p. 27, a, 19. ebend. 4. §. 2. p. 429, a, 13.

5) De Anim. III, 3. §. 1. p. 427, a, 20. ebend. §. 6. p. 428, a, 4. u. 9. §. 1. p. 432, a, 15. u. a. a. O.

6) De Anim. III, 3. §. 15. p. 429, a, 4. ebend. 10. §. 1. ff. p. 433, a, 9.

7) De Anim. III, 3. §. 1. p. 427, a, 21.

8) De Anim. III, 4. §. 2. p. 429, a, 13. εἰ δή ἐστι τὸ νοεῖν ὥσπερ τὸ αἰσθάνεσθαι, ἢ πάσχειν τι ἂν εἴη ὑπὸ τοῦ νοητοῦ ἢ τι τοιοῦτον ἕτερον. vgl. ebend. §. 9. p. 429, b, 24.

9) Ebend. §. 3. p. 429, a, 16. (δεῖ) ὁμοίως ἔχειν, ὥσπερ τὸ αἰσθητικὸν πρὸς τὰ αἰσθητά, οὕτω τὸν νοῦν πρὸς τὰ νοητά vgl. ob. die betreffenden Erörterungen Theil III. n. 2.

10) Ebend. §. 3. a, 15. ἀπαθὲς ἄρα δεῖ εἶναι, δεκτικὸν δὲ τοῦ εἴδους. vgl. 8. §. 2. p. 431, b, 28. Metaph. Λ, 7. p. 1072, b, 22. vgl. Theil III. n. 2.

ist. Er ist der Möglichkeit nach alles Intelligibele[11]), ohne, wie Empedokles geglaubt hatte, eines der Objecte wirklich zu sein[12]), der Erde durch Erde, Wasser durch Wasser, Luft durch Luft, Feuer durch Feuer, Freundschaft durch Freundschaft und Streit durch Streit erkennen liess[13]). Vielmehr müssen wir Anaxagoras beistimmen, wenn er sagt, der Verstand sei unvermischt[14]), denn er ist an und für sich frei von allen Formen, um alle aufnehmen zu können. Wäre irgend etwas schon von Natur aus wirklich in ihm, so würde dieses für die anderen Objecte ein Hinderniss werden und ihnen so zu sagen den Zugang versperren[15]). Es wäre, wie wenn man ein beschriebenes Blatt statt einer Schreibtafel benützen wollte, da diese doch an und für sich mit keinen Schriftzügen behaftet sein darf, sondern frei von allen Zeichen sein muss, damit man Alles, bald dieses, bald jenes, darauf schreiben könne[16]). So also ist jenes Seelenvermögen, das wir Verstand nennen, ehe es denkt, kein einziges von allen Dingen wirklich, und seine Natur ist keine andere als die, dass es Möglichkeit ist[17]).

3. Wie aber haben wir uns das Subject dieses Vermögens zu denken? — Denn, dass es ein Subject haben müsse, ist offenbar, da es ein *accidentelles* Vermögen ist, als Möglichkeit einer accidentellen Energie aus der Kategorie des Leidens[18]). — Ist also sein Subject

---

11) De Anim. III, 8. §. 1. f. p. 431, b, 20. ebend. 5. §. 1. p. 430, a, 14. u. 4. §. 3. p. 429, a. 18.

12) De Anim. III, 4. §. 3. p. 429, a, 16. δυνάμει τοιοῦτον ἀλλὰ μὴ τοῦτο. vgl. ebend. 6. §. 6. p. 430, b, 23., wo zu lesen ist: ἐνεῖναι ἐν αὐτῷ. (Bekk. Trendelenb.)

13) De Anim. I, 5. §. 5. ff. p. 409, b, 23. ebend. III, 3. §. 2. p. 427, a. 26. Metaph. ʙ. p. 1000, b, 6.

14) De Anim. III, 4. §. 3. p. 429, a, 18. ἀνάγκη ἄρα, ἐπεὶ πάντα νοεῖ, ἀμιγῆ εἶναι, ὥσπερ φησὶν Ἀναξαγόρας, ἵνα κρατῇ, τοῦτο δ' ἐστὶν ἵνα γνωρίζῃ. Dass Anaxagoras aus einem anderen Grunde, als dem hier angegebenen, seinen νοῦς für unvermischt erklärt hat, steht ausser Zweifel. Aristoteles ist sich selbst der Umdeutung des ἵνα κρατῇ wohl bewusst, wie aus dem Vergleich mit Phys. VIII, 5. p. 256, b, 24. klar hervorgeht. Vgl. Trendelenburg z. d. St.

15) De Anim. ebend. a, 20. παρεμφαινόμενον γὰρ κωλύει τὸ ἀλλότριον καὶ ἀντιφράττει.

16) Ebend. §. 11. p. 429, b, 30. δεῖ δ' οὕτως ὥσπερ ἐν γραμματείῳ ᾧ μηθὲν ὑπάρχει ἐντελεχείᾳ γεγραμμένον. Aristoteles spricht von einer der Schreibtafel im Gegensatze zu anderem Schreibmaterial zukommenden Eigenschaft. Keine Schrift haftet in ihr, und darum kann auf die kleinste Tafel mehr als in tausend Bücher, es kann Alles auf sie geschrieben werden, indem die eine Schrift mit der andern wechselt.

17) Ebend. §. 3. a, 21. ὥστε μηδ' αὐτοῦ εἶναι φύσιν μηδεμίαν ἀλλ' ἢ ταύτην, ὅτι δυνατόν. vgl. §. 11. ʙ, 30. u. d. Anm. 11. citirten Stellen.

18) Wäre der aufnehmende Verstand eine substantielle Möglichkeit, so wäre er eins mit der substantiellen Materie, die, abgesehen davon, dass aus tausend anderen Gründen nicht an sie gedacht werden kann, auch nie von allen Formen entblösst gefunden wird; wogegen De Anim. III, 4. §. 12. p. 430, a, 5.

der beseelte Leib, wie dieses bei den Sinnen der Fall war, oder ist vielleicht der Verstand ein geistiges Vermögen, dessen Subject allein die Seele ist? Aristoteles hat sich, wie wir schon früher vorgreifend bemerkt haben, mit aller Entschiedenheit für diese letzte Ansicht ausgesprochen; er hält an der Geistigkeit der intellectiven Seele mit derselben Sicherheit fest, mit der sein grosser Lehrer sie behauptet hatte. Ihm und seinen Schülern gelten die Worte: „Wohl sprechen die, welche sagen, die Seele sei der Ort der Ideen, nur sollten sie dieses nicht von der ganzen, sondern allein von der intellectiven Seele behaupten, und sollten auch nicht sagen, dass in Wirklichkeit, sondern in Möglichkeit die Ideen in ihr seien [19]." Aristoteles gibt hier klar die Puncte der Uebereinstimmung und des Unterschiedes seiner Lehre von der Platonischen an. Er stimmt mit Plato darin überein, dass er die intellective Seele für etwas Geistiges hält, der Verstand ist ihm ein Vermögen der Seele allein, nicht ein Vermögen des beseelten Leibes, und seine Acte gelten ihm für reine Seelenthätigkeiten. Dagegen unterscheidet er sich von Plato erstens dadurch, dass er, während dieser auch der sensitiven Seele die gleiche Stellung einräumte, seinerseits zu der Ueberzeugung gelangt ist, dass ein Organ des beseelten Leibes das Subject der sinnlichen Kräfte und ihrer Acte sein müsse; und zweitens dadurch, dass er, während Plato die Ideen, als in einem früheren Leben erworben, von Geburt an in unserer Seele vorhanden dachte [20]), seinerseits nichts Anderes behauptet, als dass die Seele das *Vermögen* zu denken, die *Möglichkeit* der Ideen, als angeboren besitze.

---

19) De Anim. ebend. §. 4. p. 429, a, 27. καὶ εὖ δὴ οἱ λέγοντες τὴν ψυχὴν εἶναι τόπον (vgl. Theil I. Anm. 68.) εἰδῶν, πλὴν ὅτι οὔτε ὅλη ἀλλ' ἡ νοητική, οὔτε ἐντελεχείᾳ ἀλλὰ δυνάμει τὰ εἴδη.

20) Plato glaubte nicht, dass die Ideen von Anfang an und ohne Unterlass actuell von uns erkannt würden, er nahm nur an, die Seele habe in Folge einer der Verbindung mit dem Leibe vorausgegangenen Erkenntniss eine Disposition in sich zurückbehalten, vermöge deren sie sich der Ideen gelegenheitlich wieder erinnere. Es ist daher offenbar, dass die so eben angeführten Argumente des Aristoteles, welche die Ansicht widerlegen, dass unser Verstand seiner Natur nach eine Wirklichkeit sei, nicht gegen Plato gerichtet sind; denn, wenn auch in der Weise, wie Plato es sich dachte, die Seele von Geburt an im Besitze der Ideen wäre, so würde hiedurch ein Wechsel der Gedanken nicht unmöglich werden. Das Gleichniss von der Schreibtafel, in welchem man gewöhnlich den Gegensatz des Aristoteles zu Plato in schärfster Weise ausgesprochen glaubt, widerspricht so wenig der Lehre dieses Philosophen, dass er es ganz in demselben Sinne sich hätte zu eigen machen können. Wenn er im Theätet sich seiner bedient, so hat er allerdings einen andern Sinn damit verbunden. Allein Aristoteles leugnet, wie wir sehen, auch die Existenz der Ideen in unserer Seele in jener Weise, in welcher sie Plato in ihr wirklich sein liess. Die Gründe, wesshalb er dieses thut, werden wir später kennen lernen. Vorläufig vgl. Anal. Post. II, 19.

Aber auf welchen Gründen ruht denn die Ueberzeugung des Aristoteles von der Geistigkeit der intellectiven Seele, die er nicht blos an diesem Orte mit klaren Worten lehrt: „es ist nicht richtig zu sagen, der Verstand sei vermischt mit dem Leibe," sondern auch noch in anderen und gar häufigen Bemerkungen, sowohl hier in den Büchern von der Seele, als in anderen seiner Schriften, bald andeutet, bald klar und unverhüllt als seine Ansicht ausspricht [21])? Die Plato-

---

21) Man muss sich in der That darüber verwundern, dass, wo die Beweisstellen so zahlreich sind, jemals ein Erklärer des Aristoteles in dieser Beziehung Zweifel hegen konnte. Da dies aber dennoch geschehen ist, so wollen wir die wichtigeren derselben hier anführen und damit zugleich einige von jenen verbinden, welche zeigen, dass das Intellective im Menschen nach Aristoteles keine den übrigen Seelentheilen fremde, rein geistige Substanz ist, was Andere, in den entgegengesetzten Fehler verfallend, behauptet haben.

Schon im ersten Capitel des ersten Buches von der Seele, wo Aristoteles dieselbe als ἀρχὴ τῶν ζῴων bezeichnet, sagt er (De Anim. I, 1. §. 1. p. 402, a, 9.), man müsse betrachten: ὅσα συμβέβηκε περὶ αὐτήν· ὧν τὰ μὲν ἴδια πάθη τῆς ψυχῆς εἶναι δοκεῖ, τὰ δὲ δι' ἐκείνην καὶ τοῖς ζῴοις ὑπάρχειν. Dann deutet er mit den Worten: ἔτι δ' εἰ μὴ πολλαὶ ψυχαὶ ἀλλὰ μόρια, πότερον δεῖ ζητεῖν πρότερον τὴν ὅλην ψυχὴν ἢ τὰ μόρια; (§. 5. b, 9.) noch bestimmter an, dass die intellective Seele von der sensitiven nicht wie Substanz von Substanz, sondern wie Theil von Theil verschieden sei. Ferner sagt er im Verlaufe desselben Capitels (§. 9. p. 403, a, 3.): ἀπορίαν δ' ἔχει καὶ τὰ πάθη τῆς ψυχῆς, πότερόν ἐστι πάντα κοινὰ καὶ τοῦ ἔχοντος ἢ ἐστί τι καὶ τῆς ψυχῆς ἴδιον αὐτῆς· ... φαίνεται δὲ τῶν πλείστων οὐδὲν ἄνευ σώματος πάσχειν οὐδὲ ποιεῖν, οἷον ὀργίζεσθαι, θαρρεῖν, ἐπιθυμεῖν, ὅλως αἰσθάνεσθαι. μάλιστα δ' ἔοικεν ἴδιον (Andere lesen ἰδίῳ) τὸ νοεῖν. ... εἰ μὲν οὖν ἐστι τι τῶν τῆς ψυχῆς ἔργων ἢ παθημάτων ἴδιον, ἐνδέχοιτ' ἂν αὐτὴν χωρίζεσθαι· εἰ δὲ μηδέν ἐστιν ἴδιον αὐτῆς, οὐκ ἂν εἴη χωριστή. Auch hier gibt sich seine Meinung von der Einheit, aber theilweisen Geistigkeit der Seele zu erkennen; und ebenso weisen die Worte am Anfange von §. 11. (p. 403, a. 27.): φυσικοῦ τὸ θεωρῆσαι περὶ ψυχῆς ἢ πάσης ἢ τῆς τοιαύτης (näml. τῆς αἰσθητικῆς), auf die Immaterialität des intellectiven Theiles hin. Unzweideutig aber spricht Aristoteles sie im dritten Capitel aus, wenn er sagt (§. 12. p. 407, a, 2.): οὐ καλῶς τὸ λέγειν τὴν ψυχὴν μέγεθος εἶναι (vgl. II, 12. §. 2. p. 424, a, 26.)· τὴν γὰρ τοῦ παντὸς δῆλον ὅτι τοιαύτην εἶναι βούλεται (näml. Plato) οἷόν ποτ' ἐστὶν ὁ καλούμενος νοῦς· οὐ γὰρ οἷόν γ' ἡ αἰσθητική, οὐδ' οἷον ἡ ἐπιθυμητική. Ebenso im vierten Capitel (§. 13. p. 408, b, 18. ὁ δὲ νοῦς ἔοικεν ἐγγίνεσθαι οὐσία τις οὖσα (reine Form, nicht aus Materie und Form zusammengesetzt), καὶ οὐ φθείρεσθαι. μάλιστα γὰρ ἐφθείρετ' ἂν ὑπὸ τῆς ἐν τῷ γήρᾳ ἀμαυρώσεως, νῦν δ' ἴσως ὅπερ ἐπὶ τῶν αἰσθητηρίων συμβαίνει· εἰ γὰρ λάβοι ὁ πρεσβύτης ὄμμα τοιουδί, βλέποι ἂν ὥσπερ καὶ ὁ νέος· ὥστε τὸ γῆρας οὐ τῷ τὴν ψυχήν τι πεπονθέναι, ἀλλ' ἐν ᾧ, καθάπερ ἐν μέθαις καὶ νόσοις. (vgl. III, 3. §. 15. p. 429, a, 7.) καὶ τὸ νοεῖν δὴ καὶ τὸ θεωρεῖν μαραίνεται ἄλλου τινὸς ἔσω φθειρομένου, αὐτὸ δὲ ἀπαθές ἐστιν. τὸ δὲ διανοεῖσθαι καὶ φιλεῖν ἢ μισεῖν οὐκ ἔστιν ἐκείνου πάθη, ἀλλὰ τουδὶ τοῦ ἔχοντος ἐκεῖνο, ᾗ ἐκεῖνο ἔχει. διὸ καὶ τούτου φθειρομένου οὔτε μνημονεύει οὔτε φιλεῖ· οὐ γὰρ ἐκείνου ἦν, ἀλλὰ τοῦ κοινοῦ, ὃ ἀπόλωλεν· ὁ δὲ νοῦς ἴσως θειότερόν τι καὶ ἀπαθές ἐστιν. Wie Aristoteles hier unzweideutig zu erkennen gibt, dass er die intellective Seele für etwas Geistiges hält, so hat er kurz zuvor gezeigt, dass sie nach seiner Ansicht mit der sensitiven *eine* Seele bildet, da er §. 6. p. 408, a, 16. die Vielheit

nischen Beweise konnte er sich nicht wohl zu eigen machen, denn
diese gehen grossentheils von Voraussetzungen aus, die Aristoteles

---

von Seelen in *einem* Leibe offenbar als etwas Unannehmbares betrachtet: συμβήσεται οὖν (nach der zu widerlegenden Ansicht) πολλάς τε ψυχὰς ἔχειν καὶ κατὰ πᾶν τὸ
σῶμα. Dann, am Ende des Capitels, wo er nachweisen will, dass die Seele nicht
eine Zahl von Punkten sein könne, nehmen wir wieder deutlich wahr, dass nach
seiner Lehre nicht jede Seele in ihrem Bestehen von dem Leibe abhängig, sondern einige von ihm trennbar seien. (§. 22. p. 409, a, 28.): ἔτι δὲ πῶς οἷόν τε
χωρίζεσθαι τὰς στιγμὰς καὶ ἀπολύεσθαι τῶν σωμάτων, εἴ γε μὴ διαιροῦνται
αἱ γραμμαὶ εἰς στιγμάς; Es ist aber offenbar, dass dieses nur in Betreff der vernünftigen Seele seine Meinung sein kann. Im fünften Capitel finden sich ebenfalls sowohl Stellen, die den Verstand als einen Theil der Seele bezeichnen, z. B.
§. 14. p. 410, b, 24. εἰ δέ τις καὶ ταῦτα παραχωρήσειε, καὶ θείη τὸν νοῦν μέρος τι τῆς
ψυχῆς, ὁμοίως δὲ καὶ τὸ αἰσθητικὸν κ. τ. λ., als auch solche, die seine Geistigkeit
andeuten. So gibt Aristoteles dem Ausspruche des Thales, Alles sei voll von
Göttern, die Auslegung, er habe Alles für beseelt gehalten (§. 17. p. 411, a, 7.),
offenbar weil nach seiner Anschauung die Seele etwas Gottverwandtes ist. (Vgl.
auch §. 12. p. 410, b, 12.); und weiter unten (§. 25. p. 411, b, 14.) sagt er:
ἀπορήσειε δ' ἄν τις καὶ περὶ τῶν μορίων αὐτῆς (näml. τῆς ψυχῆς), τίν ἔχει δύναμιν ἕκαστον
ἐν τῷ σώματι. εἰ γὰρ ἡ ὅλη ψυχὴ πᾶν τὸ σῶμα συνέχει, προσήκει καὶ τῶν μορίων ἕκαστον
συνέχειν τι τοῦ σώματος. τοῦτο δ' ἔοικεν ἀδυνάτῳ· ποῖον γὰρ μόριον ἢ πῶς ὁ νοῦς
συνέξει, χαλεπὸν καὶ πλάσαι. Warum findet er gerade für den Verstand
vorzüglich Schwierigkeit? Offenbar desshalb, weil dieser nach seiner Meinung unvermischt mit dem Leibe ist und bei seiner Thätigkeit keines Organes sich bedient. — Im *zweiten Buche* begegnen wir gleich im ersten Capitel folgenden
Worten (§. 12. p. 413, a, 4.): ὅτι μὲν οὖν οὐκ ἔστιν ἡ ψυχὴ χωριστὴ τοῦ σώματος, ἢ
μέρη τινὰ αὐτῆς, εἰ μεριστὴ πέφυκεν, οὐκ ἄδηλον· ἐνίων γὰρ ἡ ἐντελέχεια τῶν μερῶν ἐστιν
αὐτῶν. οὐ μὴν ἀλλ' ἔνιά γε οὐδὲν κωλύει. διὰ τὸ μηθενὸς εἶναι σώματος ἐντελεχείας. Mit aller Bestimmtheit spricht er es hier aus, dass die Seele einem
gewissen Theile nach nicht Entelechie des Leibes, also geistig sei. Warum sagt
er aber ἀλλ' ἔνια und nicht ἀλλ' ἕν γε οὐδὲν κωλύει, da doch nach seiner Meinung
nur ein einziger, nämlich der intellective Theil immateriell ist? Er scheint uns
darum so zu sprechen, weil der intellective Theil eine Mehrheit von Kräften in
sich begreift. Im zweiten Capitel (§. 2. p. 413, a, 20.) wird gesagt, dass der
νοῦς etwas sei, was wie die αἴσθησις, κίνησις καὶ στάσις ἡ κατὰ τόπον und κίνησις ἡ
κατὰ τροφὴν καὶ φθίσιν τε καὶ αὔξησιν sterblichen Wesen zukomme; allein es wird
angedeutet, dass er eine Kraft sei, welche ihnen mit unsterblichen Wesen gemeinsam sei, und hierin liegt, dass sie geistig und dass also auch das sterbliche
Wesen, das an ihr Theil hat, der Mensch, diesem Theile nach geistig und unsterblich
sein müsse. (§. 4. p. 413, a, 31.: χωρίζεσθαι δὲ τοῦτο μὲν (näml. τὸ θρεπτικόν) τῶν
ἄλλων δυνατόν, τὰ δ' ἄλλα τούτου ἀδύνατον ἐν τοῖς θνητοῖς.) Deutlich wird dann
weiter unten die διανοητικὴ ψυχὴ als Theil der Seele bezeichnet in dem Sinne, den
wir schon früher festgestellt haben, und zu verstehen gegeben, dass sie trotzdem
nicht blos dem Begriffe, sondern auch dem Subjecte nach von den andern Theilen der Seele getrennt sei; nicht etwa, als ob sie einem besonderen körperlichen
Organe innewohnte, sondern weil sie geistig, unsterblich, unvergänglich, eine Substanz von ganz anderer Gattung und höherer Natur sei: ἐστὶν ἡ ψυχὴ τῶν εἰρημένων
τούτων ἀρχὴ καὶ τούτοις ὥρισται, θρεπτικῷ, αἰσθητικῷ, διανοητικῷ, κινήσει. πότερον δὲ

als irrthümlich bezeichnet, wie z. B. von der soeben erwähnten Meinung, dass die Ideen von Geburt an uns eigen seien. Er muss also

τούτων ἕκαστόν ἐστι ψυχὴ ἢ μόριον ψυχῆς, καὶ εἰ μόριον (was als das Richtige den weiteren Fragen zu Grunde gelegt wird) πότερον οὕτως ὥστ' εἶναι χωριστὸν λόγῳ μόνον ἢ καὶ τόπῳ, περὶ μὲν τινῶν τούτων οὐ χαλεπὸν ἰδεῖν (nämlich beim vegetativen, sensitiven und bewegenden Theile), ἔνια δὲ ἀπορίαν ἔχει (näml. das νοητικὸν μέρος, wesshalb er fortführt:) περὶ δὲ τοῦ νοῦ καὶ τῆς θεωρητικῆς δυνάμεως οὐδέν πω φανερόν, ἀλλ ἔοικε ψυχῆς γένος ἕτερον εἶναι, καὶ τοῦτο μόνον ἐνδέχεται χωρίζεσθαι, καθάπερ τὸ ἀΐδιον τοῦ φθαρτοῦ. τὰ δὲ λοιπὰ μόρια τῆς ψυχῆς (auch die νοητικὴ ψυχή ist also ein μόριον) φανερὸν ἐκ τούτων ὅτι οὐκ ἔστι χωριστά, καθάπερ τινές φασιν. Im dritten Capitel, wo Aristoteles an dem Beispiele der Figuren die Einheit der Seele anschaulich macht, zählt er wiederholt das διανοητικόν und den νοῦς in einer Reihe mit den andern Seelenkräften auf. Auch hier weist er auf die geistige Natur desselben hin und deutet an, dass dem Verstande nach der Mensch mit höheren Wesen verwandt sei (§. 4. p. 414, b, 18.): ἑτέροις δὲ (ὑπάρχει) καὶ τὸ διανοητικόν τε καὶ νοῦς, οἷον ἀνθρώποις καὶ εἴ τι τοιοῦτον ἕτερόν ἐστιν ἢ καὶ τιμιώτερον. Dann weiter unten (§. 7. p. 415, a, 7.): τελευταῖον δὲ καὶ ἐλάχιστα (τῶν ζῴων ἔχει) λογισμὸν καὶ διάνοιαν' οἷς μὲν γὰρ ὑπάρχει λογισμός τῶν φθαρτῶν, τούτοις καὶ τὰ λοιπὰ πάντα. κ. τ. λ. Und gleich darauf: περὶ δὲ τοῦ θεωρητικοῦ νοῦ ἕτερος λόγος, d. h. er findet sich auch in rein geistigen Substanzen, die dann des vegetativen und sensitiven Theiles entbehren. Im Anfange des vierten Capitels wird nochmals das νοητικόν mit dem αἰσθητικόν und θρεπτικόν als Theil der Seele aufgeführt (§. 1. p. 415, a, 17.). Im dritten Buche aber erwähnt Aristoteles im dritten Capitel als eine von der eigenen heterogene Meinung älterer Denker und Dichter, dass das Denken leiblich sei (§. 2. p. 427, a, 26.): πάντες γὰρ οὗτοι τὸ νοεῖν σωματικὸν ὥσπερ τὸ αἰσθάνεσθαι ὑπολαμβάνουσιν. Der νοῦς ist also nach der Lehre des Aristoteles, wie sie sich auch schon aus früheren Bemerkungen in den Büchern von der Seele erkennen lässt, die Fähigkeit eines geistigen Subjectes, welches aber im Menschen mit dem Leibe auf's Innigste verknüpft und ein Theil derselben Seele ist, die vermöge anderer Theile als substantielle Energie dem Körper Sein und Leben gibt. Dieselbe Lehre von der Geistigkeit des Verstandes enthält und begründet das vierte Capitel, das wir ausführlicher zu erklären haben. Hier wollen wir nur noch auf einige Stellen aus anderen Schriften des Aristoteles hinweisen, die ebenfalls von seiner Ansicht Zeugniss geben.

Für die Geistigkeit des νοῦς vgl. Metaph. Γ, 5. p. 1009, b, 12. (als Parallele zu De Anim. III, 3, s. o.) E, 1. p. 1026, a, 5. (parallel De An. I, 1. §. 11. s. o.) Λ, 3. p. 1070, a, 26. (parallel. De An. II, 1. s. o. vgl. auch De Anim. III, 5. §. 2. p. 430, a, 22., eine Stelle, die wir später erörtern werden) De Sens. et Sens. 1. p. 436, a, 6. (Wäre der Verstand ein Vermögen des beseelten Leibes und nicht der Seele allein, so müsste er nothwendig hier genannt werden.) Phys. VII, 3. p. 248, a, 6. De Anim. III, 6. p. 430, b, 30. De Part. Animal. I, 1. p. 641, a, 22 — b, 10. II, 10. p. 656, a, 7. IV, 10. p. 686, a, 25—29 (parallel De An. I, 4. §. 13. f. s. o. gg. Ende) De Generat. Animal. II, 3. p. 736, b, 27. (Eine Stelle, die von vorzüglicher Wichtigkeit ist und die wir später näher betrachten werden. Vor der Hand sei nur bemerkt, dass unter dem νοῦς der θύραθεν in den Fötus eingeht, nicht, wie Manche meinen, der νοῦς ποιητικός allein, sondern die ganze ψυχὴ νοητική (p. 736, b, 14.) zu verstehen ist.) Eth. Nicom. I, 4. p. 1096, b, 29. (Das, worin die Sinnenthätigkeit ist, ist der Leib,

durch andere Gründe zu derselben Ueberzeugung gebracht worden sein; und in der That gibt er uns in dem vierten Capitel des dritten Buches von der Seele drei Beweise, aber in so kurz gedrängten Worten, dass die beiden ersten wenigstens leicht missverstanden werden können.

4. Den ersten Beweis gibt er, nachdem er gezeigt hat, dass der Verstand, um Alles erkennen zu können, seiner Natur nach reine Möglichkeit sein müsse, mit folgenden Worten: „Daher ist es auch nicht wohl gesprochen, wenn man sagt, er sei vermischt mit dem Leibe; denn sonst würde er wohl ein irgendwie beschaffener, kalt oder warm [22]."

Man hat diese Worte in folgender Weise erklärt. Der menschliche Verstand, sagte man, ist, wie Aristoteles soeben bemerkt hat, seiner Natur nach fähig, Alles zu erkennen, es gibt keines unter allen körperlichen Dingen, dessen Begriff er nicht zu erfassen vermöchte. Daher muss er seiner Natur nach frei von allem Körperlichen, ein reines Seelenvermögen sein; denn wäre er mit dem Körper vermischt, so würde er schon bestimmte körperliche Beschaffenheiten an sich haben, die ihn zur Aufnahme der entgegengesetzten Formen unfähig machten, er würde warm sein oder kalt, und würde in dem einen Falle an der Erkenntniss der Kälte, in dem anderen an der Erkenntniss der Wärme gehindert.

Allein wenn dieses die Beweisführung des Aristoteles ist, so ist sie wenig geeignet, den Glauben an die Geistigkeit der intellectiven Seele zu fördern. Denn offenbar wird hier das objective [23] mit dem physischen oder materiellen Aufnehmen der sinnlichen Qualitäten verwechselt. Allerdings kann, wie in dem Sinne jedesmal nur *ein* Sin-

---

das Subject des Denkens aber die Seele allein.) VI, 13. p. 1144, a, 29. X, 7. p. 1177, a, 15. b, 28. 30. p. 1178, a, 1., 8. p. 1178, b, 26. u. 9. p. 1179, a, 26. Für die substantielle Einheit der ψυχὴ νοητική mit dem übrigen Menschen vgl. ausser jenen unter den soeben genannten Stellen, die, wie z. B. De Part. Animal. I, 1., auch diese auf das Klarste lehren, noch Metaph. α, 1. p. 993, b, 10. (τῆς ἡμετέρας ψυχῆς ὁ νοῦς) Λ, 9. p. 1075, a, 7. (νοῦς ἀνθρώπινος) Θ, 8. p. 1050, b, 1. (die Beweiskraft liegt darin, dass die εὐδαιμονία, wie die Ethik lehrt, in der vernünftigen Thätigkeit und insbesondere im Denken besteht). Am schlagendsten aber sind einige Stellen der Nikomachischen Ethik. IX, 8. p. 1168, b, 28 — fin., namentl. p. 1168, b, 35. p. 1169, a, 2. u. ebend. X, 7. p. 1178, a, 2.

22) De Anim. III, 4. §. 4. p. 429, a, 24. διὸ οὐδὲ μεμῖχθαι εὔλογον αὐτὸν τῷ σώματι· ποιός τις γὰρ ἂν γίγνοιτο, ψυχρὸς ἢ θερμός.

23) Wir haben schon oben (Theil III, Anm. 6.) angegeben, in welchem Sinne wir dieses Wortes uns bedienen. Wir gebrauchen es, weil dadurch grössere Kürze des Ausdruckes möglich wird, in der auch bei den Scholastikern üblichen Weise dann, wenn Jemand etwas als Object, d. h. als Erkanntes in sich aufnimmt. Wer z. B. Wärme empfindet, hat sie objectiv, wer warm ist, hat sie physisch oder materiell in sich.

nenbild, so in dem Verstande jedesmal nur *ein* Gedanke sein, und
wäre daher der Begriff einer körperlichen Qualität von Natur aus
wirklich in ihm, wäre z. B. die Wärme von Natur objectiv im Verstande fixirt, so würde ihm hiedurch die Vorstellung der Kälte unmöglich werden [24]); er muss also objectiv weder die eine noch die
andere Beschaffenheit in sich haben. Allein wenn er objectiv keine
körperliche Qualität in sich hat. und Alles blos in Möglichkeit ist,
muss er darum auch physisch frei von allen körperlichen Qualitäten
sein, so dass man hieraus schliessen könnte, er sei unvermischt mit
dem Leibe? Dies scheint keineswegs zu folgen; sonst könnte ja auch
der Gefühlssinn nicht ein körperliches Organ zum Objecte haben, denn
er unterscheidet das Warme und Kalte und erkennt sie beide. Nun
aber ist dieses Vermögen, wie wir gesehen haben, trotzdem körperlich und wird durch die eigene physische Beschaffenheit seines Organes so wenig an der Erkenntniss entgegengesetzter Qualitäten gehindert, dass es vielmehr gerade diejenigen am meisten empfindet, die
am weitesten von der seinigen sich entfernen [25]); es scheint also auch
für den Verstand kein Hinderniss aus einem solchen Verhalten erwachsen zu können.

5. Diese Inconvenienz vermeidet ein anderer Erklärungsversuch,
obwohl er sonst dem eben besprochenen ziemlich nahe kommt. Wenn
wir nämlich zugeben müssen, dass ein und dasselbe Organ zugleich
physisch Kälte und objectiv Wärme in sich haben, mit anderen Worten, dass etwas Kaltes ein warmes Object empfinden könne, so ist
doch hiemit keineswegs gesagt, dass die eigene physische Qualität
ohne Einfluss auf die Empfindung sei. Wenn wir mit einer warmen
Hand ein gleich warmes Object berühren, so empfinden wir nicht
seine Wärme, und wenn daher auch, was für den Wärmesinn das
Angemessenste ist, das Organ in einem mittleren Zustande sich be-
findet. so dass wir das Kältere als kalt und das Wärmere als warm
fühlen, indem die Mitte zu jedem Extrem als entgegengesetztes Extrem sich verhält, so bleibt doch immer eine gewisse Wärme un-
empfindbar [26]). Da nun dieses bei dem Verstande nicht der Fall ist,
der allezeit alle Wärmestufen zu denken und ihr Verhältniss zu beurtheilen vermag, so konnte Aristoteles zu dem Schlusse gelangen,
dass der Verstand von allen körperlichen Qualitäten frei, also ein
Vermögen der Seele allein sein müsse, und nicht ein Organ zum Subjecte haben könne. Hiezu kommt noch, dass das Organ des Wärme-
sinnes, weil es als etwas Körperliches auch physisch eine gewisse
Wärme oder Kälte in sich hat, die sowohl zu - als abnehmen kann,
ein und dasselbe Object bald als warm, bald als kalt empfinden wird;

---

24) Vgl. De Anim. III, 6. §. 6. p. 430, b, 23.
25) Vgl. De Anim. II, 11. §. 11. p. 424, a, 2. — 26) Ebend.

,ja, dass es sogar während der Wahrnehmung eines gewissen Objectes geschehen kann, dass das Organ, allmälig abgekühlt, oder mehr und mehr erwärmt, in den Empfindungen desselben modificirt wird. Anders der Verstand, dem seine Begriffe für alle Zeit ohne Wanken und ohne Veränderung festgestellt und abgegränzt sind. Und so scheint denn Aristoteles in jeder Weise berechtigt zu sagen, dass der Verstand unmöglich warm oder kalt sein, oder irgend eine der anderen wandelbaren Beschaffenheiten des Körpers an sich haben könne, dass er also überhaupt frei sein müsse von dem Leiblichen.

Dass nun diese Erklärung vor der zuvor erwähnten den Vorzug verdiene, mag zugegeben werden; denn sie scheint mehr mit den übrigen Lehren des Aristoteles im Einklang. Allein dennoch unterliegt auch sie mehrfachen und triftigen Bedenken. Einmal hätte Aristoteles, wenn dieses sein Gedanke gewesen wäre, in einer Weise ihn ausgedrückt, nach der man glauben sollte, er habe eher ein Räthsel geben, als ein Räthsel lösen wollen. Dann aber ist es ja nicht richtig, dass der Verstand, wie der Wärmesinn und die übrigen empfindenden Vermögen, die sensibelen Dinge, als solche, zum Objecte habe. Als Aristoteles die Existenz eines inneren Sinnes, der die Objecte verschiedener Sinne uns unterscheiden lasse, nachweisen wollte, begann er also: „Womit empfinden wir, dass das Weisse vom Süssen und jedes Sensibele von jedem sich unterscheide? Nothwendig doch mit einem Sinne, denn es sind ja sensibele Objecte [27].“ Wenn er daher hier im vierten Capitel gesagt hat, dass der Verstand Alles erkenne [28], so hiess dieses so viel als alles *Intelligibele*, wie er denn gerade zuvor gesagt, wie das Empfindende zu dem Sensibelen, so verhalte sich der Verstand zu dem Intelligibelen [29]. So heisst es denn auch dann weiter unten ganz unzweideutig: „Der Verstand ist der Möglichkeit nach gewissermassen die intelligibelen Dinge [30].“ Und im Anfange des achten Capitels stellt Aristoteles das Sensibele dem Intelligibelen gegenüber, indem er sagt: „Die Dinge sind theils sensibel, theils intelligibel, das Wissen nun (worunter er hier, wie der Zusammenhang zeigt, alle Verstandeserkenntniss begreift) ist gewissermassen das Intelligibele, die Empfindung aber das Sensibele,“ und so, schliesst er, „ist die Seele gewissermassen alle Dinge [31].“

6. Hiemit ist auch diese Erklärung unserer Stelle unmöglich geworden, zugleich aber auch die richtige Erklärungsweise nahe gelegt.

---

27) De Anim. III, 2. §. 10. p. 426, b, 12. (s. ob. Theil III. Anm. 33.) vgl. De Sens. et Sens. 6. p. 445, b, 15. u. die Anm. 2. citirten Stellen.

28) De Anim. III, 4. §. 3. p. 429, a, 18. πάντα νοεῖ. 29) S. o. Anm. 9.

30) De Anim. III, 4. §. 11. p. 429, b, 30. δυνάμει πώς ἐστι τὰ νοητὰ ὁ νοῦς.

31) De Anim. III, 8. §. 1. p. 431, b, 20. νῦν δὲ περὶ ψυχῆς τὰ λεχθέντα συγκεφαλαιώσαντες, εἴπωμεν πάλιν ὅτι ἡ ψυχὴ τὰ ὄντα πώς ἐστι πάντα. ἢ γὰρ αἰσθητὰ τὰ ὄντα ἢ νοητά, ἔστι δ᾽ ἡ ἐπιστήμη μὲν τὰ ἐπιστητά πως, ἡ δ᾽ αἴσθησις τὰ αἰσθητά.

Alle Erkenntnissvermögen, welche den beseelten Leib zum Subjecte
haben, werden wirklich erkennend durch die Einwirkung einer körperlichen Qualität, die das eigenthümliche Object des Vermögens ist
und dasselbe sich verähnlicht, wie überhaupt das Aehnliche das Aehnliche wirkt[32]). Sie steht zu ihm in Proportion wie das adäquate wirkende zum leidenden Principe; sie ist das, was zunächst in ihm vorgestellt wird, alles Andere wird, wie wir dieses früher erörtert haben[33]), nur durch sie und mit ihr vorgestellt. Schwindet aus dem
Gehöre die Vorstellung des Schalles, so hat es auch keine Vorstellung von Nah oder Fern, von Rasch oder Langsam u. s. w., nimmt
das Gesicht keine Farbe wahr, so sieht es auch weder Grosses noch
Kleines, weder Eckiges noch Rundes; kurzum, wenn jene sensibele
Qualität nicht in dem Sinne ist, die sein eigenthümliches Object bildet, so ist überhaupt nichts Sensibeles in ihm. Dies können wir
nach der Sprachweise des Aristoteles, der gerne sagt, das Empfindungsvermögen sei, wenn es wirklich empfinde, das Empfundene[34]),
auch so ausdrücken: wenn der Gesichtssinn nicht irgendwie beschaffen wird, wenn er nicht schwarz oder weiss wird, oder irgend eine
andere Farbe empfängt, so nimmt er überhaupt kein Object in sich
auf und erkennt gar nichts.

Wenn nun der Verstand auch eine Fähigkeit des beseelten Leibes wäre, wie die empfindenden Vermögen, wenn er sich von ihnen
nur wie *ein* Sinn von anderen Sinnen, wie ein höherer von niederen
unterschiede, so müsste auch er ein eigenthümliches sensibeles Object
haben, eine Qualität, die ihn afficirte und dadurch zur Wirklichkeit
führte, und es müsste diese, da sie ihn sich selbst verähnlichte, in
allen seinen Vorstellungen die Grundbestimmung bilden. Allein dieses ist so wenig der Fall, dass wir vielmehr in keiner einzigen seiner
Vorstellungen etwas von einer solchen sensibelen Qualität bemerken
können. Oder was wäre das sensibele Object, das auf ihn wirkte,
wenn er z. B. den Begriff der Farbe erfasst? Vielleicht irgend eine
Farbe, Weiss oder Schwarz? Keines von beiden; denn das Weisse
steht zum Schwarzen, die Farbe aber zu keinem von ihnen im Gegensatze; und, abgesehen davon, müsste der Verstand sonst bei jeder
Vorstellung eine Farbe in sich haben, nun aber ist in dem Begriffe
des Tones, in dem Begriffe des Geschmackes nichts von einer Farbe
zu finden und in anderen Begriffen fehlt jede Vorstellung einer sinn-

---

32) Vgl. De Anim. II, 5. §. 3. p. 417, a, 17. u. unsere früheren, allgemeinen
Erörterungen. Theil. I. n. 15. — 33) Theil III, n. 3.
34) De Anim. III, 8. §. 1. f. p. 431. b, 22. ebend. 2. §. 3. p. 425, b, 22. ἔτι
δὲ καὶ τὸ ὁρᾶν ἔστιν ὡς κεχρωμάτισται· τὸ γὰρ αἰσθητήριον δεκτικὸν τοῦ αἰσθητοῦ ἄνευ
τῆς ὕλης ἕκαστον Vgl. De Anim. III, 5. §. 2. p. 430, a, 19., ferner ebend. II, 5.
§. 3. p. 417, a, 20. u. §. 7. p. 418, a, 4., 11. §. 11. p. 424, a, 1. III, 4. §. 6.
p. 429, b, 5.

lichen Qualität, wie z. B. in den Begriffen der Linie und Fläche, des
Quadrates und Kreises, der Zahl, der Substanz, der Relation und so
in noch vielen anderen, wie wir bereits oben erwähnt haben. So ist
es denn nicht wahr, dass der Verstand, indem er erkennend wird,
immer eine sensibele Qualität empfange, er wird nicht irgendwie beschaffen, warm oder kalt, und kann daher kein Vermögen des beseelten Leibes sein, er ist unvermischt mit der Materie..

So erscheinen denn die Worte des Aristoteles uns jetzt ganz einfach und leicht verständlich. Der Verstand, hatte er gesagt, werde
alles Intelligibele und sei darum von Natur kein einziges seiner Objecte wirklich. Nun zieht er eine zweite Folgerung, die, wie wir eben
entwickelt haben, aus demselben Satze sich ergibt: „Daher ist es
auch nicht wohl gesprochen, wenn man sagt, er sei vermischt mit
dem Leibe, denn er würde sonst irgendwie beschaffen, warm oder
kalt werden ³⁵).“ Der Verstand nimmt keine sinnliche Qualität auf,
sein Object ist das Intelligibele, und dieses wird besonders dadurch
offenbar, dass er *alles* Intelligibele erkennt, denn hiedurch kann es
auch der oberflächlichen Betrachtung nicht entgehen, dass keine sinnliche Qualität sich als eigenthümliches Object durch alle seine Begriffe
hindurchzieht.

7. Wir kommen zu dem zweiten Beweise, der eben so kurz gefasst ist, indem Aristoteles, in demselben Satze fortfahrend, nur die
wenigen Worte beifügt: „oder er müsste auch ein Organ haben wie
das empfindende Vermögen, nun aber hat er keines ³⁶).“

Auch dieser Beweis ist schwierig zu verstehen; denn der Wort-
laut zwar ist klar, — Aristoteles sagt, dass der Verstand, wenn er
mit dem Körper vermischt wäre, wie die Sinne, auch, wie sie, ein
Organ haben müsse, was doch nicht der Fall sei, — allein, was er
hiemit erreicht haben wolle, ist nicht so leicht zu sagen. Es scheint
nämlich dieser Beweis eine offenbare petitio principii, ein so grober Ver-
stoss, wie man ihn bei dem scharfen Denker wohl nicht für möglich
gehalten hätte. Wer annimmt, dass der Verstand, wie die Sinne, in

---

35) Diese Erklärung ist auch dem Wortlaute nach angemessener als die früheren. Torstrik bemerkt zu der Stelle: Ceterum huic loco inest aliquid quod du-
bito num graece dictum sit: videtur enim 25. et 26. ποιός τις γὰρ ἂν ἐγένετο scri-
bendum esse et κἂν ὄργανόν τι ἦν collatis 27. νῦν δ' οὐθέν ἐστιν. In der That müsste
nach den ersten beiden Interpretationen wenigstens γένοιτο statt γίγνοιτο gelesen
werden; denn sie fassen es im Sinne von warm oder kalt *sein*, nicht von warm
oder kalt *werden*, wie wir es thun. Nach unserer Auslegung möchte aber auch
der Optativ, wenigstens für das erste Glied des Satzes, passender erscheinen,
und die Construction des ersten Theiles mag dann auf die des zweiten von Einfluss gewesen sein.

36) De An'm. III, 4. §. 4. p. 429, a, 26. ἢ κἂν ὄργανόν τι εἴη (sc. τῷ νοητικῷ),
ὥσπερ τῷ αἰσθητικῷ· νῦν δ' οὐθέν ἐστιν.

dem beseelten Leibe sei, der nimmt gewiss auch an, dass er, wie die Sinne, ein Organ zum Subjecte habe, und gerade dieses sollte bewiesen werden, dass nicht ein Organ, sondern die Seele das Subject der Ideen sei. Wie also kann Aristoteles dieses voraussetzen? Etwa, weil sich anatomisch kein besonderes Organ als Sitz des Verstandes nachweisen lässt? Offenbar ist hiedurch nichts entschieden, da das Organ des Verstandes nicht von dem Subjecte der anderen Sinnesvermögen verschieden sein müsste; denn, wie wir schon oben gesehen, haben nach Aristoteles die äusseren Sinne das letzte Organ, das ihr Subject ist, mit einander und mit dem inneren Sinne gemeinsam, ja es soll nach ihm dieses Organ zugleich das Centralorgan des vegetativen und sensitiven Lebens sein; warum also sollte nicht auch der Verstand in ihm seine Stelle finden können?

Allerdings scheinen diese Bemerkungen den Beweis des Aristoteles zu vernichten; allein bei näherer Betrachtung zeigt sich, wie an anderen Orten, auch hier, dass er die gemachten Vorwürfe nicht verdient. Von welchen Organen spricht denn Aristoteles? Spricht er von dem letzten, allen Sinnen gemeinsamen, welches das Subject der Empfindungen ist, oder spricht er von anderen Organen, welche diesem letzten Organe die Sinneswahrnehmung vermitteln [37]). Offenbar ist das Letztere der Fall. Wir müssten, will er sagen, ein Organ haben, welches, wie das Auge die Gesichtsbilder, die Verstandesbegriffe uns vermittelte, und von einem solchen ist es offenbar, dass wir es nicht besitzen.

Warum aber dieses? Warum wäre ein solches äusseres Organ für den Verstand durchaus nothwendig, da doch auch der innere Sinn eines äusseren Organes nicht bedarf? Der Grund ist einleuchtend, weil nämlich der Verstand in seinen Begriffen nicht wie der innere Sinn blos die Sensationen des erkennenden Wesens selbst, sondern, ohne jede Beimischung eines subjectiven Elementes, auch das Wesen äusserer Dinge [38]) erfassen kann. Wir erheben nicht blos das Auge zum Himmel, sondern auch unser Verstand misst die Bahnen des Mondes und der Sterne und wägt vergleichend ihre Massen.

Damit aber der Gedanke des Aristoteles völlig klar werde, müssen wir auf den innigen Zusammenhang dieses Beweises mit dem vorhergehenden achten. In ihm hatte Aristoteles die Unkörperlichkeit und übersinnliche Natur des Verstandes daraus erschlossen, dass er

---

37) Vgl. o. Theil III. Anm. 35. — Man beachte, dass Aristoteles mit dem Namen αἰσθητήριον sowohl die vermittelnden Sinnesorgane als auch das letzte, eigentlich empfindende bezeichnet, ὄργανα dagegen nur die ersteren nennt; *sie* sind ja auch vorzüglich die dienenden Werkzeuge. Dies macht es schon unzweifelhaft, dass an unserer Stelle von den vermittelnden Sinnesorganen die Rede sein müsse.

38) De Sens. et Sens. 6. p. 445, b, 16.

keine sinnliche Qualität zum eigenthümlichen Objecte habe, was darum
ganz offenbar als falsch erschien, weil sein Wissen, von den abstrac-
teren Begriffen ganz abgesehen, sich in gleicher Weise über das Gebiet
der Farben und Töne und aller anderen sinnlichen Beschaffenheiten er-
streckt. Jetzt bedient er sich desselben Mediums, aber er begründet
es in anderer Weise. Wäre, wie für die Sinne, so auch für den Verstand eine körperliche Beschaffenheit des Objectes das wirkende Princip, so müssten ihm seine Begriffe, so oft er etwas Aeusseres erfasst,
analog den anderen Sinneswahrnehmungen durch vermittelnde Organe
zugeleitet werden; denn aus den Vorstellungen der anderen Sinne würde
er sie ja in diesem Falle nicht schöpfen, zumal jeder Sinn die eigenthümlichen Objecte der anderen Sinne nur per accidens erkennt. Weder
das Gesicht noch das Gehör würde von dem eigenthümlichen Objecte
des Verstandes, das allen seinen Begriffen den gemeinsamen Charac-
ter gäbe, irgendwie bestimmt werden. Nun gibt es aber keine solche
vermittelnde Organe des Verstandes; denn weder kann das Organ
eines anderen Sinnes, z. B. das des Gefühles oder Gehöres zugleich
die Verstandesbegriffe vermitteln, sonst würde nicht der Blindgeborene
mit der sinnlichen Vorstellung zugleich auch des Begriffes der Farben
entbehren [39]), noch kann, was sonst am nächsten läge, der Verstand
ein besonderes vermittelndes Organ haben, denn, abgesehen davon,
dass sich ein solches nicht nachweisen lässt, würde auch in diesem
Falle das Entstehen der Begriffe unabhängig von den niederen Sinnesvorstellungen sein. Am allerwenigsten aber lässt sich annehmen,
dass die Verstandesbegriffe mit ihrer behaupteten sensibelen Qualität
ohne jedes Organ, von allen Seiten und, so zu sagen, zu allen Po-
ren des Leibes, in den Verstand hineinströmten. Es ist also offenbar, dass überhaupt eine solche sensibele Qualität nicht existirt, und
dass also der Verstand kein Sinn unter anderen Sinnen, sondern ein
übersinnliches Vermögen ist; er ist unvermischt mit dem Leibe.

8. Der dritte Beweis (denn als einen solchen dürfen wir ihn
betrachten), den Aristoteles für die Immaterialität des Verstandes
gibt [40]), ist aus seinen eigenen Worten leicht verständlich. Er hatte,
wie wir uns erinnern, den Sinn gewissermassen als leidenslos bezeichnet, weil die Bewegung des Empfindenden, als solchen, d. i. die
Empfindung, keine eigentliche Alteration, kein eigentliches Leiden sei;
und aus der Aehnlichkeit des Verstandes mit dem Sinne hat er daher

---

39) Anal. Post. I, 18. p. 81. a. 38.
40) De Anim. III. 4. §. 5. p. 429, a, 29. ὅτι δ' οὐχ ὁμοία ἡ ἀπάθεια τοῦ αἰσθητι-
κοῦ καὶ τοῦ νοητικοῦ, φανερὸν ἐπὶ τῶν αἰσθητηρίων καὶ τῆς αἰσθήσεως. ἡ μὲν γὰρ αἴσθησις
οὐ δύναται αἰσθάνεσθαι ἐκ τοῦ σφόδρα αἰσθητοῦ, οἷον ψόφου ἐκ τῶν μεγάλων ψόφων, οὐδ'
ἐκ ἰσχυρῶν χρωμάτων καὶ ὀσμῶν οὔτε ὁρᾶν οὔτε ὀσμᾶσθαι· ἀλλ' ὁ νοῦς ὅταν τι νοήσῃ
σφόδρα νοητόν, οὐχ ἧττον νοεῖ τὰ ὑποδεέστερα ἀλλὰ καὶ μᾶλλον· τὸ μὲν γὰρ αἰσθητικὸν οὐκ
ἄνευ σώματος, ὁ δὲ χωριστός.

im Anfange dieses Capitels erschlossen, dass auch der Verstand leidenslos sein müsse. Jetzt aber macht er darauf aufmerksam, dass die Leidenslosigkeit der Sinne nicht so vollkommen wie die des Verstandes sei. Der Sinn nämlich, obwohl er, weil das Empfinden kein Leiden ist, nicht als solcher leidet, wird dennoch, während er empfindet, per accidens alterirt, indem das Organ, mit dem er als accidentelle Form eine Einheit bildet, durch die Einwirkung der in hohem Grade sensibelen Objecte eine Umwandlung erfährt. Ein sehr starker Schall macht das Gehör unfähig, einen leiseren Ton zu vernehmen. ein sehr intensives Licht, ein sehr eindringlicher Geruch setzen uns, für die nächste Zeit wenigstens, ausser Stand, irgend etwas zu sehen oder zu riechen; ja die Sinne können in Folge eines solchen starken Sinneseindrucks auf immer geschwächt oder zerstört werden. Gerade das Gegentheil ist beim Verstande der Fall; wenn er ein sehr intelligibeles Object erkannt hat, so erkennt er das minder intelligibele nicht weniger gut, sondern sogar besser. Die Principien sind intelligibeler als die aus ihnen abgeleiteten Sätze[41]), und gerade in Folge der Erkenntniss der Principien werden uns auch die secundären Wahrheiten erkennbar. Die mathematischen Wahrheiten sind intelligibeler als die physicalischen[42]), aber wer wird läugnen, dass Jemand, der sich mit den mathematischen Sätzen bekannt gemacht habe, hiedurch auch in seinen physicalischen Forschungen sich gefördert sehen werde? Ueberhaupt wird durch die Beschäftigung mit der Mathematik sein Verstand geschärft sein zur Erkenntniss jeder Wahrheit. — Woher nun diese den Sinnen ganz entgegengesetzte Eigenheit des Verstandes? — Wovon die Bejahung die Ursache der Bejahung ist, sagt Aristoteles in seinen Analytiken, davon ist die Verneinung die Ursache der Verneinung[43]); wenn also der Grund, wesshalb ein sehr intensives Object das Empfindungsvermögen — sei es für die nächste, oder auch für alle Zeit — schwächt und oft gänzlich zerstört, darin liegt, dass es als Form eines Organes vermischt ist mit dem Körperlichen, so muss der Grund, wesshalb von allem diesem bei dem Verstande nichts der Fall ist, ja vielmehr das Gegentheil eintritt, in dem Mangel eines Organes, in der Immaterialität des Subjectes gesucht werden, und wiederum kommen wir also zu der Annahme, die intellective Seele sei unvermischt mit dem Leibe.

9. Wenn wir diese drei Beweise für die Geistigkeit des intellectiven Theiles mit den drei Beweisen vergleichen, die wir aus Aristoteles entnommen, um die entgegengesetzte Beschaffenheit der sensitiven

---

41) Anal. Post. I, 2. p. 72, a, 27., ebend. II, 19. p. 99, a, 26. und 100, b, 9.
42) Metaph. κ, 3. p. 995. a, 14.
43) Anal. Post. I, 13. p. 78, b, 17. εἰ ἡ ἀπόφασις αἰτία τοῦ μὴ ὑπάρχειν, ἡ κατάφασις τοῦ ὑπάρχειν.

Seele darzuthun [44]), so finden wir, dass zwei von ihnen, hier und dort, einander symmetrisch entsprechen. Der Beweis, welchen wir dort an dritter Stelle geführt haben, und welcher, weil er von dem Realgrunde ausging, der eigentlich demonstrative Beweis gewesen ist, entspricht dem ersten der hier gegebenen Beweise, und auch dieser ist aus demselben Grunde der vorzüglichste. Ebenso hat der zweite Beweis, dessen wir uns dort bedienten, sein genaues Gegenbild in dem hier geführten dritten Beweise. Der erste Beweis dagegen, der dort gegeben wurde und der auf die Theilbarkeit mancher sensitiv beseelter Wesen in mehrere Substanzen derselben Art sich gründete, konnte, da die Ursache einer solchen Theilbarkeit nicht in der Natur des sensitiven Wesens im Allgemeinen, sondern in der besonderen Beschaffenheit gewisser Thierarten liegt, nicht umgekehrt für die Geistigkeit der intellectiven Seele verwendet werden; und eben so wenig konnte Aristoteles den zweiten Beweis für die Geistigkeit des intellectiven Theiles, der von dem Mangel eines Organes ausging, auch umgekehrt für die Erweisung eines körperlichen Subjectes der Empfindung benützen, da nicht jedes Vermögen, dem seine Erkenntnisse irgendwie durch Organe vermittelt werden, selbst mit dem Körper vermischt sein muss. Unser Verstand empfängt, wie wir noch sehen werden, seine Begriffe unter Vermittelung der Sinne, und so könnte Einer trotz der vermittelnden körperlichen Organe den letzten Terminus, das eigentliche Subject der Empfindung, immer noch, wie Plato es gethan, für etwas Geistiges halten.

10. Durch diese Beweise der Geistigkeit der intellectiven Seele hat sich uns nun eine Voraussetzung als richtig bewährt, auf die wir schon mehrfach bei früheren Erörterungen uns gestützt haben. Was wir bisher hypothetisch über die Unsterblichkeit der intellectiven Seele und über die Art ihrer Vereinigung mit den übrigen Theilen des Menschen entwickelt haben, bekommt jetzt seine volle Bedeutung. Wir verweisen auf das dort Gesagte [45]).

44) S. oben Theil III. n. 13.

45) S. o. Theil I. n. 7. vgl. auch Theil IV. Anm. 21. — Dass die Seele, wenn sie nach der Trennung vom Leibe fortbesteht, etwas Individuelles bleibt, ist unzweifelhaft, denn das Allgemeine besteht nach Aristoteles ausserhalb des Denkens nicht anders als in Individuen (vgl. Anal. Post. I, 11. princ.) Ebenso ist offenbar, dass sie noch dasselbe Individuum sein muss, wie vorher (nur wird sie, wegen des Verlustes des niederen Theiles. kein vollständiger Mensch und überhaupt keine complete Substanz sein; wovon später), denn auch, wenn eine individuelle Substanz in eine andere gleichartige sich verwandelt. ist diese Verwandlung eine substantielle (vgl. Theil I. n. 5.), die nach Aristoteles ohne Materie unmöglich wäre. — Hier hat man nun einen Widerspruch der Aristotelischen Lehre zu entdecken geglaubt. Die Menschen sind lebende Wesen von derselben Art; sie haben also auch zu einer Art gehörige Seelen. Wenn daher die intellectiven Seelen des Plato und Sokrates nach dem Tode fortbestehen, so gibt es mehrere rein

11. Jetzt aber kommen wir noch einmal auf die Leidenslosigkeit des Verstandes und der Empfindungsvermögen zurück. Wir haben so

geistige Substanzen von derselben Art. Dies aber ist, wie Aristoteles zu wiederholten Malen versichert, unmöglich. (vgl. z. B. Metaph. Λ, 8. p. 1074, a, 31.) Also, schloss man, geräth Aristoteles, wenn er eine Unsterblichkeit der Seele annimmt, mit seinen eigenen Principien in Widerspruch.

Um zu beurtheilen, ob dieser Vorwurf eine Berechtigung habe oder nicht, müssen wir uns den Grund klar machen, der Aristoteles zur Leugnung jeder Vielheit von immateriellen Wesen derselben Art bestimmte. Wohl wäre dieser Grund leicht ersichtlich, wenn das Wort εἶδος und ebenso der Ausdruck τὸ τί ἦν εἶναι u. a., deren sich Aristoteles sowohl zur Bezeichnung der Form (μορφή) als auch des Artbegriffes bedient, ihm in beiden Fällen dasselbe bedeuten würden. Wären Art und Form dasselbe, so könnte ja offenbar sogar bei materiellen Wesen, so weit sie zu Einer *Art* gehören, auch die *Form* nur eine einzige sein, und die Vielheit wäre ausschliesslich eine Vielheit der Materie. Kein Wunder also, dass bei Wesen, die reine Formen sind, eine Vielheit innerhalb *einer* Species als undenkbar bezeichnet würde. Nun aber verhält es sich anders. Aristoteles unterscheidet auf das Bestimmteste zwischen εἶδος (u. τὸ τί ἦν εἶναι u. s. f.) im Sinne der Art und im Sinne der Form. Auch wo jene etwas Universelles, Vielen Gemeinsames ist, ist ihm diese etwas Individuelles (vgl. Metaph. Λ, 5. p. 1071, a, 27. ebend. Z, 3. p. 1028, b, 33.), und wenn beide durch Abstraction von der Materie geschieden werden, so doch durch eine Abstration von ganz anderer Beschaffenheit (vgl. was im ersten Theile hierüber bestimmt worden ist, besonders n. 3. und n. 12. mit den Anmerkungen.). Ein εἶδος in dem letzteren Sinne ist z. B. die Seele, da sie nicht mit dem Artbegriffe dieser Pflanze oder dieses Thieres identificirt werden darf. Wenn Aristoteles das εἶδος als eines der Principien der Dinge nennt, so meint er die Form in dem Sinne, in welchem die Seele so genannt wird, nicht aber den Artbegriff. (vgl. De Anim. I, 1. §. 5. p. 402, b, 8.)

. Wie also, müssen wir fragen, kommt Aristoteles dazu, jede Mehrheit von immateriellen Wesen derselben Art in Abrede zu stellen? — Es erklärt sich dies also. Obwohl Aristoteles die Form mit der Species nicht identificirt, so gilt ihm doch in gewissem Sinne die Form als *Princip* der Species und die Materie, obwohl auch sie mit dem individuellen Unterschiede keineswegs identisch ist, als *Princip* des letzten Unterschiedes, der kein specifischer Unterschied mehr ist. (vgl. z. B. Metaph. Z. 8. p. 1034, a, 7. Λ, 8. p. 1074, a, 33.) In welchem Sinne sie ihm aber dafür gelte, hat man häufig nicht richtig erkannt. Um es klar zu machen, müssen wir fragen, was Aristoteles unter Species und specifischem Unterschiede verstehe. Unter dem specifischen Unterschiede versteht er die letzte Wesensbestimmtheit eines Dinges gegenüber andern Dingen, die der Verstand erfassen kann, also den letzten *intelligibelen* Unterschied. Da nun nach seiner Lehre alles, was geistig ist, vollkommen, bis zur letzten Wesensbestimmtheit intelligibel ist (De Anim. III, 4. §. 12. p. 430, a, 3. Metaph. Λ, 9. p. 1074, b, 33.), so ist klar, dass bei geistigen Dingen der letzte intelligibele, also der specifische Unterschied mit dem schlechthin letzten zusammenfällt, also ist bei ihnen der letzte specifische Unterschied zugleich der individuelle Unterschied, und Species und Individuum sind ein und dasselbe (vgl. Metaph. Λ, 8. p. 1074, a, 36.). Da aber alles, was materiell ist, nach seiner Lehre nicht vollkommen, nicht bis zur letzten Wesensbestimmtheit intelligibel ist, so ist eben so klar, dass hier der specifische, d. h. der letzte intelligibele Unterschied mit dem absolut letzten nicht identisch

eben gesehen, dass der Verstand, da er in keiner Weise durch seine Objecte corrumpirt werden kann, in einem noch höheren Sinne leidenslos genannt werden muss, als die empfindenden Kräfte. Andererseits kommt dennoch dem Verstande ein Leiden, freilich ein uneigentliches Leiden zu, an welchem die Sinne nicht Theil haben; es ist

---

ist, es bleibt noch ein weiterer, blos sensibeler übrig (vgl. De Anim. III, 4. §. 7. p. 429, b, 10.); Species und Individuum decken sich also hier nicht, es gibt mehrere Individua einer Species (Metaph. Λ, 8. p. 1074, a, 34.). Was ist demnach der Grund der Mehrheit der Individua in einer Species? Offenbar das, was der Grund ist, wesshalb das Ding nicht vollkommen intelligibel ist, und dieses ist die Materie als Princip des möglichen Andersseins, der Unbestimmtheit, des schwankenden Wechsels; das in sich Unbestimmte (vgl. Theil I. Anm. 36.) ist Grund des Mangels an Bestimmbarkeit (vgl. Metaph. Γ, 5. p. 1010, a, 1—15.). Die Materie ist also der Grund der Verschiedenheit der Individua innerhalb *einer* Species, und darum, um uns des scholastischen Ausdruckes (der freilich auch in anderem und mehrfachem Sinne gebraucht wird) zu bedienen, Princip der Individuation. Was ist dagegen der Grund, wesshalb das Ding doch wirklich eine Species, einen specifischen Unterschied hat? Offenbar das, was der Grund ist, wesshalb das Ding wenigstens bis zu einem gewissen Masse intelligibel ist (denn ohne intelligibel zu sein, könnte es keinen intelligibelen Unterschied haben), und dieses ist die Form, die das Ding zu dem macht, was es ist, die dem blos Möglichen die Wirklichkeit gibt (vgl. Theil I. n. 3.), denn Alles ist nur intelligibel, insofern es wirklich ist (vgl. Metaph. Θ, 9. p. 1051, a, 29. und Theil I. Anm. 36.); und darum ist sie s. z. s. Princip der Species. Als Princip der Species nennt sie dann Aristoteles oft selbst Species (εἶδος).

Indem uns durch diese Erörterung das Verhältniss von Form und Species bei Aristoteles klar geworden, und wir der den Grund seiner Lehre über die Möglichkeit oder Unmöglichkeit einer Mehrheit von Individuen derselben Species erkannt haben, ist es nun nicht mehr schwer, ihn gegen den Vorwurf, als ob er durch die Annahme der Unsterblichkeit des intellectiven Theils seinen allgemeinen Grundsätzen untreu werde, zu vertheidigen. Da nämlich nach ihm jedes Seiende nicht blos der Materie (wenn es nämlich Materie hat), sondern auch der Form nach von jedem anderen verschieden ist (vgl. Metaph. Λ, 5. p. 1071, a, 27.), so ist auch ein Mensch vom anderen nicht blos der Materie, sondern auch der Form nach verschieden, und es gilt dies bezüglich der letzteren, sowohl von ihrem mit dem Leibe vermischten, als von ihrem geistigen Theile. Der leibliche Theil des Menschen ist, als materiell, nicht völlig intelligibel, sein geistiger Theil dagegen ist völlig intelligibel. Daher ist der letzte Unterschied des leiblichen Theiles kein intelligibeler, d. h. kein specifischer Unterschied, während der letzte Unterschied des geistigen Theiles intelligibel, also ein specifischer Unterschied ist, nicht als ob er grösser wäre, sondern darum, weil er der Unterschied eines geistigen, also bis zur letzten Bestimmtheit intelligibelen Wesens ist. Der leibliche Theil aller Menschen ist also von *einer* Species, der geistige Theil aber bei jedem specifisch verschieden, ohne dass wir darum diesem Theile nach uns weniger nahe stünden. Wir bilden leiblich und geistig *ein* Menschengeschlecht. Wenn nun unser geistiger Theil vom leiblichen im Tode getrennt wird, so ist klar, dass sein individueller Unterschied, der zugleich specifischer Unterschied ist, bleibt, und dass also von dieser Seite nichts gegen die individuelle Fortdauer der menschlichen Seele nach dem Tode eingewendet werden kann.

dies jene Aenderung, die er erfährt, indem er die vollendete Disposition zum Erkennen erlangt, und die eine wirkliche Aenderung, nur nicht eine Verderbniss, sondern eine Vervollkommnung seines natürlichen Zustandes ist[46]). Den Sinnen ist diese Fertigkeit zum Operiren schon von Natur gegeben[47]), Niemand hat nöthig, die Farbe sehen und den Schall hören zu lernen, jeder Sinn kann empfinden, sobald das sensitive Object ihm gegenwärtig ist; anders der Verstand, der erst, wenn er die habituelle Kenntniss erlangt hat, was entweder durch Lernen oder durch eigenes Auffinden geschieht, sobald er will, und ohne fremde Hilfe actuell die Gedanken in sich zu erfassen vermag[48]). Hat er irgend etwas erkannt, so kann er auch sich selbst erkennen[49]), denn er vermag dann sein Denken selbst zum Objecte zu machen[50]) und sich so als Denkenden zu erfassen[51]).

Wir nehmen in diesem Ausspruche unseres Philosophen einen doppelten Unterschied von der Lehre Plato's wahr. Denn erstens meinte Plato, in unserem Geiste sei schon von Geburt an ein Wissen von allen intelligibelen Objecten, die wir je im späteren Leben erkennen, vorhanden, freilich ein verdunkeltes und, so zu sagen, schlummerndes Wissen, das erst aus seinem Schlafe erweckt werden müsse; alles Lernen galt ihm für Wiedererinnerung. Zweitens meinte er, unser Wissen sei ähnlich unserem sinnlichen Gedächtnisse, und wir könnten daher vermöge des Wissens ohne neue Einwirkung der früher geschauten, geistigen Objecte das Bewusstsein derselben wieder in uns erneuern. Beides verwirft Aristoteles. Nach seiner Ansicht ist kein Wissen dem Verstande angeboren, und auch das erworbene Wissen kein Bleiben der Gedanken im Verstande, welches der Phantasie und dem sinnlichen Gedächtnisse vergleichbar wäre[52]), sondern es ist nichts anderes als die vollendete Disposition des aufnehmenden Verstandes durch die Einwirkung des ihm eigenthümlichen

---

46) De Anim. II, 5. §. 5. p. 417, b, 9. Vgl. was Metaph. Θ, 6. p. 1048, b, 28. von der μάθησις im Gegensatze zum νοεῖν (34.) gesagt wird.

47) De Anim. II, 5. §. 6. p. 417, b, 16.

48) De Anim. II, 5. §. 4. p. 417, a, 27. De Anim. III, 4. §. 6. p. 429. b, 5. ὅταν δ' οὕτως ἕκαστα γένηται ὡς ὁ ἐπιστήμων λέγεται ὁ κατ' ἐνέργειαν, (τοῦτο δὲ συμβαίνει ὅταν δύνηται ἐνεργεῖν δι' αὑτοῦ,) ἔστι μὲν καὶ τότε δυνάμει πως, οὐ μὴν ὁμοίως καὶ πρὶν μαθεῖν ἢ εὑρεῖν.

49) De Anim. III, 4. §. 6. p. 429, b, 9. καὶ αὐτὸς δὲ αὐτὸν τότε δύναται νοεῖν. vgl. Metaph. Λ, 9. p. 1074, b, 35.

50) De Anim. III, 4. §. 12. p. 430, a, 2. καὶ αὐτὸς δὲ νοητός ἐστιν ὥσπερ τὰ νοητά.

51) Metaph. Λ, 7. p. 1072, b, 20. αὐτὸν δὲ νοεῖ ὁ νοῦς κατὰ μετάληψιν τοῦ νοητοῦ, νοητὸς γὰρ γίγνεται θιγγάνων καὶ νοῶν.

52) Dieses Moment ist oft, und selbst von grossen Kennern des Aristoteles nicht genug beachtet worden. Avicenna, dessen eigenthümliche Lehre von den Schatzkammern des Gedächtnisses wir oben dargelegt haben, folgte offenbar den Aristotelischen Spuren, da er für die geistige Erkenntniss eine solche Schatzkammer leugnete. S. o. Abschnitt I. Anm. 33.

9 *

wirkenden Princips denkend zu werden, wie der Sinn durch die Einwirkung seines eigenthümlichen Objectes empfindend wird; es ist also
das Wissen analog der uns angeborenen Fertigkeit zum Sehen und
Hören und zu anderem sinnlichem Wahrnehmen. Wie wir daher nie
etwas sehen ohne das auf den Gesichtssinn wirkende Object, so denken wir nie einen Gedanken, und hätten wir ihn auch schon hundert-
mal gedacht, ohne dass das wirkende Princip, durch dessen Einwirkung der Verstand, da er ihn zum Erstenmal dachte, ihn empfing,
von Neuem ihn beweget.

11. Diese beiden Puncte, worin Aristoteles die Platonische Lehre
verlässt, sind für das Verständniss seiner Erkenntnisslehre von der
höchsten Wichtigkeit, und wir werden darum auch später noch darauf
zurückkommen und sie sowohl aus neuen Belegstellen bestätigen als
auch in ihren Gründen nachweisen. Sie stehen aber mit einem dritten
Puncte, in welchem die beiden grossen Denker von einander abweichen und auf den Aristoteles sogleich zu sprechen kommt, in innigem Zusammenhang.

Schon Sokrates hatte richtig erkannt und zur Geltung gebracht,
dass das in der Definition Erfasste und das einzelne Ding, das wir
ausser uns wahrnehmen und welches an der Definition participirt,
keineswegs vollkommen einander decken, indem die Definition der
körperlichen Dinge auch in ihrer letzten Differenz immer noch einer
Mehrheit von Einzeldingen gemeinsam ist. Diese Wahrheit hielt daher Aristoteles fest. Species und Individuum fallen auch nach ihm
bei keinem körperlichen Dinge zusammen, und nur bei den geistigen
ist der letzte Unterschied der Species mit dem letzten Unterschiede
des Dinges ein und derselbe [53]). Mit Plato, der den Unterschied der
Ideen von den sensibelen Dingen so stark betont hatte, findet er sich
also insoweit vollkommen im Einverständnisse. „Etwas Anderes,“
sagt er, „ist die Grösse und das Sein der Grösse und das Wasser
und das Sein des Wassers, und so ist es noch bei vielem Anderen;
nicht aber,“ fügt er hinzu, „bei Allem; bei Einigem nämlich (er meint
die geistigen Dinge) ist Beides ein und dasselbe [54]).“ Da nun das
Fleisch z. B. nicht etwas Immaterielles, sondern aus Materie und
Form zusammengesetzt ist, so ergibt sich aus dem Gesagten, dass
das Fleisch und das Sein des Fleisches von einander verschieden sein

---

53) Unter der Species versteht er nämlich das, was an dem Dinge intelligibel
ist. Die geistigen Dinge sind bis zum letzten individuellen Unterschiede geistig
erkennbar, die materiellen aber nicht. Daher ist bei den einen, nicht aber bei
den andern Species und Individuum ein und dasselbe. S. o. Anm. 45.

54) De Anim. III, 4. §. 7. p. 429, b, 10. ἐπεὶ δ' ἄλλο ἐστὶ τὸ μέγεθος καὶ τὸ μέ-
γέθει εἶναι καὶ ὕδωρ καὶ ὕδατι εἶναι· οὕτω δὲ καὶ ἐφ' ἑτέρων πολλῶν, ἀλλ' οὐκ ἐπὶ πάν-
των· ἐπ' ἐνίων γὰρ ταὐτόν ἐστι. κ. τ. λ. (Welche Stelle Trendelenburg durch Be-
richtigung der Interpunction verständlich gemacht hat.)

müssen, und hieraus folgt weiter, dass sie durch Verschiedenes erkannt werden, denn wir erkennen ja durch das, was wir in dem Erkenntnissvermögen aufnehmen, und das, was wir in ihm aufnehmen, ist eben das erkannte Object [55]), also hier das Fleisch und das Sein des Fleisches. Offenbar werden also Beide durch Verschiedenes erkannt.

Es fragt sich aber, in welcher Weise sich das, wodurch das Eine, und das, wodurch das Andere erkannt wird, von einander unterscheiden. Sind sie verschieden wie *ein* Ding vom anderen Dinge, oder wie ein Ding von sich selbst verschieden ist, wenn es sich anders und anders verhält [56]) ? — Hier ist der Punct, wo Plato und Aristoteles in entgegengesetzter Richtung auseinander gehen. Plato meinte, wir erkännten das Fleisch und das Sein des Fleisches, indem wir zwei verschiedene Dinge in uns aufnähmen, und zwar zwei der Substanz nach von einander getrennte Dinge, denn die Idee ist nach ihm ein Ding für sich und subsistirt getrennt von dem Materiellen. Wenn also Jemand ein und denselben Körper mit dem Gefühle als dieses Warme, und mit dem Gesichte als dieses Weisse wahrnimmt, so kann man von ihm, wenn Plato Recht hat, noch eher sagen, dass er mit zwei Vermögen Ein und Dasselbe erfasse, als von dem, der etwas Warmes fühlt, und zugleich das Sein des Warmen mit dem Verstande denkt; denn dieses Weisse und dieses Warme sind wenigstens dem Subjecte nach identisch, aber dieses Warme und das Sein des Warmen wären gänzlich von einander getrennt.

Aristoteles lehrt nun, wie gesagt, hievon das gerade Gegentheil. Das Weisse, welches das Gesicht, und das Warme, welches das Gefühl in sich aufnimmt, sind nach ihm zwar allerdings, wenn ein und derselbe Körper zu Grunde liegt, gewissermassen identisch zu nennen, sie sind zum mindesten eins per accidens, insofern beide Eigenschaften Einem zukommen; allein dieses ist nur eine uneigentliche Identität, essentiell sind sie jedenfalls verschieden, wesshalb auch die Definition eines jeden von ihnen eine andere ist. Dagegen ist dieses Warme, das der Sinn, und das Sein des Warmen, das der Verstand erfasst, nicht blos Eins, insofern beide in *einem* Körper sind, sie sind auch keine verschiedenen Eigenschaften dieses Körpers, sie sind essentiell identisch, und durch die Definition, in welcher das Sein des Warmen auseinandergelegt ist, wird eben jenes Warme, das der Sinn erfasst, definirt [57]). Wie Gattung und Differenz, so bilden also

---

55) Vgl. die Anm. 34. citirten Stellen.

56) Aristoteles fährt in der Stelle fort: τὸ σάρκι εἶναι καὶ σάρκα ἢ ἄλλῳ ἢ ἄλλως; ἔχοντι κρίνει· ἡ γὰρ σάρξ οὐκ ἄνευ τῆς ὕλης, ἀλλ' ὥσπερ τὸ σιμὸν τόδε ἐν τῳδὶ.

57) Wir können wohl sagen: dieses Warme ist dieses Weisse (Identität dem Subjecte nach), wir können aber nicht sagen, diese Wärme ist diese Weisse, d. i. diese weisse Farbe (Identität dem Wesen nach). Dagegen können wir sowohl sagen: dieses Warme ist warm, als auch: diese Wärme ist Wärme. Wir

nach Aristoteles auch Art und individueller Unterschied eine Wesenseinheit, während Plato sie für die einen und anderen aufgehoben hat, indem er Art und Gattung als zwei verschiedene geistige Hypostasen in der Welt der Ideen existirend dachte, das Einzelding aber für ein von beiden verschiedenes Wesen der irdischen Welt ansah. In beiden Beziehungen hat ihm Aristoteles, namentlich in der Metaphysik [58]), die zahlreichen Inconvenienzen, die sich aus seiner Lehre ergeben, nachgewiesen. Hier berührt er nur den zweiten Punct und wirft von Seite der Psychologie aus die Frage auf, wie sich das Object, wodurch wir, wenn wir es in uns aufgenommen haben, das individuelle Fleisch erkennen, zu jenem, wodurch wir das Sein des Fleisches erkennen, verhalte. Von dem einen nun, sagt er, sei es offenbar, dass es etwas Sinnlich - Körperliches sei, bezüglich des in dem Verstande aufgenommenen Objectes aber sei zunächst zweierlei denkbar, entweder sei es etwas Uebersinnliches, Unkörperliches, oder es sei zwar dasselbe sinnlich - körperliche Fleisch, welches in dem Sinne sei, aber der Zustand, in welchem es in dem einen und anderen Vermögen sich finde, sei ein verschiedener [59]). Für welches von beiden werden wir

können also die Species essentiell von dem Individuum prädiciren, sie sind ἐν καϑ' αὑτό, während dieses Weisse und dieses Warme, und alles, was in ähnlicher Weise, wie sie, in einem Subjecte vereinigt ist, nur ἐν κατὰ συμβεβηκός genannt werden kann. Vgl. die Erörterungen im zwölften Cap. des siebenten und insbesondere die im sechsten Cap. des achten Buches der Metaphysik, wo Aristoteles auch auf die Verlegenheit derer, welche das Verhältniss von Individuum und Species anders fassten, hinweist. (p. 1045. b, 7.)

58) Metaph. Λ und Μ.

59) De Anim. III, 4. §. 7. p. 429, b, 14. fährt Aristoteles (das Vorhergehende s. o. Anm. 56.) also fort: τῷ μὲν οὖν αἰσϑητῷ [wie statt αἰσϑητικῷ zu lesen ist] τὸ ϑερμὸν καὶ ψυχρὸν κρίνει, καὶ ὧν λόγος τις ἡ σάρξ· ἄλλῳ δὲ ἤτοι χωριστῷ, ἢ ὡς ἡ κεκλασμένη ἔχει πρὸς αὑτὴν ὅταν ἐκταϑῇ, τὸ σαρκὶ εἶναι κρίνει. Diese Stelle hat in Folge einer Corruption des Textes zu vielen Missverständnissen Anlass gegeben und nicht wenig dazu beigetragen, dass die Lehre des Aristoteles vom νοῦς fast immer falsch gedeutet worden ist. Der hergebrachte Text besagte nämlich nichts Anderes, als dass der Verstand, der die Begriffe erfasst, eins mit dem Sinne sei, was mit der bisher in diesem Capitel entwickelten Lehre und mit den sonstigen Aeusserungen des Aristoteles im grellsten Widerspruche stehen würde. Schreibt man dagegen αἰσϑητῷ statt des überlieferten αἰσϑητικῷ, so gilt, was Aristoteles von dem Vermögen der Empfindung und des Gedankens zu sagen schien, von dem Verhältniss des in dem Empfindungsvermögen und des im Verstande Erfassten. Die Corruption ist ähnlich einer andern im zehnten Capitel, wo anerkanntermassen einmal ὀρεκτόν zu lesen ist, obwohl fast alle Handschriften ὀρεκτικόν enthalten. Auch De Memor. et Remin. 1. p. 450, a, 14. scheint das bisherige αἰσϑητικοῦ durch αἰσϑητοῦ ersetzt werden zu müssen, denn es bildet den Gegensatz zu νοουμένου. Unsere Conjectur ist also gewiss keine gewagte, und um so weniger, da sich die Corruption aus dem ungewöhnlichen Ausdruck leicht erklärt; denn Jederman sagt, dass man durch das sensitive Vermögen empfinde, dass man aber durch das Sensibele empfinde, das im Sinne aufgenommen ist, ist eine ganz eigenthümlich Ari-

uns entscheiden? Aristoteles erklärt das Zweite für das Richtige aus einem Grunde, den er hier nicht angibt, den er aber, da er ihn in den Analytiken gegeben hat[60]) und auch hier sogleich am Ende des siebenten Capitels wiederholen wird[61]), wohl verschweigen konnte. Ausserdem finden wir ihn auch in mehreren Stellen der Metaphysik[62]). Es wäre nämlich offenbar eine lächerliche Behauptung, dass Einer, der etwas erkennen wollte und statt dessen etwas Anderes in seinem Verstande erfasste, hiedurch zu der von ihm begehrten Erkenntniss gelangt sei. Nun aber will z. B. der Naturforscher die Krystalle und die Pflanzen und die übrigen Körper, die er hier auf Erden findet, kennen lernen; wenn er also die Begriffe von Tetraedern und Octaedern, von Bäumen und Gräsern, die einer anderen Welt angehören, erfasste, so würde er offenbar in keiner Weise seinen Zweck erreichen. So also, sagt Aristoteles, ist es nicht. Wenn der Verstand das Sein des Fleisches erkennt, so wird nicht etwas Anderes und Immaterielles, sondern dasselbe Object, das in dem Sinne ist, von ihm aufgenommen; allein in dem Verstande ist es abstract, in dem Sinne concret mit der individuellen Materie. Recht passend vergleicht er daher das Verhältniss des im Verstande Gedachten zum sinnlich Wahrgenommenen mit dem Verhalten einer Linie, die gebrochen war und dann gerade gebogen wurde, zu sich selbst in ihrem früheren Zustande. Sie ist auch jetzt noch die Linie, die sie war, allein sie ist anders, sie ist einfacher geworden; und so ist das körperliche Object, das in dem Sinne war, auch in dem Verstande noch ein und dasselbe, allein sein Zustand ist hier und dort ein anderer. Es ist wie die Linie einfacher geworden, der individuelle Unterschied ist ausgeglichen, und so kommt es, dass obwohl etwas Materielles im Verstande ist, es doch wie Immaterielles in ihm ist[63]). Aehnlich wie bei dem Begriffe des Fleisches ist es aber auch bei jedem anderen Begriffe, der, wie z. B. alle physicalischen, nicht von den sensibelen Qualitäten gänzlich abstrahirt; und auch bei den mathematischen ist es nicht anders. Die einzelne gerade Linie, die in dem Sinne ist, und das Sein der Geraden, das der Verstand erfasst, sind essentiell identisch. Man darf also auch hier nicht glauben, der Verstand erkenne etwas Immaterielleres als der Sinn, er nehme etwas Unkörperliches oder doch wenigstens etwas Nichtsinnliches in sich auf, nein, dasselbe, was in ihm ist, ist auch in dem Sinne, aber in anderer und anderer Weise sich verhaltend; und so ist denn allgemein festzuhalten, dass nur, insoweit die Dinge ausserhalb

---

stotelische Redeweise. Auch De Anim. III, 6. §. 4. p. 430, b, 16. (ᾧ νοεῖ) hat man sich an ihr gestossen.

60) Anal. Poster. I, 22. p. 83, a, 32. τὰ γὰρ εἴδη χαιρέτω· τερετίσματά τε γάρ ἐστι, καὶ εἰ ἔστιν, οὐδὲν πρὸς τὸν λόγον ἐστίν· αἱ γὰρ ἀποδείξεις περὶ τῶν τοιούτων εἰσίν.

61) De Anim. III, 7. §. 8. p. 431, b, 16. — 62) Metaph. Α, 9. p. 991, a, 12. (vgl. p. 992, a, 24.) u. Μ, 5. p. 1079, b, 15. — 63) S. o. Anm. 59.

des geistigen Erkennens von der Materie frei sind, auch das, was in dem Verstande ist, von ihr frei sein könne [64]). Wir werden, wenn wir von der Abhängigkeit des Denkens, von den Phantasmen sprechen, hierauf zurückkommen.

12. Jetzt aber wollen wir, ehe wir weiter schreiten, einen Augenblick inne halten, um die Bedenken zu beseitigen, die vielleicht Manchem aus den bisher über den Verstand gegebenen Bestimmungen erwachsen sein mögen.

Der Verstand, sagten wir, habe von Natur aus nicht ein einziges der Dinge wirklich in sich und seine Operation sei ein Leiden; wir sagten ferner, er erkenne Körperliches, aber er erkenne auch sich selbst, und er selbst sei geistig, also frei von allen körperlichen Beschaffenheiten; endlich, obwohl er sich selbst erkenne, so erkenne er sich doch weder immer, noch zuerst, sondern erst secundär.

13. Schon das Erste scheint gegen das allgemeine Gesetz zu verstossen, dass dem Wirkenden und Leidenden etwas gemeinsam sein müsse, wie z. B. das Warme, welches das Kalte erwärmt, die Gattung mit ihm gemein hat [65]), denn beide sind fühlbare Qualitäten. Wenn nun der Verstand gar nichts in sich hat, also auch nichts mit irgend einem Dinge gemeinsam hat, wie soll er, fragen wir, dann leiden [66])?

Doch auf diese Schwierigkeit wenigstens ist es uns leicht zu antworten, da sie keine andere ist, als jene, welche auch in Betreff der Sinne erhoben werden kann. Aristoteles hat desshalb, um ihr zu begegnen, schon im fünften Capitel [67]) des zweiten Buches ein zweifaches Leidendes

---

64) De Anim. III, 4. §. 8. p. 429, b, 18. fährt Aristoteles (das Vorhergehende s. o. Anm. 59.) fort: πάλιν δ' ἐπὶ τῶν ἐν ἀφαιρέσει ὄντων τὸ εὐθὺ ὡς τὸ σιμόν· μετὰ συνεχοῦς γάρ· τὸ δὲ τί ἦν εἶναι, εἰ ἔστιν ἕτερον τὸ εὐθεῖ εἶναι καὶ τὸ εὐθύ, ἄλλῳ· ἔστω γὰρ δυάς (eine Ansicht, die nicht die seinige ist vgl. Metaph. Z, 11. p. 1036, b, 14. u. N, 3. p. 1090, b, 22.). ἑτέρῳ ἄρα ἢ ἑτέρως ἔχοντι κρίνει. [καὶ] ὅλως ἄρα ὡς χωριστὰ τὰ πράγματα τῆς ὕλης, οὕτω καὶ τὰ περὶ τὸν νοῦν. vgl. De Anim. III, 7. §. 7. f. p. 431, b, 12. Das καί, das in mehreren Handschriften fehlt, ist vielleicht besser wegzulassen, denn erst mit diesem Satze beginnt die Antwort auf die Frage, für welche der beiden Annahmen man sich zu entscheiden habe. Weil aber auch in der Art, in der Aristoteles sie vorlegte, seine Ansicht schon erkennbar war, so ist das καί nicht schlechterdings verwerflich.

65) De Generat. et Corrupt. I, 7. p. 323, b, 29. ἀλλ' ἐπεὶ οὐ τὸ τυχὸν πέφυκε πάσχειν καὶ ποιεῖν, ἀλλ' ὅσα ἢ ἐναντία ἐστὶν ἢ ἐναντίωσιν ἔχει, ἀνάγκη καὶ τὸ ποιοῦν καὶ τὸ πάσχον τῷ γένει μὲν ὅμοιον εἶναι καὶ ταὐτό, τῷ δ' εἴδει ἀνόμοιον καὶ ἐναντίον· πέφυκε γὰρ σῶμα μὲν ὑπὸ σώματος, χυμὸς δ' ὑπὸ χυμοῦ, χρῶμα δ' ὑπὸ χρώματος πάσχειν, ὅλως δὲ τὸ ὁμογενὲς ὑπὸ τοῦ ὁμογενοῦς .... ὥστ' ἀνάγκη πῶς μὲν εἶναι ταὐτὰ τό τε ποιοῦν καὶ τὸ πάσχον, πῶς δ' ἕτερα καὶ ἀνόμοια ἀλλήλοις.

66) De Anim. III, 4. §. 9. p. 429, b, 22. ἀπορήσειε δ' ἄν τις, εἰ ὁ νοῦς ἁπλοῦν ἐστι καὶ ἀπαθὲς καὶ μηδενὶ μηθὲν ἔχει κοινόν, ὥσπερ φησὶν Ἀναξαγόρας, πῶς νοήσει, εἰ τὸ νοεῖν πάσχειν τί ἐστιν, ᾗ γάρ τι κοινὸν ἀμφοῖν ὑπάρχει, τὸ μὲν ποιεῖν δοκεῖ τὸ δὲ πάσχειν.

67) De Anim. II, 5. §. 5. p. 417, b, 2. οὐκ ἔστι δ' ἁπλοῦν οὐδὲ τὸ πάσχειν, ἀλλὰ τὸ μὲν φθορά τις ὑπὸ τοῦ ἐναντίου, τὸ δὲ σωτηρία μᾶλλον τοῦ δυνάμει ὄντος ὑπὸ τοῦ ἐντελεχείᾳ ὄντος καὶ ὁμοίου οὕτως, ὡς δύναμις ἔχει πρὸς ἐντελέχειαν.

unterschieden; jedes leide vermöge eines Gemeinsamen, aber in anderem und anderem Sinne. Das eine Leiden sei die Corruption durch das Entgegengesetzte, und hier sei dem Wirkenden und Leidenden die Gattung gemeinsam, wie in dem obigen Beispiele das Warme und Kalte der Gattung nach identisch sind, das andere Leiden aber sei keine Corruption, sondern vielmehr eine erhaltende Vollendung dessen, was in Möglichkeit ist, und hier seien Leidendes und Wirkendes in der Weise einander ähnlich und verwandt, wie eine Möglichkeit der ihr entsprechenden Wirklichkeit ähnlich ist. Ein solches Leiden nun ist das Empfinden, und ein solches ist auch das geistige Erkennen, und es folgt daher nicht, dass der Verstand, weil er leidet, etwas der Wirklichkeit nach in sich haben müsse, sondern es genügt, wenn er, wie wir sahen, die Möglichkeit aller Gedanken ist [68]).

14. Dies Bedenken also wäre beseitigt; sehen wir jetzt, wie es sich mit den anderen verhalte. Wir haben gesagt, der Verstand nehme erkennend die körperlichen Dinge in sich auf; er nehme dann aber auch sich selber auf, denn, wenn er etwas Anderes erkannt habe, könne er auch sich selbst erkennen. Hieraus scheint zu folgen, dass entweder auch die körperlichen Dinge Verstand haben und denkend seien, wie er, oder umgekehrt er selbst etwas Körperliches habe; denn das, was er aufnimmt, muss ja, wie bei allen anderen aufnehmenden Kräften, der Gattung nach von ein und derselben Beschaffenheit sein, wie z. B. was der Gesichtssinn aufnimmt, farbig, und was das Gehör erfasst, schallend sein muss [66]). Nimmt er sich also als Denkenden auf, so scheinen auch die körperlichen Dinge Verstand haben zu müssen, um, wie er, als denkende erfasst zu werden; oder, wenn er diese vermöge einer körperlichen Beschaffenheit aufnimmt, so scheint auch er am Körperlichen Theil zu haben, was Beides unseren früheren Bestimmungen entgegen ist [70]).

Wie werden wir nun diesen Einwand lösen? — Die Bemerkung

---

68) De Anim. III, 4. §. 11. p. 429, b, 29. ἢ τὸ μὲν πάσχειν κατὰ κοινόν τι διήρηται πρότερον, ὅτι δυνάμει πώς ἐστι τὰ νοητὰ ὁ νοῦς, ἀλλ' ἐντελεχείᾳ οὐδέν, πρὶν ἂν νοῇ. Diese Stelle ist nicht, wie Torstrik meint, corrumpirt. In dem Einwand §. 9. (s. o. Anm. 66.) war das πάσχειν κατὰ κοινόν τι als allgemeines Gesetz geltend gemacht worden, dem auch das Leiden des νοῦς unterworfen sein müsse. Aristoteles gibt dieses zu, bemerkt aber, dass das πάσχειν κατὰ κοινόν τι schon früher, nämlich im fünften Cap. des zweiten Buches (s. Anm. 67.), als ein Doppeltes unterschieden worden sei. Das Leiden des νοῦς sei ein solches, wo das Leidende nicht der Gattung nach mit dem Wirkenden identisch, sondern nur, wie das Mögliche mit dem entsprechenden Wirklichen, mit ihm verwandt sei. Es ist also das πάσχειν κατὰ κοινόν τι wie ein einziger substantivisch gebrauchter Infinitiv anzusehen, und nicht das κοινόν τι mit dem διήρηται zu verbinden.

69) S. oben Theil III. n. 3.

70) De Anim. III, 4. §. 10. p. 429, b, 26. ἔτι δ' (ἀπορήσειεν ἄν τις) εἰ νοητὸς καὶ αὐτός (ὁ νοῦς). ἢ γὰρ τοῖς ἄλλοις ὁ νοῦς ὑπάρξει, εἰ μὴ κατ' ἄλλο αὐτὸς νοητός, ἓν δέ τι τὸ νοητὸν εἴδει, ἢ μεμιγμένον τι ἕξει, ὃ ποιεῖ νοητὸν αὐτὸν ὥσπερ τἆλλα.

ist richtig, dass alles, was in dem Verstande erfasst wird, in derselben Weise intelligibel sein müsse. Allein die Intelligibilität des aufgenommenen Körpers und die des Verstandes können von *einer* Gattung sein, obwohl der Körper, wie er ausserhalb des Geistes ist, keine Eigenschaft mit dem Verstande gemein hat. Intelligibel ist nämlich das, was in geistiger Weise ist, und der Verstand sowohl, als auch die körperlichen Objecte sind, wenn sie im Verstande gedacht werden, in geistiger Weise in ihm. Bei dem Verstande versteht sich dieses von selbst, denn er ist ja seiner Natur nach immateriell; das körperliche Ding aber ist zwar etwas Materielles und bleibt es auch, wenn es in dem Verstande aufgenommen wird [71]), allein es ist in ihm in immaterieller Weise und nicht so, wie es ausser ihm besteht. Denn ausser ihm ist es individuell determinirt; da ja ein Allgemeines ohne individuellen Unterschied überhaupt nicht bestehen kann, aber in dem Verstande hat es die individuelle Bestimmtheit verloren, die gebrochene Linie, um mich des früheren Gleichnisses zu bedienen, ist ausgestreckt worden, und in diesem ihm ursprünglich fremdartigen Zustande kann nun auch das Körperliche in dem Verstande sein.

Dagegen ist der Verstand eben so erkennbar, wie er ist; seine letzte Differenz schlechthin ist auch seine letzte specifische, d. i. seine letzte intelligibele Differenz, und wir haben darum nicht blos einen allgemeinen Begriff unseres Verstandes, sondern auch ein individuelles geistiges Selbstbewusstsein. Das „ich denke" erfassen wir mit derselben Evidenz, mit der wir erkennen, dass es überhaupt ein Denken gibt; das individuelle eigene Sein ist uns eben so klar und gewiss, wie das Seiende, als solches, welches das erste Princip der Metaphysik ist. Der Verstand ist also vollständig und mit der höchsten Intelligibilität vollständig intelligibel, während die körperlichen Dinge einestheils, wie schon bemerkt, nur eine unbestimmte allgemeine Erkenntniss gestatten, anderentheils nicht in allen Bestimmungen gleichmässig erkennbar sind. Wir erkennen sie um so sicherer und klarer, und haben sie also um so intelligibeler in uns, je mehr sie durch die Abstraction ihrer natürlichen Existenzweise entfremdet worden sind [72]). Daher ist die Mathematik intelligibeler als die Physik und die Metaphysik intelligibeler als die Mathematik; auch ist der allgemeinere physicalische Begriff mehr intelligibel als der speciellere, die Gattung mehr als die Art, und die höhere Gattung mehr als die niedere; je unvollständiger die Erkenntniss des Objectes [73]), um so in-

---

71) Wie wir unter n. 11. dargethan haben.

72) Vgl. Anal. Poster. I, 2. p. 72, a, 3. ἁπλῶς δὲ πρότερα καὶ γνωριμώτερα τὰ πορρώτερον (τῆς αἰσθήσεως). ἔστι δὲ πορρωτάτω μὲν τὰ καθόλου μάλιστα, ἐγγυτάτω δὲ τὰ καθ᾽ ἕκαστα. S. ferner Metaph. α, 3. p. 995, a, 14. u. De Anim. III, 7. §. 7. p. 431, b, 15.

73) Die Erkenntniss der blossen Gattung nach ist unvollständiger als die specifische Erkenntniss. Daher De Anim. II, 3. §. 5. p. 414, b, 25. διὸ γελοῖον ζητεῖν

telligibeler ist es in uns gedacht, was Alles gewiss auf das Deutlichste beweisst, dass das Körperliche nicht in Folge einer natürlichen Beschaffenheit, sondern durch eine seinem eigenthümlichen Zustande es entfremdende Veränderung im Verstande intelligibel ist. Seiner Natur nach ist es also nur in Möglichkeit intelligibel zu nennen, und desshalb folgt daraus, dass der Verstand immateriell und frei von jeder körperlichen Beschaffenheit ist, weder, dass die körperlichen Dinge Verstand haben müssen, noch, dass der Verstand nicht intelligibel sein könne[74]).

τὸν κοινὸν λόγον καὶ ἐπὶ τούτων (bei den Seelen und Figuren) καὶ ἐφ' ἑτέρων, ὃς οὐδενὸς ἔσται τῶν ὄντων ἴδιος λόγος, οὐδὲ κατὰ τὸ οἰκεῖον καὶ ἄτομον εἶδος, ἀφέντας τὸν τοιοῦτον.

74) De Anim. III, 4. §. 12. p. 430, a, 2. Hier gibt Aristoteles, was wir ausführlicher auseinandergesetzt haben, mit den kurzen Worten: καὶ αὐτὸς δὲ νοητός ἐστιν ὥσπερ τὰ νοητά (seine Intelligibilität ist von derselben Gattung, wie die der von ihm erkannten körperlichen Wesen. s. §. 10, b, 28.). ἐπὶ μὲν γὰρ τῶν ἄνευ ὕλης τὸ αὐτό ἐστι τὸ νοοῦν καὶ τὸ νοούμενον (vgl. §. 7. b, 13.)· ἡ γὰρ ἐπιστήμη ἡ θεωρητικὴ καὶ τὸ οὕτως ἐπιστητόν (nämlich ὡς τὰ ἄνευ ὕλης, denn diese sind so, wie sie sind, erkennbar, während das Materielle nur verändert im Geiste Aufnahme findet (vgl. ebend.), wesshalb Aristoteles es sofort als nur δυνάμει νοητὸν bezeichnen wird) τὸ αὐτό ἐστιν· τοῦ δὲ μὴ ἀεὶ νοεῖν τὸ αἴτιον ἐπισκεπτέον (ein Zwischensatz, den wir sogleich besprechen werden, s. n. 15.)· ἐν [δὲ τοῖς ἔχουσιν ὕλην δυνάμει ἕκαστόν ἐστι τῶν νοητῶν. ὥστ' ἐκείνοις μὲν οὐχ ὑπάρξει νοῦς (ἄνευ γὰρ ὕλης δύναμις ὁ νοῦς τῶν τοιούτων), ἐκείνῳ δὲ τὸ νοητὸν ὑπάρξει.

Dieselbe Lehre von der verschiedenen Intelligibilität der materiellen und immateriellen Objecte und von der vollkommenen Intelligibilität unseres νοῦς enthält das neunte Capitel im zwölften Buche der Metaphysik (p. 1074, b, 33.), nur mit dem Unterschiede, dass Aristoteles, während er an unserer Stelle die vollkommene Erkennbarkeit des νοῦς aus dem allgemeinen Satze, dass alles Immaterielle vollständig intelligibel sei, abgeleitet hat, dort umgekehrt diesen allgemeinen Satz inductiv feststellen will, indem er von der Intelligibilität unseres geistigen Erkennens, sowohl des poietischen als theoretischen ausgeht. Da alles Geistige, das sich unserem νοῦς als Erkenntnissgegenstand darbietet, (dieses aber ist, so lange wenigstens er mit dem Leibe verbunden ist, nur er selbst (s. u. Anm. 109.) nach seinen verschiedenen Acten, denn erkennend geworden wird er sich selbst erkennbar, vgl. Metaph. Λ, 7. p. 1072, b, 20.), da also, sage ich, alles Geistige, so weit unsere Erfahrung reicht, sei es nun ein betrachtend erkennendes oder sei es etwas Wirkendes vollständig intelligibel ist, so können wir den Grund der vollkommenen Erkennbarkeit in nichts Anderem als in der Freiheit von der Materie erblicken. Es folgt also, dass alles Immaterielle vollkommen intelligibel, dass bei ihm zwischen dem Objecte und dem Gedanken des Objectes kein Unterschied sei.

Wir lassen die Worte des Aristoteles selbst folgen. Er hatte gegen einen Punct seiner Gotteslehre den Satz geltend gemacht: οὐδὲ γὰρ ταὐτὸ τὸ εἶναι νοήσει καὶ νοουμένῳ. Diese Bemerkung, die in solcher Allgemeinheit ausgesprochen unwahr ist, beschränkt er dann, indem er sagt: ἢ ἐπ' ἐνίων ἡ ἐπιστήμη τὸ πρᾶγμα (bei einigen Erkenntnissobjecten (vgl. De Anim. III, 4. §. 7. p. 429, b, 12.) ist das Wissen der Gegenstand, d. h. zwischen dem Gedanken und dem, wovon er der Gedanke ist, besteht kein Unterschied, Wissen und Gegenstand des Wissens entsprechen einander vollkommen)· ἐπὶ μὲν τῶν ποιητικῶν ἄνευ ὕλης (d. i. bei den

15. Allein, wenn der Verstand intelligibel und zwar, wie wir sagten, seiner natürlichen Existenzweise nach intelligibel ist, so scheint eine neue Collision zwischen unseren Behauptungen zu entstehen; denn wir haben gesagt, dass er sich weder immer, noch zuerst, sondern erst secundär erkenne, und das Erstere wenigstens lehrt Jeden die Erfahrung so deutlich, dass nur solche, die aller Erfahrung Hohn zu sprechen sich nicht scheuten, es zu läugnen gewagt haben. Wodurch aber lässt sich diese Thatsache erklären? Warum erkennt der Verstand nicht immer, wenn er intelligibel, also etwas Intelligibeles immer ihm gegenwärtig ist? — Dieser Frage, die Aristoteles am Ende des vierten Capitels aufwirft [75]), hat er keine Antwort beigefügt. Die Schwierigkeit ist aber keine andere, als die, welche er in Betreff der Sinnesvermögen im Anfange des fünften Capitels des vorigen Buches erhoben und mit aller nur wünschenswerthen Genauigkeit erledigt hat. Es ist nämlich, wie wir früher gesehen haben, die Empfindung kein reines Seelenvermögen, sondern ihr Subject ist ein leibliches Organ. Dieses Organ participirt an sensibelen Qualitäten aller Gattungen, es hat eine gewisse Wärme oder Kälte, Weichheit oder Härte, eine gewisse Farbe, einen gewissen Geschmack u. dgl. Warum also, fragt sich Aristoteles in der erwähnten Stelle, warum haben wir ohne ein äusseres Object keine Empfindung [76])? Die Antwort, die er gibt, war durch eine Corruption des Textes unverständlich geworden, die Torstrik glücklich beseitigt hat. Sie ist aber, in klare Worte gefasst, folgende: Das Empfindungsvermögen ist seiner Natur nach keine actuelle Empfindung, sondern es ist die blosse Möglichkeit derselben. Da nun keine Möglichkeit zur Wirklichkeit gelangt, ohne ein wirkendes Princip, wie z. B. ein Entzündbares nicht ohne ein Entzündendes

---

Künsten, denn diese werden im Gegensatze zu den natürlichen Ursachen, welche ihren Wirkungen in vollkommenster Weise synonym sind, als diejenigen bezeichnet, welche das εἶδος ἄνευ ὕλης des zu Wirkenden ʾseien; vgl. z. B. Metaph. z, 7. p. 1032, a, 32. b, 11.) ἡ οὐσία καὶ τὸ τί ἦν εἶναι, ἐπὶ δὲ τῶν θεωρητικῶν ὁ λόγος τὸ πρᾶγμα καὶ ἡ νόησις. d. h. sowohl der künstlerisch erkennende Verstand als der theoretische sind vollkommen intelligibel, bei dem einen ist ἡ οὐσία καὶ τὸ τί ἦν εἶναι (nämlich das τί ἦν εἶναι des hervorzubringenden Werkes; denn dieses ist die Kunst, vgl. Metaph. z, 7. p. 1032, b, 14.) bei dem anderen ὁ λόγος (der Begriff des vom theoretischen Verstande erkannten Dinges) sowohl der Gegenstand als der Gedanke, τὸ πρᾶγμα καὶ ἡ νόησις. Hieraus zieht dann Aristoteles die allgemeine Folgerung: οὐχ ἑτέρου οὖν ὄντος τοῦ νοουμένου καὶ τοῦ νοῦ, ὅσα μὴ ὕλην ἔχει, τὸ αὐτὸ ἔσται, καὶ ἡ νόησις τῷ νοουμένῳ μία.

75) Τοῦ δὲ μὴ ἀεὶ νοεῖν τὸ αἴτιον ἐπισκεπτέον. S. die vor. Anm.

76) De Anim. II, 5. §. 2. p. 417, a, 2. ἔχει δ' ἀπορίαν διὰ τί καὶ τῶν αἰσθήσεων αὐτῶν οὐ γίνεται αἴσθησις, καὶ διὰ τί ἄνευ τῶν ἔξω οὐ ποιοῦσιν αἴσθησιν, ἐνόντος πυρὸς καὶ γῆς καὶ τῶν ἄλλων στοιχείων, ὧν ἐστιν ἡ αἴσθησις καθ' αὑτὰ ἢ τὰ συμβεβηκότα τούτοις. Wir nehmen besonders auf den zweiten Theil der Aporie Rücksicht, da die Lösung des ersten nach dem, was wir über die Natur des Empfindungsvermögens gehört haben, von selbst einleuchtet.

wirklich entzündet wird, so ist es klar, dass auch aus dem Empfindungsvermögen nicht ein wirkliches Empfinden werden kann, wenn nicht etwas Sensibeles auf das empfindende Organ einwirkt. Diese Einwirkung kann aber das empfindende Organ nicht selbst durch die eigenen sensibelen Qualitäten üben, denn es erwärmt sich ja nicht etwas, was warm ist, selbst, sondern wird, wenn es erwärmt wird von einem Anderen, Wärmeren erwärmt, und das Gleiche gilt bezüglich aller anderen sensibelen Beschaffenheiten. Man kann sich also offenbar in keiner Weise darüber verwundern, wenn ohne ein äusseres Object keine Sinnesthätigkeit statt findet [77]). Aber, sagt vielleicht Einer, ist denn nicht doch, wenn das sensitive Organ die sensibelen Qualitäten in sich hat, das, was empfunden wird, in dem, was empfindet [78])? — Allerdings ist es in gewissem Sinne in ihm. Wir sprechen nämlich in einem doppelten Sinne von einem Empfinden, indem wir sowohl das in Möglichkeit als das in Wirklichkeit Empfindende empfindend nennen [79]). und in ganz ähnlicher Weise ist auch ein doppeltes Empfundenwerden zu unterscheiden, das in Möglichkeit und das in Wirklichkeit. Bei dem sensitiven Organe also ist, weil es sensibele Qualitäten von Natur aus in sich hat, allerdings das, was empfunden wird (das Sensibele), in dem, was empfindet (dem Sensitiven), allein Empfinden und Empfundenwerden sind beide hier im Sinne der Möglichkeit gebraucht, und darum ist damit keineswegs gesagt, dass das empfindende Organ seine Qualitäten empfinde [80]).

Diesen Beweis nun können wir vollständig von dem sensitiven auf das intellective Gebiet übertragen. Auch der Verstand ist ja seiner Natur nach kein actuelles Denken, sondern die blosse Möglichkeit der Gedanken, wie das Empfindungsvermögen die blosse Möglichkeit der Empfindungen ist. Es ist also offenbar, dass, wie das Empfindungsvermögen, auch der Verstand nöthig hat, dass etwas auf sein Subject

---

77) Aristoteles fährt fort: δῆλον οὖν ὅτι τὸ αἰσθητικὸν οὐκ ἔστιν ἐνεργείᾳ ἀλλὰ δυνάμει μόνον. διὸ καθάπερ τὸ καυστὸν οὐ καίεται αὐτὸ καθ᾽ αὑτὸ ἄνευ τοῦ καυστικοῦ· ἔκαιε γὰρ ἂν ἑαυτό, καὶ οὐδὲν ἐδεῖτο τοῦ ἐντελεχείᾳ πυρὸς ὄντος.

78) Und eben dadurch scheint das Empfindende zu empfinden, dass es das Object der Empfindung in sich hat.

79) So sagen wir, die Eidechse sehe, wenn auch ihre Augen geschlossen sind, im Gegensatze zur Schnecke, die nicht sieht, d. h. die des Gesichtssinnes entbehrt.

80) Aristoteles fügt bei: ἐπειδὴ δὲ τὸ αἰσθάνεσθαι λέγομεν διχῶς (τό τε γὰρ δυνάμει ἀκούον καὶ ὁρῶν ἀκούειν καὶ ὁρᾶν λέγομεν, κἂν τύχῃ καθεύδον, καὶ τὸ ἤδη ἐνεργοῦν), διχῶς ἂν λέγοιτο καὶ ἡ αἴσθησις, ἡ μὲν ὡς δυνάμει, ἡ δὲ ὡς ἐνεργείᾳ. ὁμοίως δὲ καὶ τὸ αἰσθητόν (so ist mit Torstrik statt αἰσθάνεσθαι zu lesen), τό τε δυνάμει ὂν καὶ τὸ ἐνεργείᾳ. Man bemerke die verschiedene Weise, in der hier von einem αἰσθητόν und De Anim. III, 4. §. 12. (s. Anm. 74.) von einem νοητόν δυνάμει gesprochen wurde. Nichts Geistiges gehörte dort zu dem νοητόν δυνάμει, mochte es nun wirklich erkannt sein oder nicht. Hier dagegen wird αἰσθητόν ἐνεργείᾳ zur Bezeichnung des wirklich Empfundenen gebraucht, in Uebereinstimmung mit De Anim. III, 2. §. 8. p. 426, a, 23.

einwirke, damit er zum wirklichen Denken erhoben werde. Diesen Einfluss können aber seine eigenen intelligibelen Qualitäten eben so wenig üben, als die sensibelen Qualitäten des empfindenden Subjectes ihn zu üben im Stande waren [80 a]); denn diese stehen ganz in derselben Beziehung zu den Sinnen, in welcher die Eigenschaften des geistigen Theiles zum Verstande stehen, da, wie der Verstand das seiner Natur nach Intelligibele, so der Sinn das Sensibele nicht in einer fremdartigen, abstracten Weise, sondern in seiner letzten individuellen Bestimmtheit, wie es ausser dem Sinne ist, erfassen kann.

Macht man auch hier den Einwand, dass ja doch schon von Natur aus, weil das Subject des Verstandes intelligibele Eigenschaften habe, das Object des geistigen Erkennens in dem geistig Erkennenden sei, so ist auch die Antwort der früheren analog. Allerdings kann man sagen, dass in unserem Falle etwas, was geistig erkannt wird, (etwas Intelligibeles), von Natur aus in etwas geistig Erkennendem (Intellectivem) sei, allein Erkanntwerden und Erkennen muss man dann in dem uneigentlicheren Sinne des in Möglichkeit Seienden nehmen, und es liegt darin also noch keineswegs ausgesprochen, dass das Subject des Verstandes von seinen geistigen Eigenschaften ein Bewusstsein habe. Wäre dies wirklich der Fall, wäre also die Selbsterkenntniss eine Naturnothwendigkeit, dann würde ja der Verstand unfähig sein, irgend ein anderes Object zu denken, die fortwährende Wirklichkeit des einen würde die Möglichkeit aller anderen aufheben, wie oben ausführlicher gezeigt worden ist.

So ist denn die Schwierigkeit keine so ausserordentliche, und man muss sich nur wundern, dass Viele meinen konnten, Aristoteles habe darum keine Lösung beigefügt, weil er selbst um eine solche verlegen gewesen, während er doch früher, da er auf dem sensitiven Gebiete ganz derselben Schwierigkeit begegnet war, in so einfacher Weise sie zu erörtern verstanden hat. Er wird seinen Beweis nicht so schnell vergessen haben, vielmehr zeigt das ganze Capitel, das von Anfang bis zu Ende fast in lauter Analogien zum fünften Capitel des zweiten Buches sich bewegt, dass er ohne Zweifel an ihn zurückdachte. Auch die erste Schwierigkeit, die er hier anregte, war ganz dieselbe wie eine dort berührte, und bei ihrer Lösung wies er sogar ausdrücklich auf eine dort gegebene Unterscheidung zurück [81]), und nun soll ihm bei der Anregung einer Frage, die eine ebenso deutliche Parallele zu einer anderen dort behandelten ist, dieselbe gar nicht gegenwärtig sein? Gewiss wäre dies unglaublich, wenn auch nicht, wie es in der That der Fall ist, noch ein anderer Umstand zeigte, dass Aristoteles dieselbe Lösung, die er dort gegeben, auch hier im Sinne gehabt haben muss. Aristoteles geht nämlich an der

---

80 a) Vgl. noch Metaph. Θ, 1. p. 1046, b, 28.
81) S. ob. Anm. 68. vgl. Anm. 67.

einen und anderen Stelle zu ˙ganz verwandten Fragen über, in der
aus dem zweiten Buche citirten zu der Frage nach dem wirkenden
Principe der Empfindung, indem er untersucht, ob dasselbe dem
Empfindenden ähnlich sei oder nicht [82]), in der unsrigen aber zu der
Frage nach dem wirkenden Principe der Gedanken, indem er sagt:
„Doch weil, wie in der ganzen Natur für jede Gattung etwas die
Materie ist (dieses aber ist das, was alle jene Dinge in Möglichkeit
ist), etwas Anderes aber die Ursache und das wirkende Princip, in-
dem es sie alle wirklich macht und sich zu dem Ersteren wie die
schaffende Kunst zu dem Stoffe verhält, so müssen sich auch in der
Seele diese Unterschiede finden. Und es hat die eine intellective
Kraft die angegebene Eigenschaft [dass sie nämlich Alles in Möglichkeit ist], weil sie Alles wird, die andere aber, weil sie Alles wirkt,
ist wie ein Habitus [eine actuelle positive Eigenschaft] ähnlich dem
Lichte u. s. w. [83]).“ An der ersten Stelle hatte ihn der natürliche
Lauf der Gedanken zu einer solchen Frage nach dem wirkenden Principe geführt, sie war aus der Lösung der vorhergehenden, die sich
auf die Nothwendigkeit einer das empfindende Subject alterirenden
Ursache stützte, hervorgegangen. Auch an unserer Stelle müssen wir
also wohl eine ganz ähnliche Vermittlung der Gedanken vermuthen.

16. In allem, was wir bis jetzt über den geistigen Theil der
Seele erörtert haben, sind wir Schritt für Schritt jener Ordnung, die
Aristoteles selbst eingehalten hat, gefolgt, so dass unsere Darlegung
als ein fortlaufender Commentar zum vierten Capitel des dritten Buches von der Seele betrachtet werden kann. Wir haben dies aus
einem doppelten Grunde gethan; einmal desshalb, weil kaum ein
Satz in ihm ist, der nicht auch für die Lehre vom νοῦς ποιητικός von
Bedeutung wäre, dann aber auch darum, weil wir die schon im ersten Abschnitte unserer Abhandlung gemachte Behauptung [84]), dass in
dem ganzen vierten Capitel keine Stelle sich finde, welche d i r e c t auf den
νοῦς ποιητικός sich beziehe, obwohl wir sie schon damals nicht unbegrün-
det gelassen, hiedurch in vollkommenster Weise rechtfertigen wollten.

Ausser diesem Ergebnisse sind uns besonders folgende der gewonnenen Wahrheiten als Anhaltspuncte bei der Erforschung der
Lehre vom νοῦς ποιητικός von Wichtigkeit: Erstens, dass der Verstand
des Menschen ein den Sinnen analoges, passives, formerfassendes
Vermögen und seiner Natur nach die blosse Möglichkeit der Gedanken ist, dass er also, wie die Sinne, eines Principes bedarf, das ihn
zur Wirklichkeit führt.

Zweitens, dass dieses Vermögen nicht ein Vermögen des beseelten Leibes, sondern allein der Seele ist, dass also der die Gedanken
aufnehmende Verstand, der νοῦς δυνάμει, geistig und unsterblich ist.

---

82) De Anim. II, 5. §. 3. p. 417, a, 14. — 83) De Anim. III, 5. princ. S.
unt. n. 32. im Anf. — 84) Abschnitt I. n. 13. u. Anm. 100.

Dies wird uns namentlich für die Bestimmung der Vereinigung des νοῦς δυνάμει und des νοῦς ποιητικός, welcher letztere nach Aristoteles unbestritten etwas Geistiges ist, wichtig werden.

Drittens, dass der ·Mensch nur ein einziges geistig erkennendes Vermögen hat, da ein wirkliches Erkennen dem menschlichen Geiste von Natur nicht gegeben, jener Verstand aber, der die Möglichkeit des geistigen Erkennens ist, für alles Intelligibele nur ein einziger ist[85]). Dieser Satz ist uns besonders darum von Bedeutung, weil er uns vor dem verbreiteten Irrthume bewahrt, auch den νοῦς ποιητικός für ein geistiges Erkenntnissvermögen des Menschen zu halten.

So sind wir nicht ungerüstet an der Stelle angelangt, auf welcher sich Glück oder Unglück unseres Versuches zu entscheiden hat. Allein dennoch wird es gut sein, wo die Schwierigkeiten so gross sind und die zahlreichen Fehlversuche zur Vorsicht mahnen, nicht sofort das fünfte Capitel in Angriff zu nehmen, sondern zuvor noch andere Lehren, von welchen wir uns neue Hilfe versprechen dürfen, in Betrachtung zu ziehen. Namentlich gilt dieses von dem, was Aristoteles von dem Verhältniss des möglichen Verstandes zu den Phantasmen lehrt.

17. Nach Aristoteles ist unser geistiges Denken in der Art von den Sinnesvorstellungen abhängig, dass es mittels ihrer entsteht und immer und nothwendig von ihnen begleitet ist.

Diese Sätze ruhen auf Beobachtung und Erfahrung.

Schon die Thatsache, dass bei gewissen Zuständen des leiblichen Theiles der Verstand unfähig ist, sowohl neue Gedanken aufzunehmen, als auch die schon erworbenen Erkenntnisse wirklich in sich zu erneuern, beweisst, wie sehr er in der einen und anderen Beziehung von dem niederen Menschen abhängig ist.

---

85) De Anim. III, 4. §. 3. p. 429, a, 18. vgl. unsere frühere Erörterung dieses u. des f. §. (n. 2 ff. bes. n. 6.) — Ausser in diesen Worten sprach sich die Ueberzeugung des Aristoteles von der Einheit unseres geistig erkennenden Vermögens auch darin auf's Klarste aus, dass er sagte, das Intelligibele sei von *einer* Gattung (ἓν δέ τι τὸ νοητὸν εἶδει, §. 10. p. 429, b, 28.) ; denn hätte er mehrere intellective Erkenntnissvermögen angenommen, wie er mehrere sensitive unterschieden hat, so hätte er auch eine Mehrheit von ἴδια νοητά, entsprechend der Mehrheit der ἴδια αἰσθητά, annehmen müssen. Endlich hätte ihm in diesem Falle die Möglichkeit geistigen Selbstbewusstseins keine Schwierigkeit bereiten können. Denn hätten wir eine Mehrheit von intellectiv erkennenden Kräften, wie wir eine Mehrheit von sensitiven haben, so müsste es einen besonderen Verstand für die eigenen Verstandesthätigkeiten, einen νοῦς κοινός, geben, wie es einen besonderen Sinn der Sensation, eine αἴσθησις κοινή, gibt, damit wir die Objecte verschiedener geistig erkennender Vermögen miteinander zu vergleichen und urtheilend zu verbinden oder zu trennen im Stande wären. (s. o. Theil III. n. 6 ff.) Nun aber haben wir nach Aristoteles nur *eine* geistig erkennende Kraft, und darum sahen wir ihn bemüht, die beim ersten Anblicke räthselhafte Thatsache zu erklären, dass, da ein und derselbe Verstand sich selbst und die Begriffe der körperlichen Dinge erfasst, der Unterschied des geistigen und körperlichen Erkannten die Einheit der Gattung des Intelligibelen nicht aufhebt.

Jeder z. B. weiss, dass die ganz kleinen Kinder zu allem Lernen unfähig sind[86]), auch die, welche in reiferen Jahren die herrlichsten Verstandesanlagen erkennen lassen. Offenbar kann aber der geistige Theil, der das Subject des Verstandes ist, nicht selbst dem Wachsthum und der Entwicklung unterliegen, die der Mensch, wenn er aus dem Kinde zum Manne wird, erfährt; was da wächst und sich entwickelt, ist nur das Leibliche, und durch die unvollkommene Beschaffenheit des Leiblichen war also auch der Verstand in seiner Thätigkeit gelähmt.

Eine andere ebenso gewöhnliche als bedeutsame Erscheinung ist die, dass Ermüdung durch körperliche Anstrengung, Schlaf, Krankheit, Trunkenheit, welche doch gewiss sämmtlich leibliche Zustände sind[87]), nichtsdestoweniger auch dem Verstande oft jede Möglichkeit des Denkens rauben, und hier zeigt sich wiederum seine Abhängigkeit von dem Leiblichen, und zwar auch in Bezug auf die Erneuerung der schon früher erfassten Gedanken[88]). Auch geschieht es häufig, dass mit dem Alter das Gedächtniss schwindet, nicht blos für Einzelheiten, die man mit den Sinnen aufnimmt, sondern auch für allgemeine und wissenschaftliche Wahrheiten, die dem Verstande allein erkennbar sind[89]).

18. Wichtiger noch ist die Erfahrung, dass, wo ein Sinn mangelt, auch eine Wissenschaft abgeht, die man unmöglich erwerben kann[90]). Der Blindgeborene entbehrt nicht blos der sinnlichen Farbenbilder, er hat auch keinen Begriff der Farbe, und ebenso fehlt dem, der von Geburt an taub ist, nicht blos die sinnliche Vorstellung der einzelnen Töne, sondern auch die Erkenntniss des Tones im Allgemeinen. Diese Erfahrung, sage ich, ist noch wichtiger, weil sie nicht blos in unbestimmter Weise erkennen lässt, dass der leibliche Theil des Menschen bei der Thätigkeit des Verstandes irgendwie betheiligt, sondern dass speciell die sinnliche Erkenntniss die nothwendige Vorbedingung für das Entstehen des entsprechenden geistigen Gedankens ist.

Aber nicht blos bei dem Erwerben einer geistigen Erkenntniss, sondern auch bei jeder neuen Betrachtung einer schon früher erkannten Wahrheit sind die sinnlichen Vorstellungen uns unentbehrlich. Wir

---

86) Phys. VII, 3. p. 247, b, 18.

87) Der Schlaf ist nach Aristoteles ein Zustand des ersten Sinnesorganes De Somn. et Vigil. 2. p. 455, a, 25. ebend. 3. p. 458, a, 28.

88) Phys. VII, 3. p. 247, b, 13.

89) De Anim. III, 5. §. 2. p. 430, a, 23. s. unt. n. 32. vgl. ebend. I, 4. §. 13 f. p. 408, b, 18.

90) Anal. Poster. I, 18. p. 81, a, 38. De Sens. et Sens. 6. p. 445, b, 16. De Anim. III, 8. §. 3. p. 432. a, 8.

denken mit dem Verstande nie einen allgemeinen Gedanken, ohne dass ein sinnliches Einzelbild ihn begleitete. Wie der Mathematiker, der für den allgemeinen Satz, dass die Winkelsumme des Dreiecks gleich zweien Rechten sei, den Beweis führen will, ein einzelnes Dreieck in den Sand zeichnet und auf dieses hinblickend die allgemeine Wahrheit erkennt, so hat auch, wer etwas Anderes geistig betrachtet, immer eine entsprechende Vorstellung in seinem sensitiven Vermögen. Aristoteles hat das Verdienst, durch feine Selbstbeobachtung diesen Erfahrungssatz zuerst festgestellt zu haben[91]). Aus ihm erklärt sich die Ermüdung, die, wenn wir sehr lange bei der Betrachtung auch schon bekannter Wahrheiten verweilen, immer zuletzt eintreten wird; aus ihm erklären sich ferner auch jene Störungen des Denkens in Folge leiblicher Zustände, von welchen wir soeben gesprochen haben.

19. In welcher Weise haben wir uns aber diese Abhängigkeit des Verstandes von den Phantasmen zu denken? Aristoteles antwortet hierauf, dass der Verstand sich zu den Phantasmen wie der Sinn zu den äusseren sensibelen Dingen verhalte[92]). Der Sinn empfängt seine Bilder, indem er den äusseren Objecten sich zuwendet, der Verstand empfängt seine Ideen, indem er gleichsam auf die Phantasmen blickt[93]); und wie daher das Sehen und Hören nicht mehr möglich ist, wenn der gesehene oder gehörte Gegenstand aus dem Gesichtsfelde oder aus dem Bereiche des Gehöres schwindet, so ist auch das Denken nicht mehr möglich, sobald die entsprechenden Phantasmen nicht mehr in den Sinnen gegenwärtig sind. Die Empfindung ist eine Art Leiden durch das Sinnliche; so ist das Denken eine Art Leiden durch das Intelligibele[94]) und dieses Intelligibele, wodurch der Verstand leidet, ist, wie Aristoteles sagt, in den sinnlichen Vorstellungen[95]). Der sensitive Theil, in welchem die Phan-

---

91) De Memor. et Remin. 1. p. 449, b, 30. ἐπεὶ δὲ περὶ φαντασίας εἴρηται πρότερον ἐν τοῖς περὶ ψυχῆς καὶ νοεῖν οὐκ ἔστιν ἄνευ φαντάσματος· συμβαίνει γὰρ τὸ αὐτὸ πάθος ἐν τῷ νοεῖν ὅπερ καὶ ἐν τῷ διαγράφειν· ἐκεῖ τε γὰρ οὐθὲν προσχρώμενοι τῷ τὸ ποσὸν ὡρισμένον εἶναι τὸ τριγώνου, ὅμως γράφομεν ὡρισμένον κατὰ τὸ ποσόν· καὶ ὁ νοῶν ὡσαύτως, κἂν μὴ ποσὸν νοῇ, τίθεται πρὸ ὀμμάτων ποσόν, νοεῖ δ' οὐχ ᾗ ποσόν. ἂν δ' ἡ φύσις ᾖ τῶν ποσῶν, ἀόριστον δέ, τίθεται μὲν ποσὸν ὡρισμένον, νοεῖ δ' ᾗ ποσὸν μόνον. διὰ τίνα μὲν οὖν αἰτίαν οὐκ ἐνδέχεται νοεῖν οὐδὲν ἄνευ τοῦ συνεχοῦς, οὐδ' ἄνευ χρόνου τὰ μὴ ἐν χρόνῳ ἔντα, ἄλλος λόγος .... ἡ δὲ μνήμη καὶ ἡ τῶν νοητῶν οὐκ ἄνευ φαντάσματός ἐστιν. De Anim. III, 5. §. 2. p. 430, a, 25. ebend. 7. §. 3. p. 431, a, 16. ebend. 8. §. 3. p. 432, a, 8. 13.

92) De Anim. III, 7. §. 3. p. 431, a, 14. vgl. ebend. II, 5. §. 6. p. 417, b, 19.

93) De Anim. III, 7. §. 5. p. 431, b, 2. τὰ μὲν οὖν εἴδη τὸ νοητικὸν ἐν τοῖς φαντάσμασι νοεῖ.

94) De Anim. III, 4. §. 2. p. 429, a, 13. s. ob. Anm. 8.

95) De Anim. III, 8. §. 3. p. 432, a, 4. ἐν τοῖς εἴδεσι τοῖς αἰσθητοῖς τὰ νοητὰ ἐστι, τά τε ἐν ἀφαιρέσει λεγόμενα, καὶ ὅσα τῶν αἰσθητῶν ἕξεις καὶ πάθη.

tasmen sind, wirkt also auf den Verstand und hiedurch wird er denkend [96]).

Im siebenten Capitel des dritten Buches von der Seele führt Aristoteles den Beweis dafür, dass der Verstand in der angegebenen Weise in den Phantasmen seine Begriffe erfasse, indem er zunächst von dem practischen Verstande ausgeht, bei welchem diese Wahrheit am klarsten zu Tage tritt [96 a]). Zuerst hebt er die Aehnlichkeit zwischen Verstand und Empfindungsvermögen hervor. Beide erkennen ursprünglich in Möglichkeit, denn, wenn auch, schlechthin gesprochen, das wirkliche Denken dem möglichen [97]), wie überhaupt die Wirklichkeit der Möglichkeit vorhergeht, so ist doch in dem Verstande des einzelnen Menschen das mögliche Denken früher als das wirkliche. Ebenso ist sowohl das Empfinden als das geistige Denken ein Leiden, aber kein eigentliches Leiden, keine eigentliche Alteration, sondern eine Bewegung anderer Art [98]). Ferner, wenn der Verstand theils Begriffe erfasst, theils prädicirend und negirend Begriffe verbindet oder trennt, so finden wir beim sensitiven Theile eine Aehnlichkeit von Beidem. Wenn er etwas wahrnimmt, so ist dies ähnlich dem einfachen Erfassen eines Begriffes, wenn er aber das Wahrgenommene begehrt oder flieht, so setzt dies eine Verbindung oder Trennung der sinnlichen Vorstellungen voraus [99]). Wenn z. B. ein Hund auf das Stück Fleisch, das er sieht, gierig zueilt, so ist dies ein Zeichen dafür, dass er eine angenehme Geschmacksvorstellung mit der des Gesichtes verbunden hat.

Wo nun die Aehnlichkeiten so zahlreich sind, werden wir mit Nothwendigkeit zu dem Gedanken geführt, dass auch noch diese Aehnlichkeit zwischen beiden Vermögen bestehe, dass, wie der Sinn die sensibele Form in dem Gegenstande erfasst, dem sie eigen ist, auch der Verstand die intelligibele Form in dem, worin sie enthalten sei, erkennen werde. Bestünden also, wie Plato geglaubt, die Ideen als geistige Wesen getrennt von den sinnlichen Dingen, so würde sie der Verstand durch Einwirkung dieser geistigen Objecte erfassen [100]); bestehen sie dagegen in dem Sinnlichen, so wird er sie in der uns umgebenden sinnlichen Welt oder in deren Abbildern, den sinnlichen Vorstellungen,

---

96) De Anim. II, 5. §. 6. p. 417, b, 19. Metaph. Λ, 7. p. 1072, a, 30. Anal. Poster. II, 19. p. 100, b, 5. Diese Stellen erklären und ergänzen sich gegenseitig.

96 a) Aehnlich benützt er ihn Metaph. Γ, 4. p. 1008, b, 26.

97) Ein Satz, den wir später erläutern werden.

98) De Anim. III, 7. §. 1. p. 431, a, 1. — 7. Aristoteles deutet die Vergleichungspuncte nur flüchtig an, da er, wie wir gesehen haben, schon früher auf diese Aehnlichkeiten hingewiesen hatte.

99) Ebend. §. 2. a, 8. τὸ μὲν οὖν αἰσθάνεσθαι ὅμοιον τῷ φάναι μόνον καὶ νοεῖν· ὅταν δὲ ἡδὺ ἢ λυπηρόν, οἷον καταφᾶσα ἢ ἀποφᾶσα, διώκει ἢ φεύγει. Vgl. Theil III. n. 12.

100) Vgl. De Anim. III, 8. §. 3. p. 432, a, 3.

erkennen, indem ihm durch Einwirkung des sensitiven Theiles, in welchem die entsprechenden Phantasmen sind, die Gedanken mitgetheilt werden. Dass dieses Letzte in der That der Fall sei, tritt, wie gesagt, besonders bei dem practischen Verstande klar zu Tage. Wie auf die Wahrnehmung von etwas, was als angenehm oder unangenehm vorgestellt wird, ein Streben oder Fliehen dessen folgt, dem die wahrgenommene sensibele Form zukam, so folgt auch auf die Verstandeserkenntniss, wenn es sich um practische Wahrheiten handelt, ein Erstreben oder Fliehen dessen, worin der Begriff des Guten gefunden oder vermisst wurde [101]). Allein wir erstreben und fliehen auch hier sinnliche Dinge. Demnach ist es offenbar, dass wir auch die Begriffe des Verstandes in diesen sinnlichen Dingen erkannt haben. Nicht aber haben wir sie unmittelbar in den Dingen erkannt, wie alle jene Erscheinungen beweisen, in welchen sich die Abhängigkeit des Verstandes von den Operationen des sensitiven Theiles offenbart. Es bleibt also nichts übrig, als anzunehmen, dass wir sie in ihren Abbildern, den sinnlichen Vorstellungen, erkennen [102]); und hieraus löst sich auch das Bedenken, welches sich gegen die Annahme, dass der practische Verstand seine Begriffe aus der Sinnenwelt schöpfe, erheben lässt, dass nämlich in diesem Falle der Verstand wie der Sinn nur das räumlich und zeitlich Gegenwärtige werde erfassen und berücksichtigen können, während er doch auch Hoffnung und Gefahr der fernen Zukunft in Rechnung bringt. Denn dieses wird ihm eben dadurch möglich, dass er, was er erkennt, in den sinnlichen Vorstellungen erfasst, indem die Phantasie ihm auch das, was räumlich und zeitlich fern ist, zeiget [103]).

So also ist es bei aller Verstandeserkenntniss, die auf das Han-

---

101) De Anim. III, 7. §. 3. p. 431, a, 15. ὅταν δὲ ἀγαθὸν ἢ κακὸν φήσῃ ἢ ἀποφήσῃ (vgl. ebend. 6. §. 5. p. 430, b, 21.), φεύγει ἢ διώκει. Vgl. Anm. 99.

102) Daher fährt Aristoteles fort: διὸ οὐδὲ ποτε νοεῖ ἄνευ φαντάσματος ἡ ψυχή. Deutlicher wird er es sogleich wiederholen.

103) Ebend. §. 5. p. 431, b, 2. τὰ μὲν οὖν εἴδη τὸ νοητικὸν ἐν τοῖς φαντάσμασι νοεῖ, καὶ ὡς ἐν ἐκείνοις ὥρισται αὐτῷ τὸ διωκτὸν καὶ φευκτόν, καὶ ἐκτὸς τῆς αἰσθήσεως, ὅταν ἐπὶ τῶν φαντασμάτων ᾖ κινεῖται· οἷον αἰσθανόμενος τὸν φρυκτὸν ὅτι πῦρ, τῇ κοινῇ (sc. αἰσθήσει, in der Bedeutung, die es De Anim. III, 1. §. 7. p. 425, a, 27. hat. Torstrik liest κινήσει) γνωρίζει, ὁρῶν κινούμενον, ὅτι πολέμιος. ὁτὲ δὲ τοῖς ἐν τῇ ψυχῇ φαντάσμασιν ἢ νοήμασιν ὥσπερ ὁρῶν λογίζεται καὶ βουλεύεται τὰ μέλλοντα πρὸς τὰ παρόντα· καὶ ὅταν εἴπῃ, ὡς ἐκεῖ τὸ ἡδὺ ἢ λυπηρόν, ἐνταῦθα φεύγει ἢ διώκει· καὶ ὅλως ἐν πράξει. Torstrik erklärt das Beispiel des φρυκτὸς πολέμιος durch Thucyd. II, 94. Schol. φρυκτοὶ εἰσι λαμπάδες τινὲς ἀπὸ ξύλων γιγνόμεναι, ἅστινας βαστάζοντες ἄνωθεν τῶν τειχῶν ἐσήμαινον τοῖς πλησιοχώροις ἢ τοῖς συμμάχοις, ὅτ᾽ ἂν τινας ἑώρων πολεμίους ἐπιόντας, ὡς δεῖ προφυλάξασθαι. οὐ μόνον δὲ ἐπὶ τῶν πολεμίων τοῦτο ἐποίουν, ἀλλὰ καὶ ἐπὶ φίλων· ὅτ᾽ ἂν ἑώρων βοήθειαν αὐτοῖς ἐρχομένην, ἐσήμαινον πάλιν διὰ τῶν φρυκτῶν ὡς οὐ δεῖ θορυβεῖσθαι. καὶ ὅτ᾽ ἂν μὲν φίλους ἐδήλουν, ἐβάσταζον τοὺς φρυκτοὺς ἠρεμοῦντες (vielleicht besser, wie Torstrik will, ἠρεμοῦντας·) ὅτ᾽ ἂν δὲ πολεμίους, ἐκίνουν τοὺς φρυκτούς.

deln Bezug hat [104]); und bei jener, die blos theoretisch ist, wird es daher auch nicht anders sein [105]), denn wenn der theoretische Verstand sagt, dass etwas wahr oder falsch, der practische, dass etwas gut oder böse sei, so haben wir in dem einen und anderen Falle nicht verschiedene Gattungen intelligibeler Formen, der Unterschied ist nur der, dass die theoretische Wahrheit schlechthin, die practische in Bezug auf Jemanden Geltung hat. Was theoretisch wahr ist, ist für Alle wahr, was aber gut ist, nicht gut für Alle [106]).

Vielleicht möchte nun Einer alles dieses wohl in Bezug auf die physicalischen Erkenntnisse zugeben, aber in Betreff der mathematischen Zweifel hegen, ob auch sie in den sinnlichen Vorstellungen erfasst werden können, weil die Begriffe der Mathematik von der sensibelen Materie frei sind [107]). Allein mit Unrecht würde ihm dieses

---

104) S. das Ende der in der vorigen Anm. citirten Stelle.

105) So sagt Aristoteles auch De Sens. et Sens. I. p. 437, a, 2., dass aus den Sinneswahrnehmungen ἥ τε τῶν νοητῶν ἐγγίνεται φρόνησις καὶ ἡ τῶν πρακτῶν, womit er, obwohl in ungewöhnlichen Ausdrücken, die theoretische und praktische Erkenntniss bezeichnet.

106) Aristoteles fährt fort: καὶ τὸ ἄνευ δὲ πράξεως τὸ ἀληθὲς καὶ τὸ ψεῦδος ἐν τῷ αὐτῷ γένει ἐστι τῷ ἀγαθῷ καὶ κακῷ· ἀλλὰ τῷ γε ἁπλῶς διαφέρει καὶ τινί. Was für den Einen Arznei ist, kann für den Andern Gift, und was für den Einen Pflicht ist, kann, wenn es der Andere thäte, das höchste Unrecht sein. — Minder wahrscheinlich ist eine andere Erklärung, wonach die Worte: τῷ γε ἁπλῶς διαφέρει καὶ τινί besagen würden, dass, während die theoretische Wahrheit um ihrer selbst willen gedacht werde, die praktische einem Zwecke diene; obwohl Aristoteles allerdings gewöhnlich hierin den Unterschied zwischen theoretischer und praktischer Wahrheit setzt. So in diesem Buche 10. §. 2. p. 433, a, 14. νοῦς δὲ ὁ ἕνεκά του λογιζόμενος καὶ ὁ πρακτικός· διαφέρει δὲ τοῦ θεωρητικοῦ τῷ τέλει. Ferner Metaph. α, 1. p. 993, b, 20. θεωρητικῆς μὲν γὰρ τέλος ἀλήθεια, πρακτικῆς δ' ἔργον· καὶ γὰρ ἐὰν τὸ πῶς ἔχει σκοπῶσιν, οὐ τὸ ἀΐδιον ἀλλὰ πρός τι καὶ νῦν θεωροῦσιν οἱ πρακτικοί. Vgl. ebend. Α, 1. p. 981, b, 21. u. 2. p. 982, a, 30, b, 27. In der Nikomachischen Ethik, auf die er Metaph. Α, 1. verweist, sagt er VI, 4. p. 1140, a, 10. von der τέχνη, sie sei ἕξις μετὰ λόγου ἀληθοῦς ποιητική, und von der φρόνησις (b, 5.), sie sei ἕξις ἀληθὴς μετὰ λόγου πρακτικὴ περὶ τὰ ἀνθρώπῳ ἀγαθὰ καὶ κακά. Ebendaselbst sagt er 9. p. 1141, b, 33. εἶδος μὲν οὖν τι ἂν εἴη γνώσεως τὸ αὐτῷ εἰδέναι κ. τ. λ. Diese letzteren Stellen sprechen für unsere Deutung, die der Sache nach sich nicht viel von der anderen unterscheidet.

107) Vgl. Metaph. ι, 10. p. 1036, a, 9. — Die mathematischen Begriffe sind frei von der sensibelen Materie, sagt Aristoteles, nicht aber von der intelligibelen; d. h. die mathematischen Begriffe enthalten zwar etwas, was nur Körpern zukommt, ist ja doch die Grösse oder die Figur ein κοινὸν αἰσθητόν, aber sie enthalten nichts, was im eigentlichsten Sinne sensibel ist, sie abstrahiren gänzlich von jedem ἴδιον αἰσθητόν. In der aus der Metaphysik citirten Stelle sagt er (a, 11.): νοητὴ δὲ (ὕλη ἐστὶν) ἡ ἐν τοῖς αἰσθητοῖς ὑπάρχουσα μὴ ᾗ αἰσθητά, welche Worte die Richtigkeit der Lesart κατὰ συμβεβηκός De Anim. III, 1. §. 5. p. 425, a, 15. bestätigen (s. o. Theil III. Anm. 55.). Wie Aristoteles sich diese gänzliche Abstraction von jedem ἴδιον αἰσθητόν möglich dachte, deutet er De Anim. III, 1. §. 8. p. 425,

Bedenken machen. In der sinnlichen Vorstellung des Krummnasigen ist der Begriff des Krummnasigseins und der Begriff der Krümmung enthalten. Die mathematischen Begriffe bestehen ausserhalb des Geistes nicht in Trennung von den sinnlichen Körpern, sondern sie sind in ihnen, wie auch die physicalischen, und gehen mit diesen in unsere Sinnesvorstellungen ein. Der Verstand erkennt also, wenn er sie erfasst, nicht etwas, was von der sensibelen Materie getrennt ist, sondern er erkennt nur etwas, was nicht von ihr getrennt ist, in getrennter Weise [108]. Nur wenn der Verstand den Begriff eines übersinnlichen Wesens erfassen, wenn er eine geistige Substanz erkennen würde, so könnte ihm diese Erkenntniss nicht in den Phantasmen zukommen. Allein dies ist weder bei den mathematischen Begriffen noch bei irgend welchen anderen, wenn wir die Selbsterkenntniss und die von sich selbst abstrahirten allgemeineren Begriffe ausnehmen, der Fall, da, so lange wenigstens er mit dem Leibe verbunden ist, er

---

b, 4. an. Wir haben mehrere Sinne, und durch jeden erkennen wir die κοινὰ αἰσθητά mit einem anderen ἴδιον αἰσθητόν. Durch den Gesichtssinn nehmen wir die Grösse wahr mit der Farbe aber ohne die fühlbare Qualität, durch den Gefühlssinn nehmen wir sie wahr mit der fühlbaren Qualität aber ohne die Farbe, und hiedurch wird es dem Verstande möglich, den Begriff der Grösse von beiden frei und rein zu erfassen: ζητήσειε δ' ἄν τις τίνος ἕνεκα πλείους ἔχομεν αἰσθήσεις, ἀλλ' οὐ μίαν μόνην. ἢ ὅπως ἧττον λανθάνῃ, τὰ ἀκολουθοῦντα καὶ κοινά; οἷον κίνησις καὶ μέγεθος καὶ ἀριθμός· εἰ γὰρ ἦν ἡ ὄψις μόνη, καὶ αὐτὴ λευκοῦ (λευκοῦ steht als vorzüglichste Farbe für alle Farben, wie auch Aristoteles das Vermögen der sinnlichen Affecte gewöhnlich ὀρεκτικόν nennt und sein Object als das ἡδύ bezeichnet, während es doch zugleich φευκτικὸν τοῦ λυπηροῦ ist. vgl. De Anim. III, 7. §. 2. p. 431, a, 9. 13.), ἐλάνθανεν ἂν μᾶλλον καὶ ἐδόκει ταὐτὸ εἶναι πάντα (nämlich χρώματα καὶ μεγέθη) διὰ τὸ ἀκολουθεῖν ἀλλήλοις ἅμα χρῶμα καὶ μέγεθος. (Es würde sein, wie es jetzt bei den Begriffen der Figur und der Grösse ist. Wir können keinen Begriff einer Grösse denken, der von dem Begriffe der Figur, und keinen Begriff einer Figur, der von dem der Grösse gänzlich abstrahirte, weil wir nie eine Grösse ohne Figur und umgekehrt wahrnehmen. Darum geschieht es auch leicht, dass Einer, der die specifischen Differenzen der Flächen angeben will, sie in Dreieck, Viereck u. dgl. scheidet, während dies doch Differenzen von Figuren sind, wesshalb er sie eher in dreischuhige, vierschuhige u. dgl. hätte theilen [sollen.) νῦν δ' ἐπεὶ καὶ ἐν ἑτέρῳ αἰσθητῷ τὰ κοινὰ ὑπάρχει, δῆλον ποιεῖ ὅτι ἄλλο τι ἕκαστον αὐτῶν. Wir ersehen hieraus, dass wir nach Aristoteles den Begriff der Substanz wohl auch nicht von dem der Ausdehnung gänzlich würden abstrahiren können, wenn nicht unser Verstand, indem er sich selbst als Denkenden erfasst, eine unausgedehnte Substanz erfassen würde. Jetzt aber ist es ihm möglich, wie er den Begriff der Grösse von dem der Farbe und fühlbaren Qualität abstrahirt, auch den der Substanz von dem der Ausdehnung sowohl, als dem des Denkens völlig frei zu machen. Vgl. Metaph. z, 11. p. 1036, b, 2.

108) De Anim. III, 7. §. 7. p. 431, b, 12. vgl. o. 4. §. 7. f. p. 429, b, 10. Metaph. E, 1. p. 1026, a, 8. u. die Kritik der platonischen Lehre im ersten und in den beiden letzten Büchern.

mit anderen geistigen Wesen nicht unmittelbar in Berührung treten kann [109]). Da er nun auch selbst sich nur dann erkennbar ist, wenn er durch Einwirkung des sensitiven Theiles zum wirklich Denkenden geworden [110]), so ist es offenbar, dass ihm auch diese Erkenntniss, wenn er sie nicht aus den Phantasmen schöpft, doch mittels der Phantasmen zu Theil wird; und so gilt denn während dieses Lebens der Aristotelische Satz ganz allgemein: „Niemals erkennt die Seele ohne sinnliche Vorstellungen [111])."

---

109) De Anim. III, 7. §. 8. p. 431, b, 16. ὅλως δὲ ὁ νοῦς ἐστιν ὁ κατ' ἐνέργειαν τὰ πράγματα νοῶν. ἆρα δ' ἐνδέχεται τῶν κεχωρισμένων τι νοεῖν ὄντα αὐτὸν μὴ κεχωρισμένον μεγέθους, ἢ οὔ, σκεπτέον ὕστερον. Der Verstand erkennt die Dinge. Wenn also alle Begriffe, die der Verstand, so lange er mit dem Leibe verbunden ist, erfasst, sich auf das sinnlich Körperliche beziehen, so wird er sie auch alle aus dem sinnlich Körperlichen, also aus den Phantasmen schöpfen. So ist es nun in der That (die Selbsterkenntniss ausgenommen) der Fall; denn Ideen im Sinne Platos gibt es nicht, das Sein des Fleisches ist, wie wir gesagt haben, nicht eine von dem sinnlichen Fleische verschiedene Substanz (s. o. n. 11.), die rein geistigen Substanzen aber, die wirklich existiren, erkennt unser Verstand, so lange er mit dem Leibe verbunden ist, nicht anders, als indem er den allgemeinen Begriff eines geistigen Wesens aus der Selbsterkenntniss schöpft (vgl. Anm. 107.) und dann, die Wirkungen eines denkenden Geistes, der nicht er selbst ist, in dem Sinnlichen erkennend, auf die Existenz eines solchen zurückschliesst. Dies Letztere ist offenbar, da sonst (d. h. wenn wir, wie die sinnlichen Dinge und uns selbst, auch die reinen Geister unmittelbar erfassten) Niemand, ausser einem Skeptiker, der auch an der Existenz der körperlichen Dinge zweifelt, an der Existenz Gottes zweifeln könnte, was doch nicht der Fall ist. (Vgl. De Anim. III, 8. §. 3. p. 432, a, 3—4. ebend. II, 1. §. 3. p. 412, a, 11—12. Metaph. α, 1. p. 993, b, 7—11. Γ, 3. p. 1005, a, 31. Ε, 1. p. 1026, a, 27. Κ, 7. p. 1064, b, 9. Ζ, 2. p. 1028, b, 18. Λ, 1. p. 1069, a, 31. und die Art und Weise, wie Aristoteles selbst in der Physik und in dem zwölften Buche der Metaphysik die Existenz Gottes und anderer geistiger Wesen nachweist. Daher sagt er auch Metaph. Θ, 10. p. 1051, b, 32. in Betreff der Erkenntniss der reinen Geister: τὸ τί ἐστι (Cod. A b τὸ ἐστι) ζητεῖται περὶ αὐτῶν, εἰ τοιαῦτά ἐστιν ἢ μή.) — Die Erörterungen, auf die Aristoteles verweist, wissen wir, wie auch die früheren Erklärer, nicht mit Bestimmtheit zu bezeichnen. Wahrscheinlich beziehen sie sich auf Untersuchungen, die Aristoteles in seine Metaphysik verweben wollte, und die, mag er sie nun ausgeführt haben oder nicht, nicht in unseren Besitz gelangt sind. Begnügen wir uns damit, dass über seine Meinung kein Zweifel bestehen kann. (vgl. De Memor. et Remin. 1. p. 450, a, 4. 7. Anm. 91.) Auch an unserer Stelle gibt sie sich durch die Umstände und die Art und Weise, wie er fragt, deutlich zu erkennen. Denn er hatte sich ja zur Aufgabe gesetzt, den Satz zu beweisen οὐδέποτε νοεῖ ἄνευ φαντάσματος ἡ ψυχή, und er erwähnt hier der Erkenntniss der geistigen Substanzen nur als eines letzten Einwandes, den man dagegen erheben könnte, eines Einwandes, der ihn wirklich zur Rücknahme seiner Behauptung zwingen würde, wenn jene Erkenntniss anders als in Relation zum Sinnlichen uns möglich sein würde.

110) S. o. n. 11. u. Anm. 49. u. 51.

111) Nach der Entwickelung des Gedankenganges im siebenten Capitel des

20. Allein gegen diese Lehre des Aristoteles von der Abhängigkeit unseres geistigen Erkennens von den Phantasmen, die, wie wir gesehen haben, auf feiner psychologischer Beobachtung und auf scharfsinnigen Argumenten beruht, und die, auch vom teleologischen Standpuncte aus betrachtet, da nach ihr die Sinne dem Verstande so grosse Hilfe bieten, über die Vereinigung des geistigen und leiblichen

---

dritten Buches, wie wir sie hier gegeben, wird dasselbe hoffentlich nicht mehr als eine blosse zusammenhangslose Häufung verschiedener Aussprüche erscheinen, für welche es Manchen gegolten hat. Wir haben nur §. 3. med. p. 431, a, 17 — §. 4. incl. p. 431, b, 2. übergangen. Es zerfällt dieser Theil in zwei Parcellen, von denen die eine (a, 17—20.) von uns citirt worden ist, da wir von der Einheit des empfindenden Subjectes handelten (s. o. Theil III. Anm. 35.). Aristoteles hat soeben gesagt, dass der Verstand seine Begriffe in den Phantasmen erfasse. Dieser Lehre steht aber nach der gewöhnlichen Meinung, die das Auge sehen und das Ohr hören lässt, die Einheit des Verstandes entgegen. Denn, wenn der Verstand nur *einer* ist, so kann er auch nur in *einem*, nicht in mehreren und getrennten Theilen des Leibes gegenwärtig sein, und wenn daher der Gesichtssinn und der Gehörsinn und ihre Vorstellungen in zwei getrennten Theilen sich finden, so scheint der Verstand, in dem einen oder anderen nicht gegenwärtig, keine Einwirkung von ihm empfangen zu können. Da nun der Verstand sowohl die Begriffe der Farben als der Töne erfasst, so scheint er beide in anderer Weise, und nicht aus den entsprechenden sinnlichen Vorstellungen zu schöpfen. — Diesem Einwurfe also sucht Aristoteles zu begegnen, indem er sofort die Einheit des sensitiven Theiles in Erinnerung bringt. Wie die Luft, sagt er, der Pupille, diese aber einem anderen, nämlich dem eigentlich empfindenden Organe eine gewisse Beschaffenheit gibt, so leitet auch das Organ, das zunächst von den Schallwellen afficirt wird (man bemerke, was wir Theil III. Anm. 35. über die Bedeutung von ἀκοή gesagt haben), die Wirkung weiter, und zwar zu demselben Organe hin, dem das Auge die Farbenvorstellungen vermittelte; denn der letzte Terminus, das eigentliche Subject der Empfindung, ist für alle sensibelen Qualitäten ein einziger und nur dem Sein nach verschieden, d. h. das *eine* empfindende Organ hat eine Mehrheit empfindender Vermögen. Ausser den äusseren Sinnen findet sich auch der Sinn der Sensation, die αἴσθησις κοινή, in demselben Subjecte, und es wird dasselbe hiedurch befähigt, auch den Unterschied der Objecte verschiedener Sinne wahrzunehmen. Kurzum alles, was wir sensitiv erkennen, ist in *einem* Organe concentrirt, und darum ist die Lehre, dass der Verstand seine Begriffe in den sinnlichen Vorstellungen erkenne, von dieser Seite gegen jeden Angriff gesichert. Aristoteles knüpft hieran (und dieses ist der zweite Theil der von uns übergangenen Stelle (§. 4. a, 20 — b, 2.) episodisch eine nochmalige Erörterung der Frage, wie es dem inneren Sinne möglich sei, das Süsse vom Weissen zu unterscheiden. Wir haben diesen Theil schon früher (Theil III. n. 11. u. Anm. 49.) besprochen und auch in Betreff des Textes die nöthigen Bemerkungen gemacht. Wenn wir in diesem Theile Torstrik wiederholt beistimmten, so können wir dieses bezüglich der übrigen zahlreichen Aenderungen, die er für das siebente Cap. in Vorschlag bringt, nicht thuen. Er nimmt, wie auch an anderen Orten, eine grössere Corruption des Textes an, als sie, Gott Dank, in Wirklichkeit besteht.

Theiles befriedigenden Aufschluss gibt [112]), erheben sich zwei gewichtige Bedenken.

Einmal erscheint nämlich nach dieser Lehre jedes Schliessen, jedes Definiren, überhaupt jedes freie methodisch fortschreitende Denken als etwas Unbegreifliches. Wenn der Verstand nur das denken kann, wozu ihm gerade die Phantasie eine Vorstellung bietet, so scheint er, in jeder Bewegung an sie gebunden, ein Spielball der Phantasmen zu werden; es scheint im schlimmsten Sinne sich zu bewähren, dass nach Aristoteles der menschliche Geist nur eine tabula rasa ist, welche die äusseren Dinge willkürlich beschreiben. Gewiss ist dies eine Lehre, die ebensosehr dem klaren Bewusstsein als der Würde des denkenden Theiles widerspricht, da ja hienach sogar der sensitive Theil freier in der Aufnahme seiner Objecte wäre, indem das Thier sich durch seine bewegende Kraft von dem einen Gegenstande hinweg und dem anderen zuwenden, den einen fliehen, den anderen seinen Sinnen nahe bringen kann.

Zu dieser Schwierigkeit gesellt sich eine zweite, die ein nicht minder unzulässiges Moment in der Aristotelischen Theorie nachzuweisen scheint. Wenn der Verstand durch Einwirkung des sensitiven Theiles, worin die Phantasmen sind, die intelligibelen Formen empfinge, so würde, wie in anderen Fällen Körperliches auf Körperliches, in diesem Falle Körperliches auf Geistiges wirken, und da jedes Wirken einem Streben folgt, so würde dies uns nöthigen, in dem Körperlichen entweder einen bewusstlosen Trieb oder ein bewusstes Begehren nach einer solchen Einwirkung auf das Geistige anzunehmen. Allein das Letztere ist offenbar unmöglich, denn so wenig der sinnliche Theil etwas Geistiges vorstellen kann, so wenig kann er auch nach etwas Geistigem begehren; und auch das Erstere scheint undenkbar, denn die bewusstlosen Naturtriebe folgen den körperlichen Beschaffenheiten, wie z. B. der Trieb zur Wärme der Wärme; wenn aber die Gedanken ähnlich den Empfindungen durch die Einwirkung einer sinnlichen Beschaffenheit auf das denkende Subject entstehen würden, so würde, wie wir schon oben bemerkt haben, diese Beschaffenheit die nothwendige Grundbestimmung aller unserer Begriffe sein [113]). Wie wir nichts sehen, ohne eine Farbe zu sehen, nichts hören, ohne einen Schall zu hören, und überhaupt nichts empfinden, ohne irgend eine sensibele Qualität zu empfinden, so würden wir auch nichts denken, ohne dass unser Gedanke eine gewisse körperliche Beschaffenheit enthielte. Da nun dieses nicht der Fall ist, so scheint überhaupt das Körperliche keine Form und kein Streben (weder ein

---

112) Vgl. De Anim. III, 12. §. 4. p. 434, b, 3. ebend. I, 3. §. 19. p. 407, b, 3. De Sens. et Sens. 1. p. 437, a, 1.

113) S. oben n. 6.

bewusstes noch ein unbewusstes) in sich zu haben, aus denen sich ein Leiden des Geistigen erklären liesse, und dem sensitiven Theile mit seinen Phantasmen scheint daher auch nicht jener Einfluss bei der Entstehung der Begriffe zukommen zu können, den Aristoteles ihm zuschreibt. Dieses also ist ein zweites und gewiss nicht minder tiefgreifendes Bedenken; denn, wenn der erste Einwand es der Aristotelischen Theorie zum Vorwurfe machte, dass nach ihr das fortschreitende Denken unbegreiflich werde, so will dieser zweite zeigen, dass unter solchen Bedingungen das Entstehen auch nicht eines einzigen Gedankens sich erklären lasse.

21. In jeder dieser beiden Schwierigkeiten werden wir auf eine geistige Kraft der Seele aufmerksam gemacht, die bisher von uns unerörtert geblieben ist; denn in der ersten liegt ein Hinweis auf jene Kraft, durch die der intellective Theil mit Bewusstsein in die Sphäre des sensitiven eingreift, in der zweiten aber ein Hinweis auf den νοῦς ποιητικός, der das eigentliche wirkende Princip unserer Gedanken ist.

Wir wollen, ehe wir auf die Erörterung des letzteren eingehen, zuerst der bewusst bewegenden Kraft der intellectiven Seele unsere Aufmerksamkeit zuwenden. Da aber die Bewegung, die vom intellectiven Theile ausgeht, in demselben Verhältnisse zum Willen, wie die von dem sensitiven ausgehende zum sinnlichen Begehrungsvermögen steht, indem wie die sinnliche Begierde Princip der Bewegung des Leibes, so auch das actuelle Wollen Princip der Bewegung des sensitiven Theiles wird, so müssen wir zuerst vom Willen sprechen.

b. Von der geistig begehrenden Kraft.

22. Aristoteles hat ausser dem sinnlichen noch ein höheres, geistiges Begehrungsvermögen angenommen. Er hat demselben Freiheit zugeschrieben, und zwar Freiheit nicht blos im Sinne jener ungezwungenen Hinneigung oder Abwendung von dem vorgestellten Gegenstande, die auch den Thieren zukommt [114]), sondern Freiheit, die jede, auch die innere Nothwendigkeit ausschliesst [115]). Er hat ihm dieselbe

---

114) Nachdem Aristoteles Eth. Nicom. III, 1. p. 1109, b, 35. gesagt hat: δοκεῖ δὲ ἀκούσια εἶναι τὰ βίᾳ ἢ δι' ἄγνοιαν γινόμενα. βίαιον δὲ οὗ ἡ ἀρχὴ ἔξωθεν, τοιαύτη οὖσα ἐν ᾗ μηδὲν συμβάλλεται ὁ πράττων ἢ ὁ πάσχων,.. erklärt er (3. p. 1111, a, 24.) οὐ καλῶς λέγεται ἀκούσια εἶναι τὰ διὰ θυμὸν ἢ δι' ἐπιθυμίαν. πρῶτον μὲν γὰρ οὐδὲν ἔτι τῶν ἄλλων ζῴων ἑκουσίως πράξει, οὐδ' οἱ παῖδες. Allein die eigentliche Freiheit will er ihnen desshalb noch keineswegs zugestehen (4. p. 1111, b, 6.): ἡ προαίρεσις δὴ ἑκούσιον μὲν φαίνεται, οὐ ταὐτὸν δέ, ἀλλ' ἐπὶ πλέον τὸ ἑκούσιον· τοῦ μὲν γὰρ ἑκουσίου καὶ παῖδες καὶ τἄλλα ζῷα κοινωνεῖ, προαιρέσεως δ' οὐ, καὶ τὰ ἐξαίφνης ἑκούσια μὲν λέγομεν κατὰ προαίρεσιν δ' οὔ.

115) Dem Menschen sind daher seine Handlungen zuzurechnen: Eth. Nicom. III, 7. p. 1113, b, 6. ἐφ' ἡμῖν δὲ καὶ ἡ ἀρετὴ ὁμοίως δὲ καὶ ἡ κακία. ἐν οἷς γὰρ ἐφ' ἡμῖν τὸ

aber nicht für alle seine Acte zuerkannt, sondern nur für die Acte des Wählens [115]). Möglich wird die Wahl und ihre Freiheit erstens dadurch, dass jeder erfasste Begriff zugleich die Erkenntniss der Sache und ihres Gegentheiles gibt [117]), und zweitens dadurch, dass die Gedanken des Verstandes allgemeine sind, so dass eine Vergleichung verschiedener Dinge, die gemeinsam an dem Begriffe des Guten participiren, unter diesem Gesichtspuncte stattfinden kann. Der allgemeine Begriff dient uns als die Einheit, mit der wir beide messen [118]). Die erste der beiden Bedingungen findet sich in ähnlicher Weise auch bei den sinnlichen Vorstellungen der Thiere [119]), die zweite

πράττειν καὶ τὸ μὴ πράττειν, καὶ ἐν οἷς τὸ μὴ καὶ τὸ ναί· ὥστ' εἰ τὸ πράττειν καλὸν ὂν ἐφ' ἡμῖν ἐστι, καὶ τὸ μὴ πράττειν ἐφ' ἡμῖν ἔσται αἰσχρὸν ὄν, καὶ εἰ τὸ μὴ πράττειν καλὸν ὂν ἐφ' ἡμῖν, καὶ τὸ πράττειν αἰσχρὸν ὂν ἐφ' ἡμῖν. εἰ δ' ἐφ' ἡμῖν τὰ καλὰ πράττειν καὶ τὰ αἰσχρά, ὁμοίως δὲ καὶ τὸ μὴ πράττειν, τοῦτο δ' ἦν τὸ ἀγαθοῖς καὶ κακοῖς εἶναι, ἐφ' ἡμῖν ἄρα τὸ ἐπιεικέσι καὶ φαύλοις εἶναι. ebend. 8. p. 1114, b, 31. τῶν μὲν γὰρ πράξεων ἀπ' ἀρχῆς μέχρι τοῦ τέλους κύριοί ἐσμεν, εἰδότες τὰ καθ' ἕκαστα, τῶν ἕξεων δὲ τῆς ἀρχῆς, καθ' ἕκαστα δὲ ἡ πρόσθεσις οὐ γνώριμος, ὥσπερ ἐπὶ τῶν ἀρρωστιῶν· ἀλλ' ὅτι ἐφ' ἡμῖν ἦν οὕτως ἢ μὴ οὕτω χρήσασθαι, διὰ τοῦτο ἑκούσιοι. Tugend und Laster verdienen Lob und Tadel, Lohn und Strafe u. s. w. Eth. Nicom. II, 4. p. 1106, a, 1. ebend. III, 7; p. 1113, b, 21. — 1114, a, 31.

116) Die προαίρεσις unterscheidet sich von der βούλησις, die ebenfalls ein geistiges Begehren ist, besonders dadurch, dass diese auf den Zweck, jene auf das Mittel gerichtet ist. So ist namentlich der letzte Zweck, die εὐδαιμονία (denn diese wird immer um ihrer selbst willen, nie als Mittel zu etwas Anderem begehrt Etų. Nicom. I, 5. p. 1097, b, 1.) kein Gegenstand der Wahl, und es kann daher auch keinen Menschen geben, der unglückselig zu sein begehrte (Eth. Nicom. III, 7. p. 1113, b, 16. ebend. p. 1114, b, 18.). Eth. Nicom. III, 4. p. 1111, b, 26. ἔτι δ' ἡ μὲν βούλησις τοῦ τέλους ἐστὶ μᾶλλον ἡ δὲ προαίρεσις τῶν πρὸς τὸ τέλος, οἷον ὑγιαίνειν βουλόμεθα, προαιρούμεθα δὲ δι' ὧν ὑγιανοῦμεν, καὶ εὐδαιμονεῖν βουλόμεθα μὲν καὶ φαμέν, προαιρούμεθα δὲ λέγειν οὐχ ἁρμόζει· ὅλως γὰρ ἔοικεν ἡ προαίρεσις περὶ τὰ ἐφ' ἡμῖν εἶναι.

117) Phys. VIII, 1. p. 251, a, 28. Eth. Nicom. V, 1. p. 1129, a, 13. Metaph. Θ, 2. p. 1046, b, 1. — 9. ebend. 5. p. 1048, a, 5. —15. Daher heisst es auch Eth. Nicom. III, 4. p. 1112, a, 15. ἡ γὰρ προαίρεσις μετὰ λόγου καὶ διανοίας. ὑποσημαίνειν δ' ἔοικε καὶ τοὔνομα ὡς ὂν πρὸ ἑτέρων αἱρετόν.

118) De Anim. III, 11. §. 2. p. 434, a, 5. ἡ μὲν οὖν αἰσθητικὴ φαντασία, ὥσπερ εἴρηται, καὶ ἐν τοῖς ἄλλοις ζῴοις ὑπάρχει ἡ δὲ βουλευτικὴ ἐν τοῖς λογιστικοῖς· πότερον γὰρ πράξει τόδε ἢ τόδε, λογισμοῦ ἤδη ἐστὶν ἔργον· καὶ ἀνάγκη ἑνὶ μετρεῖν· τὸ μεῖζον γὰρ διώκει. ὥστε δύναται ἐν ἐκ πλειόνων φαντασμάτων ποιεῖν. (vgl. Eth. Nicom. III, 5. p. 1112, b, 16. ebend. VII, 5. p. 1147, b, 4.) Mit der Möglichkeit zu überlegen fällt und steht die Möglichkeit zu wählen. Vgl. Eth. Nicom. III, 5. p. 1113, a, 9. ebend. V, 10. p. 1135, b, 8. VI, 2. p. 1139, a, 23.

119) Vgl. De Anim. II, 10. §. 3. p. 422, a, 20. ebend. 11. §. 12. p. 424, a, 10. auch ebend. I, 5. §. 16. p. 411, a, 2. wird nicht blos von geistiger Erkenntniss gesprochen. III, 7. §. 2. p. 431, a, 9. οἷον καταφᾶσα ἢ ἀποφᾶσα, auch §. 3. a, 16. Daher muss auch bei den Thieren zu der aufgenommenen Form die ὄρεξις hinzukommen, wenn die Bewegung erfolgen soll. De Anim. III, 10. §. 1 ff. p. 433, a, 9., womit zu vgl. Metaph. Θ, 5. p. 1048, a, 5. u. ob. Theil III. n. 19.

dagegen ist dem geistigen Erkenntnissvermögen eigenthümlich, in ihr haben wir also den eigentlichen Grund der Wahlfreiheit zu erkennen. Es wird nämlich häufig geschehen, dass, wenn wir von dem zu Wählenden eines mit dem anderen vergleichen, jedes von ihnen in gewisser Beziehung als das begehrenswerthere erscheint. Wofür daher auch immer unsere Wahl sich entscheiden mag, in jedem Falle werden wir in gewisser Beziehung das Bessere, in gewisser Beziehung das Schlechtere wählen, und so ist *nach* der Wahl, wie wir auch gewählt haben mögen; unser Begehren nicht ganz befriedigt, *vor* der Wahl aber, dem entsprechend, nicht vollkommen zu dem einen oder anderen Objecte hingezogen, so dass die Bewegung unseres Willens nicht mit Nothwendigkeit erfolgt [120]).

23. In diesen Sätzen haben wir die Lehre des Aristoteles von dem geistigen Begehrungsvermögen ihren Hauptzügen nach zusammengefasst. Uns ist hier vorzüglich der erste Punct, dass nämlich Aristoteles ausser dem Vermögen der sinnlichen Affecte auch eine geistig begehrende Kraft, einen Willen, angenommen hat, von Wichtigkeit; denn die Darstellung, die wir von der Aristotelischen Lehre über die Theile der Seele gegeben haben, erhält hiedurch eine Bestätigung, und wenn wir diese richtig erfasst haben, so wird das Verständniss des νοῦς ποιητικός uns in hohem Masse erleichtert sein.

Die Beweisstellen, die uns hier zu Gebote stehen, sind zahlreich und lassen sich in mehrere Classen eintheilen.

Der erste Platz gebührt natürlich jenen, worin dem Menschen geradezu ein von dem sinnlichen verschiedenes, dem vernünftigen Theile angehöriges Begehren und Begehrungsvermögen zugesprochen wird.

---

120) Diese letzte Bemerkung finden wir bei Aristoteles nicht ausgesprochen. Wir glaubten sie erklärend beifügen zu müssen, weil sonst nicht einzusehen ist, wie man, von seinen Gründen ausgehend, zur Erkenntniss der Möglichkeit der Willensfreiheit gelangen soll. Wenn die zu wählenden Güter nur in *einer* Beziehung gut wären, so dass das höhere Gut alles einschlösse, was das niedere Begehrenswerthes in sich hat, so würden sie, gegen einander abgewogen, sich wie schwerere und leichtere Körper verhalten, und mit derselben Nothwendigkeit wie bei der körperlichen Wage würde auch bei der Wage des Willens das grössere Gewicht den Ausschlag geben. Andeutungen des Gedankens einer theilweisen Ueberlegenheit in jedem der zu wählenden Objecte finden sich De Anim. III, 10. §. 6. p. 433, b, 5. ἐπεὶ δ' ὀρέξεις γίνονται ἐναντίαι ἀλλήλαις, τοῦτο δὲ συμβαίνει ὅταν ὁ λόγος καὶ ἡ ἐπιθυμία ἐναντίαι ὦσι, γίνεται δ' ἐν τοῖς χρόνου αἴσθησιν ἔχουσιν · (ὁ μὲν γὰρ νοῦς διὰ τὸ μέλλον ἀνθέλκειν κελεύει, ἡ δ' ἐπιθυμία διὰ τὸ ἤδη· φαίνεται γὰρ τὸ ἤδη ἡδὺ καὶ ἁπλῶς ἡδὺ καὶ ἀγαθὸν ἁπλῶς, διὰ τὸ μὴ ὁρᾶν τὸ μέλλον·) κ.τ.λ. und mehr noch Eth. Nicom. VII, 5. p. 1147, a, 31. ὅταν οὖν ἡ μὲν καθόλου ἐνῇ κωλύουσα γεύεσθαι, ἡ δὲ (sc. καθόλου), ὅτι πᾶν τὸ γλυκὺ ἡδύ, τουτὶ δὲ γλυκύ κ. τ. λ. Das Eine ist begehrenswerther, denn es gewährt Lust, das Andere ist begehrenswerther, denn es ist schön und pflichtgemäss. Beides erkenne ich, zu Beidem werde ich in gewisser Weise, aber zu keinem vollkommen hingezogen.

Aristoteles nennt dieses höhere Begehrungsvermögen oft selbst λόγος oder νοῦς [121]).

An zweiter Stelle machen wir auf jene Aussprüche des Aristoteles aufmerksam, in welchen er dem geistigen Theile eine Lust (ἡδονή) zuschreibt [122]). Denn eine geistige Lust ohne ein geistiges Begehrungsvermögen ist undenkbar, da überhaupt nichts, was Lust zu fühlen fähig ist, ohne ein Begehrungsvermögen sein kann [123]), ja Begehren und Lust nach Aristoteles Acte ein und desselben Vermögens sind [124]). Das begehrende Vermögen freut sich im Besitze des begehrten Gutes.

Verwandt mit diesen Stellen sind andere, worin Aristoteles von solchen spricht, welche dem, was in ihnen das Vornehmste ist, nämlich ihrem vernünftigen Theile zu Gefallen leben und nicht dem niederen, sinnlichen Theile fröhnen [125]). Auch diese Stellen beweisen

---

121) S. De Anim. III, 9. §. 3. p. 432, b, 3. — 7. ebend. 11. §. 3. p. 434, a, 12. (wozu vgl. Theil III. Anm. 110.) werden der vernünftige und sinnliche Seelentheil zwei Himmelssphären, und ihr Begehren deren Bewegungen verglichen. Wie hier, spricht Aristoteles auch De Anim. III, 10. §. 6. p. 433, b, 5. von einem Widerstreit, der oft zwischen dem höheren und niederen Begehren eintrete, und nennt an dieser Stelle das niedere ἐπιθυμία, das höhere λόγος. Polit. I, 5. p. 1254, a, 34., welche Stelle wir als Parallele ebenfalls Theil III. Anm. 110. angezogen haben, wird das geistige Begehren als νοῦς bezeichnet. Ausserdem vgl. in der Politik. III, 4. p. 1277, a, 6. u. bes. VII,15. p. 1384, b, 18. Auch Eth. Nicom. IX, 8. p. 1169, a, 17. (πᾶς γὰρ νοῦς αἱρεῖται τὸ βέλτιστον ἑαυτῷ) nennt er das Begehren des höheren Theiles νοῦς. Eth. Nicom. III, 5. p. 1113, a, 5. sagt er: παύεται γὰρ ἕκαστος ζητῶν πῶς πράξει, ὅταν εἰς αὑτὸν ἀγάγῃ τὴν ἀρχὴν καὶ αὐτοῦ εἰς τὸ ἡγούμενον· τοῦτο γὰρ τὸ προαιρούμενον. Unter dem ἡγούμενον ist aber wieder der νοῦς zu verstehen. (vgl. Zeller II, 2. S. 460. Anm. 5.) Vgl. ferner ebend. VI, 2. p. 1139, b, 4. Ebend. I, 1. p. 1094, a, 1. schreibt er dem, was offenbar dem geistigen Theile angehört, ein ἐφίεσθαι zu. Aehnliches kehrt häufig wieder z. B. ebend. 2. p. 1095, a, 14. u. 4. p. 1097, a, 5. u. s. f. Endlich ist eine Stelle im neunten Buche bemerkenswerth, wo Aristoteles sagt, dass der vollkommene Mensch mit seiner ganzen Seele dasselbe begehre, offenbar im Gegensatze zu jenen, welche mit dem einen Seelentheile nach Einem, mit dem anderen nach Anderem und Entgegengesetztem Verlangen haben. Eth. Nicom. IX, 4. p. 1166, a, 12.

122) Metaph. Λ, 7. p. 1072, b, 24. Eth. Nicom. X, 4. p. 1174. b, 20. ebend. b, 34. Vgl. ferner das erste u. sechste Cap. der Nicomachischen Ethik u. III, 13. p. 1117, b, 28. VI, 13. p. 1144, a, 3. X, 2. p. 1173, b, 16. u. 7. p. 1177, b, 19.

123) Darum schliesst Aristoteles aus dem Vorhandensein von sinnlicher Lust und Unlust auf ein sinnliches Begehrungsvermögen De Anim. II, 2. §. 8. p. 413, b, 23. u. III, 11. §. 1. p. 434, a, 2.

124) De Anim. III, 7. §. 2. p. 431, a, 10. Vgl. Eth. Nicom. X, 5. p. 1176, a, 11., wo das ἡδύ mit dem φιλητόν, und das λυπηρόν mit dem μισητόν zusammengestellt wird. So heisst es auch ebend. III, 13. p. 1117, b, 29. ἑκάτερος γὰρ τούτων χαίρει οὗ φιλητικός ἐστιν. Eth. Nicom. X, 5. p. 1175, b, 34. wird desshalb geläugnet, dass die Lust ein Denken oder Empfinden sei.

125) Eth. Nicom. IX, 4. p. 1166, a, 16. ebend. 8. p. 1168, b, 28. — p. 1169, a, 1.

unsere Behauptung; denn wenn Einem etwas zu Gefallen geschieht, so muss er auch Gefallen an etwas haben. Zudem sagt Aristoteles an den betreffenden Orten, dass, was unter der Leitung des vernünftigen Theiles geschehe, am meisten nach eigenem Willen (ἐκουσίως) geschehe, weil der vernünftige Theil derjenige sei, der vornehmlich den Menschen ausmache.

Einen vierten Beweis entnehmen wir endlich daraus, dass Aristoteles die Schlechtigkeit (κακία), obgleich er sie keineswegs wie Plato in einen blossen Fehler der Erkenntniss setzt [126]), doch als eine Verderbniss des intellectiven und nicht des sinnlichen Theiles betrachtet [127]). Sie ist ihm eben eine Verderbniss des geistigen Begehrungsvermögens.

Gewiss wäre es überflüssig, wenn wir noch weitere Beweisstellen aufsuchen wollten, da nach so klaren und mannigfachen Aussprüchen wohl Niemand über die Lehre des Aristoteles in diesem Puncte noch in Zweifel sein wird. Sicher hat er ein besonderes geistiges Begehrungsvermögen angenommen, wie er es auch annehmen musste, wenn das, was wir über das Verhältniss des intellectiven zum sensitiven Theile, so wie das, was wir über die Natur der begehrenden Vermögen im Allgemeinen gesagt haben, wirklich seine Lehre ist.

24. Wir haben nämlich oben gesehen, dass nicht blos die formerfassenden, sondern auch die begehrenden Seelenkräfte passive Vermögen sind. Wie daher die erkennenden Kräfte nach der Verschiedenheit ihrer Objecte, insofern sie zum Erkennen bewegen, verschieden sind, und wie wir desshalb für jedes eigenthümliche Object ein eigenes Erkenntnissvermögen anzunehmen genöthigt waren, so werden auch die begehrenden Vermögen nach der Verschiedenheit ihrer Objecte, insofern sie zum Begehren bewegen, verschieden sein müssen. Wir werden nun aber, wie Aristoteles sagt, von den Objecten zum Begehren bewegt, nicht insofern sie ausser uns sind, sondern insofern sie uns in den Gedanken des Verstandes, oder in den Phantasmen vorgestellt werden [128]). Daher werden, wie die intelligibele Form und das Phantasma, so auch das von der einen und dem anderen bewegte Begehrungsvermögen verschieden sein müssen.

Noch einleuchtender wird die Nothwendigkeit der Annahme eines solchen doppelten Begehrungsvermögens dadurch, dass, wie früher dargethan worden, der Verstand von den die sinnlichen Formen erfassenden Vermögen dem Subjecte nach verschieden ist; das der

126) Metaph. Δ, 29. p. 1025, a, 6. Eth. Nicom. III, 4. p. 1112, a, 8. ebend. 7. p. 1113, b, 24.

127) Eth. Nicom. VII, 7. p. 1150, a, 1. ebend. II, 4. p. 1105, b, 31.

128) De Anim. III, 10. §. 6. p. 433, b, 11. Metaph. Λ, 7. p. 1072, a, 27. Eth. Nicom. III, 6. p. 1113, a, 24.

Sinne ist leiblich, das des Verstandes aber geistig. Da nun die intelligibelen Formen nicht in dem empfindenden Theile sind, so können auch seine Affecte nicht von ihnen erregt werden, und wenn wir daher, wie wir es ohne Zweifel wirklich thun [129], auch nach solchem begehren, was der Verstand erkennt, so müssen wir auch ein zweites, mit dem Verstande verbundenes, geistiges Begehrungsvermögen haben.

c. Von der bewussten Einwirkung des geistigen Theiles auf den sinnlichen.

25. Wie an das sensitive Begehren sich das Vermögen der bewussten Bewegung des Leibes, so schliesst sich an das geistige Begehren in engster Weise ein Vermögen des intellectiven Theiles an, durch welches er mit Bewusstsein auf den niederen Menschen einwirkt.

Dass Aristoteles eine solche Kraft der intellectiven Seele zugeschrieben, geht aus zahlreichen Aeusserungen hervor. Wir brauchen, um uns davon zu überzeugen, nur einen Blick auf jene Stellen zu werfen, wo er von einer örtlichen Bewegung spricht, bei welcher der Mensch von seiner Vernunft geleitet werde [130], oder auf jene, wo er von dem Kampfe des vernünftigen und sinnlichen Begehrens redet [131] und der Vernunft und dem vernünftigen Theile die naturgemässe Herrschaft über den sinnlichen zuerkennt, oder auf jene, wo er sagt, der Verstand bewege [132], oder wo er die Künste und poietischen Wissenschaften als ἀρχαὶ μεταβλητικαὶ ἐν ἄλλῳ ἢ ἄλλο bezeichnet [133], oder auf jene, wo er den unvernünftigen Theil in einen solchen, der in keiner

---

129) Welcher Ansicht Aristoteles in diesem Puncte gewesen, zeigt z. B. De Anim. III, 7. §. 6. p. 431, b, 10, aufs Deutlichste. Ebenso Eth. Nicom. VI, 2. p. 1139, a, 22. De Anim. II, 5. §. 4. p. 417, a, 27. sagt Aristoteles, der Wissende könne, was er wisse, sobald er *wolle*, denken. Wir wollen also geistig erkennen. vgl. Metaph. Λ, 1. princ. Eth. Nicom. I, 5. p. 1097, b, 2. ebend. X, 10. p. 1180, b. 20. Auch die ethischen Tugenden erscheinen uns schön, und wir begehren nach ihnen, aber keine kann anders als mit dem Verstande erkannt werden, denn sie liegen ja in der von der Vernunft bestimmten Mitte (Eth. Nicom. II, 6. princ.), und einige von ihnen zeigen noch besonders klar, dass sie nicht sinnlich erkennbar sind, wie z. B. die Wahrhaftigkeit, die wegen ihres Objectes eine sinnliche Vorstellung ganz offenbar nicht zulässt. (Eth. Nicom. II, 7. p. 1108, a, 19. Metaph. Λ, 29. p. 1025, a, 6.) Endlich wissen wir, dass nach Aristoteles der sensitive Theil nichts Allgemeines erfasst; dennoch sagt er, Rhet. II, 4. p. 1382, a, 4. καὶ ἡ μὲν ὀργὴ ἀεὶ περὶ τὰ καθ᾽ ἕκαστα, οἶον Καλλίᾳ ἢ Σωκράτει, τὸ δὲ μῖσος καὶ πρὸς τὰ γένη· τὸν γὰρ κλέπτην μισεῖ καὶ τὸν συκοφάντην ἅπας.

130) De Anim. III, 9 ff. auch ebend. I, 3. §. 10. p. 406, b, 24.

131) S. ob. Anm. 121. die zuerst genannten Stellen.

132) Z. B. Metaph. Λ, 6. p. 1071, b, 36.

133) Metaph. Θ, 2. p. 1046, b, 2. vgl. Z, 7. p. 1032, b, 9.

Weise an der Vernunft Theil habe, und in einen solchen scheidet, der gewissermassen ihrer theilhaft sei, indem er ihr Folge leiste [134]).

26. Dieses Vermögen ist sowohl von dem Verstande als auch von dem Willen verschieden, da es ja activ ist, während jene beiden passiv sind. Nichtsdestoweniger ist die Fähigkeit des geistigen Theiles zur Einwirkung auf das Leibliche gewissermassen mit dem Willen Eins zu nennen, denn da das practische Wollen selbst das Princip dieses Wirkens ist, so hat der geistige Theil eben, insofern er begehren kann, auch die Anlage zu dieser Thätigkeit [135]). Ueberhaupt besteht zwischen dem Willen und der mit Bewusstsein wirkenden geistigen Kraft ganz dasselbe Verhältniss, wie zwischen dem Vermögen der sinnlichen Affecte und dem der bewussten Bewegung des Leibes. Wir verweisen daher auf die dort gegebene Erörterung [136]).

27. Durch seine Einwirkung auf das Leibliche modificirt der geistige Theil die Lebensthätigkeiten desselben. Doch gilt dies nicht von allen, vielmehr sind die vegetativen Functionen, wie Aristoteles in dem ersten Buche der Ethik sagt [137]), seiner Herrschaft entzogen. Von den sensitiven beeinflusst er aber sowohl die Phantasmen als auch die Affecte und die bewegenden Thätigkeiten. Sein Einfluss auf die Phantasie wird namentlich in den Erscheinungen des Gedächtnisses sichtbar, denn nur durch ihn wird die Erinnerung möglich, da der sich Erinnernde von Einem zum Andern, in der Weise eines Schliessenden, fortschreitet. Daher haben auch zwar viele Thiere am Gedächtnisse Theil, aber dem Menschen allein kommt es zu, sich zu erinnern [138]). Sein Einfluss auf das sinnliche Begehren zeigt sich in der Unterdrückung und Erregung der Affecte, über welche, wie wir schon oben [139]) sagten, der geistige Theil, nach Aristoteles, nur durch eine Verderbniss der Natur die Herrschaft verliert, so dass sogar das umgekehrte Verhältniss eintritt, und er selbst zum Knechte der Leidenschaften wird. Sein Einfluss endlich auf die Bewegung offenbart sich in jedem vernünftigen Thun und Handeln [140]).

---

134) Wie Eth. Nicom. I. 13. p. 1102, b, 28.

135) De Anim. III, 10. §. 3. p. 433, a, 22. ebend. §. 5. a, 30. §. 6. b, 10. §. 7. b, 17. §. 8. b, 27. Metaph. Θ. 5. p. 1048, a, 5.

136) Theil III. n. 19.

137) Eth. Nicom. I, 13. p. 1102, b, 29. τὸ μὲν γὰρ φυτικὸν οὐδαμῶς κοινωνεῖ λόγου.

138) De Memor. et Remin. 2. p. 453, a, 7. τοῦ μὲν μνημονεύειν καὶ τῶν ἄλλων ζῴων μετέχει πολλά, τοῦ δ' ἀναμιμνήσκεσθαι οὐδὲν ὡς εἰπεῖν τῶν γνωριζομένων ζῴων, πλὴν ἄνθρωπος. αἴτιον δ' ὅτι τὸ ἀναμιμνήσκεσθαι ἐστιν οἷον συλλογισμός τις· ὅτι γὰρ πρότερον εἶδεν ἢ ἤκουσεν ἤ τι τοιοῦτον ἔπαθε, συλλογίζεται ὁ ἀναμιμνησκόμενος, καὶ ἔστιν οἷον ζήτησίς τις. τοῦτο δ' οἷς καὶ τὸ βουλευτικὸν ὑπάρχει, φύσει μόνοις συμβέβηκεν· καὶ γὰρ τὸ βουλεύεσθαι συλλογισμός τίς ἐστιν.

139) Theil III. n. 20. — 140) S. Anm. 130. u. 138.

28. Allein obwohl der intellective Theil in allen Gattungen der sensitiven Thätigkeiten seinen Einfluss geltend macht, so wirkt er doch nicht auf alle unmittelbar. Wie die äusseren sinnlichen Objecte zwar nicht blos Empfindungen, sondern auch Affecte in uns erregen und örtliche Bewegungen zur Folge haben, aber dennoch unmittelbar nur Empfindungen hervorrufen, da erst das Wahrgenommene begehrt wird, und auf das Begehrte sich die Bewegung richtet, so wirkt auch der intellective Theil, wenn er auf die sensitiven Thätigkeiten einen Einfluss übt, zunächst immer auf die Phantasmen und durch die Aenderungen, die er in der Phantasie hervorbringt, werden dann auch die Begierden modificirt, und indem diese andere und andere werden, ändern sich auch die Bewegungen, die aus ihnen hervorgehen.

Bei manchen Bewegungen ist die Vermittlung durch die Phantasie auf den ersten Blick einleuchtend, wie z. B. bei der Bewegung des Sprechens, wo eine Lautvorstellung, oder bei den Thätigkeiten der Kunst, wo ein künstlerisches Phantasiebild offenbar unentbehrlich ist. Allein auch bei allen anderen Strebungen und Bewegungen muss, wegen des natürlichen Verhältnisses, in welchem die formerfassenden, begehrenden und bewegenden Vermögen zu einander stehen, dasselbe der Fall sein. Ohne ein entsprechendes sinnliches Begehren würde für die Bewegung das Princip fehlen, und ohne die Vorstellung eines sinnlich Begehrbaren würde ein solches für das Begehren mangeln. So weist denn jede von der Vernunft geregelte sinnliche Begierde und Leidenschaft, wie die des Tapferen, des Mässigen und des Enthaltsamen, und jede von der Vernunft geleitete Bewegung auf die Phantasie als auf dasjenige zurück, was unmittelbar die Einwirkung des geistigen Theiles erfahren hat. Daher, sagt Aristoteles im zehnten Capitel des dritten Buches von der Seele, insofern ein lebendes Wesen zu begehren vermöge, sei es fähig, sich selbst örtlich zu bewegen, es vermöge aber nicht zu begehren ohne Phantasie, die Phantasie aber sei entweder eine vernünftige, d. i. eine unter Einwirkung der Vernunft gebildete, oder eine sensitive, d. i. eine solche, die blosse Nachwirkung der Empfindung ist, und an der letzteren, nicht aber an der ersteren, hätten ausser dem Menschen auch die Thiere Antheil [141]). Durch die Umgestaltung der Phantasiebilder also übt die Vernunft erst ihren die Begierden und die Bewegungen bestimmenden Einfluss aus. Wenn ferner Aristoteles im elften Capitel desselben

---

141) De Anim. III, 10. §. 8. p. 433, b, 27. ὅλως μὲν οὖν, ὥσπερ εἴρηται, ᾗ ὀρεκτικόν τὸ ζῷον, ταύτῃ αὑτοῦ κινητικόν· ὀρεκτικόν δὲ οὐκ ἄνευ φαντασίας· φαντασία δὲ πᾶσα ἢ λογιστικὴ ἢ αἰσθητικὴ· ταύτης μὲν οὖν καὶ τὰ ἄλλα ζῷα μετέχει. vgl. De Mot. Animal. 8. p. 702, a, 17., welches Buch, wie in keinem, so auch insbesondere in diesem Puncte sich nicht von der Lehre des Aristoteles entfernt, wie sie in seinen unzweifelhaft ächten Schriften enthalten ist.

Buches sagt, dass das, was zunächst bewege, nicht das allgemeine, sondern das Einzel - Urtheil sei [142]), so spricht sich auch in diesen Worten deutlich aus, dass mittels der sinnlichen Vorstellung der geistige Theil die Bewegung leitet; denn es ist ja Sache der Sinne, das Einzelne zu erkennen, der Verstand erkennt, wie schon früher gesagt wurde, nur das Allgemeine.

29. So sehen wir denn, dass jene Kraft des Geistes, die mit Bewusstsein auf das Leibliche wirkt, immer zunächst eine Umgestaltung der sinnlichen Vorstellungen hervorbringt. Von welcher ausserordentlichen Wichtigkeit sie aber sei, ist leicht erkennbar. Keine künstlerische Thätigkeit, kein vernunftgemässes Handeln, kein Verkehr der Geister würde ohne sie möglich sein, und schon hiedurch wäre selbstverständlich auch die intellectuelle Entwickelung jedes Einzelnen gehemmt. Allein auch direct wird sie wegen der Abhängigkeit, in der unser Denken von den Phantasmen steht, für unsere erkennende Thätigkeit einer der wichtigsten Factoren, ohne den die gewöhnlichsten Erscheinungen unseres Denkens sich nicht erklären lassen. Diese Seite ist es, die hier vorzüglich für uns Interesse hat, denn es gilt sowohl die Vorwürfe, die mit Unrecht gegen die Aristotelische Erkenntnisslehre erhoben werden, zurückzuweisen, als auch den Einfluss aller einzelnen Factoren, die bei der Bildung unserer Gedanken in Rechnung kommen, genau zu bestimmen, damit die Wirksamkeit des νοῦς ποιητικός sich uns klar herausscheide.

Wir haben oben gesagt, dass wir mit dem Verstande keinen Begriff zu erkennen vermögen, wenn nicht gleichzeitig eine entsprechende Einzelvorstellung in unseren Sinnen bestehe. Wie das Auge nicht mehr sieht, wenn das äussere Object hinweggenommen worden, so sieht auch das geistige Auge, der Verstand, nicht mehr, wenn die Phantasmen des sensitiven Theiles verschwunden sind. Hieraus ergab sich eine doppelte Schwierigkeit [143]), und die eine bestand darin, dass jedes geordnete Denken, jede systematische Zusammenstellung einer Gedankenreihe, jede methodische Untersuchung einer Frage, jede, auch die geringste Beweisführung, und ebenso auf der anderen Seite das absichtliche Festhalten und die betrachtende Vertiefung in ein und denselben Gedanken zur Unmöglichkeit zu werden droht; von dem Wechsel der Phantasmen scheinen auch die Gedanken des Verstandes unwiderstehlich mit fortgerissen zu werden. Diese Schwierigkeit ist durch den Nachweis einer bewussten Einwirkung des gei-

---

142) De Anim. III, 11. §. 4. p. 434, a, 16. ἐπεὶ δ' ἡ μὲν καθόλου ὑπόληψις καὶ λόγος, ἡ δὲ τοῦ καθ' ἕκαστα, (ἡ μὲν γὰρ λέγει ὅτι δεῖ τὸν τοιοῦτον τὸ τοιόνδε πράττειν, ἡ δὲ ὅτι τόδε τὸ νῦν τοιόνδε, κἀγὼ δὲ τοιόσδε,) ἤδη αὕτη κινεῖ ἡ δόξα, οὐχ ἡ καθόλου. ἢ ἄμφω, ἀλλ' ἡ μὲν ἠρεμοῦσα μᾶλλον, ἡ δ' οὔ.

143) S. oben n. 20.

stigen Theiles auf die Vorstellungen der Phantasie gelöst. Mag nun immerhin der intellective Theil nur unter der Einwirkung von sinnlichen Bildern erkennen, er bleibt doch der herrschende. Weit entfernt, dass er ein willenloses Spielzeug der Phantasmen würde, müssen vielmehr diese seinen Befehlen gehorchen und seinem Willen gemäss sich umgestalten und ordnen lassen, und werden die Mittel, die seinem Zwecke dienen.

d. Vom νοῦς ποιητικός.

30. Allein noch ein anderer Einwand ist gegen die Aristotelische Erkenntnisslehre erhoben worden [144]), und dieser wird nicht wie der erste durch die Herrschaft unseres Willens über die Phantasmen widerlegt. Der sensitive Theil, wurde gesagt, hat als etwas Körperliches kein Princip in sich, wodurch er fähig wäre, auf etwas Geistiges zu wirken; kann er aber nicht auf das Geistige wirken, so kann auch nicht der Verstand durch seinen Einfluss die Begriffe empfangen, wie diese auch immer in den sinnlichen Vorstellungen eingeschlossen sein mögen. Hiemit wäre die ganze Lehre des Aristoteles von dem Entstehen unserer Gedanken von der Wurzel aus zerstört.

Wie werden wir auf diesen Einwand antworten?

Dass aus keiner körperlichen Beschaffenheit, wie Wärme, Schall, Farbe, oder einer anderen der Art, ein Trieb zu jener Einwirkung auf das Geistige hervorgehen könne, in Folge deren dem Verstande seine Begriffe zu Theil werden, das haben wir, da wir zuvor die Schwierigkeit anregten, aus der Natur der geistigen Vorstellungen dargethan und haben schon früher [145]), auf andere Gründe uns stützend, dieselbe Annahme als unpassend und unwahrscheinlich, wenn nicht unmöglich nachgewiesen. Ebenso wurde gezeigt, dass kein sinnliches Begehren auf die Entstehung der Begriffe gerichtet sein kann. Somit ist es richtig, dass aus dem sensitiven Theile selbst seine Einwirkung auf den Verstand sich nicht erklären lässt. Allein trotzdem wird diese Einwirkung noch nicht als etwas Unmögliches erscheinen; denn in einer doppelten Weise kann etwas eine Wirkung ausüben, einmal, indem diese aus dem eigenen Streben hervorgeht, dann aber auch, indem der Impuls dazu ihm von Aussen mitgetheilt wird.

Diese zweite Möglichkeit wurde bei dem Argumente gegen die Entstehung unserer Begriffe aus den sensitiven Vorstellungen ausser Acht gelassen. Freilich etwas Körperliches kann diesen Impuls dem sensitiven Theile nicht geben, denn auch *seine* Beschaffenheiten können der genügende Erklärungsgrund für die Einwirkung auf das Geistige nicht werden und die Schwierigkeit würde daher durch eine solche Annahme nur hinausgeschoben, aber auch nicht dem kleinsten

---

144) Ebend. — 145) Theil I. n. 19.

Theile nach beseitigt. Es muss also etwas Geistiges sein, was, in dem sensitiven Theile gegenwärtig, auf ihn jenen Einfluss übt, der mittelbar die Bewegung der intellectiven Seele und das geistige Erkennen zur Folge hat. Was aber soll dieses Geistige sein, wenn es nicht die intellective Seele selbst ist? Diese also muss, wie der Magnet die Feilspäne zu sich emporzieht und dann von ihnen berührt wird, auf den sensitiven Theil eine Art von anziehendem Einfluss üben, so dass nun der sensitive Theil ihr gleichsam zustrebt und rückwirkend jene Aenderung in ihr hervorbringt, an die das Entstehen der Begriffe geknüpft ist.

Um also die Einwirkung des sensitiven Theiles auf den intellectiven zu begreifen, müssen wir in diesem selbst eine neue active Kraft annehmen; denn, dass es nicht die Thätigkeit des Willens ist, von welcher diese Einwirkung auf den sensitiven Theil ausgeht, ist offenbar, da dieselbe unserer Willkür entzogen ist und unbewusst stattfindet, wie sie ja auch von allem geistigen Erkennen schon vorausgesetzt wird. Diese Kraft wird in ähnlicher Weise, wie die sensibele Qualität von Aristoteles das ποιητικόν für die Sinne genannt wird [146]), als das ποιητικόν für den Verstand zu bezeichnen sein [147]); es ist dies der s. g. νοῦς ποιητικός [148]), der als vierte, oder wenn man den Willen und das bewusstbewegende Vermögen des Geistes in Eines fasst, als dritte Kraft zu den intellectiven Seelenkräften hinzutritt.

31. Diese Betrachtungen vorausgeschickt, wollen wir uns jetzt zu dem so verschieden gedeuteten fünften Capitel des dritten Buches von der Seele wenden, zu dessen Verständniss die bisherigen Untersuchungen uns den Weg gebahnt haben. Sie haben uns gezeigt, dass für ein zweites geistig erkennendes Vermögen des Menschen in der Aristotelischen Erkenntnisslehre kein Raum gelassen ist; sie haben uns aber zugleich das Bedürfniss einer anderen geistigen Kraft dargethan, ohne die unser Denken so wenig möglich wäre, als eine Wirkung ohne Ursache möglich ist. Sie haben uns ferner gezeigt, dass diese Kraft nicht unmittelbar in unserem Verstande die Gedanken hervorbringen kann, einmal desshalb, weil sonst der Zusammenhang, der zwischen Sinnenvorstellung und Begriff besteht, gelöst würde, dann aber auch desshalb, weil sonst der geistige Theil immerwährend denken müsste, endlich desshalb, weil, wie dem sensitiven Theile, so auch dem intellectiven die Einwirkung, die ihn zum wirklich denkenden macht,

---

146) De Sens. et Sens. 6. p. 445, b, 7. ποιητικόν γάρ ἐστιν ἕκαστον αὐτῶν (näml. τῶν παθημάτων τῶν αἰσθητῶν) τῆς αἰσθήσεως. De Anim. II, 5. §. 6. p. 417, b, 20. ebend. §. 3. p. 417, a, 18.

147) De Anim. III, 5. §. 1. p. 430, a, 12. τὸ αἴτιον καὶ ποιητικόν.

148) Ein Ausdruck, der sich bei Aristoteles selbst nicht findet, der aber ganz seinem Sinne entspricht, da er ein und dasselbe bald νοῦς, bald τὸ ποιητικόν nennt.

zunächst von etwas Anderem kommen muss. So ergab sich die Nothwendigkeit einer unbewusst auf den sensitiven Theil wirkenden Kraft
der intellectiven Seele, die ihm den Impuls zur Rückwirkung auf das
Geistige gibt. Nicht etwas Geistiges bringt sie in dem Körperlichen
hervor, aber doch in gewissem Sinne etwas Ueberkörperliches, insofern es nämlich höher ist als alle Beschaffenheit, die aus der Natur
eines Körpers stammen kann. Darum erhebt es sich auch zu einer
Wirkung, an die das Körperliche aus eigner Kraft nicht hinan reicht,
und die etwas Geistiges ist, wie ihr eigentliches Princip etwas Geistiges war, während das Körperliche dabei nur als vermittelnde Ursache und gleichsam als Werkzeug des Künstlers dient.

Von diesem eigentlichen Principe unseres geistigen Erkennens
handelt das fünfte Capitel des dritten Buches von der Seele; es ist der
νοῦς ποιητικός. Als ursprünglich gegebene active Kraft der intellectiven
Seele muss er mit dem νοῦς δυνάμει, der leidend die Gedanken aufnimmt, theils übereinstimmende, theils entgegengesetzte Beschaffenheit haben. Sie müssen übereinstimmen, insofern beide geistig sind,
sie müssen sich entgegengesetzt sein, insofern der eine seiner Natur
nach reine Möglichkeit, der andere seiner Natur nach reine Wirklichkeit ist; denn das Princip des Wirkens ist immer eine Wirklichkeit, da nichts wirkt, ausser insofern es wirklich ist. Der νοῦς
ποιητικός muss also eine actuelle Eigenschaft der intellectiven Seele,
eine Energie unseres Geistes sein.

Säumen wir nicht, uns davon zu überzeugen, wie die Worte des
Aristoteles unserer ganzen Anschauung zur Bestätigung dienen, indem sie, mit ihr in vollkommenem Einklange stehend, durch sie in
allen ihren Theilen verständlich werden.

---

32. Wir erinnern zunächst an den Zusammenhang. Aristoteles
hatte im vierten Capitel die Natur und Beschaffenheit jenes geistigen
Vermögens dargethan, welches die Gedanken aufnimmt und ebenso
die Möglichkeit aller intelligibelen Formen ist, wie die Sinne die Möglichkeit der sensibelen Formen sind. Wie das Empfinden, so war
auch das Denken ein Leiden und verlangte, wie jenes, ein entsprechendes wirkendes Princip. Welches also ist das wirkende Princip
des geistigen Erkennens? — Der Gedankengang hatte, wie wir oben
erörtert [149]), eine Wendung genommen, nach der die Beantwortung
dieser Frage nicht länger mehr verschoben werden konnte. So beginnt denn Aristoteles das fünfte Capitel, indem er dem möglichen
Verstande, dem νοῦς δυνάμει, den νοῦς ποιητικός, wie das wirkende
Princip (τὸ αἴτιον καὶ ποιητικόν) der Materie (ὕλη) gegenüber stellt:

---

149) S. oben n. 15. gegen Ende.

Ἐπεὶ δ' ὥσπερ ἐν ἁπάσῃ τῇ φύσει ἐστί τι τὸ μὲν ὕλη ἑκάστῳ γένει (τοῦτο δὲ ὃ πάντα δυνάμει ἐκεῖνα), ἕτερον δὲ τὸ αἴτιον καὶ ποιητικόν, τῷ ποιεῖν πάντα, οἷον ἡ τέχνη πρὸς τὴν ὕλην πέπονθεν, ἀνάγκη καὶ ἐν τῇ ψυχῇ ὑπάρχειν ταύτας τὰς διαφοράς. καὶ ἔστιν ὁ μὲν τοιοῦτος νοῦς, τῷ πάντα γίνεσθαι, ὁ δὲ, τῷ πάντα ποιεῖν, ὡς ἕξις τις, οἷον τὸ φῶς· τρόπον γάρ τινα καὶ τὸ φῶς ποιεῖ τὰ δυνάμει ὄντα χρώματα ἐνεργείᾳ χρώματα. καὶ οὗτος ὁ νοῦς χωριστὸς καὶ ἀπαθὴς καὶ ἀμιγής, τῇ οὐσίᾳ ὢν ἐνέργεια (oder wie die Handschriften ἐνεργείᾳ)[151]· ἀεὶ γὰρ τιμιώτερον τὸ ποιοῦν τοῦ πάσχοντος καὶ ἡ ἀρχὴ τῆς ὕλης.

„Doch[150]) wie in der ganzen Natur für „jede Gattung etwas die Materie ist (dieses „aber ist das, was alle jene Dinge in Mög„lichkeit ist), etwas Anderes aber die Ur„sache und das wirkende Princip, indem „es sie alle wirklich macht und sich zu dem „Ersteren wie die schaffende Kunst zu dem „Stoffe verhält, so müssen sich nothwendig „auch in der Seele diese Unterschiede fin„den. Und es hat die eine intellective „Kraft die angegebene Eigenschaft" [dass sie nämlich Alles in Möglichkeit ist], „weil „sie Alles wird, die andere aber, weil sie „Alles wirkt, ist wie ein Habitus" [eine actuelle positive Eigenschaft] „ähnlich dem „Lichte; denn in gewisser Weise macht „auch das Licht die Farben, die in Mög„lichkeit sind, zu wirklichen Farben. Auch „dieser Verstand ist frei vom Körper und „incorruptibel und unvermischt, indem er „seinem Wesen nach Energie ist. Denn „immer übertrifft das Wirkende das Lei„dende und das bewegende Princip die Ma„terie an Würde."

Hier wollen wir ein wenig inne halten, da die folgenden Bemerkungen sich nicht mehr unmittelbar auf den νοῦς ποιητικός beziehen, obwohl sie, mit dem ersten Theile des Capitels in innigem Zusammenhange stehend, einige Bedenken, zu denen er Veranlassung gibt, beseitigen. Es ist eigenthümlich, dass Aristoteles oft gerade an jenen Stellen, wo er die wichtigsten Lehrpuncte berührt, seine Worte so kurz zusammendrängt, dass sie fast unverständlich werden, während er bei anderen, die bei weitem nicht dasselbe Interesse und dieselbe Schwierigkeit darbieten, sich in weitläufigere Erörterungen einlässt. Wir haben oben, da wir seine Beweise für die Geistigkeit des aufnehmenden Verstandes betrachteten[152]), ein auffallendes Beispiel solcher Wortkargheit gehabt, die viele Missverständnisse veranlasste. In dem berühmten neunten Capitel des zwölften Buches der Metaphysik haben wir einen ähnlichen Fall, und die Schwierigkeit der Erklärung wird dort so gross, dass viele, und selbst ausgezeichnete Exegeten

150) Das ἐπεὶ des griechischen Textes haben wir, da ihm kein Nachsatz entspricht, in der Uebertragung nicht ausgedrückt.
151) S. darüber Torstrik. Der Sinn bleibt, ob man ἐνέργεια oder ἐνεργείᾳ liest, derselbe. Vgl. z. B. Metaph. Λ, 5. p. 1071, a, 8. ebend. 6. p. 1071, b, 20—22.
152) S. oben n. 4. ff.

sich dazu verleiten liessen, Aristoteles die absurde und mit allen seinen sonstigen Aeusserungen über die Gottheit im Widerspruche stehende Lehre einer universellen göttlichen Ignoranz beizulegen. Hier an unserer Stelle finden wir nun dieselbe Sonderbarkeit, und sie hat auch hier dieselben übeln Folgen für das Verständniss nach sich gezogen. Dennoch hat Aristoteles, wie auch an den beiden anderen der genannten Orte, mit ebenso grosser Präcision als Kürze gesprochen. Alle wesentlichen Bestimmungen des νοῦς ποιητικός sind genau angegeben, und für einige der wichtigeren hat er zugleich eine Begründung beigefügt.

Der νοῦς ποιητικός wird nämlich

1) deutlich als das wirkende Princip unserer Gedanken bezeichnet;

2) wird gesagt, dass er etwas zur menschlichen Seele Gehöriges sei;

3) wird näher bestimmt, dass er zum geistigen Theile der Seele gehöre;

4) wird erklärt, dass er aber dennoch von dem aufnehmenden Verstande verschieden, also nur dem Subjecte, nicht aber dem Sein nach mit ihm identisch sei;

5) wird der Unterschied und die entgegengesetzte Natur von beiden Vermögen besonders darin nachgewiesen, dass, während die Natur des aufnehmenden Verstandes keine andere als die einer blossen Möglichkeit war [153]), der wirkende Verstand seinem Wesen nach Energie ist; endlich wird

6) auch noch deutlich zu erkennen gegeben, dass der νοῦς ποιητικός zunächst auf den sensitiven Theil, in dessen Vorstellungen die intelligibelen Formen enthalten sind, wirke, und daher erst mittelbar den aufnehmenden Verstand zum wirklich denkenden mache.

Für die meisten dieser Sätze deutet Aristoteles, wenn auch in äusserster Kürze, zugleich Beweise an. So für die Nothwendigkeit eines wirkenden Princips (1), für die Geistigkeit desselben (3), für seine Verschiedenheit vom aufnehmenden Verstande (4), sowie auch dafür, dass es seiner Natur nach eine Wirklichkeit ist (5). Dafür, dass es zunächst auf die Phantasmen wirke (6), war ein besonderer Beweis an dieser Stelle wohl nicht von Nöthen; aus dem Einflusse, den Aristoteles überall den sinnlichen Vorstellungen bei dem Entstehen der Begriffe zuschreibt, ergab es sich von selbst, dass der sinnliche Theil, wenn nicht das eigentliche wirkende Princip, doch nothwendig eine instrumentale Ursache für unser Denken sein musste. Ebenso fühlte Aristoteles, nachdem das wirkende Princip unseres Denkens als etwas Geistiges erwiesen war, nicht mehr das Bedürfniss eines Beweises dafür, dass der νοῦς ποιητικός zur Seele des Menschen ge-

---

153) S. oben Anm. 17.

höre (2), denn, dass es eine fremde geistige Substanz sein könne, die, so oft wir neu zu denken beginnen, occasionalistisch den sensitiven Theil bewege, das ist eine Ansicht, die seinem gesunden Sinne allzu ferne lag.

Wir wollen nun im Einzelnen nachweisen, dass alle diese Bestimmungen, die, wie wir sehen, vollkommen mit unseren früheren Erörterungen zusammentreffen, in der von uns citirten Stelle enthalten sind.

Gleich im Anfange sehen wir den νοῦς ποιητικός dem aufnehmenden Verstande als wirkendes Princip gegenüber gestellt. Der Beweis dafür, dass es ein solches geben, und dass dasselbe von dem aufnehmenden Verstande verschieden sein müsse, wird aus dem allgemeinen Gesetze, dass, wo immer eine Veränderung stattfindet, eine Materie und ein von ihr verschiedenes wirkendes Princip vorhanden sein muss, abgeleitet. Wie die ganze Natur, d. i. die ganze körperliche Welt, bei ihren substantiellen und accidentellen Umwandelungen diesem Gesetze unterliegt, so findet es nothwendig auch auf die intellective Seele, so weit sie einem Wechsel unterworfen ist, seine Anwendung. Wenn sie der Substanz nach incorruptibel ist, so ist sie doch nicht ohne accidentelle Veränderungen, da sie bald denkt, bald nicht denkt, und bald diese, bald jene intelligibele Form in sich hat. Daher muss auch für das Denken ausser dem materiellen Principe [154]), nämlich dem aufnehmenden Verstande, ein von ihm verschiedenes, wirkendes Princip angenommen werden. — Somit sehen wir, dass Aristoteles gleich in dem ersten Satze den *ersten* und *vierten* der von uns hervorgehobenen Puncte sowohl behauptet als begründet hat.

Er hat aber zugleich ausgesprochen, dass nicht blos das materielle Princip, das alle Gedanken in Möglichkeit ist, sondern auch das wirkende Princip in unserer Seele sich finde, also nicht eine fremde Substanz sei; denn er sagt, es sei nothwendig, dass *in der Seele* diese Unterschiede bestünden (ἐν τῇ ψυχῇ ὑπάρχειν ταύτας τὰς διαφοράς). Themistius und Thomas von Aquin haben in älterer, Trendelenburg, Brandis und Andere in neuerer Zeit sich auf diese Worte berufen, um den Irrthum jener zu widerlegen, welche den Aristotelischen νοῦς ποιητικός als einen dem Wesen des Menschen fremden Geist

---

154) Zeller hat es widersprechend gefunden, dass das Denken nach Aristoteles auf der einen Seite unkörperlich sein, auf der anderen doch eine Materie haben soll. Allein der Begriff der Materie ist ein vielfacher und wechselt mit jeder Kategorie. In dem geistigen Theile fehlt die substantielle Materie, weil ein substantieller Wechsel bei ihm unmöglich ist. Ein accidenteller Wechsel, wie z. B. ein Wechsel der Gedanken, widerspricht ihm aber nicht, und darum hat er auch eine entsprechende accidentelle Materie, nämlich den νοῦς δυνάμει, der als reelle Möglichkeit dem Wechsel zu Grunde liegt. vgl. Metaph. Θ, 8. p. 1050, b, 16. ebend. Λ, 2. p. 1069, b, 24.

betrachten. — Hiemit wäre auch der *zweite* Punct bereits, als in den Worten des Aristoteles enthalten, nachgewiesen.

Wir haben aber noch andere Ausdrücke geltend zu machen, die, wenn man sie näher erwägt, mit unwidersprechlicher Klarheit jede Meinung, welche den νοῦς ποιητικός als die Gottheit oder eine andere übermenschliche geistige Substanz fassen will, als Missverständniss erkennen lassen. Aristoteles fährt fort: „und es ist der eine Verstand so, wie wir gesagt haben [155]), da er Alles wird, der andere aber, da er Alles wirkt, ist wie ein Habitus." Diese Worte waren unverständlich, weil man eine Interpunction vor ὡς gesetzt hatte, ohne, wie wir es gethan, auch vor den beiden τῷ zu interpungiren; τοιοῦτος und ὡς ἕξις τις sind Prädicate des Satzes. Aristoteles gibt nämlich hier den Hauptgegensatz an, der zwischen dem aufnehmenden und wirkenden Verstande besteht. Der aufnehmende Verstand ist, wie im vierten Capitel dargethan worden, seiner Natur nach reine Möglichkeit der Gedanken, da er alle intelligibelen Formen aufnimmt, was Aristoteles hier, wie auch früher schon [156]), mit den Worten ausdrückt: „weil er Alles wird." Der wirkende Verstand dagegen ist eine actuelle, positive Eigenschaft, denn nur etwas Wirkliches kann als wirkendes Princip dienen, und Aristoteles bedient sich, um dieses zu bezeichnen, des Ausdruckes ἕξις, Habitus, indem er dieses Wort hier nicht in dem gewöhnlichen Sinne einer Fertigkeit oder Disposition [157]), sondern in jener allgemeineren Weise gebraucht, in welcher es ihm auch an anderen Orten jede Form, die in einem Subjecte wirklich ist [158]), ja an einer Stelle sogar eine actuelle Privation [159]) (von der natürlich hier keine Rede sein kann) bedeutet. Der Vergleich mit dem Lichte, den er sogleich folgen lässt, macht dies vollends klar [160]). — So finden wir denn hier das, was wir oben als *fünften* Punct hervorgehoben haben, nämlich die entgegengesetzte Natur des aufnehmenden und wirkenden Verstandes ausgesprochen und zugleich auch den Grund des Gegen-

---

155) τοιοῦτος bezieht sich wohl zunächst auf die Parenthese τοῦτο δὲ ὁ πάντα δυνάμει ἐκεῖνα. Vgl. aber auch 4. §. 3. p. 429, a, 15. und überhaupt dieses ganze Cap., das von ihm allein handelt. Bei dem, was δυνάμει ὄν ist, weist Aristoteles, um nicht missverstanden zu werden, gerne auf ausführlichere Erklärungen zurück. Vgl. z. B. Metaph. Γ, 5. p. 1010, a, 4. ἡ (φύσις) τοῦ ὄντος οὕτως ὥσπερ εἴπομεν.

156) De Anim. III, 4. §. 6. p. 429, b, 6. s. ob. Anm. 48.

157) Die beiden Bedeutungen, welche Metaph. Δ, 20. angibt, sind nicht für unsere Stelle passend.

158) Vgl. De Anim. III, 8. §. 3. p. 432, b, 6. De Memor. et Remin. 1. p. 450, a, 30. Metaph. Δ, 10. p. 1018, a, 21. 34. ebend. ι. 4. p. 1055, a, 33. Λ, 3. p. 1070, a, 12. Δ, 6. p. 1015, b, 34. vgl. auch ebend. ι, 4. p. 1055. b, 13.

159) Metaph. Δ, 12. p. 1019, b, 7.

160) Von ihm sagt nämlich Aristoteles De Anim. II, 7. §. 2. p. 418, b, 9. φῶς δὲ ἐστιν ἡ τούτου ἐνέργεια, τοῦ διαφανοῦς ἧ διαφανές. u. ebend. §. 5. p. 419, a, 11. ἡ δ' ἐντελέχεια τοῦ διαφανοῦς φῶς ἐστιν. Er bezeichnet es als ἕξις §. 8. p. 418, b, 19.

satzes beigefügt, dass nämlich, wie das materielle Princip eine Möglichkeit, das wirkende Princip immer eine Wirklichkeit sein müsse.
Später wiederholt Aristoteles dieselbe Behauptung.

Was aber an dieser Stelle unsere Aufmerksamkeit besonders in Anspruch nimmt, ist der Ausdruck ἕξις. Obwohl dieser nämlich, wie wir
schon sagten, nicht blos für die Fertigkeiten und Dispositionen, sondern
häufig auch in einem weiteren Sinne gebraucht wird, so kann er doch
nur für Formen, die in einem Subjecte sind, seien sie nun substantielle
Formen einer körperlichen Materie, oder accidentelle Formen, nie aber
für eine reine substantielle Energie gebraucht werden [161]). Da nun
hier der νοῦς ποιητικός als ἕξις bezeichnet wird, so ist es offenbar, dass
Aristoteles nicht die Gottheit, oder eine andere geistige Substanz unter ihm verstanden haben kann, sondern dass er, wenn überhaupt
etwas Geistiges, eine accidentelle Form der intellectiven Seele mit
diesem Namen bezeichnen wollte. — So haben wir denn auch in dem
zweiten Satze des fünften Capitels einen neuen und, wie mir scheint,
ganz zwingenden Beweis dafür gefunden, dass nach Aristoteles das
wirkende Princip unserer Gedanken eine Eigenschaft der eigenen
Seele ist.

Allein aus eben diesem Satze kann man auch einen Einwand gegen unsere Ansicht entnehmen; denn in ihm zum ersten Male wird
das wirkende Princip als Verstand (νοῦς) bezeichnet. Nicht blos das
aufnehmende, sondern auch das wirkende Princip scheint also nach
Aristoteles etwas Denkendes zu sein, und da nun, wie wir gesehen
haben, der aufnehmende Verstand unser einziges geistig erkennendes
Vermögen ist, so scheint nichts übrig zu bleiben, als das wirkende
Princip von der Seele zu trennen und es als eine eigene, dem Wesen
des Menschen fremde Substanz zu betrachten.

Dieser Einwand hat aber nur für den ein Gewicht, der nicht
weiss, wie sehr Aristoteles es liebt, ein und dasselbe Wort in man-
nigfacher Bedeutung zu gebrauchen. Wir haben im Anfange unserer
Abhandlung [162]) auf eine Menge vieldeutiger Ausdrücke aufmerksam
gemacht, die das Verständniss der Aristotelischen Erkenntnisslehre
erschweren. Auch den Ausdruck νοῦς gebraucht Aristoteles in mehr-
fachem Sinne, und wir haben an dem genannten Orte die Verschiedenheit seiner Bedeutungen vermerkt. Diese Bedeutungen sind jedoch
nicht rein homonym, sondern sie stehen in einem gewissen Zusammenhange mit einander, und für den νοῦς ποιητικός kann derselbe in einer
doppelten Weise erklärt werden. Einmal schon daraus, dass der νοῦς
ποιητικός zum geistigen Theile der Seele gehört, den Aristoteles an

---

161) Vgl. Metaph. Δ, 12. p. 1019, b, 7. u. ebend. I, 4. p. 1055, b, 12. Wo
eine ἕξις ist, muss ein ἔχειν sein.
162) Einleitung n. 3.

einigen bereits früher erwähnten Stellen [163]), weil er das Subject des Verstandes ist, selbst als νοῦς bezeichnet hat. Gewiss lag es nahe, denselben Namen nun auch noch weiter auf alle in ihm befindlichen Vermögen zu übertragen. An einigen Orten, wo Aristoteles vom geistigen Begehrungsvermögen sprach [164]), hat er, wie wir oben sahen, in der That auch dieses νοῦς genannt, und es ist nicht unwahrscheinlich, dass er es aus dem Grunde gethan, weil der Wille zu dem intellectiven Theile gehört und mit dem Verstande dem Subjecte nach vereinigt ist. Indessen könnte man auch sagen, dass Aristoteles darum das geistige Begehrungsvermögen als νοῦς bezeichnet habe, weil es in seiner Thätigkeit in der Art von dem Verstande abhängig ist, dass es nichts Gutes begehren, nichts Böses fliehen und überhaupt in keiner Weise von einem Objecte bewegt werden kann, ausser insofern dasselbe in dem Verstande vorgestellt worden ist.

Nehmen wir nun die erste Erklärung als richtig an, so ist es offenbar, dass Aristoteles aus demselben Grunde auch den νοῦς ποιητικός, da ja auch er ein Vermögen der intellectiven Seele ist, mit dem Namen νοῦς bezeichnen konnte. In diesem Falle würde also dieser Ausdruck, aus dem man beim ersten Anblick auf die Trennung des νοῦς ποιητικός von dem aufnehmenden Verstande schliessen zu müssen glaubt, gerade für seine innige Vereinigung mit ihm bezeichnend sein [165]).

Nehmen wir aber an, die zweite Vermuthung sei richtiger, und das geistige Begehrungsvermögen werde darum νοῦς genannt, weil es nur von den in dem Verstande erfassten intelligibelen Formen bewegt wird, so können wir mit demselben, wenn nicht mit grösserem Rechte annehmen, dass die active Kraft der Seele, von der wir sprechen, darum νοῦς genannt werde, weil sie das wirkende Princip für alle in dem Verstande zu erfassenden intelligibelen Formen ist. Wie man nicht blos das gesund nennt, was die Gesundheit in sich hat, sondern auch das, was Folge und Symptom der Gesundheit ist, wie die Gesichtsfarbe, aber auch das, was sie bewirkt und erhält, wie eine Arznei oder Speise [166]), so konnte auch Aristoteles nicht blos das, was die Gedanken in sich hat, sondern auch das, was Folge des Denkens ist, wie das geistige Begehren, aber auch das, was als Prin-

---

163) S. z. B. ebend. Anm. 8. u. mehrere Theil IV. Anm. 21. genannte Stellen.
164) S. oben Anm. 121.
165) Diese Erklärung halten wir für die wahrscheinlichere.
166) Vgl. Metaph. Γ, 2. p. 1003, a, 33. τὸ δὲ ὂν λέγεται μὲν πολλαχῶς, ἀλλὰ πρὸς ἓν καὶ μίαν τινὰ φύσιν, καὶ οὐχ ὁμωνύμως ἀλλ᾽ ὥσπερ καὶ τὸ ὑγιεινὸν ἅπαν πρὸς ὑγίειαν, τὸ μὲν τῷ φυλάττειν, τὸ δὲ τὸ ποιεῖν, τὸ δὲ τῷ σημεῖον εἶναι τῆς ὑγιείας, τὸ δ᾽ ὅτι δεκτικὸν αὐτῆς. καὶ τὸ ἰατρικὸν πρὸς ἰατρικήν· τὸ μὲν γὰρ τῷ ἔχειν τὴν ἰατρικὴν λέγεται ἰατρικόν, τὸ δὲ τῷ εὐφυὲς εἶναι πρὸς αὐτήν, τὸ δὲ τῷ ἔργον εἶναι τῆς ἰατρικῆς. ὁμοιοτρόπως δὲ καὶ ἄλλα ληψόμεθα λεγόμενα τούτοις.

cip die Gedanken hervorbringt, als νοῦς bezeichnen. Auch die gewöhnliche Sprache thut Aehnliches in Betreff der Sinne, indem sie
sich in einigen Fällen zur Bezeichnung der sensitiven Kraft und des
sensibelen Objectes, welches das wirkende Princip der Empfindung
ist, desselben Ausdruckes bedient. Denn im Deutschen nennen wir
Geruch [167]) sowohl den Geruchsinn, als auch die sensibele Beschaffenheit, welche die Empfindung in ihm erzeugt, und dasselbe thun
wir beim Geschmacke. Dass Aristoteles nicht für nöthig gefunden
hätte, diesem Mangel der Sprache durch Erfindung besonderer Ausdrücke abzuhelfen, dass er sich vielmehr einfach damit begnügt haben würde, auf die Doppelsinnigkeit von Geruch und Geschmack
aufmerksam zu machen, unterliegt kaum einem Zweifel [168]). So lässt
er denn auch hier, da er keine besondere Bezeichnung für das wirkende Princip unserer Gedanken vorfindet, den Namen des aufnehm-
menden Vermögens auch für das wirkende gelten, und begnügt sich
in der schärfsten Weise, den Unterschied und Gegensatz beider zu
betonen.

Hiemit hoffen wir die Bedenken, welche der Name νοῦς bei
Manchen erregen konnte, beseitigt zu haben und fahren nun in der
Eröterung unseres Textes und in dem Nachweise fort, dass alle von
uns hervorgehobenen Sätze wirklich in ihm enthalten sind.

Aristoteles fügt, nachdem er gesagt hat, der active νοῦς könne
nicht eine blosse Möglichkeit, sondern er müsse eine actuelle Eigenschaft (ἕξις) sein, weil er wirkend die Gedanken hervorbringe, zur
Erläuterung einen Vergleich hinzu. Eine wirkliche Beschaffenheit, sagt
er, müsse dieser νοῦς sein, ähnlich dem Lichte, denn auch dieses
mache gewissermassen die Farben, die in Möglichkeit seien, zu wirklichen Farben.

Dieser Vergleich ist nach der Aristotelischen Ansicht vom Lichte
nicht in jeder Beziehung passend, denn das Licht wirkt nach seiner
Meinung nicht eigentlich auf den farbigen Gegenstand, sondern es
macht vielmehr, dass das, worin es ist, z. B. die erleuchtete Luft,
fähig wird, von der Farbe in gewisser Weise afficirt zu werden [169]).
Dagegen ist nach Aristoteles, wie der νοῦς ποιητικός, so auch das

---

167) Auch im Griechischen ὀσμή bei späteren Schriftstellern. Aristoteles gebraucht ἁφή (De Sens. et Sens. 3. p. 439, a, 8.) zur Bezeichnung der sensibelen
Qualität des ἁπτόν neben χρῶμα, ψόφος, ὀσμή und χυμός, während es doch gewöhnlich den Gefühlssinn bezeichnet (vgl. De Anim. II, 11. princ.). Ein besonderer
entsprechender Ausdruck stand ihm in der That nicht zu Gebote.

168) Vgl. De Anim. III, 2. §. 6. p. 426, a, 15., wo er sich mit der blossen
Bemerkung begnügt: ἡ δὲ τοῦ χυμοῦ (ἐνέργεια) ἀνώνυμος, u. die vor. Anm.; auch
De Anim. II, 7. §. 4. p. 419, a, 4.

169) Vgl. De Anim. II, 7. §. 5. p. 419, a, 7.

Licht eine Art ἕξις, eine accidentelle Form dessen, worin es ist [170]), und da es ferner offenbar nur in Folge der Anwesenheit des Lichtes möglich wird, dass das Object, worin die Farbe ist, auf den Gesichtssinn einen Eindruck macht, wesshalb auch nach Aristoteles *gewissermassen* wenigstens die Farbe durch das Licht sichtbar gemacht wird [171]), so bot sich ihm hierin eine weitere Aehnlichkeit mit dem νοῦς ποιητικός dar, ohne welchen die intelligibelen Formen, die in dem sensitiven Theile sind, nicht im Verstande aufgenommen werden könnten. Der Ungenauigkeit des Vergleiches, die darin besteht, dass, während der νοῦς ποιητικός im eigentlichen Sinne wirkend die Phantasmen, die in Möglichkeit intelligibel sind, wirklich intelligibel macht, das Licht nicht eigentlich wirkend, sondern nur als eine nothwendige Vorbereitung des Mediums bei dem Sichtbarwerden der Farben in Rechnung kommt, war Aristoteles sich selber wohl bewusst, und er sagt desshalb nur „in gewisser Weise" (τρόπον τινά) mache das Licht die mögliche Farbe zur wirklichen, also nicht in derselben eigentlichen Weise, in welcher der νοῦς ποιητικός das in Möglichkeit Intelligibele zum wirklich Intelligibelen macht [172]).

Diese vergleichende Bemerkung ist uns aber trotzdem für das Verständniss der Lehre vom νοῦς ποιητικός von hohem Werthe, da sich in ihr der *sechste* Punct, den wir oben hervorgehoben haben, dass nämlich das wirkende Princip unserer Gedanken nicht unmittelbar auf den aufnehmenden Verstand, sondern zunächst auf den sensitiven Theil wirke, deutlich zu erkennen gibt. Eine nähere Erwägung der Stelle wird hierüber keinen Zweifel lassen.

Offenbar schreibt hier Aristoteles dem νοῦς ποιητικός eine Wirkung auf dasjenige zu, worin die intelligibelen Formen bereits sind, aber nicht in der Weise sind, dass sie in Wirklichkeit erkannt werden können, es fehlt ihnen etwas, um wirklich intelligibel zu sein, und dieses Fehlende soll ihnen eben durch den νοῦς ποιητικός gegeben werden; an und für sich sind sie nur in Möglichkeit intelligibel. Wenn wir hiemit eine Stelle am Ende des vorigen Capitels vergleichen, wo Aristoteles sagt, dass in dem Körperlichen jedes Intelligibele nur

---

170) S. oben Anm. 160.

171) De Anim. III, 5. §. 1. p. 430, a, 16.

172) Da nach den neueren Anschauungen vom Lichte der farbige Gegenstand wirklich von ihm einen anregenden Eindruck empfängt, so ist nach ihnen der Vergleich des νοῦς ποιητικός mit dem Lichte auch in dieser Beziehung ganz passend. Wenn uns die von der Sonne abgewendete Mondseite durch unser Erdenlicht einigermassen sichtbar ist, so ist in diesem Falle die Gestalt des Mondes uns durch eben das, was er von uns selbst empfangen hat, wahrnehmbar geworden. Aehnlich werden die Formen in dem empfindenden Organe dem geistigen Theile intelligibel durch den Einfluss, den er selbst darauf ausgeübt hat. Der νοῦς ποιητικός ist also s. z. s. das Licht der Phantasmen.

Möglichkeit sei [173]), so sehen wir deutlich, dass er hier von dem Intelligibelen spricht, wie es in dem Körperlichen enthalten ist, und es ist also vor Allem klar, dass Aristoteles dem νοῦς ποιητικός hier ein Wirken auf etwas Körperliches zuschreibt, durch welches er, indem er die Formen, die in ihm in Möglichkeit intelligibel sind, wirklich intelligibel macht, mittelbar in dem aufnehmenden Verstande die Gedanken hervorbringt. Wenn nun aber der νοῦς ποιητικός auf etwas Körperliches wirkt, so kann darüber, welches dieses Körperliche sei, wohl kein Zweifel bestehen; vielmehr ist es offenbar, dass es das Centralorgan des sensitiven Theiles sein muss, in welchem der geistige Theil der Seele gegenwärtig ist [174]), und in dessen Phantasmen, wie Aristoteles zu sagen nicht müde wird, die intelligibelen Formen enthalten sind. In dem siebenten Capitel sagt er: „die Ideen erkennt der intellective Theil in den Phantasmen [175]), " und in dem achten: „in den sensibelen Formen sind die intelligibelen, darum müssen wir, wenn wir etwas denken, zugleich ein Phantasma uns vorstellen [176]). " In dem fünften Capitel des zweiten Buches endlich lehrt er, dass während der Sinn auf das Einzelne gerichtet sei, die Wissenschaft das Allgemeinen erkenne, und dieses sei gewissermassen in der Seele (nämlich in den Phantasmen des sensitiven Theiles), so dass der Verstand nicht wie der Sinn der Gegenwart des äusseren Objectes bedürfe. An dieser Stelle bezeichnet er auch das Allgemeine, das gewissermassen in der (sensitiven) Seele ist, als das ποιητικόν für das Wissen, analog den sensibelen Objecten, die er die ποιητικά der Empfindungen nennt [177]). Wenn der νοῦς ποιητικός mittels der Phantasmen die Gedanken hervorbringt — aber *nur* in diesem Falle — besteht zwischen dieser und der anderen Aussage, worin Aristoteles eine geistige Kraft für das αἴτιον καὶ ποιητικόν erklärt, kein Widerspruch.

---

173) De Anim. III, 4. §. 12. p. 430, a, 6. ἐν δὲ τοῖς ἔχουσιν ὕλην δυνάμει ἕκαστόν ἐστι τῶν νοητῶν.

174) S. ob. Anm. 111.; auch De mot. Animal. 10. p. 703, a, 37. Wie nicht jeder Körper geeignet ist, dass eine intellective Seele in ihm wohne, sondern nur der menschliche, so auch nicht jeder Theil des menschlichen Leibes, sondern nur der, worin die sensitiven Kräfte sind.

175) De Anim. III, 7. §. 5. p. 431, b, 2. s. ob. Anm. 103.

176) Ebend. 8. §. 3. p. 432, a, 4. ἐν τοῖς εἴδεσι τοῖς αἰσθητοῖς τὰ νοητά ἐστι, τά τε ἐν ἀφαιρέσει λεγόμενα, καὶ ὅσα τῶν αἰσθητῶν ἕξεις καὶ πάθη. καὶ διὰ τοῦτο οὔτε μὴ αἰσθανόμενος μηθὲν οὐθὲν ἂν μάθοι οὐδὲ ξυνείη· ὅταν τε θεωρῇ, ἀνάγκη ἅμα φάντασμά τι θεωρεῖν· τὰ γὰρ φαντάσματα ὥσπερ αἰσθήματά ἐστι, πλὴν ἄνευ ὕλης.

177) De Anim. II, 5. §. 6. p. 417, b, 19. διαφέρει δὲ, ὅτι τοῦ μὲν (nämlich τοῦ αἰσθάνεσθαι) τὰ ποιητικὰ τῆς ἐνεργείας ἔξωθεν, τὸ ὁρατὸν καὶ τὸ ἀκουστόν, ὁμοίως δὲ καὶ τὰ λοιπὰ τῶν αἰσθητῶν. αἴτιον δ' ὅτι τῶν καθ' ἕκαστον ἡ κατ' ἐνέργειαν αἴσθησις, ἡ δ' ἐπιστήμη τῶν καθόλου· ταῦτα δ' ἐν αὐτῇ πώς ἐστι τῇ ψυχῇ.

Doch wir kehren zu unserem Texte im fünften Capitel des dritten Buches zurück, der an und für sich so klar ist, dass es dieses
Blickes auf andere Stellen kaum bedurft hätte. Denn, wenn aus den
zuletzt erörterten Worten sich nur so viel ergab, dass der νοῦς ποιητικός zunächst auf etwas Körperliches wirke, so wird eine andere
Stelle im Verlaufe unseres Capitels selbst, indem sie die Abhängigkeit unseres Denkens von den Phantasmen berührt, dieses dahin ergänzen, dass der sensitive Theil es sei, der die Wirkung des νοῦς
ποιητικός dem denkenden Vermögen vermittele [178]).

Wir haben nun bereits alle oben angegebenen Puncte bis auf
einen einzigen, als in der vorliegenden Stelle enthalten, nachgewiesen; es fehlt uns nur noch ein klarer Ausspruch und eine Begründung der Geistigkeit des νοῦς ποιητικός. Diese gibt Aristoteles in dem
letzten Satze, der also beginnt: „Auch dieser Verstand ist frei vom
Körper und leidenslos und unvermischt, indem er seinem Wesen nach
Energie ist.“

Von den vier Prädicaten, die hier dem νοῦς ποιητικός beigelegt
werden: χωριστός, ἀπαθής, ἀμιγής, ἐνέργεια [179]), hat er die drei ersten
mit dem aufnehmenden Verstande gemein [180]). Auch ihn nannte Aristoteles χωριστός (De Anim. III. 4. §. 5. p. 429, b, 5.) ἀπαθής (ebend.
§. 3. a, 15. §. 5. a, 29.) und in einem doppelten Sinne ἀμιγής, einmal, weil seine Natur eine reine Möglichkeit ohne jede Actualität ist
(ebend. §. 3. a, 18.), dann aber auch darum, weil er als eine Kraft
des geistigen Theiles unvermischt ist mit dem Leibe (ebend. §. 4. a,
24.). Hiedurch werden uns in erwünschter Weise Anhaltspuncte für
das Verständniss dieser Ausdrücke gegeben, denn es hat natürlich
von vorn herein alle Wahrscheinlichkeit für sich, dass Aristoteles sie
hier im fünften Capitel, wo er die Uebereinstimmung und die Verschiedenheit zwischen dem wirkenden und aufnehmenden Verstande
feststellen will, noch in demselben Sinne gebraucht, den sie im vierten Capitel gehabt haben. Jedenfalls würden wir Unrecht thun, ohne
irgend welchen nöthigenden Grund das Gegentheil anzunehmen.

---

178) De Anim. III, 5. §. 2. p. 430, a, 23.

179) So kann man wohl nach Schellings Vorschlag lesen, dem Brandis
(Arist. Lehrgeb.) folgt, und mit dem auch Torstrik, der sich auf ältere Commentatoren stützt, zusammentrifft. Liest man aber ἐνεργείᾳ, so bleibt der Sinn im Wesentlichen derselbe. Wie Aristoteles den aufnehmenden Verstand, der seiner Natur
nach reine Möglichkeit ist, statt ihn δύναμις zu nennen, δυνατόν (De Anim. III,
4. §. 3. p. 429, a, 22.) d. i. δυνάμει ὄν genannt hat, so konnte er auch den wirkenden Verstand, der seinem Wesen nach reine Wirklichkeit ist, statt ἐνέργεια
ἐνεργείᾳ ὄν nennen.

180) Darum haben wir καὶ οὗτος durch „Auch dieser,“ nicht durch „Und dieser“ wiedergegeben, wie Andere gethan haben, die einen Gegensatz zum νοῦς
δυνάμει darin ausgesprochen glaubten.

So ist denn vor Allem offenbar, dass der Ausdruck χωριστός, der durch den Gegensatz zu οὐκ ἄνευ σώματος gleich ἄνευ σώματος erscheint[181]), und um dessentwillen Manche den νοῦς ποιητικός als eine dem Wesen des Menschen fremde, rein geistige Substanz betrachten zu müssen glaubten, uns für ihn keine grössere Trennung vom Leibe anzunehmen nöthigt als die, welche auch für den aufnehmenden Verstand besteht, dessen Subject der geistige Theil unserer Seele ist, derselben Seele, die anderen Theilen nach als Form das Wesen des Leibes bestimmt[182]). Wir sagten, wir seien nicht *genöthigt*, eine grössere Trennung anzunehmen, es ist uns dieses aber auch gar nicht erlaubt; denn Aristoteles hat uns ja soeben erst gesagt, der wir kende Verstand sei in der Seele und sei eine ἕξις, eine accidentelle Form, also nicht eine geistige Substanz, wie etwa die Gottheit, und selbst Rénan möchte in seiner Geringschätzung des Aristoteles doch kaum so weit gehen, es als eine kindische Meinung zu bezeichnen, dass, was Aristoteles nach drei Worten und, so zu sagen, noch in demselben Athemzuge spricht, nicht mit dem früher Gesagten im offensten Gegensatze stehen könne. So besagt denn der Ausdruck χωριστός zwar allerdings mehr als eine blosse Trennbarkeit von der körperlichen Materie, er besagt eine wirkliche Trennung von ihr[183]), denn er drückt aus, dass der wirkende Verstand in keinem körperlichen Organe als seinem Subjecte sich finde; aber dass der wirkende Verstand eine dem Wesen nach dem Menschen fremde, rein geistige Substanz sei, dass er nicht nur nicht zu dem mit dem Leibe vermischten, sondern auch nicht zu dem geistigen Theile jener Seele gehöre, die ihrem vegetativen und sensitiven Theile nach den menschlichen Leib belebet, das besagt er nicht. Vielmehr ist es, da Aristoteles uns jetzt den wirkenden Verstand als etwas Geistiges bezeichnet hat, wenn man seine früheren Bestimmungen hiemit zusammenhält, unzweifelhaft, dass er ihn zu demselben Theile der Seele gerechnet haben muss, zu welchem auch der aufnehmende Verstand gehört, dessen Geistigkeit er in dem vorigen Capitel mit demselben Ausdrucke bezeichnet und durch mehrere Beweise begründet hat.

An das Prädicat χωριστός schliesst sich enge das zweite Prädicat, ἀπαθής, an, welches, wie wir aus dem vierten Capitel ersahen, dem

---

181) Es heisst nämlich De Anim. III, 4. §. 5. p. 429, b, 4. τὸ μὲν γὰρ αἰσθητικὸν οὐκ ἄνευ σώματος ὁ δὲ (νοῦς) χωριστός vgl. De Anim. I, 1. p. 403, a, 6. 9. 12. 15. 16. b, 10. 11. 14. u. a. a. O. Zuweilen sagt Aristoteles χωριστὰ τῆς ὕλης z. B. ebend. III, 4. §. 8. p. 429, b, 21. I, 1. §. 11. p. 403, b, 17. τὰ πάθη τῆς ψυχῆς οὐ χωριστὰ τῆς φυσικῆς ὕλης τῶν ζώων, was dasselbe bedeutet, denn er meint damit die körperliche Materie.

182) De Anim. II, 1. §. 12. p. 413, a, 4.

183) Wie Zeller mit Recht geltend macht.

aufnehmenden Verstande darum beigelegt wird, weil er in noch höherem Masse als die Sinne, die auch schon bis zu einem gewissen Grade leidenslos genannt worden, durch seine Thätigkeit nicht alterirt und in seinem Wesen zerstört wird. Es ist dies eine Folge seiner Geistigkeit, denn diese macht ihn überhaupt incorruptibel. Beim wirkenden Verstande nun ist es klar, dass er durch seine Thätigkeit nicht alterirt werden kann, da er ja kein leidendes, sondern ein wirkendes Vermögen ist, also durch seine Thätigkeit, weil nach Aristoteles der Act des Wirkenden in dem Leidenden ist, gar keine Aenderung erfährt. Und auch er ist, wie wir soeben gehört haben, geistig, und zwar eine der Seele ursprünglich eigene geistige Kraft, also aus demselben Grunde wie der aufnehmende Verstand in jeder Weise unzerstörbar.

Nicht so leicht erscheint es, das dritte Prädicat, ἀμιγής, mit völliger Sicherheit zu deuten, weil es, wie gesagt, dem aufnehmenden Verstande in einem doppelten Sinne gegeben wurde. Wenn es nun hier in der Bedeutung, die es im vierten Capitel an zweiter Stelle hatte, von dem wirkenden Verstande ausgesagt würde, so wäre offenbar nichts anderes damit gesagt, als was schon durch den Ausdruck χωριστός bezeichnet worden ist, der in dem vierten Capitel als mit ihm identisch gebraucht wurde; es hiesse nämlich so viel als unvermischt mit dem Leibe, ἀμιγής τῷ σώματι [184]). Wozu also diese unnütze Wiederholung, die an einer Stelle, wie die unsrige, wo sonst Gedanke den Gedanken drängt, am allermeisten auffallend sein müsste?

Allein, wenn es hiedurch wahrscheinlich wird, dass Aristoteles den wirkenden Verstand in dem Sinne, der im vierten Capitel der frühere ist, ἀμιγής genannt habe, so scheint dem doch im Wege zu stehen, dass der wirkende Verstand seiner Natur nach nicht eine reine Möglichkeit ist, wie der aufnehmende Verstand, der, an und für sich ohne alle Form, desshalb als ἀμιγής bezeichnet wurde; der wirkende Verstand ist ja, wie Aristoteles sogleich bemerken wird, etwas Wirkliches. So sehen wir uns denn bei der Erklärung dieses Ausdruckes in einige Verlegenheit versetzt. Doch die Schwierigkeit ist leicht zu heben. So gut die reine Möglichkeit unvermischt genannt werden kann, weil sie keine Wirklichkeit in sich hat, so gut kann auch die reine Wirklichkeit unvermischt genannt werden, weil sie in keiner Möglichkeit aufgenommen ist. Jene ist frei von jedem wirklichen Sein, diese ist frei von jedem möglichen Sein und bleibt darum, wenn sie eine accidentelle Wirklichkeit ist, unwandelbar in ihrem Subjecte. Eine solche Wirklichkeit ist der wirkende Verstand und eben dies will Aristoteles mit dem Prädicate ἀμιγής bezeichnen. Die folgenden Worte, welche er erklärend und den Unterschied des unvermischten aufnehmenden und des unvermischten wirkenden Verstandes bestimmend beifügt, machen dies vollends deutlich.

---

184) De Anim. III, 4. §. 4. p. 429, a, 24. οὐδὲ μεμῖχθαι εὔλογον αὐτὸν τῷ σώματι.

Er sagt nämlich, der wirkende Verstand sei unvermischt, „indem er seinem Wesen nach Wirklichkeit sei" τῇ οὐσίᾳ ὢν ἐνέργεια. Der wirkende Verstand gilt ihm also nicht blos für etwas Wirkliches, sondern für etwas, was seinem Wesen nach Wirklichkeit ist und gar nicht an der Möglichkeit Theil hat. Wie er im vierten Capitel von dem aufnehmenden Verstande sagte, er habe keine andere Natur als die, dass er möglich sei (μηδ᾽ αὐτοῦ εἶναι φύσιν μηδεμίαν, ἀλλ᾽ ἢ ταύτην ὅτι δυνατόν) [185]), und hiemit das Prädicat unvermischt, das er ihm beigelegt hatte, erklärte, so erklärt er jetzt, nachdem er auch von dem wirkenden Verstande gesagt hat, er sei unvermischt, dasselbe Prädicat dadurch, dass er beifügt, er sei seinem Wesen nach Wirklichkeit. Er ist also, wie wir sagten, unvermischt mit jedem möglichen Sein, wie der aufnehmende Verstand unvermischt ist mit jedem wirklichen Sein. Keiner von beiden ist aus Form und Materie zusammengesetzt, keiner innerlich durch zwei Principien constituirt, sondern jeder von ihnen ist das eine der beiden Principien ohne Beimischung des anderen, aber der eine ist reine Möglichkeit, der andere dagegen, nämlich der wirkende Verstand, reine Wirklichkeit [186]).

In dem zweiten Theile des Satzes begründet nun Aristoteles, was er im ersten Theile behauptet hat: „Denn," sagt er, „ immer übertrifft das Wirkende das Leidende, und das bewegende Princip die Materie an Würde." Offenbar müssen wir diese Worte entweder auf alle vier Prädicate, oder, wenn nur auf eines, auf das letzte beziehen. In beiden Fällen wird aber der Sache nach nichts geändert, da das letzte Prädicat alle früheren gewissermassen einschliesst. Es schliesst ein die Freiheit von der körperlichen Materie, denn die Accidenzien materieller Substanzen unterliegen wie diese der Veränderung und können daher keine reine Wirklichkeit sein. Es schliesst ferner ein die Incorruptibilität und Leidenslosigkeit, weil jede Alteration eine Möglichkeit des Gegentheiles voraussetzt. Es schliesst endlich, wie sich von selbst versteht, die ungemischte Einfachheit ein, da es selbst ja nur als eine nähere Bestimmung dieses Prädicates erscheint.

Betrachten wir jetzt das Argument, welches er dafür anführt, näher. Das Wirkende ist immer höher als das, was die Wirkung

---

185) De Anim. III, 4. §. 3. p. 429, a, 21.

186) Man bemerke, dass nach Aristoteles die Substanz die *Trägerin*, nicht aber die *Materie* der Accidenzien ist. Vielmehr ist, wie das wirkliche, so auch das blos mögliche Accidenz (und dieses ist ja die accidentelle Materie) in der Substanz. So ist der aufnehmende Verstand, der die blosse Möglichkeit des Denkens ist, in dem geistigen Theile unserer Seele, und der wirkende Verstand ist auch in ihm und hat dennoch keine Materie, weil er ein solches Wirkliches ist, das keinem Entstehen und Vergehen unterliegen kann, sondern so nothwendig der intellectiven Seele zukommt, dass, so lange sie nicht aufhört zu sein, auch der wirkende Verstand nicht aufhört, in ihr zu sein. Wo keine Umwandlung möglich ist, da ist auch keine Materie.

aufnimmt. Folgt hieraus, dass das wirkende Princip der Gedanken etwas Geistiges ist? — Allerdings! denn der Verstand, der die Gedanken aufnimmt, ist etwas Geistiges, und wenn daher das, was ihm als wirkendes Princip gegenüber steht, eine körperliche Beschaffenheit wäre, so würde offenbar das Leidende das Wirkende an Würde übertreffen. Der erste Impuls zu jenem Wechselverkehre, der in dem Menschen zwischen seinem geistigen und leiblichen Theile besteht, muss also von dem geistigen Theil ausgehen.

Wir fragen weiter: folgt aus demselben Satze auch die Leidenslosigkeit des wirkenden Verstandes? — Allerdings müssen wir auch dieses bejahen; denn, wenn sein Subject nicht incorruptibel wäre, so wäre er nicht geistig, wenn er aber *in* seinem Subjecte ein Entstehen und Vergehen hätte und nicht mit Nothwendigkeit aus der Natur des geistigen Theiles folgte, und darum ursprünglich schon ihm eigen wäre, so würde er, um wirklich zu sein, eine fremde Einwirkung auf den geistigen Theil voraussetzen, und so wäre in letzter Instanz doch wiederum dem leiblichen Theile des Menschen die Priorität der Einwirkung zuzuschreiben, also die eigentliche Ursache nicht höher als das aufnehmende Vermögen.

Hieraus ersehen wir schon, wie wir die Frage, ob auch das dritte Prädicat, dass nämlich der wirkende Verstand ungemischt sei, aus demselben Principe abgeleitet werden könne, zu beantworten haben. Wäre der wirkende Verstand aus Möglichkeit und Wirklichkeit zusammengesetzt, so würde, da in dem Einzelnen die Möglichkeit der Wirklichkeit vorangeht [187], der wirkende Verstand zuerst als blos möglicher in unserer Seele enthalten und dann erst wirklich geworden sein. Auch hier würde also eine Einwirkung auf den geistigen Theil seiner Thätigkeit vorausgehen, der letzte bewegende Grund läge im Körperlichen, und das wirkende Princip überträfe das leidende nicht an Würde.

Endlich ist es zwar schon von selbst einleuchtend, dass, wenn das wirkende Princip keine Mischung von Möglichkeit und Wirklichkeit ist, es keine reine Möglichkeit, sondern eine reine Energie sein müsse, da nichts, insofern es möglich ist, etwas hervorbringen kann; es lässt sich aber auch dieses aus dem allgemeinen Satze, den Aristoteles hier ausspricht, dass nämlich das Wirkende höher als das Leidende sei, folgern. Denn wäre, wie der aufnehmende, so auch der wirkende Verstand eine blosse Möglichkeit, so würde, da sich die Möglichkeiten nach dem Unterschiede der entsprechenden Wirklichkeiten unterscheiden [188], jenes von beiden Vermögen das höhere sein, dessen Act der höhere wäre. Nun aber könnte der Act des wirkenden Verstandes nicht höher als der des aufnehmenden sein, denn der Act des aufnehmenden Verstandes ist das Denken und in dem Den-

---

187) Vgl. Metaph. Θ, 8. p. 1049, b, 17.
188) Vgl. Metaph. Θ, 8. p. 1049, b, 12.

ken besteht die höchste Vollkommenheit und Glückseligkeit des Menschen[189]). Somit wäre der Act des wirkenden Verstandes niedriger,
und er würde daher auch als Vermögen dem aufnehmenden Verstande
an Würde nachstehen. Anders, wenn der wirkende Verstand Energie
ist, denn, wenn er dann auch dem *wirklichen* Denken an Würde nicht
gleichkommt, und zu ihm als seinem Zwecke hingeordnet ist, so steht
er doch höher als das *Vermögen* des Denkens, weil dieses blosse
Möglichkeit ist[190]).

Mit diesem Beweise, den Aristoteles in gewohnter Kürze nur angedeutet hat, schliesst der erste Theil des fünften Capitels, welcher
die Darlegung der Lehre vom νοῦς ποιητικός enthält. Dass sie mit
dem, was wir nach unseren früheren Erörterungen erwarten mussten,
übereinstimmt, haben wir Satz für Satz und Wort für Wort dargethan. Der wirkende Verstand erscheint nach ihr als eine *vor* allem
Denken und daher bewusstlos wirkende Kraft des geistigen Theiles
unserer Seele, die, zunächst dem sensitiven Theile zugewandt, ihm
den nöthigen Impuls zur Rückwirkung auf das Geistige gibt, und so
die wirkende Ursache unseres Denkens wird. Er ist das Licht, welches, die Phantasmen erleuchtend, das Geistige im Sinnlichen für das
Auge unseres Geistes erkennbar macht.

In dem zweiten Theile des Capitels behandelt Aristoteles einige
Fragen, welche, seine ganze Anschauung vom Entstehen unserer Gedanken ergänzend und manche nahe liegende Einwände beseitigend,
mit der Lehre von dem wirkenden Verstande im engsten Zusammenhange stehen. Er zerfällt in mehrere Unterabtheilungen, die wir der
Reihe nach erklären wollen.

Zunächst spricht Aristoteles von dem wirklichen Denken, dessen
materielles und wirkendes Princip wir soeben in dem aufnehmenden
und wirkenden Verstande kennen gelernt haben, indem er also fortfährt:

Τὸ δ' αὐτό ἐστιν ἡ κατ' ἐνέρ-   „Das Wissen in Wirklichkeit aber ist
γειαν ἐπιστήμη τῷ πράγματι.   ein und dasselbe mit dem Objecte."

Der Gedanke, den er hier ausspricht, ist uns schon bekannt. Es
ist derselbe, den er schon gegen Ende des vorigen Capitels[191]) und

---

189) Metaph. Λ, 7. p. 1072, b, 24. ἡ θεωρία τὸ ἥδιστον καὶ ἄριστον.

190) Dass Aristoteles, indem er sagte, der wirkende Verstand stehe höher
als der aufnehmende, der die Möglichkeit der Gedanken ist, nicht auch gesagt hat,
er stehe höher als das wirkliche Denken, zeigen die Stellen der Metaphysik Λ, 7.
p. 1072, b, 23. u. 9. p. 1074, b, 17., wo er zwischen der Würde des wirklichen
Denkens und des Denkvermögens gar wohl unterscheidet. Er ist also dadurch nicht
dem Widerspruche verfallen, den wirkenden Verstand höher als dasjenige zu stellen,
worein er die höchste Vollendung und die Glückseligkeit des Menschen setzt.

191) De Anim. III, 4. §. 11. p. 429, b, 30—31. (§. 12. p. 430, a, 4. bezieht
sich, wie früher erörtert worden, nicht auf alle, sondern auf die immateriellen
Wissensobjecte.

auch früher öfter [19]) ausgesprochen hat. Auch später wiederholt er ihn nochmals im siebenten und achten Capitel [193]) und auch in anderen Schriften kehrt er häufig wieder [194]). Wir haben ihn bereits erläutert [195]) und bemerken darum hier nur ganz kurz, dass unter dem Wissen in Wirklichkeit an unserer Stelle nicht, wie im vorigen Capitel [196]), das habituelle Wissen, das noch gewissermassen in Möglichkeit ist, sondern das actuelle Wissen zu verstehen ist [197]); dass aber, wie dort, der Name des Wissens nicht blos auf den Habitus der *abgeleiteten* Erkenntniss beschränkt ist, sondern auch den der *Principien* mitumfasst, er auch hier nicht blos auf das actuelle Erkennen der *Schlüsse*, sondern auf *alles* geistige Erkennen ausgedehnt ist [198]). Dass die Wirklichkeit des Wissens nicht Eins sein könne mit jener Energie, die wir als νοῦς ποιητικός bezeichnen, braucht kaum noch aus-

---

192) In demselben Cap. §. 3. p. 429, a, 24. §. 6. b, 5. vgl. II, 5. §. 3. p. 417, a, 20. u. ebend. §. 7. p. 418, a, 5.

193) De Anim. III, 7. §. 1. p. 431, a, 1. u. 8. §. 1. p. 431, b, 21.

194) Wir nennen hier nur einige Stellen der Metaphysik, Z, 7. p. 1032, b, 11., Λ, 4. p. 1070, b, 33. u. ebend. 7. p. 1072, b, 22. vgl. das letzte Capitel von Θ.

195) S. ob. n. 6. — 196) De Anim. III, 4. §. 6. p. 429, b, 6.

197) Vgl. De Anim. II, 5. §. 4. p. 417, a, 21.

198) Auch an vielen andern Stellen hat Aristoteles unter dem Namen der Wissenschaft die Erkenntniss der Principien des Wissens, die selbst kein Wissen im engeren Sinne des Wortes ist, mitbegriffen. So De Anim. III, 8. §. 1. f. p. 431, b, 22., wo ἐπιστήμη für alles geistige Erkennen, ἐπιστητόν für alles Intelligibele und ἐπιστημονικόν für das geistige Erkenntnissvermögen steht. Ebenso am Schlusse der zweiten Analytiken, einer Stelle, die durch die verschiedenen Auslegungen, die sie erhalten, merkwürdig ist. Nachdem hier Aristoteles bemerkt hat, die unmittelbare Einsicht (νοῦς) sei das Princip des Wissens (ἐπιστήμη), sagt er: καὶ ἡ μὲν ἀρχὴ τῆς ἀρχῆς εἴη ἄν, ἡ δὲ πᾶσα (ἐπιστήμη) ὁμοίως ἔχει πρὸς τὸ ἄπαν πρᾶγμα. Aristoteles schliesst mit diesen Worten durch Hervorhebung des Grundgedankens die ganze Abhandlung vom apodeiktischen Wissen ab. Das Wissen ist die Erkenntniss aus dem Grunde z. B. Anal. Post. I, 2. p. 71, b, 9. ἐπίστασθαι δὲ οἰόμεθ᾽ ἕκαστον... ὅταν τήν τ᾽ αἰτίαν οἰώμεθα γινώσκειν δι᾽ ἣν τὸ πρᾶγμά ἐστιν, ὅτι ἐκείνου αἰτία ἐστί, καὶ μὴ ἐνδέχεσθαι τοῦτ᾽ ἄλλως ἔχειν. Und weiter unten: ἀνάγκη τὴν ἀποδεικτικὴν ἐπιστήμην ἐξ ἀληθῶν τ᾽ εἶναι... καὶ αἰτίων τοῦ συμπεράσματος· οὕτω γὰρ ἔσονται καὶ αἱ ἀρχαὶ οἰκεῖαι τοῦ δεικνυμένου. συλλογισμὸς μὲν γὰρ ἔσται καὶ ἄνευ τούτων, ἀπόδειξις δ᾽ οὐκ ἔσται· οὐ γὰρ ποιήσει ἐπιστήμην. Und wiederum: αἴτιά τε καὶ γνωριμώτερα δεῖ εἶναι καὶ πρότερα, αἴτια μὲν ὅτι τότε ἐπιστάμεθα ὅταν τὴν αἰτίαν εἰδῶμεν, καὶ πρότερα, εἴπερ αἴτια... Vgl. auch 3. p. 72, b, 26. u. II, 9. p. 93, b, 21. Wenn nun das Wissen eine Erkenntniss aus dem Grunde ist, so muss, wie die ganze Wissenschaft sich auf den ganzen Gegenstand des Wissens bezieht, das Princip der Wissenschaft die Erkenntniss des Principes sein, und dieses ist, was Aristoteles hier ausspricht: „Das Princip (des Wissens) möchte wohl (die Erkenntniss) des Principes sein, die ganze Wissenschaft aber verhält sich ähnlich zu dem ganzen Gegenstande." (vgl. noch Eth. Nicom. VI, 6. p. 1140, b, 33., woraus zu ersehen, dass πρᾶγμα gleich ἐπιστητόν). So sehen wir auch hier von der Wissenschaft als Ganzem die Erkenntniss der Principien mitumfasst.

drücklich bemerkt zu werden. Diese ist von Anfang an in unserer
Seele, jene wird erst erworben, wie Aristoteles sogleich beifügt:

ἡ δὲ κατὰ δύναμιν   „Das Wissen in Möglichkeit geht diesem aber
χρόνῳ προτέρα ἐν τῷ ἑνί.   „in dem Einzelnen der Zeit nach voran. "

Auch bleibt die Energie des wirkenden Verstandes immer in uns,
die Wirklichkeit des Wissens aber haben wir nur zeitweise [199]); und
die erstere ist reine, ungemischte Wirklichkeit, während die letztere
die intelligibele Form ist, die in dem möglichen Verstande aufgenommen worden.

Diese Bemerkungen waren uns schon bekannt und darum leicht
verständlich. Aber an sie knüpft Aristoteles einen neuen und tiefsinnigen Gedanken, indem er von dem menschlichen zu dem göttlichen Verstande aufblickt:

ὅλως δὲ οὐδὲ [200])   „Allgemein gesprochen aber ist auch der Zeit nach
χρόνῳ· ἀλλ᾽ οὐχ   „das Wissen in Möglichkeit nicht das frühere; doch
ὁτὲ μὲν νοεῖ ὁτὲ δ'   „jenes Wissen, das allem Wissen in Möglichkeit
οὐ νοεῖ.   „vorhergeht, ist nicht ein solches, das bald denkt,
    „bald nicht denkt. "

Viele Erklärer haben eingesehen, dass hier von dem göttlichen
Verstande die Rede sein müsse, allein, den Zusammenhang verkennend, wurden sie dazu verleitet, den νοῦς ποιητικός selbst für die
Gottheit zu halten. Andere, welche die Unzulässigkeit dieser Behauptung erkannten, aber nichtsdestoweniger das „οὐχ ὁτὲ μὲν νοεῖ ὁτὲ
δ᾽ οὐ νοεῖ" auf den νοῦς ποιητικός bezogen, kamen zu der Annahme eines
angeborenen und immerwährenden Wissens ganz im Widerspruch mit
anderen Aussagen unseres Philosophen. Andere haben wieder Anderes gesagt, was leicht in seiner Unhaltbarkeit erkannt wird und gar
nicht in den Zusammenhang passt. Endlich hat man in neuester
Zeit, gleichsam der Schwierigkeit erliegend, das οὐχ geradezu tilgen
wollen, um mit dem vierten Capitel [201]) in Uebereinstimmung zu bleiben. Was aber hat man mit dem kühnen Versuche [202]) erreicht?
Eine selbstverständliche und gar nicht in den Zusammenhang passende Bemerkung hat man an die Stelle gesetzt, die in schneidendem
Contraste zu den inhaltschweren Worten, die dieses ganze Capitel
füllen, stehen würde.

Wir also halten an der herkömmlichen Lesart fest und beziehen

---

199) De Anim. III, 4. §. 12. p. 430, a, 5.

200) Was, wie wir mit Torstrik glauben, die richtigere Lesart ist, obwohl in
einigen der besten Handschriften οὐ statt οὐδὲ sich findet.

201) De Anim. III, 4. §. 12. p. 430, a, 5. τοῦ δὲ μὴ ἀεὶ νοεῖν τὸ αἴτιον ἐπισκεπτέον.

202) Torstrik, der diesen Vorschlag gemacht hat, glaubt sich auf die Autorität Theophrasts berufen zu können. Allein aus den Worten Theophrasts geht
zwar allerdings hervor, dass er dem Menschen kein immerwährendes Denken zugeschrieben; was er aber an dieser Stelle gelesen, lässt sich keineswegs daraus
erkennen. Wir werden sie weiter unten eingehend erörtern.

die Worte auf den ewig denkenden, göttlichen νοῦς, ohne ihn mit dem νοῦς ποιητικός zu identificiren. Wie Aristoteles in der Metaphysik [203]) bei der Betrachtung des göttlichen Verstandes mehrmals Bemerkungen über den menschlichen Verstand einfliessen lässt, so mischt er in seine Psychologie öfter Bemerkungen über das göttliche Denken. So an dieser Stelle; so auch, wie der Vergleich mit dem zwölften Buche der Metaphysik [204]) zeigt, im folgenden [205]), und wiederum in dem nächstfolgenden Capitel [206]). Der Grund, wesshalb er es hier gethan, wird sich uns aus dem Zusammenhang ergeben. Ehe wir aber auf die Erklärung der Stelle selbst eingehen, müssen wir auf einen Grundgedanken der Aristotelischen Philosophie zurückblicken, der uns auch früher schon zum tieferen Verständniss einiger der wichtigsten psychologischen Lehrpuncte behilflich war.

Ἑκάστη ἐκ συνωνύμου γίγνεται οὐσία, „Alles Seiende wird von etwas Synonymem hervorgebracht," sagt Aristoteles im dritten Capitel des zwölften Buches seiner Metaphysik [207]), und dieser Grundsatz hat nach ihm so allgemeine Geltung, dass nicht blos, was durch Natur und Kunst, sondern auch, was durch Glück oder durch Zufall entsteht, obwohl nicht in gleich vollkommener Weise, ihm untergeordnet ist. Im siebenten Buche der Metaphysik hat Aristoteles dies näher erörtert [208]) und den Unterschied zwischen dem einen und anderen Entstehen in dieser Beziehung genau angegeben. Am vollkommensten sehen wir, dass etwas Synonymes aus Synonymem wird, bei

---

203) Namentlich im siebenten und neunten Capitel des zwölften Buches.

204) Metaph. Λ, 10. p. 1075, b, 21. οὐ γάρ ἐστιν ἐναντίον τῷ πρώτῳ οὐθέν. πάντα γὰρ τὰ ἐναντία ὕλην ἔχει καὶ δυνάμει ταὐτά (od. ταὐτά) ἐστιν.

205) De Anim. III, 6. §. 6. p. 430, b, 23. δεῖ δὲ δυνάμει εἶναι τὸ γνωρίζον καὶ ἐνεῖναι ἐν αὐτῷ. εἰ δέ τινι μὴ ἐστιν ἐναντίον τῶν αἰτίων, αὐτὸ ἑαυτὸ γινώσκει καὶ ἐνεργείᾳ ἐστὶ καὶ χωριστόν. Damit etwas erkenne, muss es, wie Aristoteles soeben bemerkt hat, von Natur aus in Möglichkeit sein und das zu Erkennende oder dessen Gegentheil in sich aufgenommen haben. Dieser Satz hat jedoch nicht ausnahmslose Geltung; denn unter den Principien findet sich eines, welches, obwohl es erkennend und sogar allwissend ist (wovon später), dennoch in keiner Weise an der Möglichkeit Theil hat, und welches daher auch erkennt, ohne das Erkannte oder sein Gegentheil in sich aufgenommen zu haben. Dieses Princip ist der göttliche νοῦς; er ist im Gegensatze zu allem anderen, was erkennt, reine Wirklichkeit, ein einziger ewiger Erkenntnissact. Trotzdem ist er in seiner Erkenntniss nicht beeinträchtigt; denn, weil er ein Princip, und zwar der erste und vollkommene Grund alles Seienden ist und mit seinem einen und ewigen Erkenntnissacte sich selbst, also den vollkommenen Grund alles Seienden, vollkommen begreift, so erkennt er nothwendig zugleich alles Seiende und bedarf darum weder einer Mehrheit, noch eines Wechsels der Gedanken. Das Prädicat χωριστόν, welches Aristoteles ihm zuletzt beilegt, bedeutet nicht blos seine Geistigkeit, sondern seine völlige Körperlosigkeit.

206) De Anim. III, 7. §. 1. p. 431. a, 2—4. s. unt. Anm. 220.

207) Metaph. Λ, 3. p. 1070, a, 4. — 208) Metaph. z, 7. u. 9.

den Erzeugnissen der Natur. Ein warmer Körper macht den anderen warm, eine Pflanze erzeugt die andere, gleichartige Pflanze, ein Thier das andere, gleichartige Thier, wie z. B. ein Pferd das andere Pferd und ein Löwe den anderen Löwen. Aber auch für die Werke der Kunst gilt dasselbe Gesetz, wenn gleich in etwas verschiedener Weise. Die Kunst des Baumeisters ist der Begriff des Hauses, das er baut, die Kunst des Arztes ist der Begriff der Gesundheit, die er herstellt, und es entsteht also auch hier gewissermassen Haus aus Haus und Gesundheit aus Gesundheit; denn das wirkliche Erkennen ist, wie wir soeben aus Aristoteles gehört haben, Eins mit dem erkannten Gegenstande. Genauer gesprochen ist aber die Arzneikunst nicht die Gesundheit selbst, sondern nur der Begriff der Gesundheit, und ebenso die Baukunst nur der Begriff des Hauses [209]). Daher ist die Synonymie zwischen dem Wirkenden und Gewirkten hier nicht so vollständig wie bei dem, was die Natur erzeugt, und Aristoteles sagt darum im neunten Capitel des siebenten Buches der Metaphysik, was die Natur hervorbringe, gehe aus etwas Synonymem, was aber die Kunst erzeuge, nur aus einem synonymen Theile hervor; denn die Kunst sei der Begriff ihres Werkes [210]).

Hören wir, wie er im siebenten Capitel desselben Buches den Vorgang beschreibt: „Es entsteht also,“ sagt er, „die Gesundheit, indem der Arzt in folgender Weise reflectirt: Weil das und das die Gesundheit ist, so muss, wenn der Mensch gesund sein soll, das und das in ihm sein, z. B. Gleichmässigkeit, wenn aber diese, Wärme. Und so denkt er weiter und weiter, bis er endlich bei dem ankommt, was er hervorbringen kann. Die Bewegung, welche dann von diesem letzten Gedanken ausgeht, nennt man das Bewirken der Gesundheit. So trifft es sich denn, dass in gewisser Weise die Gesundheit aus der Gesundheit wird und das Haus aus dem Hause, das materielle aus dem immateriellen; denn die Heilkunst und die Baukunst sind der Begriff der Gesundheit und des Hauses ..... Die Bewegungen aber, die hier auf einander folgen, werden theils Denken, theils Wirken genannt. Die, welche von dem Principe, nämlich von dem Begriffe der Gesundheit ausgeht, nennt man Denken, die aber, welche von dem zuletzt Gedachten ausgeht, nennt man Wirken. In derselben Weise aber geht auch von den vermittelnden Gedanken jeder spätere aus dem früheren hervor. Ich meine dies beispielsweise also: Wenn Gesundheit eintreten soll, denkt der Arzt, so muss Gleichmässigkeit eintreten. Was nun ist die Gleichmässigkeit? Sie ist das und

---

209) Metaph. Z, 7. p. 1032, b, 11. s. unt. Anm. 211.
210) Metaph. Z, 9. p. 1034, a, 21, δῆλον δ᾽ ἐκ τῶν εἰρημένων καὶ ὅτι τρόπον τινὰ πάντα γίγνεται ἐξ ὁμωνύμου, ὥσπερ τὰ φύσει, ἢ ἐκ μέρους ὁμωνύμου, οἷον ἡ οἰκία ... (ἡ γὰρ τέχνη τὸ εἶδος), ἢ κ. τ. λ. — ὁμώνυμον wird nämlich hier offenbar in demselben Sinne gebraucht, den Aristoteles gewöhnlich mit συνώνυμον verbindet.

das! Und dies, wann wird es eintreten? Wenn Erwärmung eintritt. Was nun ist die Erwärmung? Sie ist das und das. Dieses nun hat der Kranke der Möglichkeit nach in sich, und der Arzt ist im Stande, es hervorzubringen [211]. "

Nachdem Aristoteles in dieser Weise die künstlerische Erzeugung uns in ihren Momenten anschaulich gemacht hat, fährt er fort, indem er das zufällige Entstehen vergleichend ihr gegenüber stellt: „ Das also, was wirkt und als (erstes) bewegendes Princip die Gesundheit hervorbringt, ist, wenn sie von der Kunst hervorgebracht wird, der Begriff, der in der Seele ist; wenn man sie aber zufällig erlangt, so ist es dasjenige, was dem, der sie durch Kunst hervorbringt, das Princip des Bewirkens ist. Es sei dieses z. B. auch bei der künstlichen Heilung die Wärme, die der Arzt durch Reibung hervorbringt. Die Wärme also, die in dem Leibe ist, ist entweder ein Theil der Gesundheit, oder sie hat ein solches, was Theil der Gesundheit ist, unmittelbar oder mittelbar zur Folge. Dieses Letzte aber ist das die Gesundheit Bewirkende [212]. "

Was Aristoteles zufälliges Entstehen nennt [213], ist also nicht ein Werden ohne Hervorbringen, eine Wirkung ohne Ursache, wie Manche gemeint haben. Nein, eine Ursache ist immer und auch hier vorhanden, nur ist dieselbe nicht in so vollständiger Weise ihrer Wirkung synonym, wie bei dem, was die Natur und die Kunst erzeugen [214]. Denken wir uns z. B., es sei ein Temperaturwechsel ein-

---

211) Metaph. z. 7. p. 1032, b, 6. γίγνεται δὴ τὸ ὑγιὲς νοήσαντος οὕτως· ἐπειδὴ τοδὶ ὑγίεια, ἀνάγκη, εἰ ὑγιὲς ἔσται, τοδὶ ὑπάρξαι, οἷον ὁμαλότητα, εἰ δὲ τοῦτο θερμότητα. καὶ οὕτως ἀεὶ νοεῖ ἕως ἂν ἀγάγῃ εἰς τοῦτο ὃ αὐτὸς δύναται ἔσχατον ποιεῖν. εἶτα ἤδη ἡ ἀπὸ τούτου κίνησις ποίησις καλεῖται, ἡ ἐπὶ τὸ ὑγιαίνειν. ὥστε συμβαίνει τρόπον τινὰ ἐξ ὑγιείας τὴν ὑγίειαν γίνεσθαι καὶ τὴν οἰκίαν ἐξ οἰκίας, τῆς ἄνευ ὕλης τὴν ἔχουσαν ὕλην· ἡ γὰρ ἰατρική ἐστι καὶ οἰκοδομικὴ τὸ εἶδος τῆς ὑγιείας καὶ τῆς οἰκίας. ... τῶν δὲ γενέσεων καὶ κινήσεων ἡ μὲν νόησις καλεῖται· ἡ δὲ ἀπὸ τῆς ἀρχῆς καὶ τοῦ εἴδους νόησις, ἡ δ' ἀπὸ τοῦ τελευταίου τῆς νοήσεως ποίησις. ὁμοίως δὲ καὶ τῶν ἄλλων τῶν μεταξὺ ἕκαστον γίγνεται. λέγω δ' οἷον εἰ ὑγιανεῖ, δεῖ ὁμαλυνθῆναι. τί οὖν ἐστὶ τὸ ὁμαλυνθῆναι; τοδί. τοῦτο δ' ἔσται εἰ θερμανθήσεται. τοῦτο δὲ τί ἐστι; τοδί. ὑπάρχει δὲ τοδὶ δυνάμει· τοῦτο δ' ἤδη ἐπ' αὐτῷ.

212) Metaph. Z, 7. p. 1032, b, 21. τὸ δὴ ποιοῦν καὶ ὅθεν ἄρχεται ἡ κίνησις τοῦ ὑγιαίνειν, ἐὰν μὲν ἀπὸ τέχνης, τὸ εἶδός ἐστι τὸ ἐν τῇ ψυχῇ, ἐὰν δ' ἀπὸ ταὐτομάτου, ἀπὸ τούτου ὅ ποτε τοῦ ποιεῖν ἀρχὴ τῷ ποιοῦντι ἀπὸ τέχνης, ὥσπερ καὶ ἐν τῷ ἰατρεύειν ἴσως ἀπὸ τοῦ θερμαίνειν ἡ ἀρχή, τοῦτο δὲ ποιεῖ τῇ τρίψει. ἡ θερμότης τοίνυν ἡ ἐν τῷ σώματι ἢ μέρος τῆς ὑγιείας ἢ ἕπεταί τι αὐτῇ τοιοῦτον ὅ ἐστι μέρος τῆς ὑγιείας, ἢ διὰ πλειόνων· τοῦτο δ' ἔσχατον τὸ ποιοῦν.

213) Zu dem τῷ αὐτομάτῳ γίγνεσθαι rechnet Aristoteles Phys. II, 6. princ. auch das τύχῃ γίγνεσθαι, das Entstehen durch Glück. Das τύχῃ γίγνεσθαι steht in derselben Beziehung zum τέχνῃ γίγνεσθαι, wie das übrige τῷ αὐτομάτῳ γίγνεσθαι zum φύσει γίγνεσθαι. Daher stellt Aristoteles Metaph. A, 1. p. 981, a, 3. die τύχη der τέχνη gegenüber: ἡ μὲν γὰρ ἐμπειρία τέχνην ἐποίησεν, ὡς φησὶ Πῶλος, ὀρθῶς λέγων, ἡ δ' ἀπειρία τύχην.

214) Dieses ist, was Aristoteles ausdrücken will, wenn er Metaph. Λ, 3.

getreten, und unser Kranker, der durch Erwärmung geheilt werden kann, würde durch die grosse Sommerhitze die Gesundheit wieder erlangen. Allerdings hätten wir in diesem Falle ein wirkendes Princip, nämlich die Wärme der Atmosphäre; allein die Synonymie dieses Principes mit der Gesundheit, die aus ihm hervorgehen würde, wäre offenbar viel unvollkommener als jene ist, welche zwischen dem erzeugenden und erzeugten Löwen, und überhaupt bei jedem natürlichen Entstehen zwischen der Ursache und ihrer Wirkung sich findet. Aber das Wirkende würde hier auch nicht einmal in der Art dem Gewirkten synonym sein, wie es bei den Werken der Kunst der Fall ist, wo der Begriff des Werkes, der in dem Verstande des Künstlers sich findet, das letzte und eigentliche Princip des Gewirkten ist. Nicht blos wäre diese Gesundheit nicht aus einer anderen Gesundheit im eigentlichen Sinne, sie wäre auch aus keinem Begriffe der Gesundheit entstanden, vielmehr wäre ihr wirkendes Princip nur mit einem ihrer Theile synonym gewesen. Der Arzt hatte den Begriff der Gesundheit, er verglich mit ihm den Zustand des Kranken, er erkannte den Mangel der zur Gesundheit gehörigen Wärme und ergänzte, indem er dieselbe dem Körper mittheilte, das, was ihm an der Gesundheit fehlte. Hier dagegen, wo der Zufall die Genesung herbeiführte, war die Wärme das eigentlich bewegende Princip, und dieses war daher synonym blos mit jenem Theile der Gesundheit, dessen Mangel der Grund der Krankheit gewesen. Die Gesundheit entstand somit aus dem, was mit einem Theile der Gesundheit synonym war. Aehnlich ist es bei allem zufälligen Werden. Es fehlt nie an einem wirkenden Principe, und auch das Gesetz der Synonymie bleibt in gewisser Weise in Kraft. Wenn mehrere durch keinen Verstand zusammengeordnete Factoren zu einer Wirkung concurriren, so ist jeder zum Theil die Ursache, und jede dieser Theilursachen ist synonym dem Gewirkten, aber nicht jede dem Ganzen, sondern einem Theile desselben [215]).

Kehren wir nun nach diesem Ausfluge in das Gebiet der Metaphysik zu unseren psychologischen Betrachtungen zurück.

Wir haben von dem wirkenden Princip unserer Gedanken gehandelt; wir haben gesehen, dass dasselbe in gewisser Weise die sensitiven Vorstellungen sind, in anderer und vorzüglicherer Weise aber eine active Kraft der intellectiven Seele, die wir den wirkenden Verstand nannten. Vergleichen wir nun die Art und Weise, wie aus ihnen unsere Gedanken entstehen, mit den drei verschiedenen Arten,

---

p. 1070, a, 7. sagt: ἡ μὲν οὖν τέχνη ἀρχὴ ἐν ἄλλῳ, ἡ δὲ φύσις ἀρχὴ ἐν αὐτῷ· ἄνθρωπος γὰρ ἄνθρωπον γεννᾷ· αἱ δὲ λοιπαὶ αἰτίαι (näml. τύχη u. τὸ αὐτόματον) στερήσεις τούτων. Vgl. was Phys. II, 5. p. 196, b, 29. über den Mangel des οὗ ἕνεκα gesagt wird. Doch besteht vielleicht zwischen der Auffassung des Zufalls in dem zweiten Buche der Physik und in den Büchern Z und Λ der Metaphysik ein Unterchied.

215) Metaph. Z, 9. p. 1034, a, 24.

in welchen das Gesetz der Synonymie zwischen Wirkung und Ursache
bei dem natürlichen, künstlichen und zufälligen Werden Geltung hat.
Nehmen wir hier vielleicht die Merkmale wahr, die das natürliche
Entstehen kennzeichnen, wie wir sie offenbar bei dem sensitiven Erkennen [215 a]) wahrnehmen, wo die sensibele Form, die das wirkende Princip der Empfindung ist, unverändert in dem Sinne Aufnahme findet?
Es scheint dies nicht der Fall zu sein. Der wirkende Verstand, der
das eigentliche Princip bei dem Entstehen unserer Gedanken ist, ist
nicht eins mit dem Begriffe, den wir erfassen, vielmehr erkennen wir
durch ihn das Wesen der körperlichen Dinge. Das Phantasma aber
ist einerseits nicht das eigentliche wirkende Princip, sondern nur das
Instrument für die Hervorbringung der Gedanken; und andererseits
ist es etwas Sensibeles, was aber der Verstand aufnimmt, ist so, wie
er es aufnimmt, höherer Art [216]). Die geistige Kraft des wirkenden
Verstandes und das sensibele Object, das der sensitive Theil in sich
hat, ergänzen sich gewissermassen gegenseitig in ihrer Ursächlichkeit,
und es wird daher, wenn sie nicht beide von einem höheren Principe
zusammengeordnet sind, das, was sie wirken, wie etwas zufällig
Entstandenes erscheinen. Denn dass hier nicht von einem Wirken der
Kunst die Rede sein kann, ist offenbar; da der sensitive Theil nicht
denkt, und der wirkende Verstand überhaupt kein erkennendes Vermögen ist, also keiner von ihnen einen Begriff der Wirkung in sich hat.
Aber dennoch wäre es eine inconveniente, ja lächerliche Annahme,
dass das Entstehen unserer Gedanken ein blosses Werk des Zufalls
sei, und Aristoteles lag diese so fern, dass er vielmehr immer und
auf's nachdrücklichste hervorhebt, dass das Denken mehr als alles

---

215 a) De Anim. II, 5. §. 7. p. 418, a, 3. τὸ δ' αἰσθητικὸν δυνάμει ἐστὶν οἷον τὸ
αἰσθητὸν ἤδη ἐντελεχείᾳ, καθάπερ εἴρηται. πάσχει μὲν οὖν οὐχ ὅμοιον ὄν, πεπονθὸς δ' ὡμοίω-
ται καὶ ἔστιν οἷον ἐκεῖνο. Vgl. ebend. §. 3. p. 417, a, 17., wo das Gesetz der Synonymie zwischen Wirkendem und Leidendem geltend gemacht wird. Dennoch fühlte
Aristoteles, sei es nun wegen der eigenthümlichen Weise, in der die sensibele
Form im Empfindenden aufgenommen wird (s. o. S. 80.), oder sei es darum, weil
in der Lebensthätigkeit mehr noch als in dem Sein der Zweck des lebenden Wesens besteht, das Bedürfniss zur Erklärung der Empfindung auch auf die Synonymie zwischen dem Erzeugenden und Erzeugten hinzuweisen. Metaph. Θ, 8. p. 1049,
b, 17. τῷ δὲ χρόνῳ πρότερον [sc. ἐστὶν ἐνέργεια δυνάμεως] ὧδε· τὸ τῷ εἴδει τὸ αὐτὸ ἐνεργοῦν πρότερον, ἀριθμῷ δ' οὔ. λέγω δὲ τοῦτο ὅτι τοῦδε μὲν τοῦ ἀνθρώπου τοῦ ἤδη ὄντος
κατ' ἐνέργειαν καὶ τοῦ σίτου καὶ τοῦ ὁρῶντος πρότερον τῷ χρόνῳ ἡ ὕλη καὶ τὸ σπέρμα
καὶ τὸ ὁρατικόν, ἃ δυνάμει μέν ἐστιν ἄνθρωπος καὶ σῖτος καὶ ὁρῶν, ἐνεργείᾳ δ' οὔπω.
ἀλλὰ τούτων πρότερα τῷ χρόνῳ ἕτερα ὄντα ἐνεργείᾳ, ἐξ ὧν ταῦτα ἐγένετο· ἀεὶ γὰρ ἐκ τοῦ
δυνάμει ὄντος γίγνεται τὸ ἐνεργείᾳ ὂν ὑπὸ ἐνεργείᾳ ὄντος. Diese Stelle ist sehr geeignet,
die Auslegung, die wir von der uns vorliegenden im fünften Cap. des dritten Buches von der Seele geben werden, zu bekräftigen. Wie das Sehende von dem
Sehenden erzeugt wird, so geht das Wissende in uns aus einem Wissenden, nämlich aus dem schöpferischen Verstande Gottes, als seiner Ursache hervor.

216) S. ob. n. 11.

Andere der eigentliche Zweck des Menschen sei. — Wie also werden
wir die Schwierigkeit lösen? — Sie ist in der That unlösbar, ausser
in einem Falle, wenn wir nämlich ein höheres Princip aufzuweisen
vermögen, welches alles Intelligibele, das der aufnehmende Verstand
in Möglichkeit ist, schon wirklich in sich hat, und welches den wirkenden Verstand in jene Stellung zum sensitiven Theile brachte, in
der er, die Phantasmen erleuchtend, durch sie den aufnehmenden Verstand zum wirklichen Denken zu führen fähig ist. Dieses Princip muss
aber nicht blos den wirkenden Verstand, es muss überhaupt den geistigen Theil des Menschen mit dem leiblichen zur Einheit verbunden
haben, da ja, wie wir gesehen, der geistige Theil unserer Seele vom
wirkenden Verstande untrennbar ist; und so sehen wir uns denn auf
jenes Princip hingewiesen, welches, indem es in dem einen Gedanken,
den es ewig denkt, das erste Princip alles Seienden, und darum alle
Dinge denkt, zugleich dasjenige ist, von welchem der geistige Theil
des Menschen ausgeht, um sich mit dem leiblichen Menschen zu einer
Substanz zu vereinigen. Es ist dies das erste Princip alles Seienden
selber, jenes Denken, welches, wie Aristoteles sagt [217]), das Denken
des Denkens ist, es ist der göttliche νοῦς. Zu ihm also musste Aristoteles an unserer Stelle empor deuten, um das, was das Gottver-
wandteste [218]) in uns ist, das wirkliche Denken, in seinem Entstehen
vollkommen begreiflich zu machen.

Auch das göttliche Denken ist ein Wissen zu nennen, wenn wir
das Wort in jenem allgemeineren Sinne gebrauchen, in welchem es
hier für alles geistige Erkennen steht. Aber es ist ein Wissen ganz
anderer Art, ein ewiges, unwandelbares, einheitliches. Und darum
sagt Aristoteles zwar allerdings: „allgemein gesprochen aber ist auch
der Zeit nach das Wissen in Möglichkeit nicht das frühere;“ aber er
fügt sogleich eine Bemerkung hinzu, die den mächtigen Abstand bezeichnet, der zwischen jenem vormöglichen Wissen und dem unsrigen
besteht, welches aus der Möglichkeit zur Wirklichkeit gelangt, und
darum zwischen Denken und Nichtdenken hin und her schwankt. Er
entschuldigt sich gleichsam und legt Verwahrung dagegen ein, dass
er, weil er gesagt habe, das wirkliche Wissen sei schlechthin gesprochen früher als das mögliche, unser wirkliches Wissen mit dem
göttlichen habe identificiren wollen. Nein, sagt er, jenes Wissen, das
allem Wissen in Möglichkeit vorhergeht, ist von einer ganz anderen,
höheren Natur und ein solches, das nicht bald denkt, bald nicht denkt,
ἀλλ' οὐχ ὁτὲ μὲν νοεῖ ὁτὲ δ' οὐ νοεῖ. Ein Blick auf das neunte Capitel des
zwölften Buches der Metaphysik lässt keinen Zweifel darüber, dass dieses
ein unterscheidendes Merkmal des göttlichen Verstandes ist.

Wir haben, hoffe ich, hinreichend aus dem Zusammenhange erklärt,

217) Metaph. Λ, 9. p. 1074, b, 33. αὐτὸν ἄρα νοεῖ, εἴπερ ἐστὶ τὸ κράτιστον, καὶ
ἔστιν ἡ νόησις νοήσεως νόησις. — 218) Metaph. Λ, 7. p. 1072, b, 23.

warum Aristoteles an unserer Stelle auf diesen göttlichen Verstand hinweisen musste. Er fühlte das Bedürfniss, das Gesetz der Synonymie zwischen Ursache und Wirkung in diesem Falle in seiner Vollkommenheit
nachzuweisen. Dies wird uns in willkommener Weise durch eine Parallelstelle im Anfange des siebenten Capitels bestätigt. Sie ist der unsrigen so ähnlich, dass Manche sie an dem einen oder anderen Orte,
als eingeschoben, tilgen zu müssen glaubten. Allein hier und dort
ist sie ganz wohl am Platze; in dem einen und anderen Capitel spricht
Aristoteles von den wirkenden Principien unseres Denkens, in dem unsrigen vorzüglich von dem wirkenden Verstande, in dem anderen, das
wir früher erörtert haben [219]), von den Phantasmen. An jener Stelle
nun, die gerade so wie die unsrige beginnt: „das Wissen in Wirklichkeit ist eins mit seinem Objecte, das in Möglichkeit geht ihm der
Zeit nach in dem Einzelnen voraus; allgemein gesprochen ist es aber
auch der Zeit nach nicht das frühere," fügt er folgende Worte bei:
„Denn aus einem in Wirklichkeit Seienden geht alles Werdende hervor [220]). " Was ist dieses anderes, als das in klaren Worten ausge-
sprochene Gesetz der Synonymie, von dem wir reden [221])? Eben hat
er gesagt, jedem Wissen in Möglichkeit gehe ein Wissen in Wirklichkeit vorher. Diesen Satz will er beweisen, und er findet den Beweis
in dem Gedanken, dass, damit etwas Mögliches wirklich werden
könne, ein synonymes Wirkliches schon vorhanden sein müsse. Denn
verstünde er unter dem in Wirklichkeit Seienden nicht ein solches,
das eben dasjenige in Wirklichkeit ist, wozu das, was werden soll, in
Möglichkeit ist, sondern nur ganz allgemein irgend ein Wirkliches, so
wäre sein Beweis ohne alle Kraft und Bedeutung. Er hätte ja nur
bewiesen, dass irgend etwas Wirkliches, nicht aber, dass ein wirkliches Wissen vorhergehen müsse.

Wir können uns noch auf eine zweite Parallelstelle berufen, die
diesen Namen in der Weise verdient, in welcher die allgemein aus-
gesprochene Behauptung als Parallele der besonderen bezeichnet werden kann. Wir finden sie am Ende des vierten Capitels des zwölften
Buches der Metaphysik. Hier führt Aristoteles, nachdem er gesagt
hat, es gebe der Analogie nach vier Principien des Seienden, diese
Vierheit auf eine Dreiheit zurück und thut dies auf Grund des Ge-

219) S. oben n. 19.

220) De Anim. III, 7. princ. Τὸ δ' αὐτό ἐστιν ἡ κατ' ἐνέργειαν ἐπιστήμη τῷ πράγματι. ἡ δὲ κατὰ δύναμιν χρόνῳ προτέρα ἐν τῷ ἑνί, ὅλως δὲ οὐδὲ χρόνῳ· ἔστι γὰρ ἐξ ἐντελεχείᾳ ὄντος πάντα τὰ γιγνόμενα.

221) Man vgl. z. B. De Generat. Animal. II, 1. p. 734, a, 29. λόγος δὲ τούτου,
ὅτι ὑπὸ τοῦ ἐντελεχείᾳ ὄντος τὸ δυνάμει ὂν γίνεται ἐν τοῖς φύσει ἢ τέχνῃ γινομένοις, ὥστε
δέοι ἂν τὸ εἶδος καὶ τὴν μορφὴν ἐν ἐκείνῳ εἶναι κ. τ. λ. Ebenso sagt Aristoteles De
Anim. II, 5. §. 3. p. 417, a, 17. πάντα δὲ πάσχει καὶ κινεῖται ὑπὸ τοῦ ποιητικοῦ καὶ
ἐνεργείᾳ ὄντος, und das Folgende zeigt, dass er das Gesetz der Synonymie in diesen Worten aussprechen wollte. Vgl. auch Metaph. Θ, 8. p. 1049, b, 24.

setzes der Synonymie zwischen dem Wirkenden und Gewirkten. „Weil das wirkende Princip," sagt er, „bei den Naturerzeugnissen für den Menschen ein Mensch, bei dem aber, was vom Verstande hervorgebracht wird, die Form, oder das Entgegengesetzte ist, so kann man wohl sagen, es seien die Principien in gewisser Weise drei, in gewisser Weise aber vier; denn die Arzneikunst ist gewissermassen die Gesundheit, und die Baukunst die Form des Hauses, und ein Mensch erzeugt den anderen Menschen; hiezu kommt noch die Weise, in welcher das, was unter allen das erste bewegende Princip ist, Alles ist [222]. "

Die Gottheit ist es, die Aristoteles wiederholt als die erste bewegende Ursache bezeichnet [223]. Auch für sie will er also hier das Gesetz der Synonymie geltend machen und sagt darum, wie er von der Arzneikunst gesagt hat: „die Arzneikunst ist gewissermassen die Gesundheit," jetzt von der Gottheit: Die erste Ursache ist gewissermassen Alles. Warum Alles? Desshalb Alles, weil sie die Ursache von Allem ist. Denn da jede zweite Ursache in Abhängigkeit von der ersten wirkt, so ist diese zugleich die allgemeine Ursache, die Ursache von Allem. Die Gottheit ist nicht in der Weise synonym mit dem, was sie wirkt, wie der Erzeuger synonym ist mit dem Erzeugten, sonst müsste sie, da sie Alles wirkt, eine Vielheit sein, sie ist aber die vollkommenste Einheit und Einfachheit. Die Gottheit ist ferner auch nicht in der Weise das, was sie wirkt, wie die Kunst es ist, denn die Kunst ist der Begriff des Gewirkten, und darum gibt es nicht *eine* Kunst für alle Arten der Kunstwerke. Wiederum würde also die Einheit Gottes aufgehoben oder versehrt. Wie also ist die Gottheit Alles? Dass sie Alles ist, indem sie Alles denkt, ist offenbar, denn sie ist ja reines Denken [224]; allein sie denkt Alles, nicht, indem sie eine Mehrheit von Objecten hat, was zu einer Mehrheit von Begriffen in ihr führen müsste, nein, sie denkt Alles, indem sie einen einzigen Gedanken denkt, der aber, weil er gewissermassen sich auf Alles bezieht — denn er ist der letzte und vollkommene Grund alles Seienden [225] — dem,

---

222) Metaph. Λ, 4. p. 1070, b, 30. ἐπεὶ δὲ τὸ κινοῦν ἐν μὲν τοῖς φυσικοῖς ἀνθρώπῳ (wie Zeller wohl mit Recht statt ἀνθρώποις zu lesen empfiehlt) ἄνθρωπος, ἐν δὲ τοῖς ἀπὸ διανοίας τὸ εἶδος ἢ τὸ ἐναντίον, τρόπον τινὰ τρία αἴτια ἂν εἴη, ὡδὶ δὲ τέτταρα. ὑγίεια γάρ πως ἡ ἰατρική, καὶ οἰκίας εἶδος ἡ οἰκοδομική καὶ ἄνθρωπος ἄνθρωπον γεννᾷ· ἔτι παρὰ ταῦτα ὡς τὸ πρῶτον πάντων κινοῦν πάντα. Diese Stelle war natürlich für jene, die glaubten, Aristoteles leugne, dass Gott etwas ausser sich erkenne, in ihren letzten Worten ein unauflösliches Räthsel. Bonitz wollte statt ὡς τὸ πρῶτον lesen τὸ ὡς πρῶτον. Allein der Text ist, wie aus unserer Erklärung hervorgehen wird, in keiner Weise corrumpirt.

223) Z. B. Metaph. Λ, 8. p. 1073, a, 23., 10. p. 1075, b, 22 24. Γ. fin. Κ, 7. p. 1064, a, 37. Θ, 8. p. 1050, b, 4. u. a. a. O. Vgl. die Beilage.

224) Metaph. Λ, 9. p. 1074, b, 34.

225) Metaph. Λ, 7. p. 1072, b, 13. ebend. Κ. 7. p. 1064, b, 1. Vgl. die Beilage.

der ihn vollkommen erkennt, zugleich die Kenntniss von Allem gibt. Auch von uns erkennt, wer die Form erkennt, zugleich die Privation, und wer den Begriff des Grösseren erkennt, den des Kleineren, und wer den des Vaters erkennt, den des Kindes. Aristoteles sagt darum, dass das Wissen der Relationen ein und dasselbe sei [226]. Und so erkennt denn das, was das Princip von Allem ist, Alles, indem es sich selbst erkennt, weil alles andere Seiende, was es ist, nur dadurch ist, dass es von ihm empfangen hat, also nichts ist, ausser was es ist in Beziehung zu ihm. Es wäre ebenso entwürdigend für die Gottheit, wenn sie etwas nicht erkännte, als wenn sie im eigentlichen Sinne ein anderes Object hätte als sich selbst. Aristoteles glaubt darum den Empedokles ad absurdum geführt zu haben, indem er zeigt, dass nach seiner Erkenntnisstheorie die Gottheit nichts vom Streite wissen würde, obwohl dieser von allem in der Welt als Gegensatz zur Freundschaft das Schlechteste ist [227]. Nicht ohne ein spöttisches Lächeln sagt er im dritten Buche der Metaphysik [228]: „So begegnet es ihm denn, dass nach ihm der glückseligste Gott das Allerunwissendste wäre;" und er wiederholt diesen Ausspruch im ersten Buche von der Seele [229]. Wo bliebe dann die Vorsehung Gottes und die Fürsorge für seine Lieblinge, die dem Geiste lebenden, Gott verähnlichten Menschen [230]? Wo bliebe dann die ordnende Kunst jenes Feldherrn, der alle Theile der Schöpfung in Schlachtordnung stellt und so aus ihrer Vielheit das einheitliche Ganze bildet, das, wenn wir von dem Ordner selbst absehen, das höchste Gut und

226) Top. I, 14. p. 105, b, 31. ληπτέον δ' ὅτι μάλιστα καθόλου πάσας τὰς προτάσεις, καὶ τὴν μίαν πολλὰς ποιητέον, οἷον ὅτι τῶν ἀντικειμένων ἡ αὐτὴ ἐπιστήμη, εἶθ' ὅτι τῶν ἐναντίων καὶ ὅτι τῶν πρός τι.

227) Metaph. Λ, 10. p. 1075, b, 2. 7. τοῦτο (näml. τὸ νεῖκος) δ' ἐστὶν αὐτὸ ἡ τοῦ κακοῦ φύσις. vgl. ebend. Α, 4. p. 985, a, 4.

228) Metaph. B, 4. p. 1000, b, 3. διὸ καὶ συμβαίνει αὐτῷ τὸν εὐδαιμονέστατον θεὸν ἧττον φρόνιμον εἶναι τῶν ἄλλων· οὐ γὰρ γνωρίζει τὰ στοιχεῖα πάντα· τὸ γὰρ νεῖκος οὐκ ἔχει, ἡ δὲ γνῶσις τοῦ ὁμοίου τῷ ὁμοίῳ.

229) De Anim. I, 5. §. 10. p. 410, b, 4. συμβαίνει δ' Ἐμπεδοκλεῖ γε καὶ ἀφρονέστατον εἶναι τὸν θεόν· μόνος γὰρ τῶν στοιχείων ἓν οὐ γνωριεῖ, τὸ νεῖκος, τὰ δὲ θνητὰ πάντα· ἐκ πάντων γὰρ ἕκαστον.

230) Eth. Nicom. X, 9. p. 1179, a, 22. ὁ δὲ κατὰ νοῦν ἐνεργῶν καὶ τοῦτον θεραπεύων καὶ διακείμενος ἄριστα καὶ θεοφιλέστατος ἔοικεν εἶναι· εἰ γάρ τις ἐπιμέλεια τῶν ἀνθρωπίνων ὑπὸ θεῶν γίνεται, ὥσπερ δοκεῖ, καὶ εἴη ἂν εὔλογον χαίρειν τε αὐτοὺς τῷ ἀρίστῳ καὶ τῷ συγγενεστάτῳ (τοῦτο δ' ἂν εἴη ὁ νοῦς) καὶ τοὺς ἀγαπῶντας μάλιστα τοῦτο καὶ τιμῶντας ἀντευποιεῖν ὡς τῶν φίλων αὐτοῖς ἐπιμελουμένους καὶ ὀρθῶς τε καὶ καλῶς πράττοντας. κ. τ. λ. Daher argumentirt er De Divinat. p. Somn. 1. p. 462, b, 20. u. 2. p. 463, b, 15. gegen die Annahme, dass Gott die Traumgesichte sende, weil sie sonst den Besten und Vernünftigsten zu Theil werden würden. Vgl. über die Vorsehung Gottes auch Oecon. 8. p. 1343, b, 26. u. De Coel. II, 9. p. 291, a, 24. Man beachte auch Stellen, wie Top. IV, 5. p. 126, a, 34, die ganz offenbar eine Erkenntniss des zu Wirkenden in der Gottheit voraussetzt.

das letzte Ziel von jedem einzelnen Wesen ist [231])? Wo bliebe jener berechnende Blick des Hausvaters, der Allen, die im Hause sind, Freien und Unfreien, seine Aufträge und Befehle ertheilt, Verschiedenen verschiedene, aber alle mit derselben einheitlichen Absicht, und der dieses thut, indem er die Natur selbst als Gesetz in sie hineinlegt [232])? Wo bliebe jener hohe König, der alle Fülle· der Macht in sich allein vereinigt, so dass kein anderer neben ihm auf seinem ewigen Throne sitzt, und einzig sein Wille über das ganze Reich der Wesen herrschet [233])? Wir würden von Neuem jenes sinnlose Geschwätz beginnen, das schon allzulange von denen geführt worden ist, die im Wasser oder in der Luft, oder in dem Staube der Atome das Princip der Welt zu schauen glaubten, bis Anaxagoras gleichsam das erste nüchterne Wort sprach, indem er sagte, ein Verstand sei das Princip, das Alles gebildet habe [234]). Denn wir würden nun zwar sagen, ein Verstand sei das Princip, aber ein Verstand, der so gut wie Unverstand wäre, da er nichts von dem denken würde, dessen Ordnung er erklären soll [234 a]). Diesen Gedanken also, einer Unwissenheit des ersten Principes· weist Aristoteles als etwas Lächerliches und Unvernünftiges zurück.

Allein es erscheint ihm ebenso entwürdigend für die Gottheit, dass sie ein Object haben sollte, das niedriger wäre als sie selbst. Schon für uns ist es besser, Manches nicht zu denken als zu denken [235]), nicht, weil nicht jede, auch die geringste Kenntniss werthvoll wäre und etwas Göttliches enthielte [236]), vielmehr nur darum, weil es uns, die wir durch Begriffe denken und daher nie mehr als *einen* Gedanken gleichzeitig in uns haben [237]), wenn es etwas Niedriges ist, hindert, an das Höhere zu denken [238]) und uns so gewissermassen herabzieht, indem das Denkende in gewisser Weise eins mit dem Gedachten ist. Was sollte das für ein Glück sein, wenn wir, falls wir ebenso wechsellos dächten wie die Gottheit [239]), mit unserem Gedanken an einem Steine, oder an einer Pflanze, oder an einem Thiere haften blieben? Unser höchstes Glück finden wir in den Augenblicken, wo wir uns zum Gedanken der Gottheit erheben [240]): Aber wir

---

231) Metaph. Λ, 10. p. 1075, a, 13. — 232) Ebend. a, 19.

233) Ebend. p. 1076, a, 3. vgl. Polit. I, 12. p. 1259, b, 14.

234) Vgl. Metaph. Λ, 3. p. 984, b, 15. νοῦν δή τις εἰπὼν ἐνεῖναι, καθάπερ ἐν τοῖς ζῴοις, καὶ ἐν τῇ φύσει τὸν αἴτιον τοῦ κόσμου καὶ τῆς τάξεως πάσης οἷον νήφων ἐφάνη παρ' εἰκῇ λέγοντας τοὺς πρότερον.

234 a) Anders Anaxagoras. Fragm. 8. (Schaub.) sagt er: καὶ τὰ συμμισγόμενά τε καὶ ἀποκρινόμενα καὶ διακρινόμενα πάντα ἔγνω νόος. καὶ ὁκοῖα ἔμελλε ἔσεσθαι καὶ ὁκοῖα ἦν καὶ ἄσσα νῦν ἔστι καὶ ὁκοῖα ἔσται, πάντα διεκόσμησε νόος. κ. τ. λ.

235) Metaph. Λ, 9. p. 1074, b, 25. 32. — 236) De Part. Animal. I, 5. p. 645, a, 15. — 237) Top. II, 10. p. 114, b, 34. — 238) De Anim. III, 4. §. 3. p. 429, a, 20. — 239) Metaph. Λ, 9. p. 1074, b, 26. — 240) Metaph. Λ, 2. p. 982, a, 30. u. p. 982, b, 24. ebend. Λ, 7. p. 1072, b, 14. Eth. Nicom. X, 8. p. 1178, b, 25.

können nicht lange dabei verweilen [240 a]) und fassen ihn auch nicht so vollkommen [241]), dass wir in ihm, der Ursache von Allem, alle Wirkungen begriffen, und so hebt sich und senkt sich unser Denken auf der Stufenleiter des Seienden. Alles dies ist für die Gottheit nicht möglich, denn sie ist unwandelbar. Wäre also etwas Anderes ihr Object als sie selbst, so würde sie für immer herabgezogen und in der Niedrigkeit gefesselt sein. Nun aber hat sie sich selbst zum Objecte [242]), nicht in der Weise, wie wir etwas zum Objecte haben, die wir von dem Objecte leidend bewegt werden, nein, ohne Werden, ohne Bewegung was immer für einer Art [243]), ruht sie [244]) in der eigenen Erkenntniss, indem sie ein lauteres Erkennen ist [245]), und vermöge dieser vollkommenen Weise des Erkennens begreift sie sich, das Princip alles Seienden, so vollkommen, dass sie alles Seiende, alle Wirkung in der Ursache sieht [246]).

---

240 a) Metaph. Λ, 7. p. 1072, b, 15. — 241) Metaph. α, 1. p. 993, b, 9. vgl. De Part. Animal. I, 5. p. 644, b, 31.

242) Metaph. Λ, 9. p. 1074, b, 33. De Anim. III, 6. §. 6. p. 430, b, 24., eine Stelle, die wir oben, Anm. 205., erklärt haben.

243) Metaph. Λ, 9. p. 1074, b, 26. — 244) Eth. Nicom. VII, 15. p. 1154, b, 24.

245) Metaph. Λ, 9. p. 1074, b, 34.

246) Eine dritte Parallelstelle, die wir, um den Fortgang der Abhandlung nicht allzulange hier aufzuhalten, in dieser Anmerkung besprechen, bietet uns das zehnte Capitel desselben Buches. Hier gibt Aristoteles eine kurzgefasste, aber treffende Kritik der früheren philosophischen Ansichten in Betreff des Guten und der Ordnung des Weltalls. Er kommt (p. 1075, b, 8.) zu Anaxagoras. Dieser „nahm an, das Gute sei Princip in der Weise des Bewegenden, denn der Verstand bewegt. Allein er bewegt um eines Zweckes willen, und somit scheint etwas Anderes das Princip zu sein. Doch die Sache verhält sich so, wie wir sie darlegten, indem die Arzneikunst gewissermassen die Gesundheit ist." ('Αναξαγόρας δὲ ὡς κινοῦν τὸ ἀγαθὸν ἀρχήν, ὁ γὰρ νοῦς κινεῖ· ἀλλὰ κινεῖ ἕνεκά τινος, ὥστε ἕτερον. πλὴν ὡς ἡμεῖς λέγομεν· ἡ γὰρ ἰατρική ἐστί πως ἡ ὑγίεια.) Aristoteles macht dem Anaxagoras hier den Vorwurf, dass er, obwohl er mit Recht angenommen, der Verstand sei das erste bewegende Princip, doch in keiner Weise erklärt habe, wie dies möglich sei, da doch seiner Annahme eine grosse Schwierigkeit im Wege stehe. Jeder Verstand wirkt nämlich um eines Zweckes willen (vgl. Metaph. α, 2. p. 994, b, 15.), und der Zweck scheint nicht in dem Verstande selbst zu liegen, wie z. B. die gute Schlachtordnung ausserhalb des Feldherrn und die Gesundheit ausserhalb des Arztes ist. Daher scheint der Verstand in Abhängigkeit von einem anderen Principe sich zu bethätigen und die Lehre des Anaxagoras zu nichte zu werden. Zur Lösung dieser Schwierigkeit hat nun Anaxagoras selbst gar nichts gethan. Wir dagegen, sagt Aristoteles, sind im Stande, den Einwand zu beseitigen, denn wir haben ja festgestellt, dass die Heilkunst gewissermassen die Gesundheit sei. So ist denn auch das göttliche Denken gewissermassen die Weltordnung, um derentwillen ein jedes einzelne der Dinge ist (vgl. den Anfang des Cap.), und darum haben wir ihr letztes Princip in ihm allein zu suchen. (Beiläufig sei bemerkt, dass das ἔστι γὰρ ὁιττὸν (wie statt τινί gelesen werden muss s. Schwegler u. Bonitz)

Hier haben wir die erhabenste Lehre berührt, zu welcher der
Geist des Aristoteles sich zu erschwingen vermocht hat, die ihn aber
auch, hätten nicht spätere Zeiten, statt die zerstreuten Lehrsätze zur
Einheit zu bringen, das Getrennte getrennt behandelt und (da es für
sich allein in der That vieldeutig ist) es eben darum missverstanden,
allen Jahrhunderten als den grössten der Denker gezeigt hätte. Stiess
man dann auf die widersprechenden Stellen, so verwarf man sie entweder geradezu, oder verstümmelte sie, oder erklärte sie für Accom-
modationen an die Vorstellungen der gewöhnlichen Meinung, oder für
Widersprüche, die, obgleich ein Kind sie mit Händen greifen kann,
dem Verstande des Aristoteles nicht bemerklich waren. Man wird
nie diesem Philosophen gerecht werden, so lange man in solchen Vorur-
theilen verharrt. Es mag der Grundsatz des Macchiavelli, divide et
impera, in der Politik seine Geltung haben, bei der Erforschung eines
philosophischen Systemes, und namentlich eines so vollkommenen,
wie das des grossen Stagiriten ist, ist jedenfalls der entgegengesetzte
am Platze. Die vereinigten Stellen müssen es sein, die, was für sich
allein unverständlich war, uns erklären helfen. Ja, wenn man in der
Geschichte der Philosophie in *dem* Sinne herrschen, d. i. nach Belie-
ben schalten und walten wollte, dass man aus jeglichem Philosophen
Jegliches macht, wie es Einem gerade genehm ist, dann allerdings
wäre eine solche Theilung der Betrachtung das gerathenste Mittel.
Allein in unserer Zeit wenigstens gibt es wohl keinen Forscher von
Bedeutung mehr, der hierauf ausginge, und die Manier, die Geschichte
a priori nach einer vorgemachten Schablone zu construiren, ist ein

---

τὸ οὖ ἕνεκα Metaph. Λ, 7. p. 1072, b, 2. nicht auf die Unterscheidung des οὖ ἕνεκα
οὖ und οὖ ἕνεκα ᾧ, sondern auf die des οὖ ἕνεκα in dem Wirkenden und in dem
zu Wirkenden sich bezieht, von der Metaph. Λ, 10. princ. spricht.)
    Wir sehen, der Gedanke ist hier im Grunde kein anderer als der, den wir Me-
taph. Λ, 4. fin. gefunden haben, und beide Stellen dienen einander zur Erklärung.
Dort sagte Aristoteles, die Heilkunst sei gewissermassen die Gesundheit, und das erste
bewegende Princip in gewisser, aber nicht ganz in derselben Weise (παρὰ ταῦτα)
Alles. Hier sieht er von diesem feineren Unterschiede ab. Weil im Verstande
des Arztes sowohl, als in dem ersten bewegenden Verstande das, was erzielt
werden soll, als Gedachtes enthalten ist, so erinnert er zur Lösung der Schwierigkeit nur an das Beispiel der Heilkunst, von der wir gesehen, dass sie gewissermassen die Gesundheit ist.
    Der zweite Vorwurf, den sodann Aristoteles dem Anaxagoras macht (ἄτοπον
δὲ καὶ τὸ ἐναντίον μὴ ποιῆσαι τῷ ἀγαθῷ καὶ τῷ νῷ.), scheint, um dies kurz beizufügen, auch nur ein Vorwurf der Unvollständigkeit hinsichtlich der Begründung
und der Beseitigung der Einwände zu sein. Es möchte wenigstens der Vergleich
mit De Anim. I, 2. §. 22. p. 405, b, 19., vgl. Phys. VIII, 5. p. 256, b, 24., dafür sprechen. Daher auch die Verlegenheit der Erklärer, welche nicht begreifen
können, warum Aristoteles an Anaxagoras tadelt, was er selbst behauptet. S.
Bonitz zu d. Stelle.

allgemein überwundener Standpunct zu nennen. Man *will* die historische Wahrheit, aber man erreicht sie dennoch häufig nicht, weil man sich gar zu hoch über das Alterthum erhaben dünkt, und darum, da man leider auch in unserer Zeit sich nicht ganz vor Widersprüchen zu wahren weiss, wenn man einen alten Philosophen, einen Plato und Aristoteles zu untersuchen hat, schon von vornherein nichts anderes als einen Haufen von Widersprüchen und kindischen Thorheiten zu finden erwartet.

Wir scheinen uns etwas von unserem Wege entfernt zu haben, aber es war dies keine unnütze Abschweifung; denn die Allunwissenheit des Aristotelischen Gottes, die sich nicht mit unserer Erklärung vereinigen lässt, ist bei Vielen wie zum stehenden Dogma geworden, seit die Autorität einiger bedeutender und mit Recht in hohem Ansehen stehender Forscher sich für sie erklärt hat [247]). Es erschien darum um so mehr nöthig, unsere gegentheilige Ansicht durch Gründe zu stützen, als wir keineswegs das gleiche Gewicht für unsere Worte in Anspruch nehmen dürfen. Wer die Stellen, auf die wir hier nur vorübergehend hingewiesen haben, näher und unbefangen betrachten will, von dem glauben wir sicher zu sein, dass er, wie wir selbst, statt einer Allunwissenheit eine Allwissenheit Gottes als der Aristotelischen Lehre entsprechend erkennen werde.

Ehe wir aber in der Erklärung unseres Capitels weiter schreiten, müssen wir noch eine andere Lehre des Aristoteles erörtern, die, wenn wir in Betreff ihrer keine klare Vorstellung gewinnen, nothwendig auch über unsere Auslegung dieser Stelle ihre Schatten verbreiten wird. Wir meinen die Lehre von dem Ursprunge des geistigen Theiles unserer Seele. Woher kommend wird er uns zu Theil? Hat er ein Entstehen oder hat er keines? Wenn er aber ein Entstehen hat, wann und wo und wie und durch wen ist er geworden [248])? Alle diese Fragen wollen wir im Sinne des Aristoteles uns kurz beantworten.

Hätte der geistige Theil des Menschen vor dem Leibe Sein und Leben gehabt, so würde seine Vergangenheit doch wohl einige Spuren in ihm zurückgelassen haben. Allein wir finden in ihm keine solche nachweisbare Spur. Plato glaubte sie gefunden, indem er den Unterschied unserer geistigen Begriffe von den sinnlichen Gegenständen bemerkend es für unmöglich hielt, dass aus dem Körperlichen

---

247) Doch hat auch die entgegengesetzte Ansicht ihre Vertreter. Wir verweisen hier nur auf Brandis, der gewiss keinem Anderen an Kenntniss der Aristotelischen Lehre nachsteht.

248) Aristoteles erhebt diese Fragen schüchtern, und, im Bewusstsein ihrer Schwierigkeit, bittet er nicht mehr als das Mögliche zu fordern. De Generat. Animal. II, 3. p. 736, b, 5. διὸ καὶ περὶ νοῦ, πότε καὶ πῶς μεταλαμβάνει καὶ πόθεν τὰ μετέχοντα ταύτης τῆς ἀρχῆς, ἔχει τ' ἀπορίαν πλείστην, καὶ δεῖ προθυμεῖσθαι κατὰ δύναμιν λαβεῖν καὶ καθ' ὅσον ἐνδέχεται.

das Geistige und aus dem Einzelnen das Allgemeine stamme, was ihn
dann weiter zu seiner Theorie der Wiedererinnerung und hiemit zur
Präexistenz der Seele führte. Allein diese Lehre erklärte in keiner
Weise, was sie erklären wollte [249], sie verstiess überall selbst gegen
die gewöhnlichsten Thatsachen der Erfahrung [250]), und zeigte sich als
ein grossartiger Irrthum, wie sie auch auf dem Boden einer irrigen
Annahme erwachsen war. Kein Wissen, sagt Aristoteles, ist uns angeboren, ja nicht einmal der Habitus der Principien ist uns von Anfang eigen, Alles müssen wir erst erwerben unter Vermittlung
von Sinn und Erfahrung [251]). Schon dieses macht es also gewiss in
hohem Grade unwahrscheinlich, dass der menschliche Geist vor dem
Leibe präexistirt habe.

Allein hiemit verbindet sich ein anderer und noch viel gewichti-
gerer Grund. Der geistige Theil des Menschen bildet, wie wir gesehen haben, mit seinem leiblichen Theile eine einzige Substanz. Die
intellective und die vegetativ - sensitive Seele sind nicht zwei Seelen,
nein, sie sind eine einzige Form, die einem Theile nach den Leib belebt, einem anderen Theile nach aber von ihm frei und geistig ist [252]).
Wie das Geistige und Leibliche hier auf's Innigste verknüpft sind, so
sehen wir auch die geistigen und leiblichen Thätigkeiten in einer wun-
derbaren Weise in einander verstrickt, wechselseitig sind sie aufein-
ander angewiesen und, die einen dienend, die anderen herrschend,
empfangen sie beiderseitig von einander Hilfe und Förderung [253]). Es
dient nicht blos der Schlund dem Magen, es dient auch die Phantasie dem Verstande [254]); es leuchtet nicht blos das Auge dem Fusse
auf seinen Wegen, es leuchtet auch der Geist allen leiblichen Kräften
und führt sie zur Nahrung und Kleidung und hält sie ab von dem,
was Gefahr und Verderben bringt. Wie nun der Mensch, wenn ihm
ein Fuss oder ein anderes Glied entrissen wird, keine vollendete Substanz mehr ist, so ist er natürlich noch viel weniger eine vollendete
Substanz, wenn der ganze leibliche Theil dem Tode anheimgefallen
ist. Der geistige Theil besteht zwar noch fort, allein die irren gar
sehr, die wie Plato glauben, dass die Trennung vom Leibe für ihn
eine Förderung und gleichsam eine Befreiung aus drückendem Gefäng-
nisse sei [255]); muss ja doch die Seele nunmehr auf alle die zahlrei-

---

249) S. oben Anm. 60. ff.

250) Anal. Poster. I, 18. p. 81, a, 38. Metaph. A, 9. p. 992, b, 33. p. 993, a, 7.

251) Anal. Poster. II, 19. p. 99, b, 26. — 252) S. Theil I. n. 7.

253) Polit. I, 4. p. 1254, b, 6. s. ob. Theil III. Anm. 110. vgl. De Anim. III,
12. §. 4. p. 434, b, 3.

254) Ihre Dienste sind von so grossem Belange, dass man, dieses Verhältniss
betrachtend, fast an der Möglichkeit einer Fortdauer der intellectiven Seele nach
dem Tode irre werden möchte. vgl. De Anim. I, 1. §. 9. p. 403, a, 8.

255) De Anim. I, 3. §. 19. p. 407, b, 2.

chen Dienste verzichten, welche die Kräfte des Leibes ihr geleistet haben [256]).

Wie es daher nicht in der Ordnung der Natur liegt, dass die Menschen verstümmelt geboren werden, und dann erst Fuss und Hand den krüppelhaften Leib zur vollkommenen Gestalt des Menschen ergänzen, so kann es auch nicht in der Ordnung der Natur liegen, dass der Mensch zuerst seinem geistigen Theile nach bestehend, dann, so zu sagen, aus diesem Bruchstücke zum vollkommenen geistig-leiblichen Wesen sich ergänzet. Wie vielmehr die abgehauene Hand nicht wieder anheilt [257]), so wird auch die einmal getrennt bestehende Seele nicht wieder mit dem Leibe verbunden werden; eine Auferstehung der Todten gibt es nach dem natürlichen Laufe der Dinge nicht [258]), ein getrenntes Bestehen des geistigen Theiles vor dem Leibe und eine erst darauf folgende Vereinigung mit ihm hätte aber selbstverständlich all das Unnatürliche an sich, welches die Auferstehung der Todten an sich hätte. Somit gilt von der menschlichen Seele dasselbe, was von allen Formen rein körperlicher Substanzen gilt, sie besteht weder ganz noch einem Theile nach vor ihrem Leibe, wenn auch nach dem Tode desselben ein Theil von ihr, der, weil er nicht Form des Leibes war, nicht in seiner Auflösung endete, nunmehr für sich allein als etwas rein Geistiges [259]) fortbesteht [260]).

Der Leib des Menschen ist entstanden; die Seele bestand nicht vor dem Leibe; also ist auch die Seele entstanden [261]). Aber *wie* ist sie entstanden? — Hat sie sich vielleicht aus der Materie entwickelt? Hat der Vater zeugend einen geistig-leiblichen Fötus gebildet? — Aber das wäre ja eine doppelte Absurdität, denn das Immaterielle würde dann Materie haben, und das Leibliche, von dem wir eben läugneten, dass es durch eigene Kraft die Begriffe im Geiste hervorbringen könne, dieses würde nun in dem Samen des Vaters so kräftig sein, dass es die geistige Substanz selbst zu bilden vermöchte. Wie immer der geistige Theil der Seele entstehen mag, aus der Materie

256) De Anim. I, 3. §. 23. p. 407, b, 25.

257) Vgl, Metaph. Δ, 27. p. 1024, a, 27.

258) De Anim. I, 3. §. 6. p. 406, b, 3.

259) De Anim. III, 5. §. 2. p: 480, a, 22. Eine Stelle, die wir sogleich näher betrachten werden.

260) Metaph. Λ, 3. p. 1070, a, 21. τὰ μὲν οὖν κινοῦντα αἴτια ὡς προγεγενημένα ὄντα, τὰ δ' ὡς ὁ λόγος ἅμα. ὅτε γὰρ ὑγιαίνει ὁ ἄνθρωπος, τότε καὶ ἡ ὑγιεία ἐστιν, καὶ τὸ σχῆμα τῆς χαλκῆς σφαίρας ἅμα καὶ ἡ χαλκῆ σφαῖρα. εἰ δὲ καὶ ὕστερόν τι ὑπομένει, σκεπτέον· ἐπ' ἐνίων γὰρ οὐδὲν κωλύει, οἷον εἰ ἡ ψυχὴ τοιοῦτον, μὴ πᾶσα ἀλλ' ὁ νοῦς· πᾶσαν γὰρ ἀδύνατον ἴσως. Vgl. De Anim. II, 1. §. 12. p. 413, a, 6.

261) Vgl. auch Eth. Nicom. VIII, 14. p. 1162, a, 6., wo von den Eltern und den Göttern gesagt wird, sie seien uns αἴτιοι τοῦ εἶναι. Dies könnte nicht gesagt werden, wenn der geistige Theil, der am meisten unser Ich ausmacht (Eth. Nicom. IX, 8. p. 1168, b, 35.), nicht entstanden wäre.

und durch die vegetative Kraft entsteht er nicht [262]). Wenn er aber nicht aus einer Materie entsteht, so entsteht er offenbar aus Nichts [263]), denn ein anderes Substrat des Werdens und Vergehens gibt es nicht, als eben die Materie. Entsteht er denn nun vielleicht, weil er, wie nicht aus der körperlichen Materie, so auch nicht von der vegetativen Kraft gebildet werden kann, in weiterer Folge auch ohne jede wirkende Ursache? Gewiss ist das unmöglich, das Gesetz der Synonymie wäre hier in einer so ausschweifenden Art überschritten, dass ohne das Vorausgehen irgend einer Wirklichkeit Wirkliches entstünde. Was aber wäre dies anders, als mit jenen alten Theologen aus der Nacht das Sein der Dinge erklären wollen? Aristoteles verlangt ein Wirkliches und dass es wirke [264]). Zudem erklärt er uns noch ausdrücklich, dass wie überhaupt die Vereinigung von Form und Materie, so auch die von Seele und Leib ihren Grund in dem wirkenden Principe habe. [265]).

Die Entstehung der menschlichen Seele und ihre Vereinigung mit dem Leibe hat also ein wirkendes Princip, allein es wird dasselbe in diesem Falle nicht ein einheitliches sein können; denn wir sagen, und gewiss nicht ohne Grund, dass ein Mensch den anderen Menschen erzeuge [266]), andererseits hat es sich aber ergeben, dass die erzeugende Kraft des Menschen den geistigen Theil eines anderen Menschen hervorzubringen nicht im Stande ist, dass vielmehr hiezu eine Kraft erfordert wird, die aus Nichts, d. i. ohne Vorherbestehen einer Materie, etwas zu wirken vermag. Dass dies nun allein jenes Wesen sein könne, welches die Fülle alles Seins enthält, jenes Princip, von dem, wie Aristoteles sagt, Himmel und Erde abhängen [267]), und, wie er an anderen Stellen deutlicher noch zu verstehen gibt, auch die übermenschlichen reinen Geister und die Himmelssphären [268]), wenn auch nicht zeitlich [269]) hervorgegangen sind [270]), das, sage ich, muss

---

262) De Generat. Animal. II, 3. p. 736, b, 15—28.

263) Phys. VIII, 6. p. 258, b, 18.

264) Metaph. Λ, 6. p. 1071, b, 29. ebend. b, 12.

265) Metaph. Λ, 10. p. 1075, b, 34. ἔτι τίνι οἱ ἀριθμοὶ ἓν ἢ ἡ ψυχὴ καὶ τὸ σῶμα καὶ ὅλως τὸ εἶδος καὶ τὸ πρᾶγμα, οὐδὲν λέγει οὐδείς· οὐδ' ἐνδέχεται εἰπεῖν, ἐὰν μὴ ὡς ἡμεῖς εἴπῃ, ὡς τὸ κινοῦν ποιεῖ. vgl. ebend. H, 6. p. 1045, a, 31. — fin.

266) Metaph. Λ, 4. p. 1070, b, 34.

267) Metaph. Λ, 7. p. 1072, b, 13. ἐκ τοιαύτης ἄρα ἀρχῆς ἤρτηται ὁ οὐρανὸς καὶ ἡ φύσις.

268) Welche nach Aristoteles ebenfalls keine substantielle Materie haben. vgl. z. B. Metaph. Λ, 2. p. 1069, b, 24. u. a. a. O.

269) Aristoteles lehrt sowohl in der Metaphysik als in den physikalischen Schriften mit aller Bestimmtheit die Ewigkeit der Bewegung, und hiemit selbstverständlich zugleich das anfangslose Dasein der bewegten Sphären und der bewegenden Geister. Doch würde man irren, wenn man glaubte, sie seien nach Aristoteles, weil ewig, durch eine Art Emanation aus Gott hervorgegangen, viel-

wohl einem Jeden von selber einleuchten. Ein anderes Wesen vermag dies sicher nicht, dieses aber vermag es, denn es hat, wie Aristoteles an einer Stelle der Nikomachischen Ethik, dem Agathon Beifall spendend, uns versichert, in seiner Allmacht keine andere Gränze, als dass es das Geschehene nicht ungeschehen machen kann [271]). Von der Gottheit aus muss also der intellective Theil des Menschen in den Fötus eingehen [272]), und hiedurch wird dessen Entwicklung zum wirklichen menschlichen Leibe zugleich seine Vollendung erreichen. Denn, da die menschliche Seele nicht ohne den intellectiven Theil sein kann, der menschliche Leib aber, was er ist, nur durch die menschliche Seele ist, so ist in demselben Augenblicke, in welchem der geistige Theil von der Gottheit mit dem Leibe zu einer Substanz vereinigt wurde, der menschliche Leib erst menschlicher Leib geworden und ein wirklicher neuer Mensch entstanden [273]).

So wird denn durch einen unmittelbaren Act Gottes der geistige Theil aus nichts gewirkt und zugleich dem leiblichen seine Bestimmt-

---

mehr bringt dieser sie durch ein Wirken, bei dem das Wirkende keinerlei Aenderung erfährt, hervor; denn er ist absolut einfach und unveränderlich und ohne jede Möglichkeit (Metaph. Λ, 7. p. 1070, a, 25.) und berührt s. z. s. seine Wirkungen, ohne von ihnen berührt zu werden (De Generat. et Corrupt. I, 6. p. 323, a, 31.), er wirkt mit bewusster Freiheit (Top. IV, 5. p. 126. a, 34.) Auch sagt Aristoteles ausdrücklich, die örtliche Bewegung (φορά) sei die erste Bewegung und früher als irgendwelche Erzeugung, d. i. als jede Entwicklung einer Substanz aus einer andern Substanz (γένεσις). So z. B. Phys. VIII, 7. p. 260, b, 24. f.

270) S. die Beilage. — 271) Eth. Nicom. VI. 2. p. 1139, b, 8.

272) De Generat. Animal. II, 3. p. 736, b, 27. λείπεται δὲ τὸν νοῦν μόνον θύραθεν ἐπεισιέναι καὶ θεῖον εἶναι μόνον· οὐθὲν γὰρ αὐτοῦ τῇ ἐνεργείᾳ κοινωνεῖ σωματικὴ ἐνέργεια. (vgl. Trendelenburg, De Anim. Comm. p. 175. u. 496. Auch Eth. Nicom. VIII, 14. p. 1162, a, 4—7. u. Polit. I, 12. p. 1259, b, 12. sind hier zu vergleichen.) Auch für die Entstehung der Thiere, sagt Aristoteles, sei ein edleres und gewissermassen göttlicheres Princip nöthig als für die der leblosen Wesen, und die Natur, die er πνεῦμα nennt (vgl. De Mot. Animal. 10.), sei analog dem Elemente der Gestirne (b, 29. 37.). Er will hiemit nicht sagen, ein himmlisches Element müsse hier den irdischen Substanzen beigemischt sein, denn die Himmel gelten ihm ja für incorruptibel, dieses aber wird aufgelöst (p. 737, a, 11.); er meint vielmehr nur dieses, dass unter dem Einflusse der Sonne (vgl. De Generat. et Corrupt. II, 10. p. 336, b, 17. u. a. a. O.) oder der thierischen Wärme, nicht aber durch Einwirkung einer Wärme von niederer Art der Keim des Lebens sich bilde u. dgl. (p. 737, a, 1.). Was er hier θειότερον nennt, aber doch nicht dem eigentlichen θεῖον gleichsetzt, möchte sich vielleicht nicht weit von dem entfernen, was er De Divinat. p. 463, b, 14. δαιμόνιον nennt. Obwohl körperlich, kann es doch nur bei lebenden Wesen sich finden und durch Einflüsse organischer oder anderer höherer, z. B. himmlischer Körper zu Stande kommen. Das Erstere ist aus dem Inhalte der Stelle mit aller Deutlichkeit ersichtlich.

273) Daher sagt Theophrast bei Themistius De Anim. 91. Unser νοῦς sei οὐχ ὡς ἐπίθετον ἀλλ' ἐν τῇ πρώτῃ γενέσει συμπεριλαμβανόμενον.

heit als menschlicher Leib gegeben. Was bleibt hienach noch für die Thätigkeit des erzeugenden Vaters übrig? Sie kann nicht weiter reichen, als dass sie den Impuls zu der Entwicklung gibt, die allmälig zu jener Disposition der Materie führt, welche für die Aufnahme der menschlichen Seele geeignet ist.

Es hat dies nichts Auffallendes, wenn man es mit der Weise vergleicht, in welcher die vernunftlosen Thiere und die Pflanzen einander hervorbringen; denn auch diese geben ja im Augenblicke der Erzeugung selbst nicht einem neuen gleichartigen lebenden [274]) Wesen das Dasein. Pflanze und Thier sind Organismen, der Fötus ist aber zunächst noch kein Organismus [275]), und der Fötus des Thieres, selbst wenn er schon eine Mehrheit von Gliedern unterscheiden lässt und an vegetativen Lebensfunctionen Theil hat, ist noch kein Thier, es fehlt ihm ja noch das unterscheidende Merkmal des Thieres, nämlich Organ und Kraft der Empfindung; und wenn der Fötus des Pferdes schon Empfindung hat, so ist er auch dann noch immer kein Pferd, so lange ihm nämlich der specifische Unterschied des Pferdes fehlt. Erst in dem Augenblicke, in welchem die Entwicklung bei dem Puncte anlangt, wo der Fötus den Leibern anderer Pferde ähnlich disponirt ist, wird er wirklich den Pferden gleichartig, er wird Pferd [276]) und ist nun beseelt von einer Seele dieser Thierart [277]).

So ist es denn auch beim Entstehen des Menschen. Der menschliche Fötus ist zunächst leblos und führt dann zuerst ein pflanzliches, dann ein thierisches, zuletzt ein menschliches Leben. Denn in dem, was jeder Art eigen ist, besteht ihr eigentlicher Zweck [278]), und das, was der Natur und dem Zwecke nach das Frühere ist, ist der Zeit und dem Entstehen nach das Spätere [279]); daher erhält jede Art zu-

---

274) Vgl. Metaph. M, 2. p. 1077, a, 20.

275) De Generat. Animal. II, 1. p. 732, a, 27.

276) De Generat. Animal. II, 3. p. 736, a, 35. ὅτι μὲν οὖν τὴν θρεπτικὴν ἔχουσι ψυχήν (τὰ σπέρματα καὶ τὰ κυήματα τῶν ζώων), φανερόν (δι' ὅτι δὲ ταύτην πρῶτον ἀναγκαῖόν ἐστι λαβεῖν, ἐκ τῶν περὶ ψυχῆς διωρισμένων ἐν ἄλλοις φανερόν·)· προϊόντα δὲ καὶ τὴν αἰσθητικήν, καθ' ἣν ζῷον. οὐ γὰρ ἅμα γίνεται ζῷον καὶ ἄνθρωπος οὐδὲ ζῷον καὶ ἵππος, ὁμοίως δὲ καὶ ἐπὶ τῶν ἄλλων ζώων. Dass auch die vegetative Seele nicht von Anfang da sei, wird gleich darauf (b, 8.) gesagt: τὴν μὲν οὖν θρεπτικὴν ψυχὴν τὰ σπέρματα καὶ τὰ κυήματα τὰ χωριστὰ (wie z. B. die Eier der Vögel) δῆλον ὅτι δυνάμει μὲν ἔχοντα θετέον, ἐνεργείᾳ δ' οὐκ ἔχοντα, πρὶν ἢ καθάπερ τὰ χωριζόμενα τῶν κυημάτων ἕλκει τὴν τροφὴν καὶ ποιεῖ τὸ τῆς τοιαύτης ψυχῆς ἔργον. (vgl. über die Abstufungen der Lebendiges gebärenden, Eier legenden Thiere u. s. w. ebend. II, 1. p. 733, a, 32.)

277) De Anim. II, 2. §. 15. p. 414, a, 25.

278) Vgl. Eth. Nicom. I, 13. p. 1102, a, 13., wozu b, 2.

279) Metaph. M, 2. p. 1077, a, 19. 26. ebend. 8. p. 1084, b, 10. De Generat. Animal. II, 6. p. 742, a, 20.

letzt jene Kräfte und jene besonderen Beschaffenheiten, die sie von allen anderen unterscheiden [260]), und so auch der Mensch die specifisch menschlichen Kräfte, nämlich die intellectiven [281]), in deren Thä-

---

280) De Generat. Animal. II, 3. p. 736, b, 3. ὕστερον γὰρ γίνεται τὸ τέλος, τὸ δ' ἴδιόν ἐστι τὸ ἑκάστου τῆς γενέσεως τέλος.

281) De Generat. Animal. II, 3. p. 736, b, 12. πρῶτον μὲν γὰρ ἅπαντ' ἔοικε ζῆν τὰ τοιαῦτα φυτοῦ βίον, ἑπομένως δὲ δῆλον. ὅτι καὶ περὶ τῆς αἰσθητικῆς λεκτέον ψυχῆς καὶ περὶ τῆς νοητικῆς. πάσας γὰρ ἀναγκαῖον δυνάμει πρότερον ἔχειν ἢ ἐνεργείᾳ. Es geht aus dieser Stelle auf's Klarste hervor, dass Aristoteles so weit davon entfernt ist, den geistigen Theil der Seele in dem Samen eingeschlossen zu denken, dass er ihn vielmehr zuletzt, nachdem schon die vegetativen und sensitiven Kräfte vorhanden sind, hinzukommen lässt. Dasselbe beweisen die Stellen im zweiten und dritten Cap. des zweiten Buches von der Seele, wo Aristoteles, wie wir gesehen, von der Nothwendigkeit spricht, dass, wo die höheren, auch die niederen Seelentheile sich finden, und auf diese verweist er hier ausdrücklich. (p. 736, a, 37.). Dass die intellective Kraft, obwohl sie in den reinen Geistern ohne die vegetativen Kräfte bestehe, in den sterblichen Wesen dieselbe zur Voraussetzung habe, erklärt er mit deutlichen Worten (De Anim. II, 2. §. 4. p. 413, a, 31., wozu §. 9. b, 24. Vgl. bes. auch 3. §. 6. p. 414, b, 28.), so dass man nicht sagen kann, er habe blos vom sensitiven Theile sprechen wollen. Einen weiteren Beweis dafür, dass nach Aristoteles der νοῦς noch nicht in dem Samen ist, gibt eine spätere Stelle unseres Capitels (p. 737, a, 16.), wo er ganz allgemein, ohne zwischen vegetativer, sensitiver und intellectiver Seele zu unterscheiden, als Resultat seiner Erörterung angibt: περὶ μὲν οὖν ψυχῆς, πῶς ἔχει τὰ κινήματα καὶ ἡ γονὴ καὶ πῶς οὐκ ἔχει, διώρισται· δυνάμει μὲν γὰρ ἔχει, ἐνεργείᾳ δ' οὐκ ἔχει.

Hiemit steht nun aber eine Stelle, die der eben citirten fast unmittelbar vorhergeht, in dem grellsten Gegensatze, denn in ihr scheint Aristoteles nichts anderes zu lehren, als dass der Same (denn auf τῆς γονῆς σῶμα kann das Prädicat körperlos offenbar nicht bezogen werden) theils frei vom Körper sei, bei jenen lebenden Wesen nämlich, welche das Göttliche, den s. g. νοῦς in sich hätten, theils aber nicht frei vom Körper sei. Dieser Same löse sich auf und vergehe, indem er feuchter und wässeriger Natur sei (p. 737, a, 7.). τὸ δὲ τῆς γονῆς σῶμα, ἐν ᾧ συναπέρχεται τὸ σπέρμα τὸ τῆς ψυχικῆς ἀρχῆς, τὸ μὲν χωριστὸν ὂν σώματος, ὅσοις ἐμπεριλαμβάνεται τὸ θεῖον (τοιοῦτος δ' ἐστὶν ὁ καλούμενος νοῦς), τὸ δ' ἀχώριστον, τοῦτο τὸ σπέρμα τῆς γονῆς διαλύεται καὶ πνευματοῦται, φύσιν ἔχον ὑγρὰν καὶ ὑδατώδη. Allein diese Stelle ist ganz sicher corrumpirt. Denn, abgesehen von ihrem Widerspruche mit der so oft, und selbst in diesem Capitel ausgesprochenen Lehre des Aristoteles, ist sie offenbar widersinnig; denn sie sagt mit deutlichen Worten, der Same einiger lebender Wesen, nämlich der Menschen, sei immateriell, der der übrigen aber materiell. Sollte sie einen einigermassen annehmbaren Sinn haben, so müsste sie vielmehr so sagen: der Same des Menschen sei theilweise immateriell, theilweise materiell (wegen des schon substantiell mit ihm vereinigten νοῦς), der der übrigen lebenden Wesen aber etwas gänzlich Materielles. Wie die Worte jetzt lauten, wäre der Same des Menschen reiner Geist. Nehmen wir aber, um die Absurdität der Stelle noch mehr zu erkennen, für einen Augenblick an, dies sei wirklich die Meinung des Aristoteles gewesen, obwohl das Gegentheil am Tage liegt, so würde weiter folgen, dass etwas Geistiges nach Aristoteles feucht und wässerig sein könne und sich auflöse und vergehe, denn Aristoteles legt sofort alle diese Eigenschaften dem Samen bei. — Die Stelle ist also corrupt. Aber sie

tigkeit sein eigentlicher Zweck erreicht wird [282]). Zuletzt also, nachdem der Fötus bereits des vegetativen und sensitiven Lebens theilhaft geworden, erreicht er die Disposition, bei welcher durch das Hinzutreten des geistigen Theiles die Herstellung einer einheitlichen, geistig - leiblichen Substanz möglich wird. In diesem Augenblicke wird, ähnlich wie der thierische, der menschliche Fötus, nur in einer anderen Weise, nämlich unter jener besonderen Mitwirkung der Gottheit den Menschen gleichartig und die ihn belebende, aber nicht ganz in ihn versenkte Seele ist nun eine menschliche Seele.

So viel in Kürze von der Aristotelischen Lehre über das Entstehen der menschlichen Seele und ihres geistigen Theiles. Sehen wir nun, ob sie uns für seine Erkenntnisstheorie wirklich jenes Licht gewährt, welches wir uns von ihr zu empfangen Hoffnung machten.

Wir haben oben das Bedenken erwogen, welches bei einer Lehre, wie die des Aristoteles, dass unsere Gedanken durch das Zusammen-

---

ist nicht in der Weise verdorben, dass die Worte des Aristoteles verändert wären, vielmehr hat man, um den richtigen Text herzustellen, nichts Anderes zu thun, als die von einem unglücklichen Commentator gemachte und dann in den Text aufgenommene Note zu τὸ μὲν χωριστὸν ὂν σώματος, nämlich: ὅσοις ἐμπεριλαμβάνεται τὸ θεῖον, τοιοῦτος δ' ἐστὶν ὁ καλούμενος νοῦς, zu entfernen, und Alles ist in Ordnung. Der Irrthum jenes Commentators bestand darin, dass er meinte, χωριστὸς ὂν σώματος müsse, wie in den Büchern von der Seele, auch hier etwas Geistiges bezeichnen, und da nun vorher von einem θεῖον die Rede war, nämlich von dem νοῦς, so bezog er es auf diesen. Allein das σῶμα, von dem hier gesprochen wird, ist nicht der Leib des Fötus, sondern der Leib des weiblichen Erzeugers, und χωριστὸν σώματος bedeutet daher dasselbe, was p. 736, b, 9. (s. Anm. 276.) χωριστόν für sich allein bedeutete, nämlich das Ausgeschiedensein des Eies aus dem Mutterleibe. Aristoteles will sagen, das Ei (denn dieses ist τὸ τῆς γονῆς σῶμα), in welchem der von dem Erzeugenden losgelöste Same aufgenommen ist, sei bei einigen lebenden Wesen von dem Leibe des weiblichen Erzeugenden getrennt, bei anderen nicht getrennt. In diesem Eie nun suche man vergeblich nach dem Samen, obwohl er auch nicht wieder daraus entwichen sei; sondern er sei durch Auflösung und Umwandlung in der Art mit dem ganzen Stoffe vermischt und eins geworden, dass er keinen besonderen Theil mehr bilde. Es ist also, mit Ausscheidung jener missverstehenden Bemerkung, so zu lesen: τὸ δὲ τῆς γονῆς σῶμα, ἐν ᾧ συναπέρχεται τὸ σπέρμα τὸ τῆς ψυχικῆς ἀρχῆς, τὸ μὲν χωριστὸν ὂν σώματος, τὸ δ' ἀχώριστον· ... τοῦτο τὸ σπέρμα τῆς γονῆς διαλύεται καὶ πνευματοῦται, φύσιν ἔχον ὑγρὰν καὶ ὑδατώδη. διόπερ (fährt Aristoteles fort) οὐ δεῖ ζητεῖν ἀεὶ θύραζε αὐτὸ ἐξιέναι, οὐδὲ μόριον οὐδὲν εἶναι τῆς συστάσης μορφῆς, ὥσπερ οὐδὲ τὸν ὀπὸν τὸν τὸ γάλα συνιστάντα· καὶ γὰρ οὗτος μεταβάλλει καὶ μόριον οὐδέν ἐστι τῶν συνισταμένων ὄγκων. (Mit den Puncten nach ἀχώριστον wollten wir das Anakoluth andeuten, welches, wie auch sonst häufig in den Aristotelischen Schriften, offenbar an dieser Stelle sich findet; denn das Subject des Satzes wird τὸ σπέρμα τῆς γονῆς, und dieses ist nicht mit τὸ τῆς γονῆς σῶμα, sondern mit τὸ τῆς ψυχικῆς ἀρχῆς σπέρμα identisch.)

282) Eth. Nicom. X, 7. p. 1178, a, 6. ebend. I, 6. p. 1097, b, 22., das ganze Capitel.

wirken von zwei Factoren, der Phantasie und des wirkenden Verstandes, entstehen, unabweisbar sich aufdrängt. In keinem von beiden, sagten wir, finde sich eine andere Aehnlichkeit mit dem Hervorzubringenden, als wie sie auch bei dem zufälligen Werden zwischen dem Wirkenden und Gewirkten besteht. Wir kamen dann zu der Einsicht, dass, wenn es nicht ein höheres Princip unserer Gedanken gebe, welches dieselben bereits wirklich in sich habe, und von dem der wirkende Verstand und die Phantasie in einer dieser Wirkung entsprechenden Weise zusammengeordnet worden seien, in der That die zur Lösung dieser Schwierigkeit erforderlichen Bedingungen in der Aristotelischen Lehre fehlen. Auch haben wir gesehen, dass dieses höhere Princip nicht blos die wirkende Ursache der Vereinigung des wirkenden Verstandes mit der Phantasie, sondern überhaupt des geistigen Theiles des Menschen mit dem leiblichen sein müsse, da ja der wirkende Verstand ebensowenig von der intellectiven Seele trennbar ist, als die sensitive Kraft von ihrem leiblichen Subjecte. Demnach lief Alles auf die Frage hinaus: gibt es nach Aristoteles ein Wesen, welches alle unsere Gedanken wirklich in sich hat, und hat dasselbe unsere intellective Seele in jene Verbindung mit dem Leibe gebracht, in welcher sie thatsächlich sich findet?

Wenn nun diese Frage zunächst in ihrem ersten Theile sich mit Ja beantworten liess, da jener Verstand, der nach Aristoteles das Denken seines Denkens ist, in diesem einen und ewigen Objecte zugleich die ganze Vielheit der Dinge ewig schauet, so dass in ihm auch die menschlichen Gedanken vorgebildet sind, so sehen wir jetzt, dass auch der zweite Theil der Frage allerdings zu bejahen ist, indem die Gottheit den intellectiven Theil unserer Seele mit dem leiblichen Menschen vereinigt hat.

Ja, Aristoteles schreibt seinem Gotte nicht blos die *Vereinigung* beider zu, er lässt ihn, wie wir gesehen haben, auch beiden das *Dasein* geben, indem er lehrt, der geistige Theil werde in jenem Augenblicke, in welchem der Fötus in seiner natürlichen Entwicklung die letzte Disposition zur Aufnahme einer menschlichen Seele erreiche, von der Gottheit in der Art immateriell hervorgebracht, dass er ein Theil derselben Substanz werde, von welcher der leibliche Mensch einen anderen Bestandtheil bilde. Gott erscheint also nach ihm nicht blos wie der Baumeister einer Mühle, der Speiche mit Speiche verbindet und all ihr Räderwerk zusammensetzt und das treibende Wasser hinzu leitet, sondern er ist Ordner und Schöpfer zugleich. Wäre er nur das Erste, so würde unser Denken zwar nicht mehr wie das Werk eines glücklichen Zufalls, aber auch nicht wie ein Werk der Natur, sondern nur wie ein künstliches Produkt erscheinen. Der Mensch würde nicht, wie die Pflanze aus dem Boden ihre Nahrung zieht, so er aus der äusseren Sinnenwelt seine geistige Speise aufnehmen, viel-

mehr gliche sein Verstand der Leinwand und empfinge das intelligibele
Bild vom wirkenden Verstand und dem Phantasma, wie *sie* das Gemälde von der Farbe und dem Pinsel empfängt, welche die ordnende
Hand des Malers seiner Idee entsprechend zusammenwirken lässt.
Denn die Natur bringt die Pflanze hervor und alle Wurzeln und Fa-
sern der Pflanze, sie benutzt nicht blos und ordnet, nein, sie erzeugt
auch ihre Werkzeuge; die Kunst nur sehen wir sich darauf beschränken, Substanzen, die sie vorfindet, einander nahe und in jene Stellung zu bringen, in der sie ihr Mittel des Kunstwerkes werden²⁸³).

So wird denn in der That durch den Aufblick zum schöpferischen
Geiste jener grosse Einwand in vollkommenster Weise gehoben, und
das Denken erscheint nunmehr als das, was es ist, als etwas Natür-
liches im Menschen, ja als dasjenige, wodurch am meisten seine natürliche Bestimmung erreicht wird. Wir können daher, nachdem der
kleine, aber, wie wir gesehen, so überaus wichtige Zusatz uns lange bei
sich zu verweilen gezwungen, jetzt in der Erklärung unseres Capitels
fortfahren, ohne den Vorwurf fürchten zu müssen, wir hätten der
Stelle eine Auslegung gegeben, die nicht in den Zusammenhang passe.

χωρισθεὶς δ' ἐστὶ μόνον τοῦθ' ὅπερ ἐστί, καὶ τοῦτο μόνον ἀθάνατον καὶ ἀίδιον. οὐ μνημονεύομεν δέ. ἔτι τοῦτο μὲν ἀπαθές, ὁ δὲ παθητικὸς νοῦς φθαρτός. καὶ ἄνευ τούτου οὐδὲν νοεῖ.	„Wenn aber der Verstand vom Leibe ge- „trennt worden, so ist er nur das, was er „[für sich allein] ist; und nur dieser Theil „[der Seele] ist unsterblich und unvergäng- „lich. Dass wir aber das Gedächtniss ver- „lieren, kommt daher, dass *er* zwar leidens- „los, das leidensfähige Denkvermögen aber „corruptibel ist, und er ohne dieses nichts „denken kann."

Hier ist Vieles, was unsere Aufmerksamkeit in Anspruch nimmt.
Vor Allem erhebt sich die Frage, was als Subject des ersten Satzes
zu denken sei. Das Wissen (ἐπιστήμη), von dem unmittelbar zuvor
die Rede gewesen, kann dasselbe aus grammatischem Grunde nicht
sein. Wendet sich also vielleicht Aristoteles zum νοῦς ποιητικός zurück,
von dem er vorher gesprochen hatte? Auch dieses ist aus mehrfachen
Gründen nicht denkbar. Einmal haben wir gesehen, dass der wir-

---

283) Dass Gott in noch viel vollkommnerer Weise die Ursache dessen ist, was
er wirkt, als der natürliche Erzeuger, ist offenbar. Ebenso ist auch das Gesetz
der Synonymie bei seinem Wirken in der vollkommensten Weise, vollkommner sogar als bei dem natürlichen Hervorbringen gewahrt; denn keine Aehnlichkeit kann
so vollkommen sein, als die, welche zwischen dem von Gott gedachten und von
ihm hervorgebrachten Werke besteht. Wenn daher Aristoteles das von Gott und
das von der Natur Hervorgebrachte oft zusammenfasst, so unterscheidet er
doch, wo er genauer spricht, wie in der aus dem vierten Cap. des zwölften
Buches der Metaphysik citirten und oben betrachteten (s. Anm. 222.) Stelle, beides gar wohl von einander.

kende Verstand eine Kraft der Seele, also ein accidens ist, das ohne sein Subject nicht bestehen kann. Sodann hat das vierte Capitel uns gelehrt, dass auch der aufnehmende Verstand geistig und daher unsterblich sei. Endlich haben wir gefunden, dass der Aristotelische νοῦς ποιητικός kein denkendes, sondern ein denkenmachendes Vermögen ist, hier aber wird, wie die Schlussworte zeigen, von etwas Denkendem gesprochen. und es wäre daher noch eher möglich, dass von dem aufnehmenden, als dass von dem wirkenden Verstande allein die Rede wäre. Dies aber hat noch Niemand behauptet. Vielmehr muss der Verstand in jenem Sinne des Wortes, in welchem er den intellectiven Theil der Seele bedeutet, als Subject gedacht werden, und auf diesen, auf das μόριον νοητικόν der Seele haben wir also auch das τοῦτο und alles Folgende zu beziehen. Dass Aristoteles sehr häufig mit dem Worte νοῦς (denn dieses ist ohne Zweifel als Subject zu ergänzen) diesen Sinn verbunden habe, beweisen Stellen, wie De Anim. II, 2. §. 9. p. 413, b, 24. ebend. I, 4. §. 13. p. 408, b, 18., nebst vielen anderen, die, wer die Anm. 21. citirten Belegstellen für die Geistigkeit eines unserer Seelentheile durchgehen will, mit leichter Mühe finden wird. Dass er aber speciell auch hier diesen Sinn damit verbunden haben müsse, geht, abgesehen von den soeben angegebenen Gründen, aus dem Vergleiche mit solchen Stellen hervor, die offenbar mit der unseren, sei es nun mit der ganzen, oder mit einem Theile von ihr, parallel. von der intellectiven Seele sprechen. So sagt Aristoteles z. B. im ersten Capitel des ersten Buches von der Seele, die meisten Seelenaffecte seien der Seele und dem Leibe gemeinsam, wie Zorn, Muth, Begierde und überhaupt alle sensitiven, und am Meisten habe es noch für sich das Denken für etwas der Seele allein Eigenes zu halten. Dann fährt er fort: „Wenn nun etwas von dem, was die *Seele* wirkt oder leidet, ihr allein eigen ist, so möchte *sie* wohl von dem Leibe getrennt werden können [284].“ Offenbar zielen diese Worte auf nichts anderes als auf das, was auch im Anfange unserer Stelle, aber mit aller Bestimmtheit, ausgesprochen wird. Es ist nämlich inzwischen durch die Untersuchungen dieses und des vorhergehenden Capitels festgestellt worden, dass es allerdings sowohl eine wirkende, als eine leidende Kraft unserer Seele gibt, an der unser Leib keinen Theil hat, und so konnte Aristoteles jetzt mit Sicherheit den Schluss ziehen, dass die Seele wirklich unsterblich sein müsse. Aber nicht die ganze Seele, sondern nur jenen Theil will er auch hier für unsterblich erklären, der das Subject unserer geistigen Kräfte ist. Darum sagt er, der Verstand sei nach der Trennung nur das. was er sei (μόνον τοῦθ᾽ ὅπερ ἐστί), offenbar im Ge-

---

284) De Anim. I, 1. §. 10. p. 403, a, 10. εἰ μὲν οὖν ἐστί τι τῶν τῆς ψυχῆς ἔργων ἢ παθημάτων ἴδιον, ἐνδέχοιτ᾽ ἂν αὐτὴν χωρίζεσθαι.

gensatze zu dem, was er vorher gewesen, wo er nicht eine Seele für sich, sondern ein Theil der intellectiv - sensitiven Seele, und ein Theil des geistig - leiblichen Menschen war. Eine sehr klare Parallele mit dem ersten unter den Sätzen, die jetzt unserer Betrachtung vorliegen, bietet auch das dritte Capitel des zwölften Buches der Metaphysik, und auch hier erscheint der den Tod überdauernde νοῦς als Theil der Seele [285]). Es genüge, darauf hingewiesen zu haben.

Das Zweite, was unsere Aufmerksamkeit auf sich zieht, ist das Wort χωρισθείς, welches, wenn wir nicht diejenigen, welche den νοῦς ποιητικός für eine separate Substanz z. B. für den Verstand der Gottheit halten, schon früher aus anderen Gründen widerlegt hätten, uns genugsam die Mittel dazu bieten würde. Hätte nämlich jenes χωριστός, das zuvor dem νοῦς ποιητικός beigelegt wurde, eine substantielle Trennung vom leiblichen Menschen bezeichnet, wie könnte Aristoteles jetzt fortfahren: „Nachdem er aber getrennt worden?" denn χωρισθείς, nicht κεχωρισμένος oder χωριστός lesen wir an dieser Stelle. Uns dagegen ist es leicht, Beides in seinem Einklange zu erkennen. Χωριστός war der Verstand, insofern er geistig war, auch während seiner Vereinigung mit dem Leibe, und daher widerspricht es nicht, wenn Aristoteles von ihm, den er eben χωριστός genannt hat, gleich darauf sagt, dass er getrennt werde, dann nämlich, wenn der Tod den leiblichen Menschen zerstöret.

Es findet dies noch eine Stütze in dem, was nachfolgt, da Aristoteles sagt, der Verstand sei, wenn er getrennt worden, nur das, was er sei. *Wir* konnten diese Worte leicht erklären, für den aber, der das, was hier getrennt wird, für den göttlichen Verstand hält, haben sie gar keinen Sinn. Denn was soll das heissen, nach der Trennung sei der göttliche Verstand das, was er sei? War er vielleicht durch die Vereinigung mit dem Menschen etwas Anderes geworden, er, der frei von allem Wechsel ist [286])? War er ein Theil der menschlichen Substanz geworden und ist jetzt wieder reiner Gott? Wer möchte irgend eine von diesen Fragen bejahen, um etwas zu behaupten, was absolut undenkbar und der ganzen Theologie des Aristoteles widersprechend wäre? Nein, dem, der das Geistige im Menschen für eine gesonderte Substanz ansehen will, hält fast jeder Satz dieses Capitels die Beweise seines Irrthums entgegen.

An dritter Stelle müssen wir fragen, was der Ausdruck νοῦς παθητικός, und zuvor noch, was das οὐ μνημονεύομεν bedeuten wolle. Die älteren Commentatoren bezogen dieses grösstentheils auf das nach dem Tode zu erwartende Leben; Trendelenburg dagegen meint, es auf das gegenwärtige beziehen zu müssen. Wir stimmen ihm bei [287]),

---

285) Metaph. Λ, 3. p. 1070, a, 24. s. ob. Anm. 260.
286) Metaph. Λ, 9. p. 1074, b, 26.
287) Wollte man mit jenen älteren Exegeten das οὐ μνημονεύομεν auf den Zu-

wenn wir auch nicht in Allem uns seiner Erklärung anschliessen
können. Der Satz scheint nämlich nichts Anderes als eine Parallele zu einer Stelle im vierten Capitel des ersten Buches zu sein.
Hier und dort hat Aristoteles im Vorhergehenden die Geistigkeit und
die Unsterblichkeit des intellectiven Theiles ausgesprochen; und da
nun hiegegen vorzüglich jener Einwand nahe liegt, der auf die im
Alter so gewöhnliche Abnahme des Gedächtnisses auch für die Gegenstände des Wissens als auf eine Erscheinung hinweist, welche
zeige, dass auch der Geist mit dem Leibe schwach werde und altere,
so beeilt er sich, denselben zu widerlegen, und thut dies hier und
dort ganz in derselben Weise, und zwar in einer Weise, die vollkommen dem entspricht, was wir von den wichtigen Diensten gehört
haben, die der sinnliche Theil uns bei dem geistigen Denken leisten soll.
So sagt er im vierten Capitel des ersten Buches [288]): „Das geistige
Denken und Betrachten erlischt, weil etwas Anderes in uns zu Grunde
geht, denn es selbst ist leidenslos. Dagegen sind das sinnliche [288 a])
Denken (διανοεῖσθαι) und das leidenschaftliche Begehren und Fliehen nicht
Zustände der Seele allein, sondern des beseelten Leibes, als solchen.
Hieraus also erklärt es sich, warum der Mensch, indem der Leib ab-
stirbt, das Gedächtniss verliert und nicht mehr die frühere Heftigkeit

stand nach dem Tode beziehen, so müsste man consequent in Betreff des οὐδὲν
νοεῖ dasselbe thun. Allein, wie es schon an und für sich seltsam klingen würde,
dass wir nach dem Tode des Leibes, obwohl fortlebend, nicht mehr denken sollten, so wäre dies insbesondere mit der Annahme des Aristoteles, es gebe keine
Auferstehung, nicht wohl verträglich. Was sollte noch die Seele in solcher ewigen Unthätigkeit? sie würde, wenn die Thätigkeit (Metaph. Θ, 8. p. 1050, a, 9.),
und namentlich das Denken ihr Zweck ist, offenbar zwecklos sein. — Was aber,
und wie die Seele nach dem Tode erkenne, hat Aristoteles nirgends näher erörtert;
nur möchte in der Frage, De Anim. III, 7. fin (s. Anm. 109.), ob unser Verstand eine rein geistige Substanz zu erkennen vermöge, während er selbst nicht
von dem Körperlichen getrennt sei, eine Andeutung liegen, dass nach erfolgter
Trennung eine solche Erkenntniss ihm jedenfalls zu Theil werden könne. Einen
bestimmten Ausspruch suchen wir aber, wie gesagt, vergeblich. In Mythen wollte
er nicht sprechen, und auch nicht mit kühnen Behauptungen den Mangel des
Wissens verbergen. Er begnügt sich damit, durch den Beweis der Unsterblichkeit uns die Hoffnung eines anderen Lebens eröffnet zu haben, welches jedenfalls
ein Leben geistiger Thätigkeit sein wird. Vgl. auch De Anim. I, 1. §. 9. f.
p. 403, a, 5.

288) De Anim. I, 4. §. 14. p. 408, b, 24. καὶ τὸ νοεῖν δὴ καὶ τὸ θεωρεῖν μαραίνεται ἄλλου τινός ἔσω φθειρομένου, αὐτὸ δὲ ἀπαθές ἐστιν. τὸ δὲ διανοεῖσθαι καὶ φιλεῖν ἢ
μισεῖν οὐκ ἔστιν ἐκείνου πάθη, ἀλλὰ τουδὶ τοῦ ἔχοντος ἐκεῖνο, ᾗ ἐκεῖνο ἔχει. διὸ καὶ τούτου
φθειρομένου οὔτε μνημονεύει οὔτε φιλεῖ· οὐ γὰρ ἐκείνου ἦν ἀλλὰ τοῦ κοινοῦ, ὃ ἀπόλωλεν· ὁ
δὲ νοῦς ἴσως θειότερόν τι καὶ ἀπαθές ἐστιν.

288 a) Dass unter dem διανοεῖσθαι nicht ein vermittelndes Denken von Allge-
meinem, sondern das sinnliche Denken, welches in der Phantasie sich findet, gemeint sei, zeigt besonders deutlich das darauf bezügliche μνημονεύει im folgenden
Satze. Vgl. unt. Anm. 291.

der Begierde hat; denn nicht der Seele, sondern dem aus Seele und Leib Bestehenden, das dem Vergehen anheim fiel, hatten diese angehört; der Verstand aber ist vielleicht etwas Göttlicheres und unvergänglich." Der Verstand, von dem Aristoteles hier spricht, ist offenbar der aufnehmende Verstand, denn es handelt sich ja um die von ihm erworbenen Kenntnisse und die Möglichkeit ihres Verlustes. Daher wird man, wenn man auf diese Stelle blickt, kaum Gefahr laufen, die Thätigkeit des aufnehmenden Verstandes mit dem, was διανοεῖσθαι genannt wird, zu identificiren. Anders an unserer Stelle, wenn man nicht auf das früher Gesagte Rücksicht nimmt. Hier steht nämlich der Ausdruck νοῦς zur Bezeichnung desselben Denkvermögens, dessen Act in der anderen Stelle διανοεῖσθαι genannt worden war, und das beigefügte Attribut παθητικός ist zwar an und für sich allerdings genügend, um klar zu zeigen, dass Aristoteles jetzt von etwas ganz Anderem als allem jenem spreche, was er früher in diesem Capitel νοῦς genannt habe (denn er hatte ja im vierten Capitel gesagt, der *aufnehmende* Verstand sei ἀπαθής, hatte hieraus im fünften Capitel gefolgert, auch der *wirkende* Verstand sei ἀπαθής, und hatte dann den Verstand im Sinne des *intellectiven Theiles* selbst für unvergänglich erklärt); allein die Stelle des vierten Capitels liegt doch schon etwas ferner, und so konnte es geschehen, dass Erklärer, die nicht an sie zurück dachten, gerade durch den Ausdruck παθητικός verleitet wurden, diesen νοῦς jenem νοῦς gegenüber zu stellen, der als das ποιητικόν unserer geistigen Gedanken bezeichnet worden war. Auf diese Weise also wurden mehrere der scharfsinnigsten Exegeten so weit vom rechten Wege abgeführt, dass sie den aufnehmenden Verstand selbst für etwas Sinnliches und Corruptibeles erklärten, und natürlich war es dem, welchem dieses Vorurtheil einmal feststand, nicht mehr möglich, sich in der Aristotelischen Lehre zurecht zu finden. Seine ganze Erkenntnisstheorie, die uns so licht und einfach erschien, war nun ein Knäuel von unauflöslichem Gewirre. So Grosses hat dieses kleine Wort verschuldet.

Was also ist nach unserer Behauptung der νοῦς παθητικός? Er ist die Phantasie, welche als sinnliches Vermögen, wie das vierte Capitel lehrt [289]), nicht an der ἀπάθεια des aufnehmenden Verstandes Theil hat, weshalb auch das erste Buch der Politik den sinnlichen Theil als παθητικὸν μόριον dem intellectiven gegenüberstellt [290]). Dass wirklich die Phantasie gemeint sei, zeigt namentlich das Buch vom Gedächtniss und der Erinnerung deutlich; denn hier wird der Phantasie das μνημονεύειν zugeschrieben [291]) und gelehrt, auch des Intelli-

289) De Anim. III, 4. §. 5. p. 429, a, 29. — 290) Polit. I, 5. p. 1254, b, 8.
291) De Memor. et Remin. 1. p. 450, a, 22. τίνος μὲν οὖν τῶν τῆς ψυχῆς ἐστιν ἡ μνήμη, φανερόν, ὅτι οὗπερ καὶ ἡ φαντασία· καὶ ἔστι μνημονευτὰ καθ᾽ αὑτὰ μὲν ὅσα ἐστὶ φαντασά, κατὰ συμβεβηκὸς δὲ ὅσα μὴ ἄνευ φαντασίας.

gibelen könnten wir nicht ohne Phantasma gedenken²⁹²). Dass aber
die Phantasie, obgleich dem sensitiven Theile angehörig, νοῦς genannt
wird, hat nichts, was auffallend wäre. In der Nikomachischen Ethik
nennt Aristoteles einmal die Empfindung (αἴσθησις) selbst νοῦς²⁹³).
Die Phantasie aber rechnet er oft zu dem νοεῖν, wie z. B. im dritten
Capitel des dritten Buches von der Seele²⁹⁴), und nennt sie νοῦς und
eine Art νόησις, wie z. B. im zehnten Capitel desselben Buches. „Es
scheint aber,“ sagt er an dem betreffenden Orte, „eines von diesen
beiden das Bewegende zu sein, entweder das Begehren oder das Denken (νοῦς), wenn man nämlich die Phantasie als eine Art Denken (ὡς
νόησίν τινα) unter diesem Namen mitbegreift²⁹⁵).“

Nachdem uns nun aber dieses klar geworden, ist die Stelle und
ihr Zweck leicht verständlich. Es ist Aristoteles nicht darum zu thun,
zu beweisen, dass wir auch für geistige Erkenntnisse das Gedächtniss
verlieren, wie jene meinten, die annahmen, er spreche hier von einem
Leben nach dem Tode (und auch noch manche andere Erklärer haben
ihm diese Absicht unterlegt); sein Ziel ist vielmehr dieses, den Einwurf
zu beseitigen, der aus der allbekannten Thatsache, dass oft und namentlich mit der sinkenden Kraft des Leibes das Gedächtniss leidet,
gegen die soeben behauptete Unsterblichkeit und Unvergänglichkeit des
intellectiven Theiles sich erheben liess²⁹⁶). Dieses also thut er, indem er auf die Abhängigkeit des Denkens von dem sinnlichen Gedächtnisse und der Phantasie hinweist, und es ist diese Abhängigkeit
keine andere Lehre als die, welche wir ihn schon so oft wiederholen
hörten, weil sie in der That ein Grundpfeiler seiner Erkenntnisslehre
ist. Das achte Capitel, in welchem die Darstellung derselben ihren
Abschluss findet, endet mit dem gleichen Gedanken und fast mit den
gleichen Worten wie dieses fünfte. Aristoteles handelt dort von der
Verschiedenheit von Phantasie und geistiger Erkenntniss; und nachdem sich diese zunächst für das urtheilende Denken, welches Subject
und Prädicat zusammenfügt, ergeben hat, fährt er mit einer Frage
fort. „Die *ersten* Gedanken aber²⁹⁷),“ fragt er, „werden nicht we-

---

292) Ebend. a, 12. ἡ δὲ μνήμη καὶ ἡ τῶν νοητῶν οὐκ ἄνευ φαντάσματός ἐστιν.

293) Eth. Nicom. VI, 12. p. 1143, b, 4. ἐκ τῶν καθ' ἕκαστα γὰρ τὸ καθόλου. τούτων
οὖν ἔχειν δεῖ αἴσθησιν, αὕτη δ' ἐστὶ νοῦς.

294) De Anim. III, 3. §. 5. p. 427, b, 27. περὶ δὲ τοῦ νοεῖν, ἐπεὶ ἕτερον τοῦ αἰσθάνεσθαι, τούτου δὲ τὸ μὲν φαντασία δοκεῖ εἶναι τὸ δὲ ὑπόληψις, περὶ φαντασίας διορίσαν-
τας οὕτω περὶ θατέρου λεκτέον. — 295) De Anim. III, 10. princ. p. 433, a, 9. φαίνεται δέ γε δύο ταῦτα κινοῦντα, ἢ ὄρεξις ἢ νοῦς, εἴ τις τὴν φαντασίαν τιθείη ὡς νόησίν τινα.

296) Für diese Auffassung sprechen auch die Worte des Theophrast, die wir
bei Themistius an der oft genannten Stelle lesen. Er erhebt nämlich, nachdem
er gesagt, der Verstand sei incorruptibel (ἄφθαρτος), den Einwand: διὰ τί λήθη
καὶ ἀπάτη καὶ ψεῦδος;

297) Er meint die einfachen Wahrheiten, die nicht eine Verbindung von Sub-

Brentano, Die Psychologie des Aristoteles. **14**

nigstens diese sich in nichts von den Phantasmen unterscheiden? — Doch nein, auch die übrigen Gedanken sind nicht selbst Phantasmen, aber nicht ohne Phantasmen [298]." Warum nicht ohne Phantasmen? Wir kennen bereits den Grund aus früheren Betrachtungen, weil nämlich der sensitive Theil es ist, durch dessen Einwirkung die Gedanken unseres Verstandes wirklich werden.

So schliesst das fünfte Capitel, welches uns den wirkenden Verstand als das bewegende Princip des aufnehmenden genannt hat, ohne einen Widerspruch zu fürchten, mit jener scheinbar entgegengesetzten Lehre von dem Einflusse der Phantasmen auf unser Denken. Beide Lehren sind eben in Wahrheit nicht einander widersprechend, sondern sie ergänzen sich, richtig verstanden, in der Art, dass der wirkende Verstand ohne Phantasmen, wie ein Bogen ohne Pfeil, die Phantasmen aber ohne den wirkenden Verstand, wie ein Pfeil ohne die schnellende Kraft des Bogens, unmöglich das Ziel erreichen würden und also unfähig zur Hervorbringung der Gedanken wären.

Ueberblicken wir nun zum Schlusse dieser langwierigen Erörterung noch einmal das ganze Capitel, um seinen Gedankengang uns klar vor Augen treten zu lassen. Es zerfällt in zwei Theile. Der erste [299]) entwickelt die Lehre vom wirkenden Verstande, und zwar wird zuerst die Nothwendigkeit der Annahme eines wirkenden Princips für unsere Gedanken dargethan [300]), dann aber wird bestimmt, was dieses Princip sei, indem von seinen Eigenschaften, wie Geistigkeit, Actualität, Einfachheit u. s. f., die eine nach der anderen festgestellt wird [301]). Betrachten wir sie in ihrer Gesammtheit, so lassen sie, wie wir gesehen haben, den wirkenden Verstand uns wirklich als jene unbewusst auf die Phantasmen wirkende Kraft erkennen, deren Bedürfniss in der Aristotelischen Erkenntnisstheorie uns schon vorher klar geworden ist. Der zweite Theil [302]) enthält zwei Zugaben, die sehr werthvoll sind, und, jede in ihrer Art, dazu dienen, die Lehre vom wirkenden Verstande in hellerem Lichte erscheinen zu lassen und die Mittel zu ihrer Vertheidigung an die Hand zu geben. Der erste [303]) zeigt ihren Einklang mit der Metaphysik; er beseitigt, indem er uns auf das ewige Denken des Schöpfers hinweist, den Vorwurf, als ob nach dieser Theorie unsere Gedanken in einer Weise entstünden, die

---

ject und Prädicat sind, und für welche der Unterschied, der das zusammengesetzte Urtheil von dem Phantasma trennt, nicht geltend gemacht werden kann, das τί ἐστι κατὰ τὸ τί ἦν εἶναι. Vgl. De Anim. III, 6. §. 7. p. 430, b, 28.

298) De Anim. III, 8. fin. τὰ δὲ πρῶτα νοήματα τίνι διοίσει τοῦ μὴ φαντάσματα εἶναι; ἢ οὐδὲ τἄλλα (was nicht nothwendig in ταῦτα geändert werden muss) φαντάσματα, ἀλλ' οὐκ ἄνευ φαντασμάτων.

299) p. 430, a, 10—19. — 300) a, 10—14. — 301) a, 14—19.
302) p. 430, a, 19—25. — 303) a, 19—22.

mehr dem zufälligen als dem natürlichen Werden gleiche. Der zweite [304]) setzt sich mit der Erfahrung zurecht; er begegnet dem Vorwurf, als ob die Lehre von der Geistigkeit und Unsterblichkeit unserer intellectiven Seele und ihres wirkenden und aufnehmenden Verstandes, gegen die Beobachtung einer alternden Geisteskraft verstiesse. Wenn das aufnehmende Princip der Gedanken leidenslos ist, wie verliert es den Habitus des Wissens? Besteht aber dieser unversehrt fort, wie kommt es, dass es nicht mehr mit gleicher Leichtigkeit wie früher die Gedanken in sich erneuert, da ja doch auch das wirkende Princip ungeschwächt fortbestehen soll? — Die Antwort ergibt sich aus der vermittelnden Stellung der Phantasmen. — So ist Alles verständlich und mit sich selbst und mit den Anforderungen des Systems im Einklange.

33. Man hat gesagt, Aristoteles bleibe seiner Lehre vom wirkenden Verstande, wie er sie in den Büchern von der Seele gebe, an anderen Orten nicht getreu, und namentlich hat Rénan behauptet, dass das letzte Capitel der zweiten Analytiken in evidentem und vollendetem Gegensatze zu der hier entwickelten Erkenntnisslehre stehe [305]). Er hatte Recht auf dem Standpuncte seiner Erklärung; aber diese Erklärung war eben, wie wir gesehen, nur eine Trübung des wahren Sinnes. Weit entfernt, dass jene Lehre, die alles Denken nur unter Vermittelung der Sinne begreift [306]), die es als ein Leiden und den Verstand als die blosse Möglichkeit die Gedanken aufzunehmen bezeichnet [307]), mit der Theorie vom wirkenden Verstande in irgend welchem Widerspruche stünde, gibt sie vielmehr selbst Zeugniss für sie und wird ein Mittel zu ihrem Verständnisse. Alle diese Sätze und auch noch andere, nähere Bestimmungen, wie z. B. dass auch die habituelle geistige Erkenntniss erst erworben werden müsse [308]), fanden wir, wie hier, auch in den Büchern von der Seele klar und mit aller Bestimmtheit ausgesprochen.

Es ist wahr, dass manchmal ein Ausdruck widersprechend klang, wie z. B. wenn gesagt wurde, unsere Gedanken entstünden durch das Wirken eines Verstandes, der ein ursprünglich gegebener Habitus (ἕξις) und höher (τιμιώτερον) als der aufnehmende sei [309]), während in den Analytiken gelehrt wird, die höchsten Grundsätze, aus denen, als Principien, die Beweise sich ableiteten, entstünden nicht aus

---

304) a, 22—25. — 305) S. Abschnitt I. n. 19.

306) Anal. Poster. II, 19. p. 99, b, 32. ebend. p. 100, b, 5. ἡ αἴσθησις τὸ καθόλου ἐμποιεῖ.

307) Ebend. p. 100, a, 13. ἡ δὲ ψυχὴ ὑπάρχει τοιαύτη οὖσα οἵα δύνασθαι πάσχειν τοῦτο. — 308) Ebend. p. 99, b, 26. p. 100, a, 10. vgl. De Anim. III, 4. §. 6. p. 429, b, 5. ebend. II. 5. §. 4 ff. p. 417, a, 21.

309) De Anim. III, 5 §. 1. p. 430, a, 15. 17. §. 2, a, 18. s. im Auf. von n. 32.

einem höheren (τιμιωτέρα) Habitus (ἕξις), nicht aus einer ursprünglich bestehenden geistigen Erkenntniss, sondern aus etwas Niederem, aus der Erkenntniss der Sinne [310]). Allein, wer da weiss, dass jener Verstand nicht etwas Denkendes, und dass sein Wirken zunächst dem sensitiven Theile zugewandt ist, — was Alles wir, wie wir hoffen, auf's Klarste erwiesen haben, — dem löst sich der scheinbare Missklang in der reinen Harmonie ganz innig verwandter Lehren auf.

Nur ein Punct ist, der einer eingehenderen Besprechung bedürfen möchte. Augenscheinlich legt nämlich das letzte Capitel der Analytiken ein grosses Gewicht auf das Gedächtniss, als Vorstufe und Vorbedingung des geistigen Erkennens [311]), und es erhebt sich darum mit Recht die Frage, ob dieses mit der Darstellung in den Büchern von der Seele übereinstimme, die ja doch sowohl im Allgemeinen in auffallender Weise das Gedächtniss fast ganz vernachlässigen [312]), als insbesondere bei dem Entstehen unserer Gedanken, seine Hilfe nicht in Anspruch zu nehmen scheinen. Nichtsdestoweniger müssen wir auch diese Frage bejahen. Vor Allem geht nämlich aus der Lehre in den Büchern von der Seele recht deutlich hervor, wie wichtig uns die Dienste der Phantasie (und zu ihr gehört ja das Gedächtniss) für die Bethätigungen des Verstandes werden. Denn da nach ihr jeder Begriff von einem entsprechenden Phantasma begleitet sein muss, so würde, wenn der Sinn nicht einen Vorrath von sensitiven Vorstellungen sammeln könnte, jede freie Bewegung der Gedanken unmöglich werden. Wie diese nun unter den gegebenen Verhältnissen möglich sei, haben wir gesehen; nicht auf die vom νοῦς ποιητικός, sondern auf die vom Wollen ausgehende Wirksamkeit des geistigen im sensitiven Theile ist sie zurückzuführen. Aber auch der νοῦς ποιητικός verlangt eine gewisse Disposition des sensitiven Theiles zu seinem Wirken. Schon die Vorstellungen des Berauschten und Wahnsinnigen können nicht mehr als Vermittler der Gedanken dienen, und um so weniger würde dies also möglich sein, wenn das empfindende Organ des Menschen so stumpf für die sinnlichen Eindrücke wäre, wie das jener niedrigsten Thierarten ist, die aller Phantasie und alles Gedächtnisses ermangeln. So ist das Gedächtniss eine nothwendige Vorstufe der geistigen Erkenntniss.

---

310) Anal. Poster. II, 19. p. 99, b, 30. φανερὸν τοίνυν ὅτι οὔτ᾽ ἔχειν οἶόν τε οὔτ᾽ ἀγνοοῦσι καὶ μηδεμίαν ἔχουσιν ἕξιν ἐγγίνεσθαι. ἀνάγκη ἄρα ἔχειν μέν τινα δύναμιν, μὴ τοιαύτην δ᾽ ἔχειν ἢ ἔσται τούτων τιμιωτέρα κατ᾽ ἀκρίβειαν. φαίνεται δὲ τοῦτό γε πᾶσιν ὑπάρχον τοῖς ζῷοις. ἔχει γὰρ δύναμιν σύμφυτον κριτικήν, ἣν καλοῦσιν αἴσθησιν. ebend. p. 100, a, 10. — 311) Anal. Poster. II, 19. p. 99, b, 36 f.

312) Aristoteles handelt nämlich in den Büchern von der Seele von dem Gedächtnisse nur im Allgemeinen, und insofern es unter der Phantasie begriffen ist, die specielleren Untersuchungen gibt die Schrift De Memoria et Reminiscentia.

Allein, wird man vielleicht entgegnen, Aristoteles scheint in den Analytiken noch in einer ganz anderen Weise das Gedächtniss als Vorbedingung des geistigen Erkennens zu betrachten; er scheint, wie aus mehreren Artbegriffen einen Gattungsbegriff, so aus mehreren sinnlichen Vorstellungen einen Artbegriff sich entwickeln zu lassen [313]). Dieses aber ist eine Lehre, die den Büchern von der Seele fremd ist. Ein Phantasma ist allerdings auch nach ihnen nothwendig, als Instrument des wirkenden Verstandes, allein eine Mehrheit der Phantasmen scheint nicht erfordert worden zu sein [314]).

Hierauf erwidern wir, dass auch das letzte Capitel der zweiten Analytiken diese Lehre nicht enthält, indem Aristoteles hier nicht von dem Entstehen der Begriffe, sondern von dem Entstehen anderer unmittelbarer Wahrheiten, welche die Voraussetzung des Beweises sind, nämlich von dem der allgemeinen Erfahrungssätze handelt. Hören wir, mit welchem Beispiele die verwandte Stelle im ersten Capitel des ersten Buches der Metaphysik seine Lehre erläutert. „Es entsteht,“ heisst es hier [315]), „die Kunst, wenn aus vielen Beobachtungen der Erfahrung ein einziges allgemeines Urtheil über das Gleichartige gebildet wird. Denn die Erkenntniss, dass dem Kallias in einer gewissen Krankheit ein gewisses Mittel geholfen habe, und so auch dem Sokrates und noch vielen Anderen im Einzelnen, ist Sache der Erfahrung; die Erkenntniss aber, dass es allen helfe, die von dieser bestimmten gleichartigen Beschaffenheit sind und an dieser bestimmten Krankheit, z. B. am Fieber, leiden, ist Sache der Kunst.“ Wir sehen, dass es sich hier weder um das Entstehen des Begriffes Fieber, noch um das eines anderen Begriffes handelt, sondern dass unter Voraussetzung derselben ein allgemeines Urtheil, das zwei Begriffe verbindet, festgestellt werden soll [316]). Ist ja doch in dem Satze: irgend ein Fieberkranker wurde so und so geheilt, der Begriff des Fieberkranken ebenso gut enthalten, wie in dem, der von allen Fie-

---

313) Anal. Poster. II, 19. p. 100, a, 15. στάντος γὰρ τῶν ἀδιαφόρων ἑνὸς πρῶτον μὲν ἐν τῇ ψυχῇ καθόλου (καὶ γὰρ αἰσθάνεται μὲν τὸ καθ᾽ ἕκαστον, ἡ δ᾽ αἴσθησις τοῦ καθόλου ἐστίν, οἷον ἀνθρώπου, ἀλλ᾽ οὐ Καλλίου ἀνθρώπου) πάλιν ἐν τούτοις ἵσταται, ἕως ἂν τὰ ἀμερῆ στῇ καὶ τὰ καθόλου, οἷον τοιονδὶ ζῷον, ἕως ζῷον· καὶ ἐν τούτῳ ὡσαύτως. δῆλον δὴ ὅτι ἡμῖν τὰ πρῶτα ἐπαγωγῇ γνωρίζειν ἀναγκαῖον· καὶ γὰρ καὶ αἴσθησις οὕτω τὸ καθόλου ἐμποιεῖ. Vgl. auch das Vorhergehende (a, 3.)

314) Wenigstens nicht bei allen, sondern nur bei den von der sensibelen Materie abstracten. s. o. Anm. 107.

315) Metaph. A, 1. p. 981, a, 5. γίνεται δὲ τέχνη, ὅταν ἐκ πολλῶν τῆς ἐμπειρίας ἐννοημάτων μία καθόλου γένηται περὶ τῶν ὁμοίων ὑπόληψις. τὸ μὲν γὰρ ἔχειν ὑπόληψιν ὅτι Καλλίᾳ κάμνοντι τηνδὶ τὴν νόσον τοδὶ συνήνεγκε καὶ Σωκράτει καὶ καθ᾽ ἕκαστον οὕτω πολλοῖς, ἐμπειρίας ἐστίν· τὸ δ᾽ ὅτι πᾶσι τοῖς τοιοῖσδε κατ᾽ εἶδος ἓν ἀφορισθεῖσι, κάμνουσι τηνδὶ τὴν νόσον, συνήνεγκεν, οἷον τοῖς φλεγματώδεσιν ἢ χολώδεσιν ἢ πυρέττουσι καύσῳ, τέχνης.

316) Vgl. auch Anal. Poster. I, 31. p. 88, a, 2.

berkranken dasselbe aussagt, und durch Induction aus der mehrfachen
Erkenntniss des ersten entsteht [317]).

Dasselbe nun lehrt auch das letzte Capitel der Analytiken; denn,
obwohl diese Stelle an und für sich auch einen anderen Sinn zuliesse,
so erhält sie doch durch den Vergleich mit der analogen Stelle der
Metaphysik ihre sichere Erklärung.

Nur führt Aristoteles hier denselben Gedanken weiter; er zeigt,
dass, wie aus vielen gleichartigen Wahrnehmungen der Sinne ein allgemeiner Satz für die ganze Art abgeleitet werde, so auch aus vielen
Erkenntnissen, die sich auf ganze Arten erstrecken, eine neue, höhere
Erkenntniss erwachse, nämlich ein Urtheil, das auf die ganze Gattung
ausgedehnt ist. Von der Gattung gelangt man dann in derselben Weise
zur höheren Gattung, bis man bei jenem Begriffe anlangt, welcher
der höchste ist, dem das Prädicat mit Allgemeinheit zukommt, und in
welchem wir zugleich den Grund jener Eigenschaft selbst zu erkennen haben. Es finde z. B. Jemand durch Induction das Gesetz, dass
alle lebenden organischen Körper sterblich sind. Auf welchem Wege ist
er dazu gekommen? Zuerst erkannte er, dass alle lebenden Körper
von einer gewissen Art, z. B. dass alle Menschen sterblich sind, aus
dem Tode vieler einzelner Menschen. Dann, da er in vielen und verschiedenen Thierarten dieselbe Erscheinung allgemein wiederkehren sah,
stieg er zu dem höheren Gattungsbegriffe, nämlich zu dem des Thieres empor; alle Thiere, sagte er, sind sterblich. Endlich gelangte er,
nachdem er auch in den verschiedenen Arten der Pflanzen und im Reiche
der Pflanzen überhaupt dieselben Erfahrungen gemacht und dieselben
particulären Wahrheiten festgestellt hatte, zu dem allgemeinen Gesetze
der Sterblichkeit aller lebenden Organismen, und in diesem Begriffe
hat er nun den Grund der Sterblichkeit für alle einzelnen sterblichen
Wesen erfasst. Auf dieses Aufsteigen also, von der individuellen
Wahrnehmung zum Begriff, und von dem niederen Begriffe zum höheren, nicht aber auf das Entstehen der einen aus den anderen ist
die Stelle der Analytiken zu beziehen. Darum musste Aristoteles hier
mehr als *eine* Sinneswahrnehmung fordern, während zum Entstehen
eines Artbegriffes nach seiner Lehre ein einziges Phantasma genügen
würde; und eben darum nahm er auch hier nicht blos die Hilfe der
Phantasie im Allgemeinen, sondern speciell die des Gedächtnisses in
Anspruch, während zur Entstehung eines Begriffes das Phantasma, als
solches, genügt. Denn ohne Erkenntniss der zeitlichen Getrenntheit

---

317) Auch der unbestimmte Satz: irgend ein Fieberkranker wurde so und so
geheilt, ist nicht ein Urtheil des Sinnes, sondern des Verstandes; und auf diese
particulären Verstandesurtheile ist De Anim. II, 5. §. 6. (p. 417, b, 26.) zu beziehen, wenn es in scheinbarem Widerspruche mit allen anderen Aussagen des Aristoteles von einer geistigen Erkenntniss des sinnlich Einzelnen spricht.

früherer Wahrnehmungen würde die inducirende Summirung derselben unmöglich werden. Die Begriffe aber entstehen zwar mittels der Sinneswahrnehmungen; aber nicht mittels Induction in dieser engeren Bedeutung. Und nicht nur nicht die Begriffe, sondern auch viele andere Grundwahrheiten, konnte Aristoteles nicht in dieser Weise aus der Erfahrung entstehen lassen. Offenbar bedarf Niemand der Erfahrung zur Erkenntniss des mathematischen Axioms, dass das Ganze grösser ist als der Theil; es folgt dies vielmehr aus dem Begriffe des Ganzen und des Theiles selbst [318]), und setzt darum, wie dieser, zwar die sinnliche Einzelerkenntniss, nicht aber die eigentliche Induction voraus [319]).

So viel zur Erklärung der Uebereinstimmung der zweiten Analytiken mit dem dritten Buche von der Seele [320]).

34. Wir haben aus der Erkenntnisslehre des Aristoteles im Allgemeinen und aus dem Ganzen seiner psychologischen Anschauungen das Bedürfniss der Annahme einer geistigen Kraft von der Natur des wirkenden Verstandes dargethan; wir haben dann durch sorgfältige Erklärung des fünften Capitels im dritten Buche von der Seele den

318) Vgl. Eth. Nicom. VI, 9. p. 1142, a, 16. καὶ τοῦτ' ἄν τις σκέψαιτο, διὰ τί δὴ μαθηματικὸς μὲν παῖς γένοιτ' ἄν, σοφὸς δ' ἢ φυσικός οὔ. ἢ ὅτι τὰ μὲν δι' ἀφαιρέσεώς ἐστιν, τῶν δ' αἱ ἀρχαὶ ἐξ ἐμπειρίας· καὶ τὰ μὲν οὐ πιστεύουσιν οἱ νέοι ἀλλὰ λέγουσιν, τῶν δὲ τὸ τί ἐστιν οὐκ ἄδηλον.

319) Eth. Nicom. I, 7. p. 1098, b. 3. unterscheidet Aristoteles: τῶν ἀρχῶν δ' αἱ μὲν ἐπαγωγῇ θεωροῦνται αἱ δ' αἰσθήσει κ. τ. λ. — In weiterem Sinne nennt er aber häufig jedes Entstehen aus der sinnlichen Einzelerkenntniss Induction. vgl. z. B. Anal. Poster. II, 18. p. 81, a, 10. Eth. Nicom. VI, 3. p. 1139, b, 26—31.

320) Dass das bei der Induction mit Freiheit die Phantasmen bewegende Princip nicht der νοῦς ποιητικός, sondern das actuelle Wollen ist, haben unsere früheren Erörterungen dargethan. Bei Rénan (Averr. et l'Averroisme, p. 96.) finden wir folgende Bemerkung: „Dans une thèse ingénieuse présentée à la Faculté des Lettres (Dénis, Rationalisme d'Aristote) on a combattu l'interprétation d'Ibn-Roschd et soutenu que l'intellect actif n'est pour Aristote qu'une faculté de l'âme. L'intellect passif n'est alors que la faculté de recevoir les φαντάσματα; l'intellect actif n'est que l'induction s'exerçant sur les φαντάσματα et en tirant les idées générales." Wir haben diese Auffassung des νοῦς ποιητικός unter den oben angeführten Erklärungsversuchen (Abschnitt I.) nicht miterwähnt, da es uns leider nicht möglich war, die Schrift selbst zu benützen, dieses Citat aber nicht hinreicht, eine in allen Theilen klare und sichere Vorstellung ihres Inhaltes zu geben. Wenn der Verfasser, wie es den Anschein hat, den νοῦς δυνάμει mit dem Vermögen der Phantasmen identificirt, also ihn für eine sinnliche Kraft hält, den νοῦς ποιητικός aber die allgemeinen Gedanken erfassen lässt, so ist Beides irrthümlich und schon früher von uns widerlegt worden. Wie dem aber auch sei (denn vielleicht ist der Bericht in diesen Puncten nicht genau gegeben). jedenfalls scheint der Verfasser darin geirrt zu haben, dass er die bewusste und die unbewusste Einwirkung des intellectiven Theiles auf den sensitiven entweder identificirt, oder die eine von ihnen übersehen hat.

νοῦς ποιητικός wirklich als dieses zur Ergänzung und Erklärung der Aristotelischen Theorie geforderte Vermögen erkannt und andere Auslegungen als irrig nachgewiesen; und nun haben wir zuletzt noch an einem Beispiele aus den logischen Schriften gezeigt, dass sie nichts enthalten, was nicht mit der Lehre des Aristoteles in den Büchern von der Seele, wie wir sie verstehen, in schönstem Einklange stände. Dies eine Beispiel aber kann für alle gelten, da gerade in der Versöhnung dieses Capitels mit dem dritten Buche von der Seele die Erklärer am meisten Schwierigkeit gefunden haben. Und so haben wir denn einen dreifachen Beweis für die Richtigkeit unserer Auffassung; denn auch die Thatsache, dass sie allein die scheinbaren Widersprüche zwischen den einen und anderen Lehren unseres Philosophen zu lösen weiss, möchte für uns die Bedeutung haben, die es für den Physiker hat, wenn er durch seine Hypothese alle Erscheinungen der Natur, auch wenn sie vorher räthselhaft und widersprechend schienen, zu erklären im Stande ist. Allein wir können auch äussere Zeugnisse für die Richtigkeit unserer Auslegung anführen, und zwar haben wir einen Gewährsmann, dessen Autorität Niemand hintansetzen wird, nämlich den berühmten Schüler des Aristoteles, den er selbst zu seinem Nachfolger im Lyceum bestimmt hat.

Durch eine glückliche Fügung ist uns ein Bruchstück aus dem fünften Buche der Physik des Theophrast bei Themistius erhalten worden, und wie sehr wir auch den Verlust des ganzen Werkes beklagen müssen, so ist doch nicht zu läugnen, dass gerade eines seiner wichtigsten Blätter hiedurch in unseren Händen ist; denn gerade an dieser Stelle spricht Theophrast von dem wirkenden und aufnehmenden Verstande und von der Stellung beider zu einander. Brandis[321]) und Torstrik[322]) haben schon von ihr Gebrauch gemacht, um jene Meinungen, die den νοῦς ποιητικός vom Wesen des Menschen trennen, zu widerlegen, und Themistius selbst hat sie vorzüglich in dieser Absicht angezogen. Allein es lassen sich noch viele andere, nähere Bestimmungen mit Klarheit daraus erkennen, die, wie wir sehen werden, keine andere als unsere Auffassung zulassen, mit ihr aber Punct für Punct in vollkommenster Uebereinstimmung sind[323]).

---

321) Gesch. d. Entwickel. d. griech. Philos. I, S. 572. vgl. Arist. Lehrgeb. S. 288.

322) *Aristot.*, De Anim. p. 184. Torstrik hat ausserdem die Absicht, aus Theophrast's Worten zu beweisen, dass nach Aristoteles der menschliche Verstand nicht immer erkenne, und auch dieses ist ihm unstreitig gelungen, was er aber weiter folgert, dass nämlich De Anim. III, 5. §. 2. p. 430, a, 22. οὐχ getilgt werden müsse, ist nicht richtig.

323) Leider ist der Text nicht ganz rein erhalten. Usener, Brandis und Torstrik haben ihn schon verbessert, manchmal aber auch da geändert, wo die hergebrachte Lesart die richtige war. Einen Theil des Bruchstückes finden wir in

1) Wir haben behauptet, dass der aufnehmende Verstand, von dem das vierte und fünfte Capitel des dritten Buches von der Seele sagen, dass er Alles werde, nicht mit dem leidensfähigen Verstande, von dem Aristoteles am Ende dieses Capitels spricht, identificirt werden dürfe. Der eine, sagten wir, gehöre dem geistigen Theile des Menschen an, während der andere offenbar der Seele und dem Leibe gemeinsam und eben darum corruptibel sei.

Ganz dasselbe lehrte Aristoteles nach Theophrast. Denn gleich im Anfange, wirft dieser das Bedenken auf, wie es doch möglich sei, dass der νοῦς δυνάμει (der aufnehmende Verstand), obwohl er nicht aus der Materie stamme, sondern von Aussen komme, und wie etwas Dazugesetztes sei, dennoch zur Natur des Menschen gehöre [324]. Auch später nennt er ihn unkörperlich [325] und sagt, die Sinne seien nicht frei vom Leibe, der Verstand aber sei frei von ihm [326]. Auf jene Schwierigkeit aber antwortet er, dass der νοῦς δυνάμει nicht zu dem fertigen leiblichen Menschen hinzugesetzt, sondern in seinem Entstehen mitbegriffen sei [327]. Auch diese letzte Bemerkung ist, wie wir uns erinnern werden, mit dem, was wir über die Entstehung des geistigen Theiles der Seele erörtert haben, im besten Einklange. Dagegen nannte Theophrast, wie Themistius sagt, den leidensfähigen Verstand etwas der Seele und dem Leibe Gemeinsames und Leibliches [328], und die Worte des Aristoteles am Ende des fünften Capitels waren ja auch zu klar, als dass er anders hätte sprechen können.

2) Wir haben ferner gesagt, dass der aufnehmende Verstand seiner Natur nach die blosse Möglichkeit der Gedanken, und dass seine Operation ein Leiden sei in jenem Sinne, in welchem auch den empfin-

---

einem früheren Capitel mit einigen Abweichungen citirt, und Torstrik glaubte das zweite Citat nach dem ersten verbessern zu müssen. Wir können ihm nicht beistimmen, vielmehr scheint uns das erste, das in manchen Puncten offenbar ungenauer ist, nach dem Gedächtnisse citirt zu sein, was bei dem zweiten, längeren Citate nicht denkbar ist. Hieraus erklären sich leicht die kleinen Differenzen, die Zeile für Zeile sich darbieten.

324) *Themist.*, De Anim. fol. 91 rᵒ περὶ μὲν οὖν τοῦ δυνάμει (νοῦ) τάδε φησίν (Θεόφραστος)· „ὁ δὲ νοῦς πῶς ποτε ἔξωθεν ὢν καὶ ὥσπερ ἐπίθετος ὅμως συμφυής;“ (welches nicht, wie Torstrik will, in σύμφυτος zu verwandeln ist, denn es soll nichts anderes bedeuten, als dass der νοῦς zu *einem* Wesen mit dem leiblichen Menschen gehöre, was, wenn er zur fertigen Natur desselben von Aussen hinzuträte, nicht möglich sein würde. Der Einwand ist gegen De Generat. Animal. ll, 3, p. 736, b, 27. gerichtet. ἔξωθεν bedeutet hier dasselbe, was dort Aristoteles durch θύραθεν bezeichnet. — 325) Ebend. ἀσωμάτῳ δὲ ὑπὸ σώματος τί τὸ πάθος;

326) Ebend. καὶ προϊών φησι (Θεόφραστος), τὰς μὲν αἰσθήσεις οὐκ ἄνευ σώματος, τὸν δὲ νοῦν χωριστόν.

327) Ebend. ἀλλὰ τὸ ‚ἔξωθεν‘ ἄρα οὐχ ὡς ἐπίθετον ἀλλ’ ὡς ἐν τῇ πρώτῃ γενέσει συμπεριλαμβάνον (l. συμπεριλαμβανόμενον) θετέον.

328) Ebend. ὃν (nämlich τὸν παθητικὸν νοῦν καὶ φθαρτόν) καὶ κοινὸν ὀνομάζουσι (Ἀριστοτ. κ. Θεόφρ.) καὶ ἀχώριστον τοῦ σώματος.

denden Vermögen ein Leiden beigelegt wurde; endlich, dass er in dieser Weise *alles* Intelligibele erfasse, woraus sich ergab, dass er unser einziges geistiges Erkenntnissvermögen sein müsse.

Alle diese Bestimmungen, die Aristoteles selbst mit klaren Worten gegeben, wiederholt auch das Bruchstück des Theophrast mit aller nur wünschenswerthen Deutlichkeit [129]).

3) Weiter noch haben wir gesagt, dass der aufnehmende Verstand, weil er seiner Natur nach blos in Möglichkeit denkend sei, um wirklich denkend zu werden, eine Einwirkung auf den geistigen Theil verlange. Diese Einwirkung müsse derselbe zunächst von dem leiblichen Theile empfangen, ihr eigentliches Princip könne aber nur etwas Geistiges sein, und müsse daher in ihm selbst gesucht werden. Ausserdem sei er auch insofern bei der Bildung seiner Gedanken activ betheiligt, als er mit Freiheit und seinen Zwecken entsprechend die Phantasmen, in denen er seine Begriffe schaue, ordne und umbilde.

Theophrast nun erörtert, nachdem er gesagt hat, die Operation des aufnehmenden Verstandes könne nicht ohne ein Leiden des geistigen Theiles begriffen werden, ebenfalls, und zwar sogleich, die Frage nach dem wirkenden Principe desselben, und fasst dabei nur eine doppelte Möglichkeit in's Auge, dass nämlich entweder das Leiden des menschlichen Geistes von ihm selbst, oder von dem leiblichen Theile ausgehe. Wir sehen also, wie fern dem grossen Schüler des Aristoteles der Gedanke lag, von der Gottheit selbst unser Denken unmittelbar herzuleiten. Er erhebt aber eine doppelte Frage. Zuerst fragt er, wie doch etwas Geistiges durch etwas Körperliches leiden und verändert werden könne [330]), und es blickt hier offenbar hindurch, dass Aristoteles wirklich ein solches Leiden gelehrt habe. Dann fragt er, in welchem Theile des Menschen das wirkende Princip des Denkens sei, ob es nämlich in dem Leibe oder in dem geistigen Theile selber sei, und er citirt drei Aussprüche des Aristoteles, von denen der erste für die erste, und die beiden anderen für die zweite Annahme zu sprechen scheinen. Den ersten entnimmt er aus dem vierten Capitel des dritten Buches von der Seele, wo Aristoteles sagt, das Denken sei ein Leiden von dem Intelligibelen [331]). Den zweiten aus

---

329) Ebend. τίς ἡ φύσις αὐτοῦ (nämlich τοῦ δυνάμει νοῦ); τὸ μὲν γάρ, μηδὲν εἶναι ἐνεργείᾳ, δυνάμει δὲ πάντα ʻ (Ausspruch des Aristoteles) καλῶς, ὥσπερ καὶ ἡ αἴσθησις. Gleich darauf sagt Theophrast, dieser νοῦς sei ὡς ὑποκειμένην τινὰ δύναμιν, καθάπερ καὶ ἐπὶ τῶν ὑλικῶν. Und wiederum: πῶς δέ ποτε γίνεται τὰ νοητά; καὶ τί τὸ πάσχειν αὐτόν; δεῖ γάρ, εἴπερ εἰς ἐνέργειαν ἥξει, ὥσπερ ἡ αἴσθησις. Endlich: ὁ νοῦς ὕλης ἔχει φύσιν μηδὲν ὤν, ἅπαντα δὲ δυνατός.

330) Er fährt nach den eben citirten Worten fort: ἀσωμάτῳ δὲ ὑπὸ σώματος τί τὸ πάθος; ἢ ποία μεταβολή;

331) De Anim. III, 4. §. 2. p. 429. a, 13. εἰ δή ἐστι τὸ νοεῖν ὥσπερ τὸ αἰσθάνεσθαι, ἢ πάσχειν τι ἂν εἴη ὑπὸ τοῦ νοητοῦ ἤ τι τοιοῦτον. ebend. §. 9. p. 429, b, 24. τὸ νοεῖν πάσχειν τί ἐστιν.

dem fünften Capitel des dritten Buches, wo er von dem wirkenden Verstande sagt, dass er Alles, nämlich alle Gedanken, wirklich mache[332]). Die dritte Aussage endlich entnimmt er aus dem fünften Capitel des zweiten Buches, wo Aristoteles sagt, dass es in der Macht des Denkenden stehe, etwas zu denken, wann er wolle, nicht aber in der Macht des sinnlich Wahrnehmenden, wann er wolle, etwas wahrzunehmen, da hiezu die Gegenwart des sensibelen Objectes nöthig sei[333]).

Hören wir Theophrast selbst: „In welchem von beiden,“ fragt er, „findet sich das wirkende Princip des Denkens, findet es sich im Leibe oder im geistigen Theile selbst? Beides hat etwas für sich. Denn dass Aristoteles es „Leiden“ nennt, möchte beweisen, dass das Princip in jenem sei, da nichts, was sich leidend verhält, von sich selbst leidet; dass er aber sagt, „er sei Princip von Allem“ und „das Denken stehe bei ihm und sei nicht für ihn, wie für die Sinne das Empfinden“ [nämlich durch etwas Anderes genau bestimmt und gänzlich seiner Willkür entzogen], „das möchte beweisen, dass das wirkende Princip in ihm selbst sei[334]).“

---

332) De Anim. III, 5. §. 1. p. 430, a, 14. ὁ δὲ (νοῦς), τῷ πάντα ποιεῖν, ὡς ἕξις τις (sc. ἐστίν). Gleich darauf (a, 19.) gebraucht Aristoteles auch den Ausdruck ἀρχή.

333) De Anim. II, 5. §. 6. p. 417, b, 24 διὸ νοῆσαι μὲν ἐπ' αυτῷ, ὁπόταν βούληται, αἰσθάνεσθαι δ' οὐκ ἐπ' αὐτῷ· ἀναγκαῖον γὰρ ὑπάρχειν τὸ αἰσθητόν.

334) Theophrast fährt nach den zuletzt (Anm. 330.) citirten Worten fort: καὶ πότερον ἐπ' ἐκείνου ἡ ἀρχὴ ἢ ἀπ' (l. ἐπ') αὐτοῦ; τὸ μὲν γὰρ ,πάσχειν' ἀπ' (l. ἐπ') ἐκείνου (nämlich του σώματος) δόξειεν (l. δείξειεν) ἄν (sc. εἶναι τὴν ἀρχήν)· οὐδὲν γὰρ ἐφ' ἑαυτοῦ τῶν ἐν πάθει· τὸ δὲ ,ἀρχὴν πάντων εἶναι' καὶ ,ἐπ' αὐτῷ τὸ νοεῖν καὶ μὴ ὥσπερ ταῖς αἰσθήσεσιν' ἀπ' (l. ἐπ') αὐτοῦ (d. h. δείξειεν ἂν ἐπ' αὐτοῦ εἶναι τὴν ἀρχήν). Diese Stelle, in welcher der Text offenbar nicht ganz rein ist, hat man früher in anderer Weise zu emendiren gesucht. Man bemerkte die Ungleichheit zwischen dem ersten ἐπ' und dem folgenden dreifachen ἀπ', und da man es für wahrscheinlicher hielt, dass einer, als dass drei Buchstaben falsch seien, so verwandelte man ἐπ' in ἀπ'. Allein, wenn man bedenkt, dass das ἐφ' ἑαυτοῦ, das in der Mitte des Satzes vorkommt, den, der den Sinn nicht erkannte, auf die Meinung bringen musste, auch statt ἐπ' müsse früher ἀπ' gelesen worden sein, so wird man das Gegentheil, abgesehen davon, dass der Sinn der Stelle, den wir oben erläutert haben, ἐπί wünschenswerth macht, wenn auch nicht unbedingt fordert, vielleicht noch wahrscheinlicher finden. ἀρχή bedeutet, wie De Anim. III, 5. p. 430, a, 19., das wirkende Princip des Denkens, und in Betreff seiner fragt Theophrast, ob es auf Seite des Leibes, oder in dem Geiste selber sei (das ἐπί wird hier gebraucht wie ἐν De Gener. et Corr. I, 9. p. 324, a, 26. ἐν ᾧ τε γὰρ ἡ ἀρχὴ τῆς κινήσεως, δοκεῖ τοῦτο κινεῖν. vgl. De Generat. Anim. I, 6. p. 442, a, 33.), nicht aber, ob es von dem einen oder anderen herrühre. (Würde man sich für ἀφ' οὗ entscheiden, so müsste man es daher in der Weise gebraucht denken, wie ὅθεν in dem Ausdrucke ὅθεν ἡ ἀρχὴ τῆς κινήσεως.) Das zweite Mal, wo jetzt ἀπ' für ἐπ' steht, lag es ganz besonders nahe, die Präposition von πάσχειν abhängig zu denken, während doch dieses, wie früher τὸ ,ἔξωθεν' (s. Anm. 327. vgl. auch die Art, wie Theophrast citirt Anm. 329.) als Andeutung eines bekannten Ausspruches des Aristoteles für sich allein steht. Dies also scheint den Anlass

Theophrast macht also hier auf die scheinbaren Widersprüche
der Aristotelischen Erkenntnisslehre aufmerksam. Das Denken, sagt.
Aristoteles, sei ein Leiden des geistigen Theiles, und hieraus folgt,
dass der geistige Theil, um zu denken, von einem Anderen einen
Einfluss empfangen müsse. Was aber sollte dieses Andere sein, wenn
nicht das Leibliche des Menschen? und somit scheint das wirkende
Princip des Denkens dem Leibe angehören zu müssen. Auf der anderen Seite sagt Aristoteles, das wirkende Princip der Gedanken sei
Princip von *Allem*, und dies lässt sich unmöglich damit vereinigen,
dass irgend eine Beschaffenheit des Körpers, ähnlich wie die Wärme
oder Farbe für Gefühl oder Gesicht, für den Verstand das entsprechende wirkende Princip sei; und so werden wir denn wieder dahin
gedrängt, dasselbe im geistigen Theile zu suchen. Es kommt hinzu,
dass, wenn der geistige Theil gar keinen Einfluss auf die Bildung der
eigenen Gedanken hätte, er bezüglich seines Denkens in dieselbe Abhängigkeit vom sensitiven Theile gerathen müsste, in welcher dieser
bezüglich seiner Wahrnehmungen den sinnlichen Objecten gegenüber
sich findet. Jede freie Bewegung des Denkens würde unmöglich werden. Nun erkennt aber Aristoteles auch diese an, und hieraus ist zu
ersehen, dass er den geistigen Theil nicht blos passiv, sondern auch
activ beim Denken betheiligt sein lässt; dies aber scheint nichts anderes zu besagen, als dass das wirkende Princip des Denkens gleich-
falls in dem geistigen Theile sei.

Die Schwierigkeiten, die Theophrast hier hervorhebt, sind uns
nicht unbekannt, wir haben sie fast in derselben Weise selbst benützt, um die einzelnen Factoren, die nach Aristoteles zum Entstehen
unserer Gedanken zusammenwirken, klar zu machen. Zunächst wie-
sen wir auf die Abhängigkeit des Denkens vom sensitiven Theil und
seinen Phantasmen hin; dann zeigten wir, dass aus dem sensitiven
Theile allein sich weder überhaupt ein Gedanke, noch insbesondere
die freie Bewegung unseres Denkens erklären lasse. Es war hiezu die

zur Aenderung gegeben zu haben, wie auch weiter unten in Folge eines ähnlichen Missverständnisses παθητικὸν ὑπ' αὐτοῦ statt παθητικὸν ἐπ' αὐτοῦ gelesen
wurde, bis Torstrik (l. c. p. 188.) die richtige Lesart erkannte. Warum wir
δείξειεν statt δόξειεν lesen, ist hienach von selbst einleuchtend. Statt ἀρχή, das
man für ἀρχήν gesetzt hatte, mussten wir die frühere Lesart wieder herstellen,
denn auch hier wird auf eine Aussage des Aristoteles hingedeutet. Wir sagen,
hingedeutet; denn ein eigentliches und wörtliches Citat der ganzen Stelle ist es
ebensowenig, wie vorher ἔξωθεν und πάσχειν und μηδὲν εἶναι κ. τ. λ. (s. Anm. 329.)
und später ἐπ' αὐτῷ κ. τ. λ. Die Kenntniss der Aristotelischen Aussprüche vor-
aussetzend, begnügt sich Theophrast, darauf hinzuweisen.

Beiläufig sei noch bemerkt, dass wir weiter unten, wo Torstrik statt ὃ ὃ η
φαμεν lesen will ὅτι δὴ φαμεν, den ursprünglichen Text für den richtigen halten.
Es stimmt das ὃ ganz mit der Weise überein, in welcher Theophrast in den eben
besprochenen Stellen die Aussprüche des Aristoteles andeutet.

Annahme einer zweifachen Einwirkung des intellectiven Theiles auf
den sensitiven nöthig, einmal der Einfluss des unbewusst wirkenden
Verstandes, und dann die Herrschaft des Willens. Auf die Scheidung
des Antheils, welchen die sensitive Seele, der wirkende Verstand und
das Gebot des Willens an der Entstehung unserer Gedanken haben,
zielt denn auch offenbar die von Theophrast angeregte Schwierigkeit
hin, und findet durch sie ihre Lösung. Unmittelbar muss der geistige
Theil, wenn er die Gedanken aufnimmt, allerdings von etwas Anderem leiden; hiemit aber ist nicht gesagt, dass er selbst überhaupt
nicht zum Entstehen seiner Gedanken mitwirke, da er ja mittelbar
als Ursache betheiligt sein kann. Ja es wird desshalb nichts im
Wege stehen, dass er sogar in mehrfacher Weise einen Einfluss übe
und auch das eigentliche wirkende Princip seines Denkens in sich
selbst enthalte, wie es nach Aristotelischer Lehre der Fall ist.

Wir übergehen nun einige Zwischenbemerkungen des ·Themistius,
die nur einzelne Ausdrücke und kleine Sätze des Theophrast, wenn
nicht des Aristoteles, enthalten (denn auch bei diesem finden sie
sich alle fast wörtlich), welche die Geistigkeit des aufnehmenden Verstandes bestätigen und den Unterschied seines Leidens von dem eigentlichen Bewegtwerden angeben. Nach ihnen gibt uns Themistius
wieder ein längeres Citat, worin Theophrast von der Aristotelischen
Lehre vom wirkenden Verstande ($\pi o \iota \eta \tau \iota x \delta \varsigma$ $\nu o \tilde{\upsilon} \varsigma$) handelt. Nach dem,
was wir soeben gehört haben, ist es nicht anders möglich, als dass
auch diese Stelle ganz für unsere Annahme spricht.

4. Wir haben gesagt, der wirkende Verstand sei nach Aristoteles keine Substanz, sondern er sei als Accidenz in einem Subjecte,
und zwar in demselben geistigen Theile unserer Seele, von dem auch
der aufnehmende Verstand ein Accidenz sei. Denn, dass dieser etwas
Accidentelles ist, ist unverkennbar, da, wenn er, der blosse Möglichkeit ist, etwas Substantielles wäre, er mit der körperlichen Materie
identisch sein müsste. Hierin also stimmten beide überein, beide ergaben sich uns als Accidenzien der intellectiven Seele und waren als
solche ursprünglich in ihr vorhanden. Dagegen, sagten wir, unterscheide sich der wirkende Verstand von dem aufnehmenden dadurch,
dass er ebenso eine reine accidentelle Wirklichkeit, wie jener eine
reine accidentelle Möglichkeit sei, und dass er nicht denke, sondern
wirkend die Gedanken hervorbringe.

Dass nun Aristoteles auch nach der Weise, wie Theophrast seine
Lehre fasste, den wirkenden Verstand als ein Accidenz betrachtet
haben müsse, geht aus der Frage hervor, was doch das Subject für
den wirkenden Verstand und als solches mit ihm verbunden sei? Die
folgenden Worte: „denn der Verstand ist etwas aus dem wirkenden
und dem in Möglichkeit seienden gewissermassen Gemischtes [334*),“

---

334 a) S. d. ganze Stelle Anm. 338.

scheinen uns von Themistius erklärend beigefügt, der auch weiter unten den einen zum anderen wie Materie und Form sich verhalten lässt [335]). Dieses ist ein offenbarer Irrthum [336]). Sollten daher die Worte einen richtigen Sinn haben, so würde das „gemischt" hier nichts anderes als ihre accidentelle Vereinigung in demselben Subjecte bedeuten [337]), und dieser uneigentliche Gebrauch des Ausdruckes würde durch das „gewissermassen" angedeutet sein. Indessen ist es uns, wie gesagt, wahrscheinlich, dass Themistius in derselben irrigen Meinung, die später deutlich zu Tage tritt, befangen, sie eingeschoben habe, und Theophrast selbst scheint uns, wenn wir das frühere Citat der nun folgenden Worte (denn wir finden sie an zwei Stellen citirt) vergleichen, nach der Frage: „welches also sind diese beiden Naturen (der wirkende nämlich und der aufnehmende Verstand) und welches wiederum ist das Subject des wirkenden Verstandes und das, was mit ihm verbunden ist?" so fortgefahren zu haben: „denn seine Kraft ist wie ein Habitus" (eine accidentelle Energie), so dass Theophrast aus denselben Worten des Aristoteles, in welchen wir einen Beweis dafür fanden, dass der wirkende Verstand eine accidentelle Form sei, die Nothwendigkeit der Frage nach seinem Subjecte folgerte. Deutlich nennt er dann, nachdem er schon vorher alle die Ausdrücke, wie αἴτιον, ποιητικόν, ποιοῦν, ἀρχή, wiederholt hat, wodurch Aristoteles dieses Vermögen als ein wirkendes bezeichnet hatte, den wirkenden Verstand den Bewegenden (ὁ κινῶν), und das folgende Bedenken zeigt, dass er ihn als das bewegende Princip des aufnehmenden Verstandes und als ursprünglich mit ihm in der Seele vereinigt dachte. „Wenn nun," sagt er, „der Bewegende von Natur aus (mit uns oder mit dem zu bewegenden aufnehmenden Verstande) vereinigt ist, so sollte man meinen, er müsse sogleich und ohne Unterlass bewegen; wenn er aber erst später dazu kommt, so fragt es sich, womit (mit welchem Subjecte) und wie er entstehe. Sicher nun scheint kein Entstehen (γένεσις) ihm zukommen zu können, wenn anders er auch keiner Corruption unterworfen ist. Da er also in uns ist, warum bewegt er nicht? oder woher kommt Vergessen und Täuschung und Irrthum? — Oder haben diese etwa ihren Grund in der Mischung [338])?" näm-

---

335) Er sagt, der wirkende und aufnehmende Verstand seien gewissermassen *eine* Natur, und bezeichnet als Grund: ἐν γὰρ τὸ ἐξ ὕλης καὶ εἴδους.

336) Denn jeden von beiden nennt Aristoteles in diesem Sinne ἀμιγής. De Anim. III, 4. §. 3. p. 429, a, 18. ebend. 5. §. 1. p. 430, a. 18.

337) Es wäre etwa, wie wenn man sagte, der sensitive Theil sei aus empfindenden und begehrenden Kräften gemischt. Den Ausdruck μεμῖχθαι τῷ σώματι gebraucht Aristoteles häufig, um zu bezeichnen, dass eine Kraft im leiblichen, nicht im geistigen Theile des Menschen sich finde.

338) f. 91. sagt Themistius: διαπορεῖ δὲ (Θεόφραστος) τίνες οὖν αὗται αἱ δύο φύσεις (nämlich die, welche Aristoteles als ὕλη und δύναμις, und die, welche er als αἴτιον und ποιητικόν des Denkens bezeichne), καὶ τί πάλιν τὸ ὑποκείμενον ἢ συνηρτη-

lich in der Vermischtheit des sensitiven Theiles mit der Materie,
denn dieses wäre, wenn wir Themistius, der hier mit seinem Citate
endet, glauben wollen, der Sinn der letzten Worte, den auch das
Ende des fünften Capitels im dritten Buche von der Seele wahrscheinlich macht. Auch dass, wie wir oben aus den Worten Theophrasts
ersehen konnten, der geistige Theil zunächst vom leiblichen jene Einwirkung, wodurch er denkend wird, erleidet, stimmt damit überein.

Hieraus setzt sich nun aber die vollständige Lehre vom wirkenden Verstande, wie wir sie früher entwickelt haben, zusammen. Denn,
dass er geistig sei, wiederholt Theophrast mit den unzweideutigen

<hr/>

μένον τῷ ποιητικῷ· μικτὸν γάρ πως ὁ νοῦς ἔκ τε τοῦ ποιητικοῦ καὶ τοῦ δυνάμει. εἰ μὲν
οὖν σύμφυτος ὁ κινῶν, καὶ εὐθὺς ἐχρῆν καὶ ἀεί (SC. κινεῖν)· εἰ δὲ ὕστερον μετὰ τίνος (mit
welchem Subjecte; so eben hatte er es τὸ συνηρτημένον τῷ ποιητικῷ genannt) καὶ
πῶς ἡ γένεσις; ἔοικεν οὖν καὶ ἀγέννητος (wofür man nicht, wie Torstrik will, ἀγένητος
setzen darf, denn nur das Entstehen aus einer Materie wird geleugnet), εἴπερ καὶ
ἄφθαρτος. ἐνυπάρχων δ' οὖν, διὰ τί οὐκ ἀεί; (l. οὐ κινεῖ; denn sonst würde, wenigstens der grammatischen Regel nach, ἐνυπάρχει zu ergänzen sein, was einen un-
richtigen Sinn gäbe, da ja der wirkende Verstand in Wahrheit immer in der
Seele ist. Die Corruption war um so leichter möglich, da man die Worte nicht
getrennt schrieb, und ἀεί unmittelbar vorherging) ἢ διὰ τί λήθη καὶ ἀπάτη καὶ ψεῦδος; ἢ διὰ τὴν μῖξιν; — f. 89. finden wir dagegen dieselbe Stelle in folgender Weise
citirt: εἰ μὲν γὰρ ὡς ἕξις, φησίν (Θεόφραστος), ἢ δύναμις ἐκείνῳ, εἰ μὲν σύμφυτος, ἀεὶ
καὶ εὐθὺς ἐχρῆν (Was?)· εἰ δ' ὕστερον, μετὰ τίνος καὶ πῶς ἡ γένεσις; ἔοικε δ' οὖν ὡς
ἀγέννητος, εἴπερ ἄφθαρτος. ἐνυπάρχων δ' οὖν, διὰ τί οὐκ ἀεί (Was?); ἢ διὰ τί λήθη
καὶ ἀπάτη; ἢ διὰ τὴν μῖξιν; das erste Citat ist in allem, worin beide von einander
abweichen, richtiger und hat nur den Fehler (wenn er nämlich als solcher zu
betrachten ist) des οὐκ ἀεί für οὐ κινεῖ mit ihm gemein.

Theophrast scheint uns nun so geschrieben zu haben: τίνες οὖν αὗται αἱ δύο
φύσεις; καὶ τί πάλιν τὸ ὑποκείμενον ἢ συνηρτημένον τῷ ποιητικῷ; ἔστι γὰρ ὡς ἕξις ἡ δύναμις ἐκείνου. εἰ μὲν οὖν σύμφυτος ὁ κινῶν, καὶ εὐθὺς ἐχρῆν καὶ ἀεί (SC. κινεῖν)· εἰ δὲ
ὕστερον, μετὰ τίνος καὶ πῶς ἡ γένεσις; ἔοικεν οὖν καὶ ἀγέννητος, εἴπερ καὶ ἄφθαρτος.
ἐνυπάρχων δ' οὖν, διὰ τί οὐ κινεῖ; ἢ διὰ τί λήθη καὶ ἀπάτη καὶ ψεῦδος; ἢ διὰ τὴν μῖξιν;
Indessen ist zu bemerken, dass ὑποκείμενον einen doppelten Sinn haben kann,
einmal kann es, wie wir es eben fassten, das Subject eines Accidenz, dann aber
auch das Object einer activen oder passiven Kraft bedeuten (wie z. B. De Anim.
III, 2. p. 10. p. 426, b, 8.). Auch in dem letzteren Sinne kann es an unserer
Stelle genommen werden; die Frage des Theophrast würde in diesem Falle auf
das gerichtet sein, was *unmittelbar* die Einwirkung des wirkenden Verstandes
empfange, und hieraus wäre dann noch mehr ersichtlich, dass dieselbe dem aufnehmenden Verstande durch etwas vermittelt wird. Denn dass zu diesem
schliesslich die Thätigkeit des wirkenden Verstandes hinführe, darüber konnte
keine Frage mehr sein, und zudem zeigt das unmittelbar Vorhergehende, dass
der aufnehmende Verstand unter dem ὑποκείμενον nicht gemeint ist. — Wenn nach
dieser Erklärung des Ausdruckes sich aus ihm nichts für die Accidentalität des
νοῦς ποιητικός und für seine Vereinigung mit dem νοῦς δυνάμει in dem geistigen
Theile unserer Seele folgern lässt, so ergibt sich doch dieselbe Lehre klar genug
aus dem nachfolgenden ‚σύμφυτος ὁ κινῶν‘ und ‚ἀγέννητος εἴπερ καὶ ἄφθαρτος. κ. τ. λ.‘

Worten des Aristoteles; dass er aber zu unserer Seele gehöre, dass
er ferner ein Accidenz, und zwar von Natur aus eine accidentelle
Energie derselben sei, dass er ein bewegendes Vermögen sei, dass
er wirkend die Gedanken im aufnehmenden Verstande hervorbringe,
dass er mit seinem Wirken zunächst dem sensitiven Theile zugewandt
sei, dass er bewusstlos und darum nothwendig wirke, sobald nur der
sensitive Theil zur Aufnahme der Wirkung fähig sei, dass er am
allerwenigsten selbst für etwas Denkendes gehalten werden könne
(denn wir müssten ja sonst, da er reine Wirklichkeit ist, von Anfang
an ein wirkliches Denken haben, und die letzte Aporie würde ihre
Grundlage verlieren), dass ihm also der Name Verstand aus einem
anderen Grunde, sei es nun, weil er zum intellectiven Theile gehört,
oder weil er denken macht, d. h. weil er wirkend die Gedanken hervorbringt, gegeben sein müsse — alle diese Bestimmungen liessen
sich aus den Fragen und Objectionen und angedeuteten Lösungen
Theophrasts mit Sicherheit, oder doch mit der höchsten Wahrscheinlichkeit erkennen, und somit haben wir die Genugthuung, dass das
Zeugniss eines unmittelbaren Schülers unsere Auffassung der Aristotelischen Lehre als die richtige empfiehlt.

35. Doch unsere Freude hierüber würde nicht wenig gestört
werden, wenn, was von Theophrast bejaht, von Eudemus, dem ge-
treuen Schüler des Aristoteles, verneint würde. Ravaisson hat sich
auf das Zeugniss seiner Ethik berufen, da er die Gottheit als den
wirkenden Verstand im Sinne des Aristoteles nachweisen wollte, und
wirklich scheint Eudemus an einer Stelle des siebenten Buches
mit klaren Worten Gott das wirkende Princip unseres Denkens zu
nennen. Hören wir seine eigenen Worte: „Welches ist,“ fragt er,
„das erste Princip der Bewegung in der Seele? Offenbar muss es
wohl, wie in dem Universum, auch in ihr die Gottheit sein. Denn
das Göttliche in uns“ (nämlich unser Denken) „bewegt alles Uebrige.
Das erste bewegende Princip für den Gedanken aber kann nicht wieder ein Gedanke, sondern es muss etwas Höheres sein. Was nun
könnte Einer noch Höheres nennen als das Wissen, wenn es nicht die
Gottheit ist? denn die Tugend bethätigt sich in Abhängigkeit vom
Denken[239].“ — So Eudemus. Was aber werden wir erwidern, wenn
man uns diese Stelle als Einwand gegen die Richtigkeit unserer Erklärung entgegen hält? Werden wir vielleicht mit einigen neueren
Kritikern sagen, dass Eudemus hier von der Lehre seines Meisters

---

239) Eth. Eudem. VII, 14. p. 1248, a, 24. τὸ δὲ ζητούμενον τοῦτ᾽ ἐστί, τίς ἡ τῆς
κινήσεως ἀρχὴ ἐν τῇ ψυχῇ. δῆλον δή, ὥσπερ ἐν τῷ ὅλῳ θεός, καὶ πᾶν ἐκείνῳ. (l. καὶ ἂν
ἐν ἐκείνῃ. corr. Fritzsche) κινεῖ γάρ πως πάντα τὸ ἐν ἡμῖν θεῖον. λόγου δ᾽ ἀρχὴ οὐ λόγος
ἀλλά τι κρεῖττον. τί οὖν ἂν κρεῖττον καὶ ἐπιστήμης εἴποι (l. εἴη?) πλὴν θεός; ἡ γὰρ ἀρετὴ
τοῦ νοῦ ὄργανον.

sich entferne. Aber wie spräche er dann mit solcher Sicherheit und so, wie von etwas, was als einfache Folgerung aus seinen philosophischen Principien sich ergebe, da ihm diese doch mehr als jedem Anderen mit Aristoteles gemeinsam sind? Er selbst wenigstens scheint sich seiner Abweichung von dem Meister nicht bewusst zu sein.

Doch er entfernt sich hier ja auch in der That nicht im Allermindesten von der Aristotelischen Lehre [340]). Auch Aristoteles nennt nicht den aufnehmenden oder wirkenden Verstand, sondern das wirkliche Erkennen das Göttliche in uns [341]), und auch er glaubt, wie wir gesehen haben, das Entstehen des Wissens nicht anders, als durch Hinweisung auf jenes Denken, das all unseres Wissens theilhaft ist, und (nicht durch Begriffe, sondern in einer höheren Weise) es „nicht bald denkt bald nicht denkt [342])," vollkommen begreifen zu können. Wäre unsere Seele nicht aus der Kraft dieses ewigen Verstandes hervorgegangen, so würde das Gesetz der Synonymie bei dem Entstehen ihrer Gedanken, trotz der Phantasmen und trotz des wirkenden Verstandes, nur in jener unvollkommenen Weise gewahrt sein, welche dem zufälligen Werden eigenthümlich ist. Eudemus geht also auf jene wirkende Ursache zurück, die unser Denken vollkommen und als etwas natürlich Entstehendes erklärt; von ihr aber hat Theophrast nicht gesprochen, sondern er sprach von dem näheren Principe, das eine gottgegebene Kraft unserer Seele ist, und so sehen wir denn, dass die Aussage seines Freundes und Mitschülers, weit entfernt das Zeugniss, welches er uns gegeben, zu entkräften, mit ihm in vollkommenem Einklang ist und es in willkommener Weise gerade in jenem Puncte ergänzt, über welchen er selbst geschwiegen hat.

36. Mit diesem Nachweise des übereinstimmenden Zeugnisses des Eudemus und Theophrast dürfen wir nun unsere Untersuchung schliessen. Denn welchen Beweis könnte man noch von uns verlangen, nachdem wir gezeigt haben, dass die Grundsätze des Aristotelischen Systemes und insbesondere die seiner Psychologie und Erkenntnisslehre einen wirkenden Verstand in unserem Sinne fordern, und dass die

---

340) Hiemit wollen wir nicht sagen, dass die Untersuchungen des vierzehnten Cap. im siebenten Buche der Eudemischen Ethik nicht manches dem Eudemus Eigenthümliche enthalten, wovon es sehr zweifelhaft ist, ob es den Beifall des Aristoteles gefunden hätte. Nur hier, wo er die metaphysisch-psychologische Frage aufwirft: τίς ἐστιν ἡ τῆς κινήσεως ἀρχὴ ἐν τῇ ψυχῇ; und sie ganz im Sinne des Gesetzes der Synonymie und mit Bewusstsein desselben beantwortet, erkennt man an der Art, wie er spricht, dass er seiner Uebereinstimmung mit den in der Schule herrschenden Grundsätzen und Ansichten sich bewusst ist.

341) Metaph. Λ, 7. p. 1072, b, 23. ebend. 9. princ. Dass Aristoteles auch der Tugend jene Stellung zum Denken anwies, die Eudemus ihr giebt, zeigt Metaph. Λ, 7. p. 1072, a, 30. ἀρχὴ γὰρ ἡ νόησις.

342) De Anim. III, 5. §. 2. p. 430, a, 22.

Brentano, Die Psychologie des Aristoteles. 15

Bestimmungen des fünften Capitels im dritten Buche von der Seele wirklich die entsprechende Lehre enthalten, ferner, dass scheinbar widersprechende Aussagen des Aristoteles sich in unserer Erklärung versöhnen, und dass nicht blos er selbst überall mit dieser Lehre in Uebereinstimmung bleibt, sondern dass auch seine Schüler, der eine in dem, der andere in jenem Puncte, sie bestätigen?

Nur dieses Eine dürfen wir vielleicht als etwas Empfehlendes noch hinzufügen, dass nämlich die grossen Gegensätze der späteren Erklärungen durch das Resultat unserer Forschung selbst am Meisten erklärlich werden. Denn nach ihm ist es auf der einen Seite vollkommen wahr, dass Aristoteles im fünften Capitel des dritten Buches von der Seele von einem wirkenden Principe unserer Gedanken spricht, welches etwas Denkendes und die Gottheit selber ist, während es doch auf der anderen Seite sich ergeben hat, dass der s. g. νοῦς ποιη-τικός, der wirkende Verstand, nicht denkt, sondern nur denken macht und eine Kraft unserer eigenen Seele ist. So steht unsere Erklärung in gewisser Weise allen früheren Auffassungen nahe, und es gelingt ihr, weil, wie das Sprichwort sagt, die Wahrheit in der Mitte liegt, trotz der strengsten Einheitlichkeit alle, auch die heterogensten Ansichten, so weit dies möglich ist, in sich zu versöhnen.

37. Fragen wir aber, welcher von den früheren Erklärungsversuchen am Meisten der Wahrheit nahe gekommen, so ist es unläugbar, dass wir dem heil. Thomas von Aquin diese Ehre zuerkennen müssen [343]). Ja, ich weiss nicht, ob ich nicht sagen soll, dass er die ganze Lehre des Aristoteles richtig erfasst habe. Denn, wenn er sagt, nichts Körperliches könne auf etwas Geistiges einen Eindruck machen [344]), zugleich aber doch durch den Einfluss der von dem intellectus agens erleuchteten Phantasmen den intellectus possibilis zum Denken gelangen lässt, so dürfen wir nicht glauben, dass er die Thorheit begangen habe, den wirkenden Verstand ein geistiges Accidenz in einem leiblichen Subjecte hervorbringen zu lassen, vielmehr hat er gewiss nur in *dem* Sinne den vom intellectus agens gegebenen Impuls als etwas Ueberkörperliches betrachtet, als derselbe nicht aus der Natur des sensitiven Theiles selbst, oder auch aus der eines anderen Körpers hervorgegangen ist und hervorgehen konnte.

Indess finden wir bei ihm einige Aussprüche, die allerdings einen gewissen Mangel an Klarheit über die Natur des wirkenden Verstandes verrathen möchten. Hieher gehört namentlich eine Stelle, worin er, um zu beweisen, dass der wirkende Verstand eine Kraft unserer Seele sei, sich auf die Erfahrung beruft. Die Selbstbeobachtung, meint

---

343) S. die Grundzüge seiner Auffassung Abschnitt I. n. 9.

344) Nihil autem corporeum imprimere potest in rem incorpoream Summ. Theol.1 ᵃ, q. 84. a. 6. corp.

er, lasse erkennen, dass wir es seien, die die Begriffe von den Einzeldingen abstrahiren [345]). Hier hat er offenbar die Thätigkeit des wirkenden Verstandes für eine selbstbewusste Wirksamkeit gehalten, während sie doch, wie wir gesehen haben, so wenig mit Bewusstsein und Freiheit stattfindet, als die vegetativen Functionen des Lebens. Allerdings sahen wir, dass der intellective Theil nach Aristoteles auch mit bewusster Freiheit auf den sensitiven wirkt und hiedurch sich die Herrschaft über das eigene Denken wahrt, allein hier war das wirkende Princip das Wollen, und diese ganz verschiedenartige Wirkungsweise scheint Thomas mit der ersten confundirt zu haben [346]).

Ueberhaupt bleibt über der Lehre des Aristoteles vom wirkenden Verstande, wie sie Thomas gibt, ein gewisses Dunkel. Wenigstens treten die Gründe seiner Annahme nicht so klar wie bei Aristoteles selbst hervor, und es schreibt sich dies besonders daher, dass er die Stellung des geistigen und leiblichen Theiles des Menschen zu einander nicht ganz in derselben Weise fasst, wie Aristoteles sie bestimmt hatte. So lässt er den geistigen Theil im ganzen Leibe gegenwärtig sein und den sensitiven und vegetativen Theil der Seele mit dem intellectiven nach dem Tode fortbestehen, so wie er auch die ganze Seele

---

345) Summ. Theol. 1ª, q. 79. a. 4. corp. Oportet dicere, quod in ipsa (anima) sit aliqua virtus..., per quam possit phantasmata illustrare. Et hoc experimento cognoscimus, dum percipimus nos abstrahere formas universales a conditionibus particularibus, quod est facere actu intelligibilia. Dieselbe Ansicht finden wir auch in früheren Schriften. Cont. Gent. II. c. 76. Adhuc, si intellectus agens est quaedam substantia separata, oportet, quod ejus actio sit continua et non intercisa, vel saltem oportet dicere, quod non contineatur et intercidatur ad nostrum arbitrium. Actio autem ejus est facere phantasmata intelligibilia actu. Aut igitur hoc semper faciet, aut non semper. Si non semper, non tamen hoc faciet ad arbitrium nostrum. Sed tunc intelligimus actu, quando phantasmata fiunt intelligibilia actu; igitur oportet, quod vel semper intelligamus, vel quod non sit in potestate nostra actu intelligere. Quaest. un. De Anim. a. 5. corp. Sicut enim operatio intellectus possibilis est recipere intelligibilia, ita propria operatio intellectus agentis est abstrahere ea: sic enim ea facit intelligibilia actu. Utramque autem harum operationum experimur in nobis ipsis. Nam et nos intelligibilia recipimus et abstrahimus ea.

346) Das Missverständniss geht nicht so weit, dass er den intellectus agens und den Willen, oder den intellectus agens und eine gewisse Willensthätigkeit miteinander identificirt. Wie Aristoteles, lässt auch er den Willen den sensitiven Theil bewegen (s. z. B. Summ. Theol. 1ª, q. 80. a. 2.), und, wie Aristoteles, lässt auch er jedem Wollen ein Denken (s. z. B. ebend. 1ª, q. 82. a. 4. ad 3ᵘᵐ), und jedem Denken eine Thätigkeit des wirkenden Verstandes vorangehen. Nur darin scheint er uns gefehlt zu haben, dass er trotzdem in einer, ich weiss nicht welcher, Weise die Thätigkeit des intellectus agens zum Bereiche der bewussten Wirksamkeit rechnete. Nothwendig musste er, um so zu sprechen, wie er es in den eben angeführten Stellen (Anm. 345.) gethan, Einiges, was Wirkung des Wollens ist, auf den intellectus agens zurückführen.

und nicht blos, wie Aristoteles, die niederen Theile derselben Form des Leibes nennt. Allein nach den Grundsätzen der Aristotelischen Physik und Metaphysik, die doch Thomas im Allgemeinen beibehalten hat, ist es unmöglich, dass etwas, insofern es Form des Leibes ist, unsterblich, oder insofern es unsterblich ist, Form des Leibes ist, und eine geistige Form des Leibes wäre eine contradictio in adjecto. Mit bewusster Absicht ist Thomas hier nicht von Aristoteles abgewichen, denn seinen sonstigen Anschauungen entspricht die Aristotelische Lehre eben so gut, ja besser als die seinige [346 a]), und wir glauben daher, dass er bei verändertem Verständnisse des Aristoteles gewiss auch seine eigene Lehre in diesem Puncte verändert haben würde.

In der Erklärung des zweiten Theiles des fünften Capitels im dritten Buche von der Seele [47]) ist Thomas minder glücklich gewesen als in der des ersten; indess enthält der Sache nach seine Auslegung nichts, was der Aristotelischen Lehre zuwider wäre. Ja, wenn ihm auch die schöne und tiefsinnige Stelle, wo Aristoteles, um unser Denken ganz erklärlich zu machen, auf das Denken der Gottheit hinüber weist, durch eine falsche Deutung verloren geht, so ist doch die Lehre selbst ihm nicht entgangen, und eben jene Stelle in der Ethik des Eudemus (die er natürlich für ein Werk des Aristoteles selber hält) hat ihn so zu sagen durch ein Hinterpförtchen in die Wohnung eingeführt, deren eigentliche Thüre ihm verschlossen geblieben. „Das Princip unseres Denkens und Erkennens," sagt er in seiner theologischen Summe, „ist ein erkennendes Princip, das über unseren Verstand erhaben ist, und dies ist Gott, wie auch Aristoteles im siebenten Buche seiner Ethik lehrt [348]). " Eine andere Stelle aber zeigt, dass er das Verhältniss dieses Princips zum wirkenden Verstande sich ganz in derselben Weise wie Aristoteles gedacht hat [349]).

So haben wir hier eine Erscheinung, die bei diesem Erklärer zum Verwundern häufig wiederkehrt, dass er nämlich, obwohl er sich mit den Worten nicht ganz zurecht findet, in den Geist des Aristoteles eingeht, was ohne die innige Geistesverwandtschaft der beiden Männer nicht begreiflich wäre. Darum verzeiht man auch gerne die kleinen Unvollkommenheiten, und staunt vielmehr über einen Scharfsinn, der ihm, da er doch mit uns verglichen von allen Hilfsmitteln entblösst und nicht einmal der griechischen Sprache mächtig war, alles dies in der Art zu ersetzen wusste, dass er sowohl in diese, als in andere der dunkelsten Lehren des Aristoteles glücklich eingedrungen ist. Und be-

---

346 a) Diese führt in dem betreffenden Puncte, wenn man sie rückwärts zu ihrem historischen Ursprunge verfolgt, zuletzt auf die Neuplatoniker.

347) Vgl. ausser seinem Commentare zu den drei Büchern von der Seele auch die Interpretation dieses Capitels Cont. Gent. II. c. 78.

348) Summ. Theol. 1 a, q. 82. a. 4 ad 3um.

349) Summ. Theol. 1·a. q. 79. a. 4. corp.

denkt man nun noch, wie er es verstanden hat, das in dem Aristotelischen Schachte erbeutete Gold zu verarbeiten, und wie er ganz im
Aristotelischen Geiste und mit gleicher Meisterschaft den Bau seiner
theologischen Lehre emporgeführt hat, so weiss man nicht mehr, mit
welchem Ausdrucke der Bewunderung man ihm gerecht werden soll.
In der That, man hat nicht an Thomas gedacht, wenn man den Sohn
des Macedoniers als den grössten Schüler des Aristoteles bezeichnete,
denn sicher verdient er, der Fürst der Scholastik und der König aller
Theologen, mehr als jeder Andere diesen Namen.

Wir stehen am Ende. Fragen wir uns: welches ist das philoso-
phische Problem, das der Aristotelischen Lehre vom νοῦς ποιητικός zu
Grunde liegt? Für welche psychologische Frage hat Aristoteles die
Lösung gesucht, da er ihn in seinen Büchern von der Seele ein-
führte? Es war eine Frage, die auch jetzt noch von der höchsten
Bedeutung ist, und die zu keiner Zeit den Trieb der Forschung ruhen
liess, nämlich die Frage nach dem wirkenden Principe unseres
Denkens.

Nach wie entgegengesetzten Richtungen sind nicht hier die Geister auseinander gegangen. Wie viele sind an sich selbst irre geworden und haben sich in die Reihe der materiellen Wesen eingeordnet.
Wie viele, die sich mit Entrüstung von einem solchen Gedanken ab-
wendeten, wurden durch die Schwierigkeit des Problems zu den ex-
travagantesten Annahmen getrieben, so dass sie entweder alles Dasein materieller Substanzen, oder doch jeden Einfluss des Körperlichen auf das Entstehen unserer Gedanken verneinten. Wenn die
erste Meinung aus einem Mangel innerer Beobachtung entsprang, so
widersprach die zweite in noch viel auffallenderer Weise der Erfahrung, und der gesunde Sinn der Menschen konnte sich nie mit dieser Hypothese zufrieden geben. Was hat man nicht für künstliche
Theorien ersonnen, um den eigentlichen Causalnexus zwischen Sinnlichem und Geistigem zu ersetzen, und wie einfach und lichtvoll erscheint dagegen die Annahme unseres Philosophen, den der tiefe Ein-
blick, den er in das menschliche Denken und in die ganze Wirkungsweise und Ordnung der Natur gewonnen hat, vor allen derartigen
Sonderbarkeiten zu bewahren weiss. Er erkennt den grossen Unterschied zwischen sinnlicher und geistiger Erkenntniss, aber es fällt ihm
nicht ein, den Zusammenhang beider zu läugnen. Er erkennt, dass
das wirkende Princip, welches zu unserem Verstande in Proportion
stehen muss, wie der Schall zu unserem Gehöre, nicht eine körperliche Beschaffenheit sein kann, aber er lässt dennoch zunächst von

dem Sinnlichen die Wirkung kommen, die uns zum Denken führt. Eine geistige Wirklichkeit, lehrt er, müsse das Princip des Denkens sein, aber dass es ein fremder Geist sein solle, kommt ihm nicht in den Sinn, geschweige dass er von dem Nahen und Nächsten sogleich in die fernste Ferne sich verlöre und von der eigenen geistigen Kraft bis zu dem Geiste der Gottheit abirrte. Allerdings erkennt er an, dass nur im Hinblick auf die Allwissenheit des schöpferischen Geistes das Problem eine letzte Lösung finden könne, die in jeder Weise den metaphysischen Gesetzen genügt, aber er hält nichtsdestoweniger daran fest, dass die Natur des Menschen die zu der ihm natürlichsten [350]) Thätigkeit erforderlichen Kräfte selber in sich tragen müsse. In jeder Beziehung bringt er die Erhabenheit und Würde des menschlichen Verstandes dem Leibe gegenüber zur Geltung; weder gibt er die Freiheit des Denkens preis, noch gesteht er in dem Wechselverkehre zwischen Geist und Leib dem niedrigeren Theile die Priorität der Wirkung zu, aber jene Unabhängigkeit von den Objecten und die innere Fülle und das vollkommene Selbstgenügen des göttlichen Denkens hat er ihm nicht zuerkannt. Seine Thätigkeit gilt ihm nicht für göttlich, sondern nur für das Göttlichste in uns.

So sehen wir denn Aristoteles mit bewunderswerther Kunst alle die gefährlichen Klippen vermeiden, an denen so mancher Denker vor ihm und nach ihm gescheitert ist.

Aber unsere Bewunderung wächst, wenn wir auf das Verhältniss seiner Erkenntnisstheorie zu seinen übrigen psychologischen Lehren und zu seiner ganzen Weltanschauung achten. Es besteht eine schöne Harmonie zwischen dem Verhältnisse, in welchem nach ihm einerseits Geist und Leib des Menschen, und andererseits Denken und Empfinden zu einander stehen. Die Verschiedenheit sowohl, als die innige Verbindung beider hält er hier und dort in gleichem Masse aufrecht; und wie nach ihm der geistige Theil des Menschen zwar allerdings seine Vorbereitung im Leiblichen hat und mit der höchsten Entwickelung der Materie in den Fötus eingeht, dennoch aber nicht mit dem Leibe vermischt ist, oder aus der Kraft des körperlichen Erzeugers, sondern aus der des schöpferischen Geistes stammt: so setzt nach Aristoteles auch das intellective Erkennen zwar allerdings eine Vorbereitung in dem sensitiven Theile voraus und zeigt sich von dem Wirken der sensitiven Objecte nicht ganz unabhängig; allein nichtsdestoweniger ist es selbst keine Thätigkeit eines leiblichen Organes, und sein eigentliches wirkendes Princip ist eine geistige Kraft der Seele.

Ferner nehmen wir, wenn wir die Gruppe der leiblichen und die Gruppe der geistigen Kräfte mit einander vergleichen, eine vollkom-

---

350) Natürlichsten in dem Sinne, dass der Zweck des ganzen menschlichen Wesens am meisten in ihr erreicht wird, nicht in dem Sinne, den De Anim. II, 4. §. 2. p. 415, a, 26. mit diesem Worte verbindet.

mene Analogie zwischen dem einen und anderen Gebiete wahr. Hier und dort finden wir unbewusst wirkende Kräfte, hier und dort eine Fähigkeit zur Aufnahme fremder Formen und ebenso ein Vermögen zu bewusstem Begehren, aus welchem, wenn es wirklich geworden, ein Wirken nach Aussen hervorgeht. Nur ist der geistige Theil in jeder dieser drei Beziehungen einfach und einheitlich, der leibliche Theil dagegen ist, namentlich was die aufnehmenden und unbewusst wirkenden Kräfte betrifft, in eine Mehrheit von Vermögen zerspalten, so dass hierin der höhere Adel der intellectiven Seele sich zu erkennen gibt.

Es ist aber nicht blos derselbe einheitliche Geist, der die ganze Aristotelische Seelenlehre durchdringt, nein, seine Herrschaft setzt sich auch jenseits ihrer Gränzen fort und ordnet alle Theile des Systemes. Und so ist es gekommen, dass, um sie zu verstehen, wir wiederholt selbst bis zu den ersten und grundlegenden Sätzen seiner Metaphysik hinabsteigen mussten. Aristoteles war ein zu guter Logiker, als dass er versucht hätte, Alles aus *einem* Principe zu deduciren; er verlangt eine breite Grundlage der Erfahrung. Allein thut dies der Einheit seines Systemes Eintrag? Wo ist mehr Einheitlichkeit, dort, wo man von *einem* Principe ausgehen will, aber in seiner Deduction sich alle möglichen Sophismen und Inconsequenzen erlaubt, so dass man, was man mit lauter Stimme und am hellen Tage von sich wies, leise und im Geheimniss der Nacht wieder an sich zu bringen sucht, oder da, wo man zwar nicht ohne eine Vielheit von Voraussetzungen anhebt, aber Schichte auf Schichte sicher lagert und vom Fundamente bis zum Giebel in allen Theilen den Zusammenhang und die Gleichheit des Styles zu wahren weiss?

Bei Aristoteles finden wir zuerst den tiefsinnigen Gedanken angedeutet, dass der Mensch eine Welt im Kleinen sei [351]). Viele nach ihm haben das Wort gesprochen, aber nach keiner Anschauung hat es wohl grössere Wahrheit als eben nach der seinigen. Erheben wir das Auge von der Welt im Kleinen, wie er sie uns in seiner Psychologie geschildert hat, und blicken wir auf das grosse Gemälde hin, in dem er uns das Ganze der Schöpfung zeigt. In der That, wir sehen hier, nur in grossartigeren und erhabeneren Formen, dieselben Züge wiederkehren.

In dem Menschen lehrt er uns trotz der Verschiedenheit der Theile eine Einheit der Natur erkennen, und wenn auch der eine Theil viel erhabener als der andere erschien, so lag doch die höchste Vollkommenheit in dem Ganzen. Aber auch die Welt gilt ihm trotz aller Mannigfaltigkeit und alles Rangunterschiedes der Geschöpfe für

---

351) De Anim. III, 11. §. 3. p. 434, a, 13. s. Theil III. Anm. 110. Phys. VIII, 2. p. 252, b, 26. wird das lebende Wesen überhaupt μικρὸς κόσμος genannt.

etwas Einiges, für ein einziges, vielgegliedertes Ganzes. Ist es nicht
die Einheit des Wesens, was die Theile bindet, so ist doch auch
ihre Vereinigung eine natürliche Einheit, und darum ist das Ganze
auch hier das Vollkommenste und in dem Ganzen der Welt liegt der
Zweck des Daseins und der Thätigkeit aller einzelnen Substanzen.
Pflanzen und Thiere und Fische und Vögel, vernünftige und unver-
nünftige Wesen sind *in* ihm und *zu* ihm geordnet [352]), wie alle vegetativen und sensitiven und intellectiven Kräfte des Menschen zu diesem als Einheit geordnet sind.

Geist und Leib waren nach Aristoteles die zwei Gebiete, in welche
die Natur des Menschen sich scheidet. Auch in der grossen Weltordnung zeigt er uns eine Welt der Körper und der Geister und
lässt, wie in dem kleineren, so auch in diesem grösseren Ganzen
eine gewisse Wechselwirkung zwischen dem Sinnlichen und Uebersinn-
lichen bestehen. Im Mikrokosmos beherrscht, wenigstens der Natur
gemäss, der Geist den Leib, er ist das Ziel und ordnende Princip
seiner Bewegungen; von der anderen Seite aber werden ihm selbst
durch den Einfluss des Leiblichen die Gedanken vermittelt, so dass er
nur durch ihn zur Vollendung kommt, wie er auch seinerseits ihm zu
grösserem Glücke behilflich ist. So sehen wir hier, den einen dienend,
den anderen herrschend, beide Theile von einander gefördert werden. In dem Makrokosmos, obwohl hier das Geistige weit mehr über
das Körperliche erhaben ist, als in dem engen Bereiche des Menschen,
wo von der Einheit derselben Natur beide als Theile umfasst waren,
finden wir dennoch eine gewisse Aehnlichkeit dieses Verhältnisses. Die
Geister bewegen [353]) als particuläre Zweckursachen und wirkende Principien die himmlischen Sphären, während sie umgekehrt, wenigstens
insofern von der sinnlichen Welt einen Einfluss erfahren, als sie wegen der Hinordnung beider Theile zum Ganzen durch den Gewinn
des Körperlichen nothwendig selbst in gewisser Weise mitgewinnen.
Eine andere Art der Vollendung kann ihnen durch das Körperliche
nicht zu Theil werden, weil sie schon vollendet sind.

Hiezu kommt noch, dass, wie im Mikrokosmos der geistige Theil
nicht unmittelbar auf jedes der Glieder einen Einfluss übt, sondern
zunächst nur das edelste von allen mit seiner bewegenden Kraft berührt, auch im Makrokosmos die reinen Geister nicht unmittelbar
mit jeder körperlichen Substanz in Berührung treten, sondern nur mit
den edelsten von allen, mit den Gestirnen und ihren bewegenden
Sphären. Wie aber mittels des sensitiven Centralorganes, in welchem
er gegenwärtig ist, der Geist des Menschen seine Herrschaft auch
über alle untergeordneten Glieder ausdehnt: so reicht auch die be-

---

352) Vgl. Metaph. Λ, 10. p. 1075, a, 11—25.
353) Vgl. was wir in der Beilage darüber bemerkt haben.

wegende Kraft der Geister, indem sie die himmlischen Sphären krei-
sen macht, mit ihrem Einflusse bis zu den niedrigsten Elementen
hinab und greift herrschend und ordnend auch in das Reich der irdischen Wesen ein.

Wenn in dem Mikrokosmos eine Wechselwirkung zwischen Geist
und Leib besteht, so geht doch der erste Impuls, ohne den keine
Rückwirkung und kein weiterer Wechselverkehr zwischen beiden Theilen erfolgen würde, wie wir sahen, nothwendig von Seite des geistigen Theiles aus. Und auch dies entspricht dem Verhältniss im Makrokosmos. Denn, da, so weit wir wenigstens wissen, Aristoteles
keinen anderen Einfluss des Körperlichen auf das Geistige lehrte,
ausser insofern die Geister durch die Vollendung des Weltganzen als
Theil desselben mitgewinnen, so ist es offenbar, dass, da die Ordnung
der niederen Welt unter Einwirkung der bewegten Gestirne stattfindet [354], die so zu nennende Wechselwirkung von der geistigen Seite
ihren Anfang nimmt.

Endlich, wie wir im Mikrokosmos, da wir die Zusammenordnung
der geistigen und leiblichen Kräfte und die Erreichung des Zieles, das
beim Menschen vorzüglich im Denken liegt, erklären wollten, über
den Menschen selbst hinaus auf die schaffende und ordnende Gottheit
blicken mussten, ohne deren vorangegangene ewige Erkenntniss das
menschliche Wissen wie ein Werk des Zufalls erschienen wäre: so
sehen wir uns auch im Makrokosmos auf ein überweltliches Wesen
als auf den schöpferischen Grund aller Ordnung hingewiesen, der ewig
ihr Vorbild in sich hat und zu diesem Zwecke alles Einzelne bildet
und bindet. Auch hier würde die Erreichung des letzten Zieles sonst
als Werk des Zufalls erscheinen, was Aristoteles so undenkbar ist,
dass er sagt, wer solches annehme, der gleiche einem leeren, gedan-
kenlosen Kopfe, der nur in den Tag hinaus schwatze [355].

---

354) De Coel. II, 9. p. 291, a, 25.
355) Metaph. A, 4. p. 984, b, 17.

Beilage.

Wir haben S. 198. gesagt, nach der Lehre des Aristoteles seien
die reinen Geister und die himmlischen Sphären Geschöpfe Gottes.

I.

Es geht dies vor Allem aus jenen Stellen hervor, welche die
Gottheit, wenn man dieses Wort in seinem eigentlichsten Sinne gebraucht, in dem es nur eine einzige Substanz bezeichnet, das schlechthin erste Princip und das Princip alles Seienden nennen. So z. B.
Metaph. K, 2. p. 1060, a, 27. ἔτι δ' εἴπερ ἔστι τις οὐσία καὶ ἀρχὴ τοιαύτη
τὴν φύσιν οἵαν νῦν ζητοῦμεν, καὶ αὕτη μία πάντων καὶ ἡ αὐτὴ τῶν
ἀιδίων τε καὶ φθαρτῶν, ἀπορίαν ἔχει διὰ τί ποτε τῆς αὐτῆς ἀρχῆς οὔσης
τὰ μέν ἐστιν ἀίδια τῶν ὑπὸ τὴν ἀρχήν, τὰ δ' οὐκ ἀίδια· τοῦτο γὰρ ἄτοπον.
κ. τ. λ. Ebend. 7. p. 1064, a, 35. καὶ εἴπερ ἔστι τις τοιαύτη (näml. χωριστὴ καὶ ἀκίνητος) φύσις ἐν τοῖς οὖσιν, ἐνταῦθ' ἂν εἴη που καὶ τὸ θεῖον,
καὶ αὕτη ἂν εἴη πρώτη καὶ κυριωτάτη ἀρχή. (Man bemerke, dass
ein solches Princip αἰτία τοῦ ὄντος ᾗ ὄν ist, Metaph. Γ, 1. p. 1003, a,
26. — fin.) Metaph. Λ, 8. p. 1073, a, 23. wird die Gottheit genannt
ἡ ἀρχὴ καὶ τὸ πρῶτον τῶν ὄντων. Vgl. ebend. 10. p. 1075, b, 22. 24. und
p. 1076, a, 3. (wo die ἀρχαὶ πολλαί des Speusippus getadelt werden
und die Einheit der letzten Ursache für alles Seiende gelehrt wird),
endlich ebend. 5. p. 1071, a, 36., wo das πρῶτον ἐντελεχείᾳ für eine
allen Gattungen des Seienden gemeinsame Ursache erklärt wird.

Also nach Aristoteles ist die Gottheit das erste Princip alles Seienden. Zu dem Seienden gehören aber nach ihm mehr als alles Andere
die Substanzen (Metaph. Λ, 1. princ.), und diese sind dreifacher Art,
corruptibele Körper, incorruptibele Körper, nämlich die Himmelssphären und ihre Gestirne, und Geister (Ebend. p. 1069, a, 30.). Alle
diese sind also, was zudem bei mehreren der genannten Stellen ausdrücklich ausgesprochen oder aus dem Zusammenhange auf's Klarste
zu erkennen ist, mit einbegriffen und verdanken der Gottheit ihr
Dasein.

Dasselbe spricht sich aus, wo Aristoteles sagt, dass das Sein und Leben aller Dinge, sowohl das in sicherer Form unwandelbar feststehende (ἀκριβέστερον), als das schwache, unsicher schwankende (ἀμαυρῶς), d. i. das der corruptibelen Wesen, von Gott abhange (De Coel. I, 9. p. 279, a, 28.), so wie dass Alles, in so weit es am Sein participire., am Göttlichen participire. (z. B. De Anim. II, 4. §. 2. p. 415, a, 26., womit Metaph. α, 1. p. 993, b, 24. zu vergleichen ist.)

II.

Es haben aber Manche eingewendet, Aristoteles meine, wenn er sage, die Gottheit sei das Princip alles Seienden, nicht, dass sie das erste wirkende Princip, sondern nur, dass sie die Zweckursache desselben sei, wie er sie denn z. B. De Coel. II, 12. p. 292, b, 5. und Metaph. Λ, 7. p. 1072, b, 2. als das οὖ ἕνεκα bezeichnet. Ein Wirken, sagen sie, komme überhaupt dem Aristotelischen Gotte nicht zu.

Allein dieses ist ein Irrthum, und, um ihn zu widerlegen, wollen wir einige Stellen anführen, wo Aristoteles Gott ausdrücklich und unzweideutig als wirkendes Princip bezeichnet.

1. Wir erinnern vor Allem an die Kritik des Anaxagoras (s. ob. Abschn. II. Th. IV. Anm. 246.). Er tadelt ihn nicht desshalb, weil er den νοῦς als bewegendes Princip gefasst, sondern weil er nicht gezeigt habe, wie der Zweck mit diesem bewegenden Principe selbst identisch sein könne. Er citirt ihn ebenso Phys. VIII, 5. p. 256, b, 24. beifällig, und wiederum mit der ausdrücklichen Bemerkung, dass er den νοῦς als bewegendes Princip gelehrt habe, ohne auch nur im Geringsten etwas dagegen einzuwenden. Ja er billigt sogar die Beweisführung für die Leidenslosigkeit und reine Einfachheit des νοῦς, die sich auf die Voraussetzung, dass er das Bewegende sei, gründet; woraus deutlich hervorgeht, dass Aristoteles in dem betreffenden Theile der Physik und in dem verwandten der Metaphysik in demselben Sinne von Gott als erstem Beweger spricht. Hiezu kommt das hohe Lob, das er ihm in dem ersten Buche der Metaphysik ertheilt. Metaph. Λ, 3. p. 984, b, 15. νοῦν δή τις εἰπὼν εἶναι, καθάπερ ἐν τοῖς ζώοις (vgl. Phys. II, 4. p. 196, a, 28.), καὶ ἐν τῇ φύσει τὸν αἴτιον τοῦ κόσμου (Schaubach, Anax. fragm. 8. πάντα διεκόσμησε νόος.) καὶ τῆς τάξεως πάσης οἷον νήφων ἐφάνη παρ' εἰκῆ λέγοντας τοὺς πρότερον. Auch hier zeigen die Worte selbst, das unmittelbar Folgende (p. 984, b, 22.) und der Rückblick im siebenten Capitel (p. 988, a, 33.), wie Aristoteles sich wohl bewusst ist, dass Anaxagoras den göttlichen νοῦς als wirkendes Princip angesehen habe. (Vgl. noch Metaph. Λ, 6. p. 1073, a, 5., wozu Θ, 8.)

Vielleicht wendet nun Einer ein, es sei dies noch kein schlagender Beweis für die Ansicht des Aristoteles; denn er erkläre nicht ausdrücklich, ob er den Anaxagoras nicht blos desshalb, weil er den νοῦς zu einem Principe, sondern auch desshalb, weil er ihn zum bewegenden Principe gemacht habe, lobe.

Allein ist es nicht einleuchtend, dass Beides untrennbar ist? Würde er ihn wohl gelobt haben, wenn er die Gottheit zur Form oder zur Materie der Körper gemacht hätte, weil er sie ja wenigstens zu irgend einem Principe gemacht habe? Gewiss wäre hier das Loben eine so grosse Absurdität, wie das, wesswegen er lobte! So wäre es nun aber auch absurd, wenn man Einen desshalb loben wollte, weil er das, was wirkende Ursache ist, für den Zweck, oder auch umgekehrt, erklärte, wenn dies nicht wirklich zugleich der Fall ist, weil er es ja doch wenigstens in irgend einer Weise Ursache genannt habe. Wenn Einer auf die Frage: wer hat das Spielzeug gemacht? antworten würde: das Kind! wäre es da nicht ein Unsinn zu sagen: du hast es beinahe getroffen, denn es ist *für* das Kind gemacht, wenn auch von dem Handwerker. Oder: Für wen hat man den Hirsch geschossen? Für den Jäger. Vortrefflich, mein Freund, du hast es beinahe gerathen, denn der Jäger hat ihn geschossen, wenn er auch für die königliche Tafel bestimmt ist. Oder: Bist du durch Ruhe oder durch Bewegung auf den Berg gekommen? Durch Ruhe. Es war aber sein Zweck gewesen, auf dem Gipfel zu ruhen. Nein, wenn Aristoteles, wie Manche glauben, Gott für die blosse Zweckursache gehalten und gemeint hätte, es sei mit seiner Würde unverträglich, zugleich auch das wirkende Princip zu sein, so wäre er kein solcher Thor gewesen, dem Anaxagoras wegen seiner absolut falschen, durchaus irrigen Ansicht Lob zu spenden.

2. Wir haben aber noch andere und zahlreiche Stellen, worin Aristoteles mit klaren Worten Gott nicht als Zweck, sondern als wirkendes Princip bezeichnet.

Dahin gehört Top. IV, 5. p. 126, a, 34. δύναται μὲν γὰρ καὶ ὁ θεὸς καὶ ὁ σπουδαῖος τὰ φαῦλα δρᾶν, ἀλλ' οὐκ εἰσὶ τοιοῦτοι· πάντες γὰρ οἱ φαῦλοι κατὰ προαίρεσιν λέγονται. ἔτι πᾶσα δύναμις τῶν αἱρετῶν· καὶ γὰρ αἱ τῶν φαύλων δυνάμεις αἱρεταί, διὸ καὶ τὸν θεὸν καὶ τὸν σπουδαῖον ἔχειν φαμὲν αὐτάς· δυνατοὺς γὰρ εἶναι τὰ φαῦλα πράσσειν· ὥστ' οὐδενὸς ἂν εἴη ψεκτοῦ γένος ἡ δύναμις. εἰ δὲ μή, συμβήσεται τῶν ψεκτῶν τι αἱρετὸν εἶναι ἔσται γάρ τις δύναμις ψεκτή. In der Consequenz der hier entwickelten Principien liegt die Allmacht Gottes, die Aristoteles, wie wir hören werden, auch wirklich gelehrt hat.

Ferner Phys. II, 6. fin, (womit De Part. Animal. I, 1. p. 641, b, 10—26. zu vergleichen ist) τὸν δὲ τρόπον τῆς αἰτίας ἐν τοῖς ὅθεν ἡ ἀρχὴ τῆς κινήσεως ἑκάτερον (näml. τὸ αὐτόματον καὶ ἡ τύχη)· ἡ γὰρ τῶν φύσει τι ἢ τῶν ἀπὸ διανοίας αἴτιον ἀεί ἐστιν· ... ἐπεὶ δ' ἐστὶ τὸ αὐτόματον καὶ ἡ τύχη αἴτια ὧν ἂν ἢ νοῦς γένοιτο αἴτιος ἢ φύσις, ὅταν κατὰ συμβεβηκός αἴτιόν τι γένηται τούτων αὐτῶν· οὐδὲν δὲ κατὰ συμβεβηκός ἐστι πρότερον τῶν καθ' αὐτό· δῆλον ὅτι οὐδὲ τὸ κατὰ συμβεβηκός αἴτιον πρότερον τοῦ καθ' ἑαυτό. ὕστερον ἄρα τὸ αὐτόματον καὶ ἡ τύχη καὶ νοῦ καὶ φύσεως· ὥστ' εἰ ὅτι μάλιστα τοῦ οὐρανοῦ αἴτιον τὸ αὐτόματον, ἀνάγκη πρότερον νοῦν καὶ φύσιν αἰτίαν εἶναι καὶ ἄλλων πολλῶν καὶ τοῦδε παντός. Deutlich wird hier gelehrt, dass ein νοῦς das wirkende Princip des Weltganzen sei. In derselben Weise, in welcher dem αὐτόματον und der τύχη Ursächlichkeit κατὰ συμβεβηκός zukommt, soll sie ihm καθ' αὐτόν zukommen; diese Weise aber ist die des ὅθεν ἡ ἀρχὴ τῆς κινήσεως.

Ferner De Coel. I, 4. p. 271, a, 33. ὁ θεὸς καὶ ἡ φύσις οὐδὲν μάτην ποιοῦσιν.

Ferner De Generat. et Corrupt. I, 6. p. 323, a, 31. ὥστε εἴ τι κινεῖ ἀκίνητον ὄν, ἐκεῖνο μὲν ἂν ἅπτοιτο τοῦ κινητοῦ, ἐκείνου δὲ οὐδέν. In Betreff welcher Stelle der Vergleich mit Phys. VIII, 10. p. 266, b, 31. 32. und Phys. VII, 2. p. 243, a, 3. jeden Zweifel, ob sie nicht etwa vom Zwecke und nicht vom wirkenden Principe spreche, unmöglich macht.

Ferner die merkwürdige Stelle De Generat. et Corrupt. II, 10. p. 336, b, 27. ἐπεὶ γὰρ ἐν ἅπασιν ἀεὶ τοῦ βελτίονος ὀρέγεσθαί φαμεν τὴν φύσιν, βέλτιον δὲ τὸ εἶναι ἢ τὸ μὴ εἶναι (τὸ δ' εἶναι ποταχῶς λέγομεν, ἐν ἄλλοις εἴρηται), τοῦτο δ' ἀδύνατον ἐν ἅπασιν ὑπάρχειν διὰ τὸ πόρρω τῆς ἀρχῆς ἀφίστασθαι, τῷ λειπομένῳ τρόπῳ συνεπλήρωσε τὸ ὅλον ὁ θεός, ἐνδελεχῆ (denn so ist mit Codd. F und H statt ἐντελεχῆ zu lesen, vgl. ebend. b, 25.) ποιήσας τὴν γένεσιν· οὕτω γὰρ ἂν μάλιστα συνείροιτο τὸ εἶναι διὰ τὸ ἐγγύτατα εἶναι τῆς οὐσίας τὸ γίνεσθαι ἀεὶ καὶ τὴν γένεσιν. Hier lernen wir den Gott nicht blos als wirkendes Princip für die körperliche Welt, sondern für alle Dinge (30. ἐν ἅπασιν), von denen ihm die einen (nämlich die materiellen) nur ferner, die anderen (nämlich die immateriellen und darum incorruptibelen) näher stehen, kennen; und zwar ist er den Dingen, deren Princip er ist, nicht blos Princip für ihre Zusammenordnung und Bewegung, sondern auch für ihre Beschaffenheit und für ihre Substanz, denn er ist Princip des Seins in allen Categorien (29.). Er hat überall das Beste im Auge (27.) und gibt darum dem, was an seiner Unvergänglichkeit Theil haben kann, ewiges und unsterbliches Sein, dem aber, was, als materielle Substanz, dessen unfähig ist, ersetzt er es, so weit als möglich, indem er an die Stelle des immerwährenden Seins das immerwährende Werden setzt, weil dieses ihm am Nächsten kommt (33.) und es gewissermassen ersetzt (31.), da an der Stelle des einen Wesens, das zu Grunde geht, ein anderes von derselben Art sich neu entwickelt. (Vgl. De Coel. I, 9. p. 279, a, 28. u. De Anim. II, 4. §. 2. p. 415, a, 16.).

Ferner Metaph. Γ, 8. fin. ἔστι γάρ τι ὃ ἀεὶ κινεῖ τὰ κινούμενα, καὶ τὸ πρῶτον κινοῦν ἀκίνητον αὐτό. Sollte aber Einer meinen, es sei hier von der Zweckursache und nicht von dem wirkenden Principe die Rede, so verweisen wir

Ferner auf Metaph. Θ, 8. p. 1050, b, 4. καὶ ὥσπερ εἴπομεν, τοῦ χρόνου ἀεὶ προλαμβάνει ἐνέργεια ἑτέρα πρὸ ἑτέρας ἕως τῆς τοῦ ἀεὶ κινοῦντος πρώτως. Dass vom wirkenden Principe die Rede ist, beweist die vorausgegangene Untersuchung. Wir heben nur einen Satz hervor, auf dem die ganze Beweisführung gründet: ἀεὶ γὰρ ἐκ τοῦ δυνάμει ὄντος γίγνεται τὸ ἐνεργείᾳ ὂν ὑπὸ ἐνεργείᾳ ὄντος.

Ferner ebend. Λ, 4. fin. (s. ob. S. 189. f.)

Ferner ebend. Λ, 6. p. 1071, b, 12., wo die Gottheit als ein κινητικόν und ποιητικόν und zwar als ein in Thätigkeit begriffenes bezeichnet wird: ἀλλὰ μὴν εἰ ἔσται κινητικὸν ἢ ποιητικόν, μὴ ἐνεργοῦν δέ τι, οὐκ ἔστι κίνησις ἐνδέχεται γὰρ τὸ δύναμιν ἔχον μὴ ἐνεργεῖν. οὐδὲν ἄρα ὄφελος οὐδ' ἐὰν οὐσίας ποιήσωμεν ἀϊδίους, ὥσπερ οἱ τὰ εἴδη, εἰ μή τις δυναμένη ἐνέσθαι ἀρχὴ μεταβάλλειν. οὐ τοίνυν οὐδ' αὕτη ἱκανή, οὐδ' ἄλλη οὐσία παρὰ τὰ εἴδη· εἰ γὰρ μὴ ἐνεργήσει, οὐκ ἔσται κίνησις.

Ferner ebend. Λ, 7. p. 1072, b, 30., wo Aristoteles, indem er gegen die Pythagoräer und Speusippus den Satz vertheidigt, dass das Vollkommenste das Erste sei, die Gottheit, als Ursache der Welt, mit dem erzeugenden Menschen vergleicht. Er fasst sie also nicht blos als Zweck, sondern auch als wirkendes Princip von Allem.

Darauf deuten auch im zehnten Cap. desselben Buches die Erklärung des ersten Principes durch die Analogie des Arztes (p. 1075, b, 9. s. ob. S. 193. Anm. 246.), so wie die schönen Gleichnisse des königlichen Alleinherrschers und des ordnenden Feldherrn hin. Der Feldherr ist nicht blos Zweck, er ist von Allem, wovon er Zweck ist, auch wirkendes Princip. Nun soll Gott ähnlich dem Feldherrn Zweck des ganzen Weltalls, aller irdischen und himmlischen Dinge sein, also wird er auch als wirkendes Princip aller Wesen anerkannt. Aehnliches folgt aus dem Bilde des Königes. Denn was wäre das für ein König, der keine Macht zu wirken hätte? So weit er König ist, so weit reicht seine Macht, und Gott wird König von Allem und in unumschränkter Weise König genannt, εἷς κοίρανος ἔστω. (Metaph. Λ, 10. p. 1075, a, 14. ebend. fin.)

Ferner Eth. Nicom. I, 10. p. 1099, b, 12. Θεῶν δώρημα.

Ferner ebend. VI, 2. p. 1139, b, 6. τὸ γεγονὸς οὐκ ἐνδέχεται μὴ γενέσθαι· διὸ ὀρθῶς Ἀγάθων· μόνου γὰρ αὐτοῦ καὶ Θεὸς στερίσκεται, ἀγένητα ποιεῖν, ἅσσ' ἂν ᾖ πεπραγμένα. Agathon lehrt in diesen Worten ausser der unabänderlichen Nothwendigkeit des Geschehenen deutlich zugleich die Allmacht Gottes, der nur das Widersprechende entzogen sei. Cartesius könnte ihm vielleicht nicht beistimmen, ebenso wenig aber wer irgendwie an der wirkenden Kraft der Gottheit zweifelte. Doch Aristoteles bezeichnet ihn als wahr und macht ihn sich eigen.

Ferner ebend. VIII, 14. p. 1162, a, 6., wo von den Göttern gesagt wird: εὖ πεποιήκασι τὰ μέγιστα, und, sie seien αἴτιοι τοῦ εἶναι ähnlich den Eltern. (Vgl. Polit. I, 12. p. 1259, b, 12. De Coel. I, 9. p. 279, a, 28. Daher ist denn auch der Cultus der Gottheit das

Höchste und Wichtigste von Allem im Staate. Polit. VII, 8. p. 1328, b. 12.)

Ferner Eth. Nicom. X, 9. p. 1179, a, 24. ἐπιμέλεια τῶν ἀνϑρω-πίνων ὑπὸ ϑεῶν.

Ferner ebend. 10. p. 1179, b, 22. τὸ μὲν οὖν τῆς φύσεως δῆλον ὡς οὐκ ἐφ' ἡμῖν ὑπάρχει, ἀλλὰ διά τινος ϑείας αἰτίας τοῖς ἀληϑῶς εὐτυχέσιν ὑπάρχει. Dass vom wirkenden Principe die Rede ist, beweist die Gegenüberstellung von λόγος καὶ διδαχή (vgl. De Anim. II, 5. §. 5. p. 417, b, 9.)

Ferner Polit. VII, 3. p. 1325, b, 28. Der Gott habe οἰκείας πράξεις.

Ferner Oecon. 3. p. 1343, b, 26. οὕτω προῳκονόμηται ὑπὸ τοῦ ϑείου ἑκατέρου ἡ φύσις, τοῦ τε ἀνδρὸς καὶ τῆς γυναικός, πρὸς τὴν κοινωνίαν. διείληπται γὰρ τῷ μὴ ἐπὶ ταὐτὰ πάντα χρήσιμον ἔχειν τὴν δύναμιν, ἀλλ' ἔνια μὲν ἐπὶ τἀναντία, εἰς ταὐτὸ δὲ συντείνοντα · τὸ μὲν γὰρ ἰσχυρότερον, τὸ δ' ἀσϑενέστερον ἐποίησεν, ἵνα κ. τ. λ.

Endlich finden wir auch Rhet. II, 23. p. 1398, a, 15. den Ausdruck ,Werk Gottes': τὸ δαιμόνιον οὐδέν ἐστιν, ἀλλ' ἢ ϑεὸς ἢ ϑεοῦ ἔργον.

Diese zahlreichen Stellen, die man aber wohl noch um ein Beträchtliches vermehren könnte, zeigen zur Genüge, dass Aristoteles das Wirken und die wirkende Kraft der Gottheit keineswegs hat läugnen wollen. Aus einigen kann man sogar ersehen, dass er ihre Macht für unbegränzt und ihre Wirksamkeit für eine solche gehalten hat, die einer bereits vorhandenen Materie nicht bedarf. Alles, auch das immaterielle Sein lässt er aus ihr hervorgehen.

III.

Aber abgesehen von allen diesen Aussprüchen des Aristoteles können wir, wenn wir allein auf diejenigen Rücksicht nehmen, in welchen der Gott entweder unbestimmt als erstes Princip aller Dinge oder ausdrücklich als Zweckursache bezeichnet wird, auf's Vollständigste die Richtigkeit unserer Behauptung erweisen. Wir brauchen, um dieses zu thun, nur etwas näher die Lehre vom Zwecke, wie wir sie bei Aristoteles finden, zu betrachten.

1. Vor Allem fragen wir: Hat Aristoteles gelehrt, dass der Zweck für sich allein irgend etwas hervorbringe, oder verursacht nach ihm der Zweck nichts ohne ein wirkendes Princip? — Ohne Zweifel war das Letztere seine Lehre. Er verlangt in jedem Falle etwas, was wirken kann, und dass es wirke (Metaph. Λ, 6. p. 1071, b, 29. ebend. b, 12.). Ist ja doch auch das Gegentheil ganz undenkbar, und es wäre ein eitler Wortstreit, wenn Einer es läugnen und behaupten wollte, der Zweck bringe in irgend einem Falle etwas für sich allein hervor. Denn diesen Zweck müsste er sich nothwendig als etwas bereits Existirendes denken, da aus Nichts nichts wird (vgl. Metaph. Λ, 6. p. 1071, b, 26.). Wenn er nun sagen würde, dieses Existirende

bringe für sich allein etwas hervor, so hätte er ihm offenbar auch alles das zugeschrieben, was wir dem wirkenden Principe zuschreiben, und sein Widerstreit, dass dieses Seiende nur Zweck zu nennen sei und nichts Anderes, bestünde nur im Worte.

Wovon also es einen Zweck gibt, davon gibt es nach Aristoteles nothwendig auch ein wirkendes Princip, und es haben daher, wenn alle Dinge ausser Gott einen Zweck haben, alle Dinge ausser ihm ein wirkendes Princip. Allein was ein wirkendes Princip hat, muss nach Aristoteles (Metaph. α, 2. p. 994, a, 5. Θ, 8. p. 1050, b, 4. u. a. a. O.) ein erstes wirkendes Princip, d. i. ein solches haben, welches selbst kein wirkendes Princip hat. Da dieses nun Gott allein ist, so ist Gott nach ihm auch im Sinne des wirkenden Princips das Princip der Dinge, ἡ ἀρχὴ καὶ τὸ πρῶτον τῶν ὄντων.

Oder ist vielleicht die Materie das wirkende Princip, indem sie sich selbst der Gottheit als ihrem Zwecke entgegenbewegt? — Manche scheinen Aristoteles in dieser Weise erklären zu wollen. Aber dennoch ist nichts, was mehr seiner Lehre widerspräche. Er verwirft es ausdrücklich (z. B. Metaph. Λ, 6. p. 1071, b, 29. u. ebend. Λ, 3. p. 984, a, 21. vgl. auch ebend. K, 2. p. 1060, a, 19—22.), er macht desshalb dem Empedokles Vorwürfe (ebend. Λ, 10. p. 1075, b, 3.), und wenn er Beides nicht thäte, so würden wir dennoch einer solchen Meinung nicht beipflichten können, da sie den Grundbestimmungen seines Systems entgegen ist. Ist ihm ja doch die Materie eine blosse Möglichkeit, das Princip des Wirkens dagegen immer eine Wirklichkeit (s. z. B. Phys. VIII, 5. p. 357, b, 9.); und wie sollte die Materie das Vermögen haben, Gott zu erkennen? Gott aber bewegt, wie Aristoteles sagt, als Erkanntes (νοητὸν Metaph. Λ, 7. p. 1072, a, 26.).

Gesetzt aber auch, es wäre nach Aristoteles die Materie zugleich das wirkende Princip und bewegte sich selbst ihrem Zwecke zu, so würde dies doch offenbar nur bei den materiellen Dingen der Fall sein. Es gibt aber nach seiner Ansicht in der Welt auch immaterielle Substanzen, wie die Gestirne, die Sphären und die sie bewegenden Geister, und auch diese sind nicht in der Weise ἐξ ἀνάγκης, wie Gott es ist (Metaph. Λ, 7. p. 1072, b, 10.), sie sind um eines Zweckes willen, und zwar liegt auch ihr Zweck in der Vollkommenheit des Ganzen, zu dem sie gehören, und in dem einzigen überweltlichen Geiste, der mehr Zweck als das Weltganze ist (Metaph. Λ, 10. princ.) und selber keinen Zweck mehr hat. Haben aber die immateriellen Substanzen, so weit sie zur Welt gehören, eine Zweckursache, so haben sie nach der Aristotelischen Lehre von den Ursachen der Dinge nothwendig auch ein wirkendes Princip. Dass sie keinen Anfang in der Zeit haben, ändert hieran nichts; so wenig als die Ewigkeit der Bewegung den Beweger und die unendliche Reihe secundärer Ursachen die erste Ursache entbehrlich macht (Metaph. α, 2. p. 994, a, 15.), so wenig lässt die immerwährende Existenz einer immateriellen Substanz, wenn sie um eines Zweckes willen ist, das wirkende Princip für sie entbehrlich erscheinen. Dass dieses Princip die Gottheit ist, bedarf keines weiteren Beweises, und sie ist also nicht blos der Zweck, um dessentwillen die immateriellen und materiellen Wesen sind, sondern zugleich die schöpferische Kraft, aus der die einen und dann sicher auch die andern hervorgehen.

Blicken wir noch einmal auf unseren Beweis zurück. Nach Aristoteles hat alles Sein, sogar das der immateriellen Substanzen, wenn wir die Gottheit allein ausnehmen, einen Zweck. Wovon es aber einen Zweck gibt, davon gibt es nach ihm auch ein wirkendes Princip, und wovon ein wirkendes Princip, davon ein erstes wirkendes Princip, d. i. ein solches, welches selbst kein wirkendes Princip und somit auch keine Zweckursache hat. Da nun ein solches allein die Gottheit ist, die selbst zu keinem Zwecke hingeordnete Zweckursache von Allem, so ist es offenbar, dass sie nach der Anschauung des Aristoteles zugleich das erste und universelle wirkende Princip sein muss.

2. Obwohl wir nun aber diesen Beweis für vollkommen schlagend halten, so wollen wir es uns doch nicht verdriessen lassen, noch einmal von einer anderen Seite die Sache zu betrachten, und wir hoffen, auf diesem Wege es so einleuchtend zu machen, dass der Aristotelische Gott, so weit er Zweck ist, auch wirkende Ursache sei, dass wohl Keiner, und wäre er auch noch so entschieden der entgegengesetzten Meinung gewesen, sich länger dieser Ueberzeugung wird verschliessen können. In Betreff der vorangehenden Erörterung könnte nämlich Einer vielleicht meinen, *wir* hätten wohl diese Lehre als Consequenz aus Aristotelischen Prämissen gezogen, er selbst aber habe dieses eben unterlassen und sei vermöge einer, freilich schwer begreiflichen, Kurzsichtigkeit nur bei den Principien stehen geblieben. In Betreff des jetzt zu führenden Beweises ist aber auch diese Ausflucht ganz unmöglich.

Wenn Aristoteles sagt, Gott sei Zweck von etwas, so fragt es sich, in welchem Sinne er das verstehe. Bekanntlich gibt es nach ihm (De Anim. II, 4. §. 2. p. 415, b, 2. vgl. Phys. II, 2. p. 194, a, 35.) ein doppeltes Wesshalb (οὗ ἕνεκα), wie er gerne die Zweckursache bezeichnet, erstens das οὗ ἕνεκα οὗ, das Begehrte, und zweitens das οὗ ἕνεκα ᾧ, das, wofür etwas begehrt wird. Ist, müssen wir daher fragen, der Aristotelische Gott ein οὗ ἕνεκα οὗ? Allerdings ist er dieses, wie auch alle Erklärer anerkennen, denn er wird als das Begehrte (ὀρεκτόν) bezeichnet (Metaph. Λ, 7. p. 1072, a, 26.). Allein es erhebt sich eine neue Frage: Wie kann etwas, was schon ist, als οὗ ἕνεκα οὗ gedacht werden? scheint dieses ja doch vielmehr ein Zukünftiges zu sein (ἐσόμενον De Part. Animal. I, 1. p. 640, a, 3.), welches der Terminus des Wirkens ist, wie z. B. die Gesundheit das οὗ ἕνεκα οὗ ist bei der heilenden Thätigkeit des Arztes. Eine bereits existirende, von allem Wirken unabhängige, schlechthin nothwendige Substanz wie die Gottheit scheint also das οὗ ἕνεκα οὗ nicht sein zu können. (Vgl. ausser der sogleich zu citirenden Stelle aus Metaph. Λ. bes. ebend. K, 1. p. 1059, b, 35.) Hierauf ist mit einer neuen Unterscheidung zu antworten. Auch·das οὗ ἕνεκα οὗ ist ein doppeltes, „wovon das eine ist und das andere nicht ist." (Metaph. Λ, 7. p. 1072, b, 1. ἔτι δ' ἔστι τὸ οὗ ἕνεκα ἐν τοῖς ἀκινήτοις ἡ διαίρεσις δηλοῖ. ἔστι γὰρ διττὸν (wie mit Schwegler, dem Bonitz u. A. beistimmen, st. τινί. zu lesen ist) τὸ οὗ ἕνεκα, ὧν τὸ μὲν ἔστι, τὸ δ' οὐκ ἔστι.) Das οὗ ἕνεκα. von dem Aristoteles hier sagt, dass es nicht sei, ist das zu Wirkende als solches, das οὗ ἕνεκα dagegen, von dem er sagt, dass es sei, ist das zu Wirkende, insofern es vermöge des Gesetzes der Synonymie der Aehnlichkeit nach in dem Wirkenden präexistirt, wie z. B. die Ordnung des Heeres in dem Verstande des Feldherrn. Diese ist bereits, wann der Feldherr das Heer ordnet, während die Ordnung, insofern sie im Heere ist, noch nicht ist. Beide kann man als οὗ ἕνεκα bezeichnen, die erstere mehr noch als die letztere, weil diese um jener willen ist und nicht umgekehrt (Metaph. Λ, 10. princ.). In dieser Weise ist denn auch, obwohl bereits existirend, die Gottheit ein οὗ ἕνεκα und ὀρεκτόν. Sie ist also ein οὗ ἕνεκα, insofern dieses in dem Wirkenden sich findet, und somit ist es offenbar, dass in ihr selbst zugleich die wirkende Ursache ist. (Vgl. zur weiteren Bestätigung, was De Anim. III, 10., dem die S. 109. Anm. 103. angegebenen Stellen entnommen sind, über das ὀρεκτόν und κινοῦν ἀκίνητον gesagt wird, woran Metaph. Λ, 7. p. 1072, a 26. deutlich erinnert.)[1]. Wäre dies nicht der Fall, so müsste es noch ein drittes οὗ ἕνεκα οὗ geben, das weder in dem Wirkenden noch in dem Gewirkten wäre. Ein solches aber kennt Aristoteles nicht.

---

1) Nicht einem Uebersehen darf man es zuschreiben, wenn wir uns hier nicht auf De Generat. Animal. II, 6. p. 742, a, 22. berufen, wo Aristoteles ein doppeltes οὗ ἕνεκα zu unterscheiden scheint, von denen das eine das ὅθεν ἡ κίνησις ist und durch τὸ γεννητικόν erklärt wird. Es ist nämlich hier die von Bekker aufgenommene Lesart falsch. Man muss mit Codd. P. und S. st. οὗ ἕνεκα lesen τούτου ἕνεκα. Von diesem, sagt Aristoteles, sei das eine das ὅθεν ἡ κίνησις, das andere das ᾧ χρῆται τὸ οὗ ἕνεκα, und bezeichnet als Beispiel für das eine das γεννητικόν, für das andere das ὀργανικόν dessen, was erzeugt wird und das οὗ ἕνεκα beider ist. Deutlich geht dies aus dem Folgenden hervor, bes. a, 28.: τριῶν δ' ὄντων, ἑνὸς μὲν τοῦ τέλους, ὃ λέγομεν εἶναι οὗ ἕνεκα, δευτέρου δὲ τῶν τούτου ἕνεκα τῆς ἀρχῆς τῆς κινητικῆς καὶ γεννητικῆς..., τρίτου δὲ τοῦ χρησίμου καὶ ᾧ χρῆται τὸ τέλος, κ. τ. λ. Das Herbeiziehen dieser Stelle zur Erklärung der Aristotelischen Unterscheidungen des οὗ ἕνεκα konnte daher nur das Verständniss erschweren.

Und was hätte er sich auch darunter denken sollen? Offenbar würde es nichts Anderes als ein blosses Vorbild (παράδειγμα) sein. Aber ein blosses Vorbild lässt Aristoteles nicht als οὗ ἕνεκα gelten. Ja wenn Einer sagen würde, die Gottheit sei Ursache der Welt in der Weise eines Vorbildes, so wäre dies nach dem, was Aristoteles im ersten Buche der Metaphysik treffend bemerkt, ein nichtiges Gerede und eine blosse poetische Metapher, unter welcher sich der Mangel eines klaren Begriffes verbergen will. Denn was kann ein Vorbild nützen, wenn es nicht ausser ihm eine wirkende Ursache gibt, die bei ihrem Schaffen auf das Vorbild hinsieht? Gibt es eine solche nicht, so ist das Vorbild für sich allein unnütz, gibt es aber eine solche, so wird das Vorbild selbst, also in unserem Falle die Gottheit entbehrlich. Denn warum soll das Wirken der Welturusache nothwendig das Nachahmen eines Vorbildes sein? Hören wir, wie Aristoteles selbst sich darüber ausspricht. Metaph. A, 9. p. 991, a, 20. sagt er: τὸ δὲ λέγειν παραδείγματα αὐτὰ (näml. τὰ εἴδη) εἶναι καὶ μετέχειν αὐτῶν τἆλλα κενολογεῖν ἐστι καὶ μεταφορὰς λέγειν ποιητικάς. τί γάρ ἐστι τὸ ἐργαζόμενον πρὸς τὰς ἰδέας ἀποβλέπον; ἐνδέχεται γὰρ καὶ εἶναι καὶ γίγνεσθαι ὅμοιον ὁτιοῦν καὶ μὴ εἰκαζόμενον πρὸς ἐκεῖνο, ὥστε καὶ ὄντος Σωκράτους καὶ μὴ ὄντος γένοιτ᾽ ἂν οἷόσπερ Σωκράτης· ὁμοίως δὲ δῆλον ὅτι κἂν εἰ ἦν ὁ Σωκράτης ἀΐδιος. .... ἐν δὲ τῷ Φαίδωνι οὕτως λέγεται, ὡς καὶ τοῦ εἶναι καὶ τοῦ γίγνεσθαι αἴτια τὰ εἴδη ἐστί. καίτοι τῶν εἰδῶν ὄντων ὅμως οὐ γίγνεται τὰ μετέχοντα, ἂν μὴ ᾖ τὸ κινῆσον, κ. τ. λ. So Aristoteles. Wir aber fragen: Können wir diesem Philosophen eine Ansicht zuschreiben, die er selbst so eifrig bekämpft und so schlagend widerlegt? Gewiss dürften wir dieses nicht thun, auch wenn er nicht, wo er im zwölften Buche von der Gottheit spricht, nochmals ausdrücklich bemerkte, dass ein Seiendes wie die Ideen nicht genüge, dass vielmehr ein solches Princip erforderlich sei, dem wirkende Kraft und Wirken zukomme. Metaph. A, 6. p. 1071, b, 14. οὐδὲν ἄρα ὄφελος οὐδ᾽ ἐὰν οὐσίας ποιήσωμεν ἀϊδίους, ὥσπερ οἱ τὰ εἴδη, εἰ μή τις δυναμένη ἐνέσται ἀρχὴ μεταβάλλειν· οὐ τοίνυν οὐδ᾽ αὕτη ἱκανή, οὐδ᾽ ἄλλη οὐσία παρὰ τὰ εἴδη. εἰ γὰρ μὴ ἐνεργήσει, οὐκ ἔσται κίνησις. Hiemit halten wir unsere Aufgabe für gelöst. Denn nach dem Gesagten unterliegt es keinem Zweifel, dass Aristoteles, wenn er die Gottheit für den Zweck alles Seienden hielt, sie auch als die wirkende Ursache von Allem betrachtet hat.

Wenden wir nun dieses Ergebniss speciell auf die Frage an, von welcher unsere Untersuchung ausgegangen, so ist offenbar, dass wir mit Recht von dem Aristotelischen Gotte behauptet haben, er sei das wirkende Princip aller andern immateriellen Substanzen, der Geister, der Sphären und ihrer Gestirne. Das wirkende Princip eines Immateriellen ist aber selbstverständlich ein schöpferisches Princip. Somit ist Gott nach Aristoteles der Schöpfer des Himmels und der Kräfte

des Himmels, und es ist dieses so gewiss, als es gewiss ist, dass
dieselben nach ihm nicht wie die Gottheit schlechthin nothwendig,
sondern um eines Zweckes willen sind. Wir haben bereits (unter 1.
und II.) zahlreiche Stellen angeführt, in welchem dieses deutlich ausgesprochen war. Weil aber unsere Untersuchung hierin ihren eigentlichen Abschluss findet, so wollen wir auch hier noch eine Beleg-
stelle dafür anfügen.

Wir entnehmen sie dem achten Capitel des zwölften Buches der
Metaphysik, wo Aristoteles aus der Zahl der Sphären die Zahl der
reinen Geister erschliesst. Wie kommt er zu dieser im ersten Augenblicke ganz unbegreiflichen Folgerung? Der Grund, der ihm dabei bestimmend wird, ist ein teleologischer. Der Theil ist wegen des Ganzen und ist darum nur in so weit gut und vollkommen, als er seiner
Natur und seiner Thätigkeit nach zum Ganzen hingeordnet ist. Dies gilt
so ausnahmslos, dass sogar eine an und für sich so vollkommene Substanz, wie die eines reinen Geistes, wenn sie nicht mit den übrigen
Theilen der Welt in Beziehung stände und ihre Vollkommenheit durch
einen Einfluss auf die niederen Wesen geltend machte, also wenn sie
nicht, mit den übrigen zu einheitlicher Ordnung verbunden, mit ihnen
zur Vollkommenheit des Universums zusammenwirkte, in gewisser
Weise unvollkommen sein würde trotz ihrer Vollkommenheit; und eine
solche Unvollkommenheit ist zwar bei den Individuen niederer Arten,
weil mehrere von *einer* Art sind (De Coel. I, 9. p. 278, a, 15.) bis
zu einem gewissen Grade zulässig (denn die Natur hat besonders die
Art im Auge), bei jenen höchsten, rein geistigen Wesen, von denen
jedes eine eigene Species ist, wäre sie aber ganz unerträglich. (Metaph. Λ, 10. p. 1075, a, 19. s. auch Θ, 9. p. 1051, a, 19.) So sagt
denn Aristoteles, es sei nicht glaublich, dass es ausser den Geistern,
die als particuläre Zweckursachen die Himmelssphären bewegen, noch
eine andere leidenslose und an und für sich seiende (οὐσία ἀπαϑὴς καὶ
καϑ' αὑτήν), d. i. rein geistige Substanz gebe; denn sie würde nicht
die ganze ihr zukommende Vollkommenheit, ihren vollen Zweck erreicht haben; dieses aber sei undenkbar. Metaph. Λ, 8. p. 1074, a,
14. τὸ μὲν οὖν πλῆϑος τῶν σφαιρῶν ἔστω τοσοῦτον· ὥστε καὶ τὰς οὐσίας καὶ
τὰς ἀρχὰς τὰς ἀκινήτους καὶ τὰς αἰσϑητὰς τοσαύτας εὔλογον ὑπολαβεῖν· τὸ
γὰρ ἀναγκαῖον ἀφείσϑω τοῖς ἰσχυροτέροις λέγειν. εἰ δὲ μηδεμίαν οἷόν τ' εἶναι
φορὰν μὴ συντείνουσαν πρὸς ἄστρου φορὰν (vgl. ebend. 10. p. 1075, a, 16.
19. 24. Durch den Stern nämlich wirkt die Sphäre auf die niedere
Welt, wie z. B. die Sonnensphäre durch die Sonne (De Generat. et
Corrupt. p. 236, b, 17.). Daher würde eine Sphäre, die in keiner
Weise zur Bewegung eines Sterns beiträge, ohne Einfluss auf die niedere Welt bleiben), ἔτι δὲ πᾶσαν φύσιν καὶ πᾶσαν οὐσίαν ἀπαϑῆ καὶ καϑ'
αὑτὴν τοῦ ἀρίστου τετυχηκυῖαν τέλους (Die obige Erklärung zeigt, dass
diese Stelle nicht corrumpirt ist, wie Bonitz meinte, indem er τέλος

statt τέλους zu setzen vorschlug. Der Beweis würde unkräftig werden, da er ja nur in dem Gedanken wurzelt, dass die Welt nicht episodisch und zerrissen sein könne wie eine schlechte Tragödie (Metaph. M, 3. p. 1090, b, 19.), und dass daher auch das erhabenste Geschöpf, wenn es nicht zu dem noch erhabeneren Gute, zum Ganzen der Welt in entsprechender Weise hingeordnet sei, also auch mit den niederen Wesen einheitlich zusammenwirke und seinen ordnenden Einfluss in der Körperwelt geltend mache, nicht vollkommen seinem Zwecke entsprechen und somit nicht vollkommen gut sein würde.) εἶναι δεῖ νομίζειν, οὐδεμία ἂν εἴη παρὰ ταύτας ἑτέρα φύσις, ἀλλὰ τοῦτον ἀνάγκη τὸν ἀριθμὸν εἶναι τῶν οὐσιῶν. εἴτε γάρ εἰσιν ἕτεραι, κινοῖεν ἂν ὡς τέλος οὖσαι φορᾶς.

So ersehen wir denn auch aus dieser Stelle auf's Neue, dass nach Aristoteles die Gottheit, die wahrhaft und eigentlich den Namen verdient, das einzige überweltliche Wesen ist (Metaph. Λ, 10. fin. K, 2. p. 1060, a, 28. Phys. VIII, 6. p. 259, a, 12.), während die anderen geistigen Substanzen und die Himmelssphären und die Gestirne, obwohl auch sie manchmal göttlich genannt werden, in der Welt als Theile begriffen sind. Wie die übrigen Theile, so haben auch sie in dem Weltganzen, mehr noch in der überweltlichen Gottheit ihren Zweck, und hiemit ist, wie wir dargethan haben, zugleich ausgesprochen, dass sie auch einem wirkenden Principe ihr Dasein verdanken, und dass dieses wirkende und schöpferische Princip dieselbe Gottheit ist, in der wir ihren letzten Zweck erkennen.

IV.

Wir haben uns bemüht, unsere Beweisführung so kurz als möglich zu fassen, da diese Erörterungen nicht zum eigentlichen Gegenstande unserer Abhandlung gehören, obwohl sie andererseits auch nicht umgangen werden konnten, damit nicht, was wesentlich zu ihr gehört, an Glaubwürdigkeit verliere. Wir müssen darum auch noch, wenigstens in aller Kürze, andeuten, wie die unserer, wenn wir uns nicht irren, vollständig bewiesenen Ansicht entgegenstehenden Schwierigkeiten, welche den Anlass zu irrthümlichen Auffassungen gegeben haben, gehoben werden können.

Es sind hauptsächlich folgende;

1. Aristoteles lehrt, dass Gott als Begehrtes (ὀρεκτόν, ἐρώμενον Metaph. Λ, 7. p. 1072, a, 26. b, 3.), nicht dass er als Begehren (ὄρεξις) bewege, und er musste so lehren, da sonst nach seinen Grundsätzen Gott nicht das erste unbeweglich Bewegende sein würde (De Anim. III, 10. §. 6. p. 433, b, 11. §. 7. b, 14. 17. vgl. K, 1. p. 1059, a, 37.). Er lehrt also vielmehr, dass in den Dingen das Begehren sei, indem die Dinge Gott, als ihrem Zwecke, zustreben. Somit ist das erste wirkende Princip in den Dingen und nur der Zweck ist Gott; denn das

Begehren, nicht aber das Begehrte ist in uns das bewegende Princip
(s. ob. S. 108. ff. S. 159. ff.)

Hierauf ist nun Folgendes zu erwidern. Es ist richtig, dass
Gott nach Aristoteles als Begehrtes bewegt, weil er der letzte Zweck
der Welt ist. Hieraus folgt aber nicht, dass er nicht zugleich das
wirkende Princip sein, und ebensowenig, dass ihm kein Wollen zukommen könne, wenn es ihm nur nicht in der Weise zukommt, dass
er es, wie es bei uns der Fall ist, *in sich hat*, sondern in der Art,
dass er es *ist*, wie er ja auch sein Denken nicht in sich hat, sondern
ist. Wir können sogar nachweisen, dass Aristoteles Gott ein solches
Analogon unseres Begehrens zugeschrieben habe. Er hat ihm nämlich [2]) eine Lust (ἡδονή) zugeschrieben, welche bei uns, auch wenn sie
eine Freude am eigenen Denken ist, nicht das Denken selbst (Eth.
Nicom. X, 5. p. 1175, b, 34.), sondern eine begleitende Affection des
begehrenden Vermögens ist (s. ob. S. 355. u. Anm. 124.). Wir haben
eben hierauf früher einen Beweis für eine begehrende Kraft unseres
geistigen Theiles gegründet. Wo Lust (ἡδονή) ist, sagt Aristoteles,
ist Begehren (ὄρεξις s. ob. a. g. O.); in Gott aber, sagt er, ist Lust
(ἡδονή. Eth. Nicom. VII, 15. p. 1154, b, 26.). — Ist sie nun aber auch
in ihm, wie bei uns vom Denken verschieden? Nein, Gott ist ja vollkommen einfach und nichts anderes als sein Denken (Metaph. Λ, 9.
p. 1074, b, 34.). Also ist in ihm Begehren und Denken, ὄρεξις und
νόησις in vollkommenster Weise Eins und daher kann er denn auch,
ohne sich selbst zu bewegen, zugleich Zweck und wirkendes Princip
der Dinge sein.

Aber, wendet man vielleicht ein, Gott freut sich, wie Aristoteles
sagt, mit einheitlicher Freude an seinem eigenen Denken, ὁ θεὸς ἀεὶ
μίαν καὶ ἁπλῆν χαίρει ἡδονήν (Eth. Nicom. a. g. O.), und hieraus folgt, dass
er selbst das einzige Object seines Begehrens ist, selig in dem ewigen
und nothwendigen Besitze des Begehrten; ein solches, auf kein ἀγαθὸν πρακτόν gerichtetes Begehren erklärt nun aber keineswegs eine
Wirksamkeit (De Anim. III, 10. §. 4. p. 433, a, 29.). — Die Antwort
hierauf liegt nahe. Wie Gott, indem er sich selbst erkennt, die ganze
Schöpfung erkennt und sie erkennt durch das eigene Erkennen, so

---

2) Unmittelbar ergibt sich dasselbe aus Stellen, wie Top. IV, 5. p. 126, a, 34.
(s. o. S. 600.) Eth. Nicom. X, 9. p. 1179, a, 24. ebend. VII, 1. p. 1145, a, 20. 26.
Die ἀρετή, von welcher hier gesprochen wird, ist nämlich eine moralische. Ferner
folgt es aus den Stellen, wo die Allmacht Gottes behauptet wird (s. die Stelle
Nicom. VI, 2., die S. 601. citirt worden); denn, was ohne Begehren wirkt, hat
nicht die Kraft zum Entgegengesetzten (Metaph. Θ, 5. p. 1048. a, 5. ebend. 7.
p. 1049, a, 5.). — Fast alle diese Stellen zeigen, nicht blos, dass Gott ein Wollen hat, sondern zugleich, dass es auch auf Anderes, als er selbst gerichtet ist.
Die Stelle aus Eth. Nicom. VII. aber deutet auf die Verschiedenheit des göttlichen
Wollens von dem unsrigen hin, von der wir sogleich sprechen werden.

begehrt er auch, indem er sich selbst begehrt, um seiner selbst willen das Weltall und die ganze Ordnung der Dinge, und so ist dieses selige Begehren seiner selbst zugleich das allmächtige Princip, woraus das Weltall geordnet und plangemäss hervorgegangen, wie die Gesundheit aus der Kunst und dem Willen des Arztes (Metaph. Λ. 10. p. 1075, b, 9. ebend. Θ, 7. p. 1049, a, 5.).

Allein, sagt man, Aristoteles sagt ja, die Natur begehre nach der Weltordnung (Metaph. Λ, 10. princ.), also nicht die Gottheit. — Der Schluss ist offenbar falsch. Denn, wenn die Söhne und Töchter und die ganze Dienerschaft des Hauses nach jener Ordnung des Ganzen streben, um derentwillen der Hausvater jedem Einzelnen seine Aufträge gegeben hat (ebend. a, 19.), folgt daraus, dass er nicht auch selbst darnach begehren könne? — Das wäre ja eine lächerliche Folgerung; im Gegentheile, er wird noch mehr nach ihr begehren als sie und den am liebsten haben, der sie am eifrigsten anstrebt. So auch Gott. Er legt in jedes Wesen die Natur gleichsam als Mittheilung seines Gesetzes und seines Befehles nieder (ebend. a, 22.) und liebt die am meisten, die ihnen am meisten nachkommen, wie z. B. von den Menschen diejenigen, die dem Geiste leben (Eth. Nicom. X, 9. p. 1179, a, 28. De Divin. 2. princ. u. p. 464, a, 21. ebend. 1. p. 462, b, 20.), weil dieses Leben ihrer Natur, also seinem Befehle entsprechend ist.

Wir sehen, die erste Schwierigkeit ist von gar keinem Belange. Ein Widerspruch, mit dem, was wir dargethan, besteht nicht. Aristoteles würde vielmehr seinen von uns dargelegten Principien untreu geworden sein, wenn er anders gesprochen hätte.

2. Dasselbe wird sich bezüglich eines zweiten Einwandes herausstellen, so gefährlich er auch Anfangs klingen mag. Aristoteles sagt nämlich im zweiten Buche vom Himmel (De Coel. II, 12. p. 292. a, 22.), jenes Wesen, welches alle anderen an Vollkommenheit übertreffe, sei ohne Handlung, und im siebenten Buche der Politik (3. p. 1325, b, 29.) sagt er, die Gottheit und die Welt hätten keinen Verkehr nach Aussen. So folgert er denn auch in der Nikomachischen Ethik (X, 8. p. 1178, b, 7.), dass das theoretische Leben das vollkommenste sei, daraus, dass es das Gott ähnlichste sei; denn das Leben Gottes sei weder ein wirkendes noch handelndes, sondern reines Schauen. Wie also, lehren diese Stellen nicht, dass Gott kein Wirken habe? —

Nein, sie lehren es nicht, und der Zusammenhang selbst zeigt bei jeder von ihnen klar genug, dass Aristoteles etwas ganz Anderes sagen wollte. Aristoteles unterscheidet nämlich eine dreifache Art der Thätigkeit, durch welche der Mensch einer gewissen Glückseligkeit theilhaft werde; erstens das *wirkende* Leben, das äussere Werke schafft, sei es nun aus Bedürfniss, Vortheil oder Annehmlichkeit;

zweitens, das *handelnde* Leben, das in dem tugendhaften, gesetzmäs-
sigen Handeln sein Ziel hat und sein Glück findet; endlich das *theoretische* Leben, welches in der Betrachtung der Wahrheit, namentlich
der höchsten Wahrheit, nämlich Gottes selig ist.

Es ist nun offenbar, dass Gott, und wenn er auch die herrlichsten Werke schafft, nicht durch dieses Wirken, sondern durch
sich selbst glückselig ist; er bedarf ja keines Werkes und wird in
nichts dadurch bereichert (De Coel. I, 9. p. 279, a, 35.). Es wäre
also lächerlich zu sagen, seine Glückseligkeit sei die des wirkenden
Lebens. Ebensowenig kann man sagen, dass er in den Uebungen
ethischer Tugenden, durch Gerechtigkeit bei Kauf und Verkauf, durch
Tapferkeit in Gefahren, durch freigebige Entäusserung seines Besitzes,
z. B. grossmüthige Geldspenden an arme Mitgötter, durch Selbstüber-
windung und Widerstand gegen böse Begierden u. dgl. seine Glückseligkeit finde. Wer solche Tugenden Gott beilegen wollte, würde
ihn, statt dass er ihn ehrte, entehren; denn sie beziehen sich theils
auf das gesellige Leben (vgl. Eth. Nicom. VIII, 9. p. 1158, b, 35.
p. 1159, a, 5. Polit. I, 2. 1253, a, 27.), theils auf menschliche Schwäche
und Gebrechlichkeit. Es bleibt also allein das theoretische Leben als
dasjenige übrig, worin Gott seiner Glückseligkeit theilhaft sein kann.
In der That haben wir ja gesehen, dass er reines Erkennen ist. Wenn
er also durch sich, nicht durch Anderes glückselig ist, so ist seine
Seligkeit eine theoretische, und sein Leben das Erkennen des Erkennens. Dies ist, was die Stelle der Nikomachischen Ethik lehrt. Vgl.
Metaph. Λ, 7. p. 1072, b, 14—30. ebend. 9. p. 1074, b, 34. Wir
sehen, dass Aristoteles nicht im Entferntesten daran denkt, der Gottheit
die Macht des Wirkens abzusprechen; nur läugnet er, dass irgend
ein Bedürfniss und eine Unvollkommenheit sie dazu antreibe, und
dass etwas anderes als sie selbst ihr Glück ausmachen oder erhöhen
könne.

Dass die Stelle aus dem zweiten Buche vom Himmel ebenfalls
nichts anderes sagen wolle, als dass Gott bedürfnisslos und in sich
selber selig sei, zeigt der Grund, den Aristoteles alsbald beifügt. Das
Wesen, welches alle Vollkommenheit in sich begreift, sagt er, bedürfe
keines Handelns (De Coel. II, 12. p. 292, b, 5.). Er läugnet also bei
Gott jenes Wirken, welches auf Erwerb ausgeht, oder durch Verkehr,
oder auf was immer für eine Art Erhöhung des eigenen Glückes sucht.

Die Stelle der Politik endlich zeigt noch deutlicher, dass Aristoteles nur jenes Wirken der Gottheit absprechen wolle, welches eine
Folge eigenen Ungenügens wäre, das sie nöthigte, durch Wechselverkehr und Gütertausch und Dienst und Gegendienst dem eigenen Mangel abzuhelfen, so dass nun die Gottheit in theilweise Abhängigkeit
von fremden Zwecken gerathen würde, während sie doch der alleinige
Zweck alles Seienden ist. Die Gottheit kann nur geben (Eth. Nicom. I,

10. p. 1099, b, 3.), nicht empfangen; sie ist ein Bewegendes, das gänzlich unbewegt bleibt und darum, nach dem schönen Worte des Aristoteles, berührt, ohne selbst berührt zu werden (De Generat. et Corrupt. I, 6. p. 323, a, 31.).

3. Diese beiden Einwände waren gegen das Wirken Gottes im Allgemeinen gerichtet. Es werden aber noch zwei andere insbesondere dagegen geltend gemacht, dass Aristoteles auch das Sein der immateriellen Substanzen auf die wirkende Kraft Gottes zurückgeführt habe.

Erstens nämlich empfiehlt und vertheidigt er im ersten Buche der Physik (4. p. 187, a, 34.) und an vielen anderen Orten das Axiom der früheren Naturphilosophen, dass aus Nichts nichts werde, und verlangt, wo er von den Principien des Entstehens spricht, für dasselbe eine Materie; auch definirt er, dem entsprechend, im zwöften Capitel des fünften Buches der Metaphysik (p. 1020, a, 4.) die active Kraft als Vermögen *in etwas Anderem* eine *Veränderung* hervorzubringen (ἀρχὴ μεταβλητικὴ ἐν ἄλλῳ ἢ ἄλλο).

Allein diese Stellen beweisen nichts. Wenn Aristoteles sagt, das Denken sei ein Leiden (De Anim. III, 4. §. 2. p. 429, a, 14. ebend. §. 9 b, 25. §. 11. b, 29.), so meint er *unser* Denken und vielleicht alles Denken der geschaffenen Geister (denn das neunte Capitel des zwölften Buches der Metaphysik spricht nur von *einem* göttlichen νοῦς), allein das göttliche Denken ist, wie diese Stelle beweist und wie Alle zugeben, nicht mit einbegriffen. Ebenso bürgt uns nichts dafür, dass er, wo er vom Wirken spricht, immer auch das Wirken der göttlichen Allmacht mit einbegreife, vielmehr hat das Gegentheil alle Wahrscheinlichkeit für sich (vgl. die von allen anderen wirkenden Principien gesonderte Stellung, welche er Metaph. Λ. 4. fin. der Gottheit anweist); ja der Ausdruck μεταβάλλειν passt streng genommen nicht einmal für alles Wirken der Geschöpfe (vgl. De Anim. II, 5. §. 4. p. 417, a, 32. u. den vorhergehenden u. die ff. §. §.).

Ebenso hat Aristoteles, wenn er die Materie als nothwendigen Grund des Entstehens bezeichnet, nur jenes Entstehen im Auge, welches das Vergehen eines anderen ist; die Gründe, welche er Metaph. Λ, 2. (p. 1069, b, 3.) angibt, beziehen sich nur auf diese Art des Werdens. (Vgl. auch Metaph. H, 5. p. 1044, b, 28.) Und wenn er in dem ersten Buche der Physik sagt, was er auch anderwärts wiederholt, dass aus Nichts nichts werde, so will er damit nur eine Schranke der natürlichen Kräfte anerkennen, nicht aber darüber entscheiden, ob dieses schlechthin und also auch der Gottheit unmöglich sei. Dies geht deutlich daraus hervor, dass er sagt (Phys. I, 4. p. 187, a, 34.): τὸ μὲν ἐκ μὴ ὄντων γίνεσθαι ἀδύνατον (περὶ γὰρ ταύτης ὁμογνωμονοῦσι τῆς δόξης ἅπαντες οἱ περὶ φύσεως). Vgl. Phys. I, 7. p. 189, b, 30. 31., wo man ebenfalls sieht, dass er immer nur das

in der Physik Allgemeingültige im Auge hat. Und ebenso sagt er
Phys. VIII, 6. (p. 258, b, 12. 16—22.), dass er in diesen Büchern nichts über die Frage entscheiden wolle, ob es ein substantielles Werden und Aufhören gebe, das kein Entstehen und Vergehen
(γένεσις und φθορά) sei. Wir sehen also, dass dieser Einwand sich
auf eine durchaus unsichere Grundlage stützt.

4. Hören wir, ob es einem anderen und letzten Einwande gelin-
gen wird, etwas Haltbareres vorzubringen. Aristoteles sagt, dass die
φορά früher sei als die γένεσις (Phys. VIII, 7. p. 260, b, 24. vgl.
p. 261, a, 7. Metaph. Λ, 7. p. 1072, b, 8.). Nun ist aber die γένεσις
das Werden der Substanz, die φορά aber die örtliche Bewegung, die
schon eine Substanz voraussetzt. Also gibt es eine Substanz (und
zwar eine nicht unbewegliche Substanz), die nicht durch eine andere
hervorgebracht ist.

Doch diesen Einwand kann ja s. z. s. jedes Kind lösen, wenn es
auf die unmittelbar zuvor citirte Stelle blickt. Aristoteles nennt nicht
alles substantielle Werden γένεσις, sondern nur jenes, das zugleich das
Vergehen eines Anderen ist. Daher auch der Name Περὶ γενέσεως καὶ
φθορᾶς. In der aus der Metaphysik citirten Stelle tritt der Gedanke
noch unzweideutiger hervor; denn Aristoteles sagt hier φορὰ γὰρ ἡ
πρώτη τῶν μεταβολῶν. So sehen wir denn, wie sich auch der letzte
dieser vier Einwände, in welchen wir alles, was unseres Wissen gegen
die Annahme einer schöpferischen Allmacht von Seite des Aristoteles
eingewendet worden, zusammengefasst haben, in ein Nichts auflöst,
und dass, was aus zahlreichen Stellen positiv erwiesen werden konnte,
sich auch gegen alle Angriffe leicht vertheidigen liess.

Die Aristotelische Seelenlehre, die Gott als den Schöpfer des
menschlichen Geistes erscheinen lässt, bildet also hiedurch keinen Gegensatz zu seiner Gotteslehre im Allgemeinen; vielmehr zeigt sie nur
in einem Beispiele, was sich noch in vielen anderen zeigt, und was
die physicalischen Schriften und die Metaphysik und die Ethik mehrmals in allgemeinster Weise aussprechen: Die Gottheit ist nicht blos
Beweger der körperlichen Welt, sie ist das schöpferische Princip
aller Dinge, ἡ ἀρχὴ καὶ τὸ πρῶτον τῶν ὄντων (Metaph. Λ, 8.). Darum
hat Agathon Recht, indem er sagt, Gottes Allmacht sei nur das sich
Widersprechende entzogen (Eth. Nicom. VI, 2. p. 1139, b, 8.), und das
Wort des Homer [3] ist Wahrheit, welches den König des Weltalls den
Vater der Götter und Menschen nennt (Polit. I, 12. p. 1259, b, 10.).

3) Wenn Aristoteles hier zunächst aus einem anderen Grunde das Wort des
alten Dichters lobt (πατὴρ ἀνδρῶν τε θεῶν τε), so zeigt doch Eth. Nicom. VIII, 14.
p. 1162, a, 4—7., wo die Gottheit, ähnlich den Eltern, als Ursache für das Sein
des Menschen (αἴτιος τοῦ εἶναι) erscheint, dass er auch in einem noch bedeutungs-
volleren Sinne es sich eigen zu machen kein Bedenken getragen haben würde.

Verzeichniss der die Textkritik betreffenden Stellen.

De Generat. et Corrupt. II, 10. p. 336, b, 27. . . . . S. 237.
De Anim. II, 4. p. 416, b, 3. . . . . S. 76. A. 11.
    II, 5. p. 417, a, 13. . . . . S. 141. — 80.
    III, 1. p. 425, a, 13. bis Ende Cap. . . S. 83. A. 15. S. 97. f. A. 55.
                      S. 150. A. 107.
    III, 2. p. 426, a, 27. . . . . S. 100. A. 64.
    III, 2. p. 427, a, 9. . . . . 92. — 46.
    III, 3. p. 428, b, 19. . . . . 98. — 55.
    III, 4. . . . . 114 ff.
    III, 4. p. 429, b, 15. . . . . 134. — 59.
    III, 4. p. 429, b, 21. . . . . 136. — 64.
    III, 4. p. 429, b, 29. . . . . 137. — 68.
    III, 5. p. 430, a, 22. . . . . 182 ff.
    III, 6. p. 430, b, 23. . . . . S. 115. A. 12. vgl. S. 183. A. 205.
    III, 7. p. 431, a, 20. 22. 23. . . . . S. 94. — 49.
    III, 7. p. 431, a, 24. . . . . 94. — 50.
    III, 7. p. 431, a, 29. . . . . 94. — 49.
    III, 7. p 431, b, 5. . . . . 148. — 103.
    III, 7. . . . . 151. — 111.
    III, 8. p. 432, a, 13. . . . . 210. — 298.
    III, 10. p. 433, a, 18. . . . . 109. — 103.
    III, 10. p. 433, b, 17. . . . . 109. — 102.
    III, 11. p. 434, a, 12. . . . . 111. — 110.
    III, 12. p. 434, b, 4. . . . . 70. — 130.
De Memor. et Remin. 1. p. 450, a, 14. . . . . 134. — 59.
De Motu Anim. (Aechtheit) . . . . 88. — 35.
        11. p. 703, b, 23. . . . . S. 88. A. 35., wo der Druckfehler αἴτιον
                zu verb. in αἰτίαν.
De Generat. Anim. II, 3. p. 737, a, 7. . . . . S. 201. A. 281.
        II, 6. p. 742, a, 22. . . . . 242. — 1.
Metaph. XII, 4. p. 1070, b, 34. . . . . 190. — 222.
    XII, 7. p. 1072, b, 2. . . . . 242.
    XII, 8. p. 1074, a, 20. . . . . 244.
Eth. Eudem. VII, 14. p. 1248, a, 24. . . . . 224. — 339.

Theophrast. fragm. b. Themist. De Anim. .   . S. 216. A. 323.

—   —   —   —   .   .   .   .   217. — 324.

—   —   —   —   .   .   .   219. — 334.

—   —   —   —   .   .   .   .   223. — 338.

Bei einigen der genannten Stellen (De Anim. III, 1. p. 425, a, 13. S. 83. A. 15. III, 4. S. 114. ff. auch III, 11. p. 434, a, 12. S. 111. A. 110.) wird durch Frklärung des hergebrachten Textes stillschweigend der Zweifel zu beseitigen gesucht, den man wegen vermeintlicher Sinnlosigkeit erhoben hatte.

Druckfehler.

S.   3. A. 6. sind die Worte: Aehnlich u. s. w. von der Anm. zu trennen und der 4. Anm. anzufügen.

S. 88. Z. 19. v. u. t. αἴτιον sl. αἰτίαν.

S. 98. Z. 3. v. u. st. ὥσπερ ὁρᾷν l. ὥσπερ — ὁρᾷν.

S. 104. Z. 22. v. u. st. kurzen Worten l. kurzem Worte.

S. 149. Z. 10. v. u. st. Metaph. ι, l. Metaph. z.

S. 169. Z. 7. v. u. st. b, 6. l. a, 6.

S. 181. Z. 8. v. o. st. dort, der l. dort der.